古代歷史文化研究輯刊

二四編

王明蓀 主編

第5冊

唐代貶謫制度與相關文體研究

段亞青 著

國家圖書館出版品預行編目資料

唐代貶謫制度與相關文體研究／段亞青 著 -- 初版 -- 新北市：
花木蘭文化事業有限公司，2020〔民 109〕
目 4+288 面；19×26 公分
（古代歷史文化研究輯刊 二四編；第 5 冊）
ISBN 978-986-518-255-7（精裝）
1. 官制 2. 懲戒 3. 唐代
618   109011114

ISBN-978-986-518-255-7

9 789865 182557

古代歷史文化研究輯刊
二四編 第 五 冊   ISBN：978-986-518-255-7

唐代貶謫制度與相關文體研究

作　　者　段亞青
主　　編　王明蓀
總 編 輯　杜潔祥
副總編輯　楊嘉樂
編　　輯　許郁翎、張雅淋　美術編輯　陳逸婷
出　　版　花木蘭文化事業有限公司
發 行 人　高小娟
聯絡地址　235 新北市中和區中安街七二號十三樓
　　　　　電話：02-2923-1455 ／傳真：02-2923-1452
網　　址　http://www.huamulan.tw 信箱 hml810518@gmail.com
印　　刷　普羅文化出版廣告事業
初　　版　2020 年 9 月
全書字數　250972 字
定　　價　二四編 21 冊（精裝）台幣 62,000 元　　版權所有・請勿翻印

唐代貶謫制度與相關文體研究

段亞青　著

作者簡介

段亞青，女，漢族，1987 年生。祖籍山西太原，古代文學博士。現工作於中南民族大學文學與新聞傳播學院，研究方向為中國古代文學。曾於 2007 ～ 2014 年就讀於中南民族大學，獲文學學士、文學碩士學位，2014 年就讀於武漢大學中國古代文學專業，獲博士學位。先後在《文藝理論研究》《檔案學通訊》等期刊發表論文三篇，參與國家社會科學基金項目一項、國家社會科學基金重大項目一項，並擔任子課題負責人。

提　　要

　　貶謫是中國古代政治文化中一個非常重要的現象，伴隨著唐代大一統政權的成熟，貶謫逐漸形成穩定的制度規範。唐代貶謫實施的範圍很廣，方式也非常靈活。上至當國宰輔，小到州縣佐貳，所犯事大到謀逆不軌，小到才不稱職，均可施與貶謫，且針對不同的情形，貶謫官員的品級可升可降。研究唐代貶謫制度，有助於我們從當時的歷史環境中認識貶謫，進而理解貶謫這一特殊制度及其背後的文化內涵。

　　貶謫概念的理解是研究其制度的基礎。文章緒論首先是對貶謫概念的探究及相關問題的闡述。緒論第一節解析貶謫與「法」、「禮」、「權」三者之間的關係，之後具體論述流放、流民這兩個概念，明確本文討論的貶謫範圍。第三節第四節是對本論題的研究回顧與總結，並在此基礎上明確本論題對探究唐代政治文化的意義。

　　本文對貶謫制度的研究共分五章進行，第一、二、三章為具體的制度研究。

　　第一章主要探討唐代貶謫的原因及方式。唐代官員被貶主要有政治原因、經濟、軍事原因及其它職制、禮俗方面的原因。唐代官員的貶謫方式建立在官階制度的基礎之上，形式非常多樣。第二章在鉤沉史料的基礎上分四大步驟論述貶官罪行確認的相關程序。貶官罪行確認主要分罪行上奏，法律推鞫，貶謫商討及貶詔下達四個步驟，每個步驟都有相應的實施規範及相關儀禮，也都有可能受到權力的控制，特別是皇權，常常超越於法律之上發揮作用。第三章具體論述唐代貶官赴貶所及遷轉的相關制度。貶官接到貶詔之後，其在裝束時限、送行與否、交通行驛、家屬隨行、赴謫所路線及貶地活動、死後安葬等方面便都要遵循相應的制度規定。除此之外，被貶官員，在政治上、經濟上都與此前有了很大的不同，不同的貶官遷轉方式也各異。

　　第四、五章則主要分析與貶謫制度相關的兩種文體：一種為貶謫制詔，一種為貶謫官員謝上表。這兩種文體的研究乃貶謫制度在文本層面的具體落實，既體現出貶謫制度權威性及其背後的禮制文化旨趣，又反映了在此政治環境中的士人內心既依賴又畏懼等種種對皇權的複雜情緒，彰顯出唐代士人獨特的人格。

目

次

緒　論

第一節　貶謫：一種特殊的處罰手段

　　貶謫是我國古代常見的一種政治現象。何為貶謫？早在二十世紀六十年代，日本學者便對此進行過一定的探討。八重津洋平《有關唐代官僚受貶的二三個問題》是最早專門研究貶謫的文章。其中指出：「『貶』是官員因職務上的失職、不符合官人身份的道德敗壞及爭奪政治權力失敗，而受到品階降低或由中央政府官遷出為地方官制裁的行為。」〔註1〕之後，我國學者丁之方亦採取了八重津洋平的觀點，認為，「與普通的降職（級）相比，貶官處罰的獨特之處在於除了降職之外，還必須遷任外地官職，京官貶為地方官，地方官則貶至更邊遠的地區。」〔註2〕丁先生同樣將貶謫概念的核心歸納為降職與外出兩大要素。在此基礎上，2006年，彭炳金在其《唐代貶官制度研究》中又為貶謫增加了第三大要素——實職改任閒職，至此，貶謫形成了比較完整的概念，即指包括降級、外出與實職改任虛職三種方式在內的對官員的處罰手段。而對於這種處罰的性質，彭先生進一步認為「貶官是唐代最常用的行政處分手段」，認為「唐代貶官的廣泛運用不僅混淆了刑事處罰與行政處分的界限，而且侵奪了御史臺和大理寺的司法權，貶官的廣泛運用對唐代法制起了破壞作用」。〔註3〕那麼，這樣的觀點是否合理？貶謫在唐代到底是一種什

〔註1〕【日】八重津洋平：《有關唐代官僚受貶的二三個問題》，關西學院大學政法學會《法與政治》，第18卷第2號，1967年6月。
〔註2〕丁之方：《唐代的貶官制度》，《史林》，1990年第2期，第9頁。
〔註3〕彭炳金：《唐代貶官制度研究》，《人文雜誌》，2006年第2期，第114頁。

麼性質的處罰手段？它與法律的關係如何？其實施是否破壞了唐代的法制？這些問題的解決對我們理解貶謫、進而理解唐代貶謫制詔的書寫以及唐代官員的被貶心態均有著很重要的意義，因此需要作進一步的辨析。

一、貶謫與法律的關係

彭先生認為貶謫的實施破壞了唐代法制，這說明，貶謫與法律是有關係的。如所熟知，貶謫是一種針對犯罪官員的處罰措施，既然是犯罪，必然與法律相關，因為犯罪本應受到相應的法律處罰。那麼，官員犯罪有沒有按照法律進行處罰？其在哪種程度、哪些層面上依據了法律，哪些方面沒有依據法律？其與法律的關係如何？貶謫究竟是一種什麼性質的行為？

首先，通過分析唐代貶詔中記載的貶官犯罪緣由可以發現，官員被貶的罪名基本都是國家法律中規定的犯罪罪名。唐代貶詔中，官員的貶謫罪名大體可以分為以下幾種：

一是與謀反相關的。封建皇權至高無上，而偏有一些人臣，不守本分，妄圖顛覆國家政權。唐代法律規定，所有危害國家社稷安穩的行為都是犯罪。貶詔中，這一類的罪辭分布最為廣泛，如「忘蔑君親，潛圖弒逆」「志在傾邪，行惟險薄，頃以寇跡未殄，軍國多虞，因集不逞之徒，潛為亂常之計，乃欲遠通叛虜，構此凶謀」等等。

二是與貪贓相關的。這類罪名在貶詔中也極為常見，如「心如溪壑，聚斂無厭」「蓄邪黷貨，實玷衣冠」「憑此尸素，黷其貨賄」等等。

三是與漏禁中語相關的。如「漏禁中之語，鬻寵授之朝恩」「漏洩密令，張皇威福」等等。

此外舉非其人、指斥乘輿、占人田地等，均是貶詔中經常出現的罪名。而讓人驚訝的是，以上所言貶謫罪名在《唐律疏議》中都有明確的處罰規定，也就是說，貶詔中的罪名乃法律罪名。如謀反是唐律「十惡」中的第一項，《疏議》引《公羊傳》云：「君親無將，將而必誅」，「謂將有逆心，而害於君父者，則必誅之」。〔註4〕其中又引《左傳》云：「天反時為災，人反德為亂」，「然王侯居宸極之至尊，奉上天之寶命，同二儀之覆載，作兆庶之父母。為子為臣，惟忠惟孝。乃敢包藏凶慝，將起逆心，規反天常，

〔註4〕長孫無忌撰，劉俊文箋解：《唐律疏議箋解》，中華書局，1996年版，第56頁。下文凡引據此書者，皆只列書名及頁碼，不再詳細出注。

悖逆人理」。〔註5〕其以人倫關係比喻君主與臣子的關係，臣子對君主盡忠既合天常也合人理，任何試圖顛覆這種關係的行為都是犯罪，都要受到相應的刑罰處置。再如貪贓，唐律中亦有相當細緻的處罰措施，《疏議》卷十一「職制」條下分別有「受財而為人請求及受財分求餘官」「有事以財行求」「監主受財枉法與受財不枉法」「事後受財」「受所監臨財物與乞取監臨財物」等十餘項與貪贓有關的罪行。其處罰措施或笞、或杖、或絞、或流，如「監主受財枉法與受財不枉法」條中規定：「諸監臨主司受財而枉法者，一尺杖一百，一疋加一等，十五疋絞」〔註6〕等。同樣地，漏泄禁中語亦有規定，「諸漏泄大事應密者，絞」〔註7〕；舉非其人有「諸貢舉非其人及應貢舉而不貢舉者，一人徒一年，二人加一等，罪止徒三年」；〔註8〕指斥乘輿《律疏》則規定「諸指斥乘輿，情理切害者，斬」〔註9〕等等。此外，《唐律疏議》中，「占田過限」「在官侵奪私田」「造畜蠱毒」「造厭魅及造符書詛咒欲以殺人」等，這些也都是貶詔中的常見罪名。可見，貶謫罪名的擬定不是任意而為，而是附會相應法律條款而來。

其次，雖然唐代官員的罪名均是法律罪名，然而，大部分情況下，唐代官員被貶的實際原因卻與其罪名所言大不相同。那麼，不同的罪行到底會為其附會怎樣的罪名？有無規律可循？研究發現，貶官罪名的最終確認亦參照了唐律的相關規定。以「五王」為例，其本是唐王朝功臣，並無罪行，卻因與武三思結怨而遭至陷害。武三思可謂熟諳唐律中的「八議」制度，並且非常清楚皇帝內心最脆弱之處，他知道唯一可以將這些功臣置於死地的只能是「十惡」之罪，包括「謀反」「謀逆」「大不敬」等這些罪名。「十惡」罪乃一切罪行中之最大者，在《唐律疏議》約定的君臣秩序中，「十惡」之罪即從整體上破壞、顛覆這一合理秩序的行為，因此最為嚴重，所謂「五刑之中，十惡尤切」。「十惡」之罪甚至不屬於「八議」的範疇，《唐律疏議》規定「八議」曰：「其犯十惡者，不用此律。」〔註10〕可見，一旦官員背負了「十惡」的罪名，那麼，無論其身份地位如何都不得寬恕，都要受到嚴懲。如此，這種罪

〔註5〕《唐律疏議箋解》，第 56 頁。
〔註6〕《唐律疏議箋解》，第 863 頁。
〔註7〕《唐律疏議箋解》，第 758 頁。
〔註8〕《唐律疏議箋解》，第 697 頁。
〔註9〕《唐律疏議箋解》，第 810 頁。
〔註10〕《唐律疏議箋解》，第 113 頁。

名顯然很適合成為政敵打擊異己之利器，以此終結其政治生涯。武三思緊緊抓住「恃功專權」「不利於社稷」〔註11〕等觸犯皇權之罪名對其進行誣陷，甚至不惜公開韋后的醜聞，以皇家的顏面、皇帝的弱點以及整個皇室的根本利益觸動皇帝最敏感的神經，充分利用皇權至上的本質讓「五王」成為皇權的對立面，這樣一來，即便是有功之人便也難以擺脫被無中生有地栽贓定罪了。李德裕的情況亦類似，其身處朝廷激烈的黨爭之中，作為黨爭中失勢的一方，必然會被對手置之死地，而最好的置之死地的方式便是構成「謀反」「謀逆」等「十惡」之罪。因此雖有實際功績，但其最終亦背上「潛懷僭越之志」「罪實見其欺天」等無中生有的嚴屬罪名而接受重懲。由此可見，唐代貶官的真實罪行常常與所言罪名不一致，而其罪名的擬定，亦要參考相關的法律規定，巧妙附會而來。

再次，貶謫的實施程序亦遵循相應的法律程序，且需要法司參與。唐代朝廷對犯罪官員的處理需要經過一系列特定的法律程序，包括罪行上奏、法司推鞫、起草下達貶詔、貶途行程規定等等。這一系列的過程雖然具體程序上在唐前後期有所不同，但都有相關法律機構的參與，也都遵循相應的規定。比較特別的一點是皇帝特命，即貶謫過程中皇帝的意見有時可以超越相關法律程序而直接進行決斷。這一點看起來是非常隨意的，然而，其本身在一定程度上卻也符合法律規定。《唐律疏議·名例律》「除名」條《疏》議曰：「非常之斷，人主專之」〔註12〕。《唐律疏議·斷獄律》「輒引制敕斷罪」條《疏》議曰：「事有時宜，故人主權斷，制敕量情處分。」〔註13〕且《唐律疏議·八議》疏曰：「八議人犯死罪者，皆條錄所犯應死之坐及錄親、故、賢、能、功、勤、賓、貴等應議之狀，先奏請議，依令都堂集議，議定奏裁。」〔註14〕「議定奏裁」，劉俊文《唐律疏議》解析中云：「即由尚書省召集在京諸司七品以上官員，於都堂會議，議之內容為『原其本情，議其犯罪，稱定刑之律而不正決之』，最後將議之結果報請皇帝裁決。全部程序的關鍵，在於皇帝的態度……故此程序之實質，乃是由皇帝直接控制八議者死罪的終審裁判權。」又云「眾官之集議，僅是程序，唯有皇帝之敕裁，才對八議者免死特權之兌

〔註11〕《全唐文》（第一冊），中華書局影印，1983 年版，第 6592 頁。下文凡引據此書者，皆只列書名及頁碼，不再詳細出注。
〔註12〕《唐律疏議箋解》，第 197 頁。
〔註13〕《唐律疏議箋解》，第 2067 頁。
〔註14〕《唐律疏議箋解》，第 113 頁。

現具有決定之作用也。」〔註 15〕可見，唐代的法律本身為皇帝特權留出了空間，為大量皇帝專權的情形提供了法律支持。正因為如此，即使面對皇帝專權的不合理貶謫，朝臣在大多數情況下都只能默認。皇帝專權雖然不能明目張膽地決定一切，但在一些重要問題上，專權卻往往起著決定性的作用。

最後，貶謫中的一些處罰方式本身便屬於法律處罰方式。前人總結官員只要具備降級、外出與實職改任虛職這三大要素中的其中一項，便可以稱之為貶謫。「除名」「免官」「免所居官」均符合了降級這一點，因此，都屬於不同的貶謫方式。而在《唐律疏議》中，「除名」「免官」「免所居官」又是其規定的幾種不同的法律處罰方式。因此可以說，對犯罪官員的處罰有時也會採取相應的法律處罰形式。與「除名」「免官」等類似的還有流放，它同樣屬於貶謫的一種，也同樣是對犯罪官員進行的法律處罰手段。由此可知，對官員的貶謫有時亦是以法律規定的處罰方式進行的，貶謫與法律的關係非常密切。

綜上可知，唐代被貶官員在其罪名擬定、貶謫程序、貶謫方式等方面都與法律相關，甚至是以法律為依據，既然如此，唐代對犯罪官員的處理為什麼不能嚴格按照法律的規定而要另外提出貶謫這一概念？事實上，貶謫概念的提出與處罰對象本身的身份密切相關。貶謫處罰的對象並不是普通百姓，而是官員，官員有一定的社會地位，且在國家政治生活中發揮著很重要的作用，這一層身份本身便有非常大的價值，甚至規定了許多特權，而這便要牽涉到唐代除了「法」之外、深藏於「法」背後的另一個因素——「禮」。

二、貶謫與禮的關係

「唐律的真髓蘊含在唐律與禮的密切關係之中，這種關係用一句話形容，就是『唐律一準乎禮』。所謂『一準乎禮』，當然不是指詞句，而是指精神。質言之，唐律的全部律條都滲透了禮的精神。」〔註 16〕可見，禮是唐律背後更深層的文化因素。

「唐律遵循禮的『刑不上大夫，禮不下庶人』精神，具體規定了優崇官貴的原則」〔註 17〕。唐律中規定的對官員的處罰有諸多不同等級的優待，這

〔註 15〕《唐律疏議箋解》，第 117～118 頁。
〔註 16〕《唐律疏議箋解》，第 36 頁。
〔註 17〕《唐律疏議箋解》，第 41～42 頁。

種優待體現於，唐代官員犯罪除徒刑、流刑、死刑使用非常少之外，「對貴族和官僚的犯罪一般不科以真刑，而是通過議、請、減、贖及官當等，使之獲得減免或易刑。」〔註18〕笞刑和杖刑也因有受辱之嫌，幾不使用。唐史中便記載過好幾個反對於士人施行杖刑的例子。《舊唐書‧張廷珪傳》云：「時監察御史蔣挺以監決杖刑稍輕，敕朝堂杖之，廷珪奏曰：『御史憲司，清望耳目之官，有犯當殺即殺，當流即流，不可決杖。士可殺，不可辱也。』」〔註19〕張說也曾就張嘉貞請杖裴仙先一事慷慨陳詞：「臣聞刑不上大夫，以其近於君也。故曰：『士可殺，不可辱。』臣今秋受詔巡邊，中途聞姜皎以罪於朝堂決杖，配流而死。皎官是三品，亦有微功。若其有犯，應死即殺，應流即流，不宜決杖廷辱，以卒伍待之。」〔註20〕顯而易見，雖然唐律規定了「五刑」的懲罰方式，但在官員犯罪的實際操作中，「五刑」的使用卻非常少見而大多以貶謫的方式進行處理。與「五刑」相比，貶謫既能起到懲罰犯罪的作用，同時又能通過貶官的起用而提高人才利用率，還能彰顯皇帝的寬容與大度以及國家治理的「仁恕」之道，強化國家的政治魅力，增強國家向心力，由此自然成為替代刑罰的更妥當的處罰方式。這一點，我們從中唐時期陸贄寫給德宗的幾篇奏疏也可以非常明顯地見出。陸贄《再奏量移官狀》：「伏以國之令典，先德後刑」〔註21〕，《三進量移官狀》：「如或以其貶黜，便謂奸凶，恒處防閒之中，長從擯棄之例，則是悔過者無由自補，蘊才者終不見伸……謂非帝王開懷含垢之大體，聖哲誘人遷善之良圖也」〔註22〕，還有其《論朝官闕員及刺史等改轉倫序狀》：「然則棄瑕錄用者，霸王之道；記過遺才者，衰亂之源。夫登進以懋庸，黜退以懲過，二者迭用，理如循環。進而有過則示懲，懲而改修則復進，既不廢法，亦無棄人。雖纖芥必懲，而才用不匱，故能使黜退者克勵以求復，登進者警飭以恪居。上無滯疑，下無蓄怨，俾人於變，以致時雍。」〔註23〕而無論是為了彰顯「仁恕」之道，還是為了通過貶謫讓官員自省己過以達到改過遷善的目的，均是「禮」的精神的體現。

〔註18〕《唐律疏議箋解》，第 42 頁。

〔註19〕劉昫等撰：《舊唐書》卷一〇一《張廷珪傳》，中華書局，1975 年版，第 3153 頁。下文凡引據此書者，皆只列書名、卷數及頁碼，不再詳細出注。

〔註20〕《舊唐書》卷九九《張嘉貞傳》，第 3091 頁。

〔註21〕《再奏量移官狀》，陸贄撰：《陸贄集》，中華書局，2006 年版，第 659 頁。

〔註22〕《三進量移官狀》，《陸贄集》，第 663 頁。

〔註23〕《論朝官闕員及刺史等改轉倫序狀》，《陸贄集》，第 702～703 頁。

　　在「禮」的思想指導下，唐代官員的許多犯罪行為常常都是以貶謫的方式進行處理的，如貪贓。《唐律疏議》中「受所監臨財物與乞取監臨財物」「於使所或經過處受送遺及乞取」「監主受財枉法與受財不枉法」等諸多條目都明確而詳細地規定了受贓的法律處罰手段，隨情節的嚴重程度要受到「笞」「杖」「流」「絞」等不同程度的處罰。但在具體實施中，贓罪卻往往以貶謫的方式進行處理。《舊唐書·玄宗下》中有「幽州節度使、兼御史大夫張守珪以賄貶為括州刺史」〔註24〕、崔日知「坐贓為御史李如璧所劾，左遷歙縣丞」〔註25〕，「前豐州刺史、天德軍使渾瑊坐贓七千貫，貶袁州司馬」〔註26〕等。類似的還有漏禁中語，在貶謫詔書中，「漏禁中語」經常可以成為貶謫的謫詞，說明被貶的緣由：如《李義府罷相詔》「漏禁中之語，鬻寵授之朝恩，交占候之人，輕朔望之哀禮」〔註27〕；《貶李揆袁州長史詔》「更漏省中之語，端居相府，潛構禍胎」〔註28〕，《貶王伾開州司馬王叔文渝州司戶參軍制》中「而乃漏洩密令，張皇威福」〔註29〕等。而《唐律疏議》中則規定，「漏泄大事應密及非大事應密」一條屬於犯罪，應受到相應的法律處罰，「諸漏泄大事應密者，絞」「非大事應密者，徒一年半……」〔註30〕等。可見，官員犯罪往往並未完全按照法律進行懲處，而一般是以貶謫這種有利於官員改過遷善、促使其反省、進步的處罰手段進行處理。然而，這也並不意味著貶謫沒有相應的實施制度，是任意為之的，通過前文貶謫與法律關係的論述可知，貶謫的原因一般都是觸犯相關法律，貶謫的程序也需要依照一定的法律程序，甚至貶謫的手段，都是依照唐律中「八議」「十惡」「官當」「免官」「免所居官」「除名」等條文規定而生成的。此外，唐代許多制度性文獻如《唐律疏議》《唐會要》《通典》中，都有關於貶謫實施的相關制度性規定，通過梳理唐代史料中記載的貶謫案例，我們能夠總結出一套唐代貶謫實施的共同程序，唐代貶謫制度是現實存在的。而貶謫之所以給人任意為之的印象，亦與貶謫所遵循的「禮」的精

〔註24〕《舊唐書》卷九《玄宗下》，第211頁。

〔註25〕《舊唐書》卷九九《崔日用傳》，第3089頁。

〔註26〕《舊唐書》卷一七下《文宗下》，第539頁。

〔註27〕《全唐文》卷一二，第149頁。

〔註28〕《全唐文》卷四三，第477～478頁。

〔註29〕《全唐文》卷五六，第605頁。

〔註30〕長孫無忌撰，錢大群注：《唐律疏議新注》，南京師範大學出版社，2007年3月版，第322、323頁。下文凡引據此書者，皆只列書名及頁碼，不再詳細出注。

神密切相關。「禮」的精神是一個總的指導原則，想要在具體的貶謫案例中實現這一原則，常常需要針對貶官的不同性格及其具體的犯罪事實而給予特定的處罰方式，而不能夠全部以某種法律條文的形式固定下來。例如：《舊唐書》卷五八《長孫順德傳》記載的長孫順德受人饋絹一事。其時，唐太宗對其處罰乃「於殿庭賜絹數十匹，以愧其心」。大理少卿胡演進不明，問太宗：「順德枉法受財，罪不可恕，奈何又賜之絹？」太宗曰：「人生性靈，得絹甚於刑戮，如不知愧，一禽獸耳，殺之何益！」〔註31〕對長孫順德這樣的人來說，得到皇帝賜絹比對他實施刑戮更能夠激發他的愧悔之心，因此對其處罰方式為賜絹，但若是其他人，這樣的方式便不一定合適了。由此，將貶謫方式以固定的條例確定下來便不那麼現實了，但是貶謫大致所遵循的原則與程序還是固定的，這一點後文會詳細論述，這裡暫略不談。另一方面，正是因為「禮」的目標可以有靈活的實現方式，「權」因此有了介入的可能。在對貶謫的具體處理中，若遇到像太宗這樣賢明的君主，當然會通過恰當的方式處理犯罪而實現「禮」的目標，但若未能得遇明君，貶謫便常常會變成實現自身權力的工具。進一步說，昏懦的君主也更容易被身邊的權臣利用，使得貶謫成為權臣實現自身利益的方式，如李林甫、元載等便是這樣的權臣。只是，任何制度的實施都是有利有弊的，貶謫這一制度實行的優勢在於實現「禮」，給士大夫以改過遷善的機會，其弊端則是容易使得權力的運作介入其中，影響貶謫制度的如法實現。

明白了貶謫這一概念與法律及禮的關係，我們再次回到文章開頭提出的問題，即貶謫究竟是行政處罰手段還是刑事處罰手段？事實上，貶謫的性質並不能簡單地以行政處罰或是刑事處罰劃分。首先，從具體實例來看，貶謫方式既有如免所居官這樣的輕微降級，又有從低品秩官到東宮官或東都分司官之類的升任，還有流放於遠惡之處的嚴酷懲處，如此形式豐富多樣的處罰手段簡單以現代法律的行政處罰與刑事處罰劃分顯然是不合適的。其次，行政處罰與刑事處罰是現代法律的概念，唐代法律本無行政與刑事的區別，我國古代法律最重要的特徵便是「諸法合體，民刑不分」，《中國法制史》指出：「從戰國時李悝著《法經》起，直到封建末世的《大清律》，歷代具有代表性的法典基本上都是刑法典，同時也包含著民法、行政法、訴訟法等各方面的內

〔註31〕《舊唐書》卷五八《長孫順德傳》，第 2308 頁。

容,這種混合編纂的結構形式,就是通常所說『民刑不分』『諸法合體』」〔註32〕,「中國古代在諸法合體的結構形式中,始終以刑法為主,並以統一的刑法手段調整各種法律關係」〔註33〕。既然中國古代法律並不明確區分刑事與行政,貶謫便談不上混淆與破壞古代法律的刑事與行政處罰了。最後,唐代法律遵循「德禮為政教之本,刑罰為政教之用」的法律精神,而貶謫,恰好便是在充分考慮「德禮」的前提下產生的一種針對官員犯罪的特殊處罰手段,實現「德禮」乃是其初衷,亦是其最終目的。因此可以說,貶謫不僅沒有對唐代法律造成破壞,反而是對唐代法律的有效補充與運用。

三、貶謫與權的關係

　　中國古代的法律以「禮」為其基本精神,貶謫便是依據「禮」對犯罪官員進行處罰的一種措施,貶謫的主體是犯罪官員,指導思想是「禮」。然縱觀史籍中的貶謫案例我們發現,貶謫在實現「禮」的外衣下,卻常常成為權利的角鬥場。「禮」的等級制規定了皇權的至高無上,為皇權在貶謫中的決定性作用提供了理論支撐,而作為皇權的延伸,權臣亦常常控制貶謫,使得貶謫成為實現自己利益的工具。總而言之,貶謫雖目標是「禮」,但其核心卻是權力。

　　在唐代,權大於法是一個社會現實。《唐律疏議·名例律》「除名」條《疏》議曰:「非常之斷,人主專之」〔註34〕。《唐律疏議·斷獄律》「輒引制敕斷罪」條《疏》議曰:「事有時宜,故人主權斷制敕,制敕量情處分。」〔註35〕顯然,皇權可以超越法律。既然法可以統於權,那麼,官員犯法是否接受法律的處分便可以不依照某一條具體的法律,而可以以權力掌控為鵠的。

　　首先,皇權獨大,皇帝可以利用自己的特殊身份實施貶謫。這一點從許多案件中的皇帝權斷可以見出。如唐太宗權斷黨仁弘貪污案:

　　　　廣州都督黨仁弘嘗率鄉兵二千助高祖起,封長沙郡公。仁弘交通豪酋,納金寶,沒降獠為奴婢,又擅賦夷人。既還,有舟七十。或告其贓,法當死。帝哀其老且有功,因貸為庶人,乃召五品以上,謂曰:「賞罰所以代天行法,今朕寬仁弘死,是自弄法以負天也。人

〔註32〕張晉藩等編撰:《中國法制史》,中國人民大學出版社,1981年版,第4頁。
〔註33〕張晉藩撰:《薪火集·中國法制史學通論》,鷺江出版社,2003年版,第27頁。
〔註34〕《唐律疏議箋解》,第197頁。
〔註35〕《唐律疏議箋解》,第2067頁。

臣有過，請罪於君，君有過，宜請罪於天。其令有司設槀席於南郊
三日，朕將請罪。」房玄齡等曰：「寬仁弘不以私而以功，何罪之請？」
百僚頓首三請，乃止。〔註36〕

黨仁弘受金擅賦，贓污狼藉，法合至死，而唐太宗出於哀憐，權斷為貸死除
名。又如《資治通鑒》第二百二儀鳳元年記載曰：

> 九月，壬申，大理奏左威衛大將軍權善才、左監門中郎將范懷
> 義誤斫昭陵柏，罪當除名；上特命殺之。大理丞太原狄仁傑奏：「二
> 人罪不當死。」上曰：「善才等斫陵柏，我不殺則為不孝。」仁傑固
> 執不已，上作色，令出，仁傑曰：「犯顏直諫，自古以為難。臣以為
> 遇桀、紂則難，遇堯、舜則易。今法不至死而陛下特殺之，是法不
> 信於人也，人何所措其手足！且張釋之有言：『設有盜長陵一抔土，
> 陛下何以處之？』今以一株柏殺二將軍，後代謂陛下為何如矣？臣
> 不敢奉詔者，恐陷陛下於不道，且羞見釋之於地下故也。」上怒稍
> 解，二人除名，流嶺南。後數日，擢仁傑為侍御史。〔註37〕

誤斫昭陵柏，罪當除名，而皇帝卻要將其處死，後雖有大臣極力進諫，但最
終其處罰仍是除名，流嶺南。可見，皇權的行使常常超越於法律之上。此外，
唐代的幾大冤案也均是皇帝權斷的結果，如「五王案」、宋申錫案等等，後文
闡述貶謫程序時有專門論述，這裡暫省略不談。總而言之，唐代皇權是常常
超越於法律之上而發揮作用的，唐代貶謫常常受到皇權的影響。

其次，皇權對貶謫的影響不僅僅體現在皇帝權斷一個方面，有時還體現
在權臣或宦官、藩鎮對貶謫的影響。除皇帝之外，手握重權的權臣、宦官等
常常成為皇帝權力的延伸，如李林甫、李輔國等人，他們曾經一度成為皇權
的代表，按自己的意志操縱貶謫。

《新唐書·李林甫傳》記載：「林甫居相位凡十九年，固寵市權，蔽欺天
子耳目，諫官皆持祿養資，無敢正言者。補闕杜璡再上書言政事，斥為下邽
令。因以語動其餘曰：『明主在上，群臣將順不暇，亦何所論？君等獨不見立
仗馬乎，終日無聲，而飫三品芻豆；一鳴，則黜之矣。後雖欲不鳴，得乎？』

〔註36〕歐陽修、宋祁等撰：《新唐書》卷五六《刑法志》，中華書局，1975 年版，第
　　　1412 頁。「覺」，諸史均作「黨」。下文凡引據此書者，皆只列書名、卷數及頁
　　　碼，不再詳細出注。

〔註37〕司馬光撰：《資治通鑒》卷二〇二，中華書局，1956 年版，第 6496 頁。下文
　　　凡引據此書者，皆只列書名、卷數及頁碼，不再詳細出注。

由是諫爭路絕。」〔註38〕《通鑒》也記載：「李林甫為相，凡才望功業出己右及為上所厚、勢位將逼己者，必百計去之；尤忌文學之士，或陽與之善，啖以甘言而陰陷之。世謂李林甫『口有蜜，腹有劍』。」〔註39〕此外，還有元載、李輔國等等唐代一大批權臣都曾經依仗皇帝的權力操縱貶謫，甚至到晚唐，藩鎮勢力強大，也同樣擁有了操縱貶謫的能力。如晚唐的于頔，《通鑒》記載：

> 山南東道節度使于頔因討吳少誠，大募戰士，繕甲屬兵，聚斂貨財，恣行誅殺，有據漢南之志，專以慢上陵下為事。上方姑息藩鎮，知其所為，無如之何。頔誣鄧州刺史元洪贓罪，朝廷不得已流洪端州，遣中使護送至棗陽。頔遣兵劫取歸襄州，中使奔歸。頔表洪責太重，上復以洪為吉州長史，乃遣之。又怒判官薛正倫，奏貶峽州長史。比敕下，頔怒已解，覆奏留為判官。上一一從之。〔註40〕

于頔誣奏元洪，朝廷便需要按照其意志予以處罰，于頔表責之太重，朝廷便趕緊量移，對于頔提出的懲處措施，朝廷一概按其意願行事，這樣的情形之下，貶謫顯然不是按照法律或是以「禮」為標準，而是完全以權力鬥爭為中心，若此犯罪官員正處於權力格局中掌權的一方，那任何罪行便都可以視作無罪，如李義府等歷代權臣對無辜朝臣的殺害；而如果是身處被權力打壓的一方，那即使本身沒有任何罪行，也可能會遭遇最嚴酷的懲罰，如王朝異代之際，前朝大臣被處決。由此，我們大概可以梳理出一個這樣的關係：法律可以決定犯罪，而權力則可以控制法律，「禮」的指導思想在為官員提供優待的同時也給權力運作提供了相當的空間。相對於「五刑」，貶謫顯然是一種更為靈活的權力調整手段，其輕則可以貶任「東宮官」和「東都分司官」這樣一些閒職，實現暫時的打壓，重則可流放永不敘用，而這一切均掌握在當權之人的手中，這實在是與複雜的權力鬥爭非常適用。由此，權力成為決定貶謫最核心也最關鍵的要素。

綜上可知，唐代貶謫是一種針對犯罪官員的特殊處罰手段，貶謫的主體是犯罪官員，指導思想是「禮」，其核心及決定因素則是「權」。「權」是貶謫過程中政治運作的實質，而「禮」則為其提供合理性的精神支撐，「禮」的目標為「權」的運作提供生存的土壤，「權」的運作則又使得貶謫與「禮」的目標

〔註38〕《新唐書》卷二二三上《姦臣上・李林甫傳》，第6347～6348頁。
〔註39〕《資治通鑒》卷二一五，第6972頁。
〔註40〕《資治通鑒》卷二三五，第7710頁。

終於發生背離。明白三者之間的關係，有助於我們理解唐代貶謫制度的相關情形，理解唐代貶謫制詔及謝上表的文體特點及其背後種種複雜的文人心態。

第二節　貶謫相關問題再認識

前文主要以貶謫與法律的關係、貶謫與禮的關係以及貶謫與權的關係為視角，探討貶謫的產生以及這一政治行為的性質。唐代貶謫制度現實存在、卻往往不易被人認可，這一處罰方式對唐代法制起著非常重要的補充作用。除此宏觀上對貶謫的理解，具體到微觀層面，貶謫還有幾個比較容易忽略的細節問題，需要進行補充說明。

一、流放、流民

流放是《唐律》中明確規定的「五刑」之一，《唐律》中的流放既包括官員的流放，也包括對普通百姓犯罪的流放，本篇主要論述的是對犯罪官員的流放，普通百姓的流放並不在討論的範圍之內。流放與流民也有區別，因逃避租稅或戰亂等流離到外地的百姓是流民而不屬於流放。李興盛在《中國流人史》中曾對流民作過這樣的界定：「流民是在古代社會中因土地兼併而喪失土地，無以為生，或為躲避天災人禍及其他一些社會與自然因素而一度或長期流亡或出居於鄉里以外之人。」〔註41〕顯然，流民並不屬於本篇所論範圍。本篇所謂流放，特指朝廷對犯罪官員的一種處罰手段，其主體是犯罪官員，這是本文探討貶謫制度的前提與基礎。

鏊清了流民與流放的概念之後，我們所要辨析的是流放與貶謫，即本文討論的貶謫範圍中，包不包括流放。對於這個問題，歷來研究者多採取了比較模棱的看法：有的不定義貶謫便直接對流放避而不談；有的雖明確流官與貶官的含義，說明其區別與相似之處，卻並不明確二者之間的關係，只是籠統地將貶謫之人稱為「流貶官」。事實上，對於流放與貶謫之間的區別與聯繫，學界早有人論及。1998 年 2 月，張豔雲《唐代左降官與流人異同辨析》一文便從四大方面論述左降官與流人的區別，而其論述與本文的不同之處則在於，她文中所指的流放既包括犯罪官員的流放又包括平民百

〔註41〕李興盛撰：《中國流人史》，黑龍江人民出版社，2012 年版，第 3 頁。

姓的流放，即「既可以是昔日的官員，也可以是一般庶民」〔註42〕，這一點，便與本文論述的主要對象——犯罪官員有了很大的差異。在總結二者的具體區別時，張文主要舉出了四點，這四點亦是後來文章中經常用來論述貶謫與流放區別的幾個重要方面，第一，貶謫是一種行政處罰方法，而流刑是一種典型的、司法的刑事處罰，二者一個是刑事責任，一個是行政責任，性質完全不同；第二，左降官與流人在量移上存在差異；第三，左降官與流人在發遣外地上的差異；第四，左降官與流人在活動範圍上的差異。這幾大差異中，第一大差異即性質的差異是主要差異，也是後人在論述貶謫與流放時提出的最主要的差別。關於貶謫到底屬於行政處罰還是刑事處罰的問題，前文已經有過具體的論述，唐代法律並無刑事與行政之區別，而具有「諸法合體」的特徵，我們不能簡單以唐代貶謫與流放分屬行政處罰與刑事處罰的不同類型而將二者剝離，讓流放這一類別在討論貶謫時常常無所適從。從其法律性質而言，貶謫與流放並不存在很大的差異，貶謫之所以沒有像流放一樣成為正式的法條，這是由貶謫這一行為的特性決定的，而不是因為其是行政處罰，與流放的刑事處罰不同。至於二者在發遣、量移及活動範圍這幾個方面，其差異也並不是絕對的，也有很多的相似之處，具體內容後文將有詳細論述，這裡不再贅述。由以上可知，貶謫與流放並不是兩個性質完全不同的概念。

　　事實上，在依「禮」處罰犯罪這一更根本的性質上，流放與貶謫是相同的。流放作為中國古代歷史上對罪犯的一種處罰方式很早就出現了，早在尚書中便有關於流放的記載。《尚書・舜典》中有「流共公於幽州，放驩兜於崇山，竄三苗於三危，殛鯀於羽山」〔註43〕的說法，其後，夏商周春秋戰國之後幾乎所有的朝代都有流人，這一點，李興盛在其《中國流人史》中有過非常詳細的總結，這裡不詳列舉。然而，無論是哪個時代的流放，根本上而言，都可以視作對犯罪的一種寬恕性的遷徙與處罰。且據李興盛考察，流刑在最開始使用時並不是「五刑」之一，也沒有明確的法條，而只是作為「五刑」的一種寬宥處理的方式。《書》云：「『流宥五刑』，謂不忍刑殺，宥之於遠

〔註42〕張豔雲：《唐代左降官與流人異同辨析》，《唐史論叢》，1998年第2期，第345頁。

〔註43〕阮元校刻：《十三經注疏》（清嘉慶刊本）卷三《舜典》，中華書局，2009年版，第270頁。下文凡引據此書者，皆只列書名、卷數及頁碼，不再詳細出注。

也。」〔註44〕意思就是說，流放乃是對死刑的一種寬恕，這一點與唐代的貶謫何其相似。在唐代，貶謫一來不載於正式法條，二來也是一種對犯罪的寬恕性的處罰方式，希望通過貶謫讓官員改過遷善。可見，從本質上講，流放與貶謫都有著相同的內涵。到北朝的北魏與北周時，流刑「正式列為笞、杖、徒、流、死新『五刑』之一」，〔註45〕並以法條的形式固定下來且一直延續到唐代。可以說，《唐律》中關於流刑的規定乃是對上古流放的進一步完備與深化，唐代流刑仍然是對犯罪的一種寬宥式的處罰手段，《唐會要》中便曾解釋「流為擯死」〔註46〕，即對死刑的寬恕。由此，我們可以說，唐代對犯罪官員的流放處罰應該屬於貶謫的一個類別，在我們探討唐代貶謫時，流放這一形式也應該被考慮在內。

作為五刑之一，流放是處罰犯罪的一種方式，一般平民百姓因犯罪而流放當然跟貶謫沒有關係，但官員的流放則應當屬於貶謫的一種形式。官員受到流刑處罰之後，不僅官職、爵位、勳官、戶籍等全部被追奪，無官俸，而且還要放至邊遠、蠻荒之地，受到相應的監管。按照貶謫三要素來說，流放正好同時滿足了貶謫降職與外放兩大因素，官職從有降到無，地域從中心到邊緣，因此筆者認為，探討官員的貶謫制度時，流放這一形式應該被包含在內，尚永亮先生《唐五代逐臣與貶謫文學研究》中，便將流放列為貶謫的主要類型之一進行過相應的探討。

最後，從史料來看，官員的具體處罰也經常是貶流結合。如韋堅與皇甫惟明受李林甫讒言的貶謫，「堅貶縉雲太守，惟明播川太守，籍其家」，〔註47〕後因諸弟訴枉，復貶堅江夏別駕，未幾，長流臨封郡。又如光宅元年，內史裴炎因進諫武則天還政而被誣陷謀反，劉景先及鳳閣侍郎義陽胡元範皆為之申理，後裴炎被斬，「劉景先貶普州刺史，胡元範流瓊州而死」。〔註48〕一件事情中，或是對同一個人先貶後流，或是對不同的人貶流結合，無論哪種情

〔註44〕孔安國注，孔穎達疏，喻遂生整理：《尚書正義》卷3《舜典第二》，見傳世藏書《十三經注疏》第1冊，海口：海南國際新聞出版中心，1995年，第42頁。

〔註45〕《中國流人史》，第14頁。

〔註46〕王溥撰、牛繼清校證：《唐會要校證》卷四一《左降官及流人》，三秦出版社，2012年版，第632頁。下文凡引據此書者，皆只列書名、卷數及頁碼，不再詳細出注。

〔註47〕《新唐書》卷一三四《韋堅傳》，第4561頁。

〔註48〕《資治通鑑》卷二○三，第6543頁。

況，都能看出流放在官員貶謫過程中的重要性，它實是官員貶謫不可或缺的一個部分，只有將流放與貶官結合考察，才能更全面地理解貶謫的性質及其給士人帶來的深刻影響。據此而言，官員的流放與貶謫關係密切，它是貶謫中重要而又特別的一大類型。

二、貶謫主體身份

貶謫主體主要指犯罪官員（包括主動犯罪與被動犯罪，被動犯罪即連坐、栽贓等），但有時候也有無官受黜的情形。五代王定保《唐摭言》中便有「無官受黜」一條。其中舉出三個例子，分別為孟浩然、白居易和溫庭筠。孟浩然，史載其「隱鹿門山，以詩自適。年四十來遊京師，應進士不第。」〔註49〕至於不第的原因，歷史記載了一段他與玄宗之間「轉喉觸諱」的故事：

> 襄陽詩人孟浩然，開元中頗為王右丞所知。句有「微雲淡河漢，
> 疏雨滴梧桐」者，右丞吟詠之，常擊節不已。維待詔金鑾殿，一旦，
> 召之商較《風》、《雅》，忽遇上幸維所，浩然錯愕伏床下，維不敢隱，
> 因之奏聞。上欣然曰：「朕素聞其人。」因得詔見。上曰：「卿將得
> 詩來耶！」浩然奏曰：「臣偶不齎所業。」上即命吟。浩然奉詔，拜
> 舞念詩曰：「北闕休上書，南山歸敝廬；不才明主棄，多病故人疏。」
> 上聞之憮然曰：「朕未曾棄人，自是卿不求進，奈何反有此作！」因
> 命放歸南山。終身不仕。〔註50〕

故事中說孟浩然不仕的原因乃觸怒皇帝，被迫放還。要知道，孟浩然雖年四十才遊京師，但其才華卻是得到了當時朝廷之士的認可的，「嘗於太學賦詩，一座嗟伏，無敢抗。張九齡、王維雅稱道之」。〔註51〕可見，如若沒有特別的原因，孟浩然想要得到一個官職，並不是難事，況且其本身對官場也不無嚮往之心，然而，最終為何竟「仕隱兩失」了呢？這其中未必沒有什麼難以言說的苦衷。這則故事的真實性雖歷來受人懷疑，然從這個角度來說卻也有其合理性。也正因為孟浩然本有此做官的才能與資本，因此其放還的事件才被王定保歸入「受黜」。

相比於盛唐詩人孟浩然故事的傳奇浪漫，第二個中唐詩人賈島的故事便

〔註49〕《舊唐書》卷一九〇下《文苑下》，第5050頁。
〔註50〕王定保撰：《唐摭言》，上海古籍出版社，1978年版，第120～121頁。
〔註51〕《新唐書》卷二〇三《文藝下・孟浩然傳》，第5779頁。

充滿了政治鬥爭的權謀與殘酷，《唐摭言》載：

> 賈島、字閬仙。元和中，元白尚輕淺，島獨變格入僻，以矯浮
> 豔；雖行坐寢食，吟味不輟。嘗跨驢張蓋，橫截天衢，時秋風正屬，
> 黃葉可掃。島忽吟曰：「落葉滿長安」，志重其衝口直致，求足一聯，
> 杳不可得，不知身之所從也。因之唐突大京兆劉棲楚，被繫一夕而
> 釋之。又嘗遇武宗皇帝於定水精舍，島尤肆侮，上訝之。他日有中
> 旨令與一官，謫去乃受長江縣尉，稍遷普州司倉而卒。〔註52〕

賈島，史書記載其「累舉，不中第」，可謂坐困場屋，宦途塞阻。到五十九歲
才被貶為遂州長江縣主簿，從此結束了艱辛漫長的應舉生涯，而其被貶原因，
史書記載為「坐飛謗」〔註53〕，之後再無說明。由此，為遷就賈島被謫受長
江縣尉一事，歷來多有研究者以自己的視角解釋事件的始末。杜景華推測，
賈島實際上在蜀地做了十年小地方官；〔註54〕施蟄存認為，賈島在貶謫前官
職可能高於貶謫，故言貶斥。之所以這樣理解，是因為人們對貶謫這一概念
的認識，即將降職視作貶謫的必然條件，似乎沒有官職便無從貶謫。事實上，
能夠實現懲罰才是貶謫的核心含義，而不在於具體的形式。史書中的「坐飛
謗」應該就是其被貶的真實原因，可能是因為觸犯了某些權貴的利益而受到
打擊。對一個長安文人圈中有名卻又落魄的知識分子而言，怎樣貶謫才能夠
既行貶謫之實，同時又不必激起外界的不滿，這需要一種藝術。「用進士及第
的待遇進行安置，表面上顯示出對賈島的破格重用，是對賈的恩典，既可堵
世人言權貴打擊報復用心之口，又摸準了賈島醉心求仕的心理，讓賈不敢申
辯，乖乖就範。實際上達到了用九品微官將一個五十九歲的不合時宜的老人
打發到荒山僻壤之地的目的，使其永離京師，遠離群體，孤身一人，自然便
再也掀不起風浪，從而徹底解決了問題。施害者貌似寬厚，受害者啞巴吃黃
連，旁觀者無話可說，其結果是各得其所。」〔註55〕可見，到賈島這裡，「無
官受黜」已經失去了孟浩然故事中的傳奇色彩，反而包含了複雜的政治陰謀，
體現了政治鬥爭的殘酷性。

　　此外，《唐摭言》中記載的「無官受黜」的例子還有溫庭筠。

〔註52〕《唐摭言》，第121頁。
〔註53〕《新唐書》卷一七六《賈島傳》，第5268頁。
〔註54〕杜景華：《賈島生平故里考》，《學術交流》，2000年，第5期，第130頁。
〔註55〕張震英：《賈島坐飛謗責授事蹟考辯》，《學術論壇》，2008年第5期，第127
　　　　頁。

開成中，溫庭筠才名籍甚；然罕拘細行，以文為貨，識者鄙之。
無何，執政間復有惡奏庭筠攪擾場屋，黜隨州縣尉。時中書舍人裴
坦當制，怵泥含毫久之。時有老吏在側，因訊之升黜，對曰：「舍人
合為責辭，何者？入策進士，與望州長馬一齊資。」坦釋然，故有
澤畔長沙之比。庭筠之任，文士詩人爭為辭送，惟紀唐夫得其尤。
詩曰：「何事明時泣玉頻，長安不見杏園春；鳳皇詔下雖沾命，鸚鵡
才高卻累身！且飲綠醽銷積恨，莫辭黃綬拂行塵；方城若比長沙遠，
猶隔千山與萬津。」〔註56〕

相比於孟浩然被貶的傳奇性與賈島貶謫的殘酷性，溫庭筠的例子則更有一
種幽默性、戲劇性。溫庭筠才高而無形，《舊唐書・溫庭筠傳》記載其「初
至京師，人士翕然推重。然士行塵雜，不修邊幅，能逐弦吹之音，為側豔
之詞，公卿家無賴子弟裴誠、令狐縞之徒，相與蒲飲，酣醉終日，由是累
年不第。」〔註57〕《新唐書・溫庭筠傳》亦言「數舉進士不中第。思神速，
多為人作文。」〔註58〕其最終因攪擾場屋而被貶隨州縣尉。中書舍人裴坦
草詔，不知這無官而授予官職是升是降，老吏言可為降，為什麼呢？因為
入策的進士，其身份與望州的長史、司馬官資差不多。唐代，上州長史從
五品上、上州司馬從五品下。而溫庭筠，雖然從無官到有官，卻是隨州縣
尉這樣一個從九品下的小官，身份地位顯然較進士低了許多。況且在得到
這個官職的同時，他也失去了如普通進士一般的晉升渠道，宦途基本無望，
由此，雖是授官，亦是貶謫。

由以上幾個例子可知，貶謫主體雖大多是擁有官職的犯罪官吏，但有時
為這些即將步入仕途的進士或準進士，安排一個邊遠地區的小官，以此斷送
其政治前途，亦不失為一種嚴酷的貶謫方式。如前面所提孟浩然、賈島、溫
庭筠，便都是以詩留名於大唐詩壇，政治上則從一開始，便被其文人性格中
的不通人情、剛直、風流而扼殺於搖籃之中了。

三、兩種外出驅動力

除去對貶謫主體是否為官員的探討，貶謫的外出驅動力亦需要有一定的

〔註56〕《唐摭言》，第 121 頁。
〔註57〕《舊唐書》卷一九〇下《文苑下・溫庭筠傳》，第 5079 頁。
〔註58〕《新唐書》卷九一《溫庭筠傳》，第 3787 頁。

辨析，即降職外任、投置閒散是主動的還是被動的。目前學界對貶謫概念研究的共識是：降職、外任、投置閒散乃貶謫的三大要素，其既可共同形成貶謫，也可獨立形成貶謫。然而，這其中卻還有一個非常重要的因素需要引起我們的注意，即驅動降職外任的力量是主動的還是被動的，如果是被動的我們可稱之為貶謫，若是主動外出，則不可稱之為貶謫。

仔細考察貶謫相關案例可以發現，官員或是為經濟因素、或是為政治因素，經常有主動請求外放、降職或投置閒散的行為，這類行為我們並不能將其稱為貶謫。唐前期，朝廷勳舊重臣因功高而自請罷職的較多，這與其時朝廷草創未久的政治現實緊密相關，長孫無忌、魏徵、李靖都屬於這樣的情形。長孫無忌與太宗乃布衣之交，有姻親之好，高祖起兵後便追隨唐太宗征戰，成為其心腹謀臣，後參與策劃幫助唐太宗奪取大權的玄武門之變。太宗即位，「遷左武候大將軍，貞觀元年，轉吏部尚書，以功第一，進封齊國公，實封千三百戶。太宗以無忌佐命元勳，地兼外戚，禮遇尤重，常令出入臥內。其年，拜尚書右僕射。」〔註59〕如此的禮遇自然容易遭人嫉妒，不久便有人密表稱無忌權寵過盛，雖有太宗的信任，然無忌深以盈滿為誡，懇辭機密，終拜開府儀同三司，解尚書右僕射。尚書右僕射乃宰相，擁有一人之下萬人之上的大權，而開府儀同三司是文散官的最高官階，從一品，只是一種榮耀，可據以提高俸祿，卻無實權。長孫無忌的官職從實職到虛銜，看似貶謫，然因其乃自請，便不屬於貶謫。類似的還有李靖、魏徵。李靖為唐王朝的建立及發展立下赫赫戰功，南平蕭銑、輔公祐，北滅東突厥，西破吐谷渾，封衛國公，世稱李衛公；魏徵多次犯顏進諫，輔佐唐太宗共創「貞觀之治」的大業，加左光祿大夫，進封鄭國公。二人於文武二道為唐開國重臣，然亦都以功高而忌滿盈，靖尋以足疾上表乞骸骨，言甚懇至；徵以目疾頻表遜位，太宗難違。因下優詔，靖加授特進，聽在第攝養；徵拜特進，仍知門下事。很明顯，二人的榮譽性的散官品位均有提升，實權卻都大大削奪，雖類似貶謫，但因其乃主動自請，亦不能言其為貶。

如果說魏徵、李靖等人的行為是政治上的避忌滿盈、功成身退的話，那麼，另有一類人的請居閒職則更多了對政局的一種恐懼，實為明哲保身。白居易與韓愈自請為東都分司官便是非常明顯的例子。東都分司官，前文已有過研究，自安史之亂皇帝不再東幸之後，東都分司官便不斷閒散化，不再擁

〔註59〕《舊唐書》卷六五《長孫無忌傳》，第 2446～2447 頁。

有實權，因此也逐漸成為安置貶謫官員的常用職位，而另有一類東都分司官
乃官員自求而為之的，唐後期這樣的情形較多，這與當時士人因為黨爭等因
素逐漸喪失政治熱情相關。如韓愈元和二年（公元 807 年）以國子博士分司。
關於分司東都的原因，韓愈在《四門博士周況妻韓氏墓誌銘》中說：「開封
從父弟愈於時為博士，乞分教東都生，以收其孥於開封界中教畜之，而歸其
長女於周氏況。」〔註 60〕這裡說分司東都是因為要照料和教育子女。然而，
李翱《故正議大夫行尚書吏部侍郎上柱國賜紫金魚袋贈禮部尚書韓公行狀》
云：「改江陵府法曹參軍，入為權知國子博士。宰相有愛公文者，將以文學
職處公。有爭先者，構公語以非之。公恐及難，遂求分司東都。權知三年，
改真博士。」〔註 61〕韓愈好友皇甫湜於《韓愈神道碑》也說：「累除國子博
士，不麗邪寵，懼而中請分司東都避之。」〔註 62〕可見，韓愈自請分司東都
實有全身遠禍的心理，具體而言，段承校於其《韓愈自請分司東都原因探析》
一文中進行過具體的考證，即為了避開有宦官集團背景的裴均與李吉甫集團
的人事糾葛，避免陷入權力鬥爭的漩渦。總之韓愈果斷自請分司東都，於政
治中途暫且撤退，這乃是其理性的導引，無一絲被處罰的不滿，因此不能算
是貶謫。類似的還有白居易為官生涯中的四次自請分司東都。被貶江州刺史
應該是白居易一生一個比較重要的轉折點。在此之前，他心性激切，上書言
事，不避忌諱，在這以後，宦情可謂日漸淡薄，從他自請外遷杭州刺史便可
見出這一心態。「於是，天子荒縱，宰相才下，賞罰失所宜，坐視賊，無能
為。居易雖進忠，不見聽，乃丐外遷」，秩滿，乞請分司東都；第二次請求
外任分司東都乃在太和初，其時「二李黨事興，險利乘之，更相奪移，進退
毀譽，若旦暮然」，居易因其妻與黨爭中人稍有關係，因此「愈不自安，懼
以黨人見斥，乃求致身散地，冀於遠害」〔註 63〕，請以太子賓客分司東都，
五年，除河南尹。七年，復授太子賓客分司；第四次是大和九年，《舊唐書·
白居易傳》載：「開成元年，除同州刺史，辭疾不拜。」〔註 64〕疾病只是一
個方面，不就任的主要原因還是政治上的動盪，「請君休說長安事，膝上風

〔註 60〕韓愈撰，劉真倫、岳珍校注：《韓愈文集匯校箋注》，中華書局，2010 年版，
　　　　　第 2681～2682 頁。下文凡引據此書者，皆只列書名及頁碼，不再詳細出注。
〔註 61〕《全唐文》卷六三九，第 6459～6460 頁。
〔註 62〕《全唐文》卷六八七，第 7037 頁。
〔註 63〕《新唐書》卷一一九《白居易傳》，第 4303 頁。
〔註 64〕《舊唐書》卷一六六《白居易傳》，第 4355 頁。

清琴正調」〔註65〕，對長安提都不願提及，可見他想遠離朝廷的混亂局面，遠離政治漩渦的心理。此時的分司東都已不再是朝廷貶謫官員的一種方式，而是士大夫為躲避黨爭的一種手段，反映的是其消隱的政治熱情與自適的隱逸情趣。

除去政治上的恐懼，自請外遷、降職的另一原因乃經濟上的困窘。如晚唐大詩人杜牧。大中二年八月，杜牧由睦州刺史擢為司勳員外郎、史館修撰，次年底上表乞杭州。在其《上宰相求杭州啟》中，杜牧述說了對杭州刺史這樣一個肥差的理解：「杭州戶十萬，稅錢五十萬，刺史之重，可以殺生，而有厚祿」，認為「作是刺史，則一家骨肉，四處皆泰；為京官，則一家骨肉，四處皆困」〔註66〕，然而，此次求官杭州卻沒有成功。大中四年，杜牧轉吏部員外郎，又三次上表求湖州。從其上表之四《啟》中，我們可以更明顯地看出，杜牧請求出任州刺史乃是出於經濟方面的考慮。其中《第二啟》詳細說明了自己為弟弟治療眼疾的經過，兄弟相見之難、生計之艱、病痛之苦，中間始終貫穿著殷殷的真切情意。「此行也必祈大郡，東來謀汝醫藥衣食，庶幾如志」〔註67〕，「念病弟喪明，坐廢十五年矣，但能識某聲音，不復知某髮已半白，顏面衰改。是某今生可以見顗，而顗不能復見某矣，此天也，無可奈何。某能見顗而不得去，此豈天乎！而懸在相公」〔註68〕，生命衰敗中骨肉不可復見之痛，讓人為之動容。病弟孀妹，寓居淮南，全靠三千里外一郎吏，即自己的照顧，然總悉多欠缺，為資弟妹衣食，其反覆申訴「湖州三歲，可遂此心」〔註69〕，求官心切可見一斑。考唐代俸祿，員外郎，月俸四萬，湖州、杭州乃上州，上州刺史月俸八萬，且據陳寅恪《元白詩中俸料錢問題》一文考察：「唐代中晚以後，地方官吏除法定俸料之外，其他不載於法令，而可以認為正當之收入者，為數遠在中央官吏之上」〔註70〕，更何況是富庶的蘇杭地區，由此，杜牧的確是因經濟原因自求以京官出為湖、杭二州刺史，我們不能將之視作貶謫。

〔註65〕《贈談客》，白居易撰，謝思煒校注：《白居易詩集校注》，中書書局，2006年版，第2516頁。下文凡引據此書者，皆只列書名及頁碼，不再詳細出注。

〔註66〕吳在慶撰：《杜牧集繫年校注》，中華書局，2008年版，第1019頁。下文凡引據此書者，皆只列書名及頁碼，不再詳細出注。

〔註67〕《杜牧集繫年校注》，第1010頁。

〔註68〕《杜牧集繫年校注》，第1010頁。

〔註69〕《杜牧集繫年校注》，第1011頁。

〔註70〕陳寅恪撰：《金明館叢稿二編》，上海古籍出版社，1980年版，第69頁。

類似的例子文獻中所在多有。天寶末，便有歸崇敬「以家貧求為外職，歷同州、潤州長史」〔註71〕；昭宗時，鄭綮「以進士登第，歷監察、殿中，倉、戶二員外，金、刑、右司三郎中。家貧求郡，出為廬州刺史」〔註72〕；穆宗時期，集賢學士薛放，時任禮部尚書兼集賢殿學士，然「孤孀百口，家貧每不給贍，苦俸薄，因召對，懇求外任」，〔註73〕乃授以江南西道觀察使。而無論是同州、潤州、廬州，還是江南西道觀察使治所洪州，都是上州，俸錢亦應相當優厚，外任可治家貧，這樣有目的的求出，不僅不是打擊，甚至是一種優待。故而，凡是自求的，無論是降職還是處閒，亦或是外放，我們均不認為屬於貶謫的範圍。

第三節　本論題的研究現狀與不足

上文具體探討了貶謫的概念、性質，並對貶謫的一些相關問題進行了辨析。所謂貶謫，是通過對所任官職、任職地域調整而實現的對官員的一種懲戒，可以認為是平衡各種權力關係的政治手段，貶謫制度乃中國古代官僚政治制度中的一項重要內容，與科舉制度、考課制度、赦免制度等共同構成中國古代帝王實現國家管理的重要環節。回首百年制度研究史，與貶謫制度相關的大致有兩類：

一類為宏觀的制度史研究。如陳寅恪《隋唐制度淵源略論稿》〔註74〕、吳宗國《中國古代官僚政治制度研究》〔註75〕與《盛唐政治制度研究》〔註76〕，張鳴《中國政治制度史導論》〔註77〕、白鋼《中國政治制度通史》〔註78〕等。這些論著為我們瞭解唐代政治制度提供了一個廣闊的學術視野。便於我們將貶謫制度放在一個完整的、原生態的歷史環境中加以考察，從而對其制度的形成、特點等各方面有更加深入的認知。

〔註71〕《舊唐書》卷一四九《歸崇敬傳》，第4015頁。

〔註72〕《舊唐書》卷一七九《鄭綮傳》，第4661頁。

〔註73〕王欽若等編：《冊府元龜》第一冊卷四八《帝王部‧從人慾》，中華書局影印，1960年版，第546頁。下文凡引據此書者，皆只列書名、卷數及頁碼，不再詳細出注。

〔註74〕陳寅恪撰：《隋唐制度淵源略論稿》，中華書局，1963年。

〔註75〕吳宗國撰：《中國古代官僚政治制度研究》，北京大學出版社，2004年。

〔註76〕吳宗國撰：《盛唐政治制度研究》，上海辭書出版社，2003年。

〔註77〕張鳴撰：《中國政治制度史導論》，中國人民大學出版社，2004年。

〔註78〕白鋼撰：《中國政治制度通史》，社會科學文獻出版社，2011年。

　　另一類為對唐代某一官僚機構運行制度的詳細考述。這樣的研究如嚴耕望《唐僕尚丞郎表》〔註79〕和專文《論唐代尚書省之職權與地位》〔註80〕、劉后濱《唐代中書門下體制研究》〔註81〕、胡滄澤《唐代御史制度研究》〔註82〕、羅永生《三省制新探》〔註83〕等。這些對制度的綜合研究為我們更深刻地認識唐代每一職能機構的運作情況無疑提供了很多便利。

　　貶謫看似簡單的官職調整，事實上卻關涉甚多，其與選官制度、國家各機關的設置及配合、官制、國家對地方的統治制度等方面，都有著非常密切的聯繫。因此，前人無論是從宏觀層面對制度史的探索，還是從微觀層面對相關機構運行制度的仔細考察，都為我們研究貶謫制度作了很好的鋪墊，提供了許多啟示。至於貶謫制度的相關研究，通過搜集整理，大概有以下三個方面的成果。

一、貶謫制度研究

　　較早對貶謫進行研究的是日本學者清水茂，其1957年發表的《柳宗元的生活體驗及其山水記》〔註84〕一文，具體探討了貶謫經歷與柳宗元文學創作之間的關係。而較早對貶謫進行制度研究的也是日本學者，1967年八重津洋平發表的《有關唐代官僚受貶的二、三個問題》〔註85〕是從制度層面研究貶謫的重要成果。文章對貶降的概念、官員被貶降日期及行程等方面的規定、量移制度、貶謫原因、唐律中與貶降有關的條文等進行了比較縝密的論述，並第一次定義「貶」，指出「『貶』是因官員因職務上的失職、不符合官人身份的道德敗壞及爭奪政治權力失敗，而受到品階降低或由中央政府官遷出為地方官的政治行為。這一論述也同時被此後國內的研究者採用，其研究思路開啟後來貶謫制度研究新路徑。

　　貶謫真正進入國內研究者的視野則要到上世紀八十年代，1981年顧學頡

〔註79〕嚴耕望撰：《唐僕尚丞郎表》，上海古籍出版社，2004年。

〔註80〕黃清蓮編：《制度與國家》，中國大百科全書出版社，2005年。

〔註81〕劉后濱撰：《唐代中書門下體制研究》，齊魯書社，2004年。

〔註82〕胡滄澤撰：《唐代御史制度研究》，文津出版社，1993年。

〔註83〕羅永生撰：《三省制新探》，中華書局，2005年。

〔註84〕清水茂、華山：《柳宗元的生活體驗及其山水記》，載《文史哲》，1957年5月。

〔註85〕八重津洋平：《有關唐代官僚受貶的二、三個問題》，載《法與政治》（18-2），1967年。

在武漢大學學報上發表的《白居易貶謫江州的前因後果》〔註86〕是第一篇與
貶謫相關的學術論文。之後有葉明鏡的《蘇東坡貶謫惠州》〔註87〕、陳博惠
的《能雪魂忠死亦甘——試評蘇軾被貶嶺南時期的詩作》〔註88〕、陳啟漢的
《貶謫嶺南的蘇軾》〔註89〕、楊應彬的《蘇軾在嶺南的社會和文學活動》〔註
90〕和余榮盛的《試論柳宗元貶謫時期的文學創作》〔註91〕等文章。然而，這
一時期的研究主要集中於通過對歷史實事的梳理，闡明一些與貶謫相關的問
題，文學方面的研究由於受意識形態的影響還比較明顯，較少創獲。從 1984
到 1988 年，金五德《試論王維貶謫濟州期間的詩歌》〔註92〕、韓敏《蘇軾謫
居海南事蹟繫年》〔註93〕、《蘇軾嶺海時期的心理模式》〔註94〕及陳樂素《流
放嶺南的元祐黨人》〔註95〕幾文的出現，分別從詩歌藝術特色、詩人心理狀
態及貶謫與黨爭的關係入手進行考察，才大概釐出了與貶謫相關的幾大研究
領域。九十年代初，以尚永亮先生的博士論文《元和五大詩人與貶滴文學考
論》〔註96〕為標誌，貶謫文學的相關研究開始深化，一時之間，蔚為大觀。
總之，整個八九十年代，貶謫在國內的研究逐漸向貶謫文學的研究靠攏，於
制度層面則相對空白。

　　1991 年，又出現了另一位對貶謫制度進行研究的日本學者——辻正博。
與八重津氏的宏觀研究不同，辻氏所作《唐代貶官考》一文〔註97〕按照時間、

〔註86〕顧學頡：《白居易貶謫江州的前因後果》，載《武漢大學學報》，1981 年第 3
　　　　期。

〔註87〕葉明鏡：《蘇東坡貶謫惠州》，載《惠陽師專學報（社會科學版）》，1981 年第
　　　　1 期。

〔註88〕陳博惠：《能雪魂忠死亦甘——試評蘇軾被貶嶺南時期的詩作》，載《廣州研
　　　　究》，1983 年 1 月。

〔註89〕陳啟漢：《貶謫嶺南的蘇軾》，載《廣州研究》，1984 年第 3 期。

〔註90〕楊應彬：《蘇軾在嶺南的社會和文學活動》，載《學術研究》，1984 年 6 月。

〔註91〕余榮盛：《試論柳宗元貶謫時期的文學創作》，載《惠陽師專學報（社會科學
　　　　版）》，1984 年第 1 期。

〔註92〕金五德：《試論王維貶謫濟州期間的詩歌》，載《長沙水電師院學報（社會科
　　　　學版）》，1986 年第 2 期。

〔註93〕韓敏：《蘇軾謫居海南事蹟繫年》，載《海南大學學報》，1986 年第 4 期。

〔註94〕韓敏：《蘇軾嶺海時期的心理模式》，載《北方論叢》，1989 年第 4 期。

〔註95〕陳樂素：《流放嶺南的元祐黨人》，載《求是集》第二集，廣東人民出版社，
　　　　1984 年版。

〔註96〕曾於 1993 年由臺灣文津出版社出版，因兩岸相隔，加之印刷數量不多，大陸
　　　　很少得見。

〔註97〕（日）辻正博：《唐代貶官考》，載《中國法制史考證》（丙編 2 卷），中國社

地點、官階的變化，將唐代被貶為刺史、別駕、長史、司馬、縣令、縣尉等外官的情形進行了分類統計，探究唐代的地方統治狀況及其歷史變遷。大量的分類統計讓許多隱藏於歷史迷霧中的細節問題浮出水面，而量化統計的方式也為後來的貶謫制度研究作出了很好的表率。也就是在 90 年代，我國學者同樣注意到了對於貶謫制度的研究。最早的成果應是丁之方的《唐代的貶官制度》，〔註98〕文章對「貶謫」的定義吸取了八重津氏的看法，認為貶謫是指對官吏的行政處罰方式，包含降職與遷往外地這兩大要素，並且具體闡述了貶官的原因、規則，官吏遷轉及貶官作用，提出研究貶謫制度的意見，對貶謫制度的研究起了奠基性的作用。

　　進入新世紀，對於貶謫制度的研究也有了新進展，主要有以下幾個方面的研究。第一，貶謫制度與文學的研究。此類研究有李中華與唐磊的《唐代貶官制度與不平之鳴》〔註99〕、朱玉麒的《唐代詩人的南貶與屈賈偶像的樹立》〔註100〕、張蜀蕙的《開闢與安頓——唐代文人南方經驗中的宗教經驗與國族論述》〔註101〕幾文，通過簡要的貶謫制度的探析來分析貶謫文人的文學、情感和思想狀態。其二為貶謫制度在地域方面的研究。具體有唐曉濤的《唐代桂管與貶官作用詳論》〔註102〕以及李方的《唐代西域的貶謫官吏》〔註103〕，從地域的角度分析貶官的原因及作用。第三為貶官制度的研究。代表性成果有彭炳金的《唐代貶官制度研究》〔註104〕、《論唐代的左降官》〔註105〕，通過辨析左降官與一般貶官的區別，從貶官制度的特點、適用範圍等角度較為全面地探討了貶謫制度。最後還有尚永亮先生的《唐五代貶官

會科學出版社，2003 年版。
〔註98〕丁之方：《唐代的貶官制度》，載《史林》1990 年第 2 期。
〔註99〕李中華、唐磊：《唐代貶官制度與不平之鳴》，載《華中師範大學學報》，2001年 5 月。
〔註100〕朱玉麒：《唐代詩人的南貶與屈賈偶像的樹立》，載《西北師大學報》，2006年 1 月。
〔註101〕張蜀蕙：《開闢與安頓——唐代文人南方經驗中的宗教經驗與國族論述》，載《唐代文學研究》，2008 年 10 月。
〔註102〕唐曉濤：《唐代桂管與貶官作用詳論》，載《玉林師範學院學報》，2002 年第 4期。
〔註103〕李方：《唐代西域的貶謫官吏》，載《新疆大學學報》，2007 年 11 月。
〔註104〕彭炳金：《唐代貶官制度研究》，載《人文雜誌》，2006 年 3 月。
〔註105〕彭炳金：《論唐代的左降官》，載《晉陽學刊》，2007 年 3 月。

規律與特點綜論》〔註106〕一文，從更為宏觀的層面對唐五代貶官的原因及特點進行了整理。除此之外，這一時期還出現了與貶謫制度相關的碩士論文三篇，分別為鄒運月的《晚唐貶謫詩人和貶謫文學》〔註107〕、何春明的《唐代京官貶黜初探》〔註108〕、宋菁的《唐代江南地區貶官研究》〔註109〕。大體上仍是以文學、地域為切入點探究與貶謫相關的一些制度問題。與單篇論文相比，這幾篇碩士論文對貶謫制度的研究更加全面深入。此外還有廈門大學郝黎的博士論文《唐代官吏懲治研究》〔註110〕，其中涉及到對官吏的行政處罰與刑事處罰兩大類，也即貶謫與流放，並列舉考察了影響官吏懲治的幾種制度性因素，對我們研究貶謫制度有一定的啟示。2007 年，尚永亮先生的《唐五代逐臣與貶謫文學研究》〔註111〕一書出版，書的第一編「唐五代貶謫制度與逐臣類型的總體考察」一章，從貶官類型、逐臣考述、唐五代貶謫的規律特點等方面具體研究貶謫制度諸層面，其中大量的數據統計為我們進行貶謫文學研究奠定了紮實的基礎。縱觀國內外對貶謫制度的研究可以發現，目前對貶謫制度的研究雖然有所涉及，但還非常不全面。沿傳統而下研究的或是集中於制度與文學相關諸層面，或是從地域角度切入的相關論述，而於貶官涉及到的貶謫機構、形式、程序等方面的研究則相對闕如，對其歷史發展過程中所呈現的特點及貶謫形式等各方面的變化也沒有相應的探討。總體而言，目前對貶謫制度的研究與一個完整的制度研究之間還存在相當的距離。

二、流放制度研究

　　關於流刑制度，日本學者關注也比較早。桑原隲藏在 1929 年《支那法制史論叢》上發表《支那的古代法律》，對流刑制度中的細節如流放的起始點、流放路線等問題提出了自己的觀點。1958 年日本學者仁井田陞《中國古代法制史研究‧刑法》對唐代流刑制度作了闡述；滋賀秀三的《刑罰的歷史——

〔註106〕尚永亮：《唐五代貶官規律與特點綜論》，載《華中師範大學學報》，2008 年 1 月。
〔註107〕鄒運月：《晚唐貶謫詩人和貶謫文學》，武漢大學碩士論文，2004 年。
〔註108〕何春明：《唐代京官貶黜初探》，中央民族大學碩士論文，2005 年。
〔註109〕宋菁：《唐代江南地區貶官研究》，上海師範大學碩士論文，2013 年。
〔註110〕郝黎：《唐代官吏懲治研究》，廈門大學博士論文，2014 年。
〔註111〕尚永亮撰：《唐五代逐臣與貶謫文學研究》，武漢大學出版社，2007 年 9 月。

東洋》〔註112〕探討了流刑犯流放的起始點問題，並與桑原騭藏進行了商榷，他認為流刑犯流放距離應以罪人的鄉里為起點。九十年代，日本學者辻正博的《唐代流刑考》〔註113〕全面考察流刑的淵源、特徵、流刑分化過程及官員量移與放還問題，是迄今為止對流刑研究最為系統的優秀文章。與此同時，我國學者齊濤也發表了《論唐代流放制度》〔註114〕一文，對唐代流放的種類、應用、執行及特點作了論述。之後有劉啟貴《我國唐朝流放制度初探》〔註115〕與李毅的《論唐代的流刑及其執行情況》兩文，劉文對唐代流放官員的類型、原因、目的、執行情況以及唐代流刑的特點進行了初步的探討，文章的邏輯性較強，但在流刑類別、流官的遷轉等方面仍有深入研究的餘地。李文則在簡述流刑基本情形的基礎上對其執行過程中的變異情況進行分析，然最終落腳在封建時代有法不依的層面，論述雖有一定的合理性卻還不夠全面，還有進一步開掘深化的空間。

　　進入新世紀，流放研究取得了很大進展，出現了一系列豐富的研究成果。王雪玲《兩〈唐書〉所見流人地域的分布及其特徵》〔註116〕為流放與地理方面的研究，文章統計了唐代流人流放地與京城的距離，分析了如此分布的原因，初步探討了唐代流人對地方的影響。韓鶴進的《唐代流人管理制度探析》〔註117〕利用文獻勾勒唐代流人管理制度，從發遣、行程、居作、流放期限以及流人入仕等幾個方面進行闡述，論述詳細。張春海發表於《復旦學報》的《試論唐代流刑與國家政策、社會分層之關係》〔註118〕切入點則更加新穎，認為流刑制度的變遷與國家需要一致，而且流放地域與流人身份相關，被流放到西北軍鎮的絕大多數都是貧民百姓，而流放到嶺南、黔中等南方各地的則大多是統治集團中人，因此導致北方地區缺乏文化基礎而南方文化則越來

〔註112〕滋賀秀三：《刑罰的歷史——東洋》，載《刑罰的理論與現實》，1972年。

〔註113〕（日）辻正博撰，梅原郁編：《唐代流刑考》，載《中國近世的法制與社會》，1993年。

〔註114〕齊濤：《論唐代流放制度》，載《人文雜誌》，1990年第3期。

〔註115〕劉啟貴：《我國唐朝流放制度初探》，載《青海社會科學》，1998年第1期。

〔註116〕王雪玲：《兩〈唐書〉所見流人地域的分布及其特徵》，載《中國歷史地理論叢》2002年12月。

〔註117〕韓鶴進：《唐代流人管理制度探析》，載《牡丹江教育學院學報》，2005年第6期。

〔註118〕張春海：《試論唐代流刑與國家政策、社會分層之關係》，載《復旦學報》，2008年第2期。

越繁榮，最終甚至影響到了北宋的積弱局勢。另有陳璽〔註119〕對長流制度與陳俊強〔註120〕對唐代前期流放官人的研究，整體而言都是對流放相關制度的儘量恢復，包括實施程序與制度的發展變遷，研究都很細緻。除此之外，這一時期還有與流放相關的五篇碩士論文，分別是韓鶴進的《唐代流人問題研究》〔註121〕、張茵茵的《唐代流刑制度研究》〔註122〕、李方的《唐律流刑考析》〔註123〕、郭翠霞的《唐代流人相關問題研究》〔註124〕及王春霞的《唐代流刑制度研究》〔註125〕。韓文作為最早的與流放相關的碩士論文，從流人概念、地域分布、流放原因及流人管理等幾方面進行敘述，較為全面。張文則在此基礎上，探尋了流放制度的淵源，並對其發展與影響作了進一步深入研究，增加了歷史感。李文的特點在於分析了唐律中許多關於流刑的規定，讓人對當時法律制度本身有了更加直觀的瞭解。郭文則在一般的流放原因、執行等之外用一章論述了唐代各個時段流放制度的特點，使有唐一代的流放制度特點更加清晰。王春霞論文的獨到之處在於總結了四種唐代流刑懲治的犯罪類型，讓人對流刑所犯之罪行一目了然。整體而言，這一時期對流刑制度的研究取得了相當不錯的進展，其不足之處則在於，對於流放與貶謫相似性的一面研究較少，「左降官與流人」為何能夠放在一起稱呼，其區別何在？對帝國統治而言，其相同與不同之處究竟何在？有著怎樣的意義？對士人的影響有什麼不同等等，這些問題還需要在之後的研究中進一步深入開掘。

三、貶謫制度與流放制度綜合研究

綜合研究貶謫與流放的文章，其一為1998年2月張豔雲的《唐代左降官與流人異同辨析》，〔註126〕具體從四大方面論述左降官與流人的區別，該文第一次注意到貶謫與流放之間的關係，然於二者相似的一面則探究較

〔註119〕陳璽：《唐代長流刑之演進與適用》，載《華東政法大學學報》，2013年7月。
〔註120〕陳俊強：《唐代前期流放官人的研究》，載《中國古代法律文獻研究》，2014年12月。
〔註121〕韓鶴進：《唐代流人問題研究》，陝西師範大學碩士論文，2004年。
〔註122〕張茵茵：《唐代流刑制度研究》，河北師範大學碩士論文，2008年。
〔註123〕李方：《唐律流刑考析》，吉林大學碩士論文，2007年。
〔註124〕郭翠霞：《唐代流人相關問題研究》，陝西師範大學碩士論文，2011年。
〔註125〕王春霞：《唐代流刑制度研究》，青海師範大學碩士論文，2011年。
〔註126〕張豔雲：《唐代左降官與流人異同辨析》載《唐史論叢》，1998年2月。

少。其二為古永繼的《唐代嶺南地區的貶流之人》〔註127〕，文章對官員貶流到嶺南地區的原因及貶流後的情況進行論述，開創了唐代貶流官地域研究的新領域。繼古永繼《唐代嶺南地區的貶流之人》之後，新世紀將貶謫與流放綜合研究的文章也取得了更加豐富的研究成果。其中有唐曉濤的《唐代貶官與流人分布地域差異探究》〔註128〕、《試析唐代邕管、容管之貶官、流人》〔註129〕，分別探討了地域與貶謫、流放的關係，是從地域角度對貶流進行的新認識。此外還有兩篇研究流貶問題的碩士論文，分別是梁作福的《唐玄宗朝京官外貶流放問題初探》〔註130〕與熊昂琪的《唐代流貶官吏與南方社會經濟研究》〔註131〕，梁文以玄宗一朝為例，通過對玄宗朝外貶官員的原任官職、外任官職、貶謫原因、貶謫地區的分析揭示一些與貶謫相關的問題；而熊文則是影響研究，探討流貶官員對流貶地區的經濟文化影響，為我們研究流貶制度打開了新思路。最後還有 2010 年浙江大學梁瑞的博士論文《唐代流貶官研究》〔註132〕，文章從制度的各個層面探討了貶謫與流放的程序，是迄今為止對貶謫制度研究最詳實的一篇論文。然而貶謫與流放作為兩種不同的處罰系統，其實施程序也有不同之處，簡單地將兩種制度放在一起進行研究而不對其各自的特點進行梳理，對於貶謫制度而言仍是不夠的。此外，對於貶謫的具體程序，梁文的研究也略顯簡單，貶謫制度這一課題的深化，仍需我們進一步的努力。

綜合這幾年與貶謫制度相關各方面的研究成果可以看到，關於貶謫制度的研究大多集中於貶謫原因、貶謫地域、貶官遷轉等方面的論述，而於貶謫機構、程序、俸祿等與貶謫制度相關的其他層面則論述極少。對貶謫的歷史發展過程，貶謫在唐代各時期呈現出的特點，貶謫官員官職安置的變遷，貶謫隨著朝廷各行政機構職能與重要性的變化呈現出的變化的探索等方面，研

〔註127〕古永繼：《唐代嶺南地區的貶流之人》，載《學術研究》，1998 年第 8 期。

〔註128〕唐曉濤：《唐代貶官與流人分布地域差異探究》，載《玉林師範學院學報》，2002 年第 2 期。

〔註129〕唐曉濤：《試析唐代邕管、容管之貶官、流人》，載《經濟與社會發展》，2007 年 1 月。

〔註130〕梁作福：《唐玄宗朝京官外貶流放問題初探》，天津師範大學碩士論文，2007 年。

〔註131〕熊昂琪：《唐代流貶官吏與南方社會經濟研究》，陝西師範大學碩士論文，2012 年。

〔註132〕梁瑞：《唐代流貶官研究》，浙江大學博士論文，2010 年。

究都不夠深入。在歷時性的研究與制度實施原貌的恢復層面，均有相當大的開掘餘地。與此同時，和貶謫相關的一系列概念，也需要進一步釐清，這些都是下一步研究中應該著力之處。

第四節　選題的研究意義

第一，就選題切入角度來看，制度研究一般指在鉤沉史料的基礎上，對某一制度作出盡可能真實的還原。其意義不僅在完整、全面地探尋歷史真實，更在於建立言之有據的理性認知。唐代制度研究從中央的宰相制度、三省制度、科舉制度到地方的藩鎮制度等，學界已有相當完整而深入的探索。而對於貶謫，卻一直集中在其與文學之間的互動關係研究，其中包括貶謫與文人心態、貶謫與地理、貶謫與民俗文化、貶謫與文學審美等幾大方面。僅有的一些於制度層面的研究，也較多集中於探討貶謫的概念、原因、特點，而缺乏一種完整而全面的制度性研究。本文擬通過對所有貶謫相關文獻的整理閱讀與分析，以期最大程度上恢復貶謫制度的原貌，並通過對貶謫這一制度在唐代不同時段中的發展變化，動態地詮釋唐代貶謫制度。

第二，從研究對象來看，貶謫制度具有其他制度所不具備的一大特點，即人性、人情、權力等因素的介入非常嚴重。貶謫實施的對象為犯罪官員，《唐律》「一準乎禮」的指導思想規定了官員即使犯罪也可以享受一定的特權，如「議」、「請」、「減」、「贖」等不同形式的優崇方式。貶謫便是基於這種「刑不上大夫」的「禮制」思想而出現的一種特殊的處罰方式，其既擁有如法律一般的特定實施制度，又有極大的「情」「權」介入的空間，特別是「權」的介入，唐代後期許多重大案件中官員的貶謫都是權力介入綜合產生的結果。貶謫以犯罪官員為主體，以「禮」為指導思想，以「權」為核心內容，這是其最主要的特點，深入揭示這一特點不僅有助於我們在當時的政治文化環境中理解貶謫，更有利於我們深入瞭解唐代文人的被貶心態。

第三，貶謫制度相關的制詔和官員謝上表的研究，這幾種貶謫相關文體是之前文體研究領域相對空缺的部分，其中蘊藏著豐富的政治文化訊息，傳遞著被貶士人心靈的呼聲。這兩種與制度相關的特殊文體研究，讓我們對唐代官員選拔、法制建設，貶謫制度的不斷完善、貶謫各階段的發展變化等問題，都有了一個全面而深入的瞭解。特別是官員的謝上表，其特殊的格式、措辭、結構，無不折射著貶官對高度集中的皇權既畏懼而又依戀的複雜關係，

這種關係導致唐代士人無法形成像宋人那樣的風骨與人格。對這些特殊公文文本加以研究，深入探究其背後的政治文化密碼，是本文研究貶謫制度另一個較新穎的研究角度。

第一章　唐代貶謫的原因、方式及幾種主要職位

第一節　唐代貶謫原因探析

貶謫是一種對犯罪官員的處罰手段，唐代官員犯罪多以貶謫的方式進行懲處。唐代官員被貶的原因有許多：有的因為政治鬥爭而被貶，有的因經濟上的貪贓而被貶，還有的因軍事上的失利或是失禮敗俗的行為等被貶。本節擬就唐代貶官的貶謫原因進行梳理，以期對貶謫及其在唐代政治生活中的地位有進一步的認識。

一、政治原因導致的貶謫

貶謫自其出現便與政治有著非常緊密的關係。貶謫原因中，最常見的一種即因政治鬥爭而遭貶，具體包括因儲位爭奪、王朝異代、後宮干政、權臣專權、朋黨之爭等導致的貶謫。此外，臣子上書切諫、官員因性格原因而導致政敵攻擊等也是造成貶謫的常見政治原因。以下我們就這些情況分別舉例予以說明。

第一，中國古代封建國家雖然制定了王位繼承的基本原則，如「立嫡以長不以賢，立子以貴不以長」，〔註1〕然在具體的王位繼承中，卻往往充滿了權力鬥爭的腥風血雨。如武德時期太子建成謀反，高宗時期屢廢太子等，還

〔註1〕《春秋公羊經傳注疏》，阮元撰：《十三經注疏》之卷二三，中華書局，1980年版，第2325頁。

有權臣、公主與皇后勾結謀害太子的例子。如神龍元年，中宗韋皇后、上官婕妤等與武三思勾結威脅太子地位，太子與李多祚等帥兵誅殺，事敗，太子、李多祚被誅，「太子兵所經諸門者皆坐流」，永和縣丞寧嘉勗因解衣裹太子首號哭，被貶興平縣丞，〔註2〕特進、齊國公魏元忠因與太子預謀，累貶思周務川尉。〔註3〕伴隨皇位鬥爭的還有大批先朝臣子被貶被流，如中唐著名的永貞革新。永貞革新是唐順宗永貞年間官僚士大夫以打擊宦官勢力、革除政治積弊為主要目的的改革，主張加強中央集權，反對藩鎮割據與宦官專權。這次政變以王伾、王叔文、劉禹錫、柳宗元、程異、凌準、韓泰以及陸質、呂溫、李景儉等人為中心而展開，但因反對派的打擊，改革只持續了一百多天便宣告失敗。貞元二十一年（805年）八月四日，宦官擁立李純即皇帝位，即唐憲宗，唐順宗退位稱太上皇。貞元二十一年（805年）八月六日，貶王伾為開州司馬，王叔文為渝州司馬，伾不久死於貶所，叔文翌年亦被賜死。八月九日，太子純正式即位於宣政殿，是為憲宗。九月十三日，貶劉禹錫為連州刺史，柳宗元為邵州刺史，韓泰為撫州刺史，韓曄為池州刺史。十一月七日，貶韋執誼為崖州司馬，朝議謂劉、柳等人貶太輕，貞元二十一年（805年）十一月十四日，再貶劉禹錫為朗州司馬，柳宗元為永州司馬，韓泰為虔州司馬，韓曄為饒州司馬；又貶程異為郴州司馬，凌準為連州司馬，陳諫為台州司馬。憲宗在東宮時便看不慣王伾等人的作為，因此，在俱文珍等宦官擁立即位之後，首先做的事情便是貶謫前朝這批革新的朝臣，並規定即使遇赦，亦不在量移之列。陳寅恪總結這一現象云：「皇位繼承之無固定性及新舊君主接續之交，輒有政變發生，遂為唐代政治史之一大問題也。」〔註4〕王朝異代代表著一種你死我活的權力鬥爭，爭奪的勝利者即是新的權力掌控者，在其領導下，新舊權力將全面翻盤，而貶謫便是實現新權力布局的一種非常重要的方式，柳宗元等人的被貶就是這種政治翻盤的必然結果。

　　第二，後宮執政或干政亦往往容易造成大批朝臣被貶，如武則天對可能威脅自己政權之人的打擊。光宅元年（684年），徐敬業等據揚州叛，武則天詔令裴炎等論此事，裴炎曰：「若太后反政，則此賊不討而解矣。」〔註5〕這

〔註2〕《資治通鑑》卷二〇八，第6729頁。
〔註3〕《舊唐書》卷九二《魏元忠傳》，第2954頁。
〔註4〕《政治革命及黨派分野》，陳寅恪撰：《唐代政治史述論稿》中篇，商務印書館，2011年版，第246頁。
〔註5〕《舊唐書》卷八七《裴炎傳》，第2844頁。

句話不僅引得御史中丞彈劾裴炎有異圖，同時也極大地刺激到了武則天最敏感的神經。其後，雖有胡元範等大量朝臣證炎不反，但武則天仍堅持認為「炎反有端」〔註6〕而斬其於都亭驛。與此同時，胡元範被流，劉齊賢、郭待舉等被貶，裴伷先因上封事言裴炎之冤亦配流嶺南瀼州。除此之外，武則天為了確保自己政權的穩定性還任用酷吏，酷吏們羅織罪名，對大量朝臣進行了子虛烏有的誣構以致貶謫。與武則天手段類似的還有中宗時期韋后對五王的貶謫。中宗時，韋后與武三思勾結，一起對功臣五王進行了打擊。神龍元年（705年）三月，武三思與韋后譖敬暉等「恃功專權，將不利於社稷」，中宗奪敬暉等實權。神龍二年（706年），中宗「左遷暉為朗州刺史，崔玄暐為均州刺史，桓彥範為亳州刺史，袁恕己為郢州刺史」，〔註7〕五月，因駙馬都尉王同皎牽連，五王再次被貶，到七月全部流放，流放途中，武三思又派酷吏周利用將五王矯制殺害，與此同時，一大批受王同皎與五王牽連的朝臣也全部流貶。後宮本不應干預政事，其無論是執政還是干政都是超出自身權力範圍的爭權行為，女性的特殊身份又使其更為敏感多疑，由此，貶謫便成為她們常常用來消除政治威脅的一種手段。

　　第三，權臣專權是更為常見的一種導致貶謫的政治因素。權臣是指除皇帝之外朝廷中的第二號專權人物，其或因贏得皇帝的信任或因權力威脅皇權而掌握朝中大權，貶謫常常是維護或是彰顯其權力的一種手段。這一專權人物有時是朝中宰相，如李林甫。《新唐書・李林甫傳》記載：「林甫居相位凡十九年，固寵市權，蔽欺天子耳目，諫官皆持祿養資，無敢正言者。補闕杜璡再上書言政事，斥為下邽令。因以語動其餘曰：『明主在上，群臣將順不暇，亦何所論？君等獨不見立仗馬乎，終日無聲，而飫三品芻豆；一鳴，則黜之矣。後雖欲不鳴，得乎？』由是諫爭路絕。」〔註8〕《通鑒》也載「凡才望功業出己右及為上所厚、勢位將逼己者，必百計去之。」〔註9〕凡是威脅到他權力的，全部都會想辦法予以貶謫外出。有時這一專權人物可能是宦官，如李輔國。其在肅宗即位過程中曾立下功勞，於是肅宗即位以後，李輔國便恃功驕橫，明謂上曰：「大家但居禁中，外事聽老奴處分。」〔註10〕由此可見李輔

〔註6〕《資治通鑒》卷二〇三，第6541頁。
〔註7〕《資治通鑒》卷二〇八，第6718頁。
〔註8〕《新唐書》卷二二三上《姦臣・李林甫傳》，第6347頁。
〔註9〕《資治通鑒》卷二一五，第6972頁。
〔註10〕《資治通鑒》卷二二二，第7244頁。

國的專權程度，甚至在皇帝面前都敢要求自己的權力，若朝中有人妨礙了自己權力的實現，將其貶謫必然不在話下。輔國曾求為宰相，諷僕射裴冕聯章薦己，「肅宗密謂宰臣蕭華曰：『輔國欲帶平章事，卿等欲有章薦，信乎？』華不對，問裴冕，曰：『初無此事，吾臂可截，宰相不可得也。』華復入奏，上喜曰：『冕固堪大用』。輔國銜之。寶應元年四月，肅宗寢疾，宰臣等不可謁見，輔國誣奏華專權，請黜之，上不許，輔國固請不已，乃罷華知政事，守禮部尚書。及帝崩，華竟被斥逐。」〔註11〕由此，輔國憑自己的權力操縱貶謫可見一斑。最後，這一專權人物還有可能是藩鎮。安史之亂以後，藩鎮力量越來越強大，連皇帝都畏懼其三分，如唐朝末年坐大的節度使李茂貞。自打敗黃巢與李昌符以來，李茂貞勢力越來越強大，不把朝廷放在眼裏。昭宗攻打李茂貞失敗之後，茂貞更是要求朝廷處罰杜讓能，皇帝無奈，於是讓能被貶，時皇帝「涕下不自禁」，語讓能曰：「與卿訣矣。」與此同時，又對李茂貞說：「惑朕舉兵者，三人也，非讓能之罪。」〔註12〕可見，皇帝並不認為杜讓能有罪，而是權力不敵李茂貞迫於形勢的不得已。總之，權臣因其權力之大與維護其獨大之權的需要常常控制貶謫，這是唐代因政治導致貶謫的主要形式之一。

　　第四，朋黨之爭也是導致唐代貶謫最重要的政治原因。執政大臣因意見不合發生衝突的情況唐前期就已存在，其逐漸演化為激烈的朋黨之爭則是元和至大中四十餘年間的牛李黨爭。從元和三年參加賢良方正、直言極諫考試的牛僧孺、李宗閔等考試案開始，牛僧孺便與李德裕之父李吉甫結怨，穆宗長慶三年（823年），李逢吉為相，出翰林學士李德裕而引牛僧孺，太和三年，李宗閔以中人助秉政，再次出兵部侍郎李德裕，且「凡德裕所善，悉逐之」，〔註13〕太和七年（833年）文宗徵李德裕為兵部尚書同平章事，「德裕因以排其所不悅者」，張仲方、楊虞卿、楊汝士等被貶。之後加上李訓、鄭注等的加入，牛李二黨之爭越來越激烈，甚至出現「貶逐無虛日」〔註14〕的局面。二黨之間的爭奪一直持續到李德裕於大中二年被貶崖州司戶，大中三年卒於崖州才宣告結束，由黨爭帶來的貶謫也才終於畫上了句號。黨爭中，政見相左的雙方一旦哪一方掌握政權便會對另一方採取貶謫流放等各種各樣的清理手

〔註11〕《舊唐書》卷一八四《宦官·李輔國傳》，第4760～4761頁。
〔註12〕《資治通鑒》卷二五九，第8569頁。
〔註13〕《新唐書》卷一八〇《李德裕傳》，第5331頁。
〔註14〕《資治通鑒》卷二四五，第8029頁。

段，以保證自己權力的穩定性，牛李黨爭持續四十多年，帶來的貶謫局面之大、人數之多亦是非常罕見的。

除了以上論述的四點，因政治原因導致的貶謫還存在一些其他的形式，如直言極諫，或官員因專斷而導致朝臣誣陷等。直言極諫如褚遂良進諫高宗不可立武昭儀為皇后，被貶潭州都督；杜甫上疏言房琯有才不宜貶黜，出甫華州司功參軍；韓愈上疏諫迎佛骨被貶潮州刺史等。這些例子中，臣子被貶乃其與最高權力者政治觀點發生衝突所致，由此我們亦將其視為因政治原因導致的貶謫。官員因專斷而遭朝臣誣陷被貶的例子如宇文融。史載「公卿以下懼融恩勢，皆雷同不敢有異詞」，宇文融自身行事高調，毫不避忌，「融乃馳傳巡歷天下，事無大小，先牒上勸農使而後申中書，省司亦待融指揮而後決斷」。〔註15〕且「躁急多言，又引賓客故人，晨夕飲謔，由是為時論所譏。」〔註16〕如此一種位高權重、旁若無人的狀態，甚至連張說都惡其為人，以致「融之所奏，多建議爭之」〔註17〕。官員是生活於整個政治權力格局之中、進行政治活動的一類人，其言行不可避免地要捲入各種各樣的政治關係之中，專斷顯然非常不利於政治關係的和諧，容易引發權力的衝突與爭鬥，爭鬥失敗的一方則往往會遭遇貶謫的命運，這便形成了大量的政治貶謫，它是貶謫中非常常見、存在也極為廣泛的一種形態。

二、經濟、軍事原因導致的貶謫

除政治原因外，經濟、軍事因素也是導致貶謫的重要原因。這一類型的貶謫在唐代貶謫中非常常見，其中，經濟原因更是經常成為誣奏貶謫的重要藉口。本節主要就經濟、軍事兩種因素造成的貶謫進行探討。

經濟原因造成貶謫的主要形式是貪贓。《唐律疏議》中關於貪贓有非常細緻的規定，其「受人財為請求」、「有事以財行求」、「監主受財枉法」、「事後受財」、「受所監臨財物」、「因使受送遺」、「監臨受供饋」、「率斂所監臨財物」等條討論的都是貪贓的問題。就處罰而言，有笞，杖，徒，流等不同的形式，還有極少數幾種是絞刑。但是，通過研究唐代官員的贓罪問題可以發現，唐代實際政治中對官員犯贓罪的處罰，整體而言比法律規定的處罰方式更為嚴

〔註15〕《舊唐書》卷一〇五《宇文融傳》，第3219頁。
〔註16〕《舊唐書》卷一〇五《宇文融傳》，第3221頁。
〔註17〕《舊唐書》卷一〇五《宇文融傳》，第3221頁。

屬。在實際對贓罪的處理中，貶謫往往是相對較輕的處罰手段，犯贓官員大多都處以流放，且是流放到極遠惡之處，有的還要加杖刑與除名一起進行。如《唐語林》載：「宗楚客兄秦客，潛勸則天革命，累遷內史，後以贓罪流於嶺南死」〔註18〕；吏部侍郎李彭年「以贓污為御史中丞宋渾所劾，長流嶺南臨賀郡」，〔註19〕宋渾及弟恕以贓，詔渾流嶺南高要郡，恕流南康郡；「馬平陽為夔州刺史，元和十年以貪虐貶為韶州司戶」；〔註20〕「夏侯至為汴州刺史，元和十年以貪虐貶潮州司戶」〔註21〕；「孟孚為蘇州嘉興縣令，敬宗寶曆元年六月，坐贓，杖四十，除名，流康州。」〔註22〕等等，由此可見唐代對經濟犯罪的重視程度。

唐代贓罪一般都要處以流放遠惡之州的命運，這種處罰極少因官員的特殊身份而得到優待，即使優待，也僅是可以免除就地處死的命運。如永徽二年華州刺史蕭齡之因「受左智遠及馮盎妻等金銀奴婢等」詔令群臣奏議，皇帝大怒，「令於朝廷處盡」。眾所周知，唐律中無論是「受人財而為請求」還是「諸監臨主受財而不枉法」、「諸監臨主受財而枉法者」等，大部分贓罪的處罰方式都是流放，而皇帝一怒之下卻要將其就地處死，可見皇帝對贓罪懲處的態度之嚴厲。後在御史大夫唐臨關於「天下太平合用堯舜之典」、「律有八議，並依周禮舊文」〔註23〕等一番情理兼備的說辭之後，高宗將其流放於嶺南。由此可見，即使經過大臣進諫，經過八議的減輕，犯贓罪者也僅僅是能夠暫時保住性命而難以避免流放的厄運。與此相類似的還有吳士矩，《新唐書·吳士矩傳》記載開成初，士矩「為江西觀察使，鄉宴侈縱，一日費凡十數萬。初至，庫錢二十七萬緡，晚年才九萬，軍用單匱，無所仰」，後事泄，「中外共申解，得以親議，文宗弗窮治也，貶蔡州別駕」〔註24〕。同樣是基於八議中「議親」的考慮，吳士矩才有機會以貶謫的方式進行處罰。然而，大臣對這樣的處罰卻並不滿意，以至於「諫官執處其罪」，御史中丞狄兼謩亦上疏「陛下擇任士矩，非私也。士矩負陛下而治之，亦非私也。請遣御史至

〔註18〕王讜撰：《唐語林》卷三《方正》，上海古籍出版社，1978年版，第86頁。

〔註19〕《舊唐書》卷九十《李彭年傳》，第2921頁。

〔註20〕王欽若等編：《冊府元龜》（第九冊）卷七〇〇《牧守部·貪黷》，第8354頁。

〔註21〕《冊府元龜》（第九冊）卷七〇〇《牧守部·貪黷》，第8354頁。

〔註22〕《冊府元龜》（第九冊）卷七〇七《令長部·貪黷》，第8418頁。

〔註23〕《唐會要校證》卷三九《議刑輕重》，第608頁。

〔註24〕《新唐書》卷一五九《吳士矩傳》，第4956頁。

江西即訊，使杜江淮它鎮循習意。」〔註25〕這樣一來，處罰吳士矩便不僅僅
是處罰一個人貪贓的問題，而是為整個江淮地區藩鎮處罰贓罪立表率的事情，
在這樣的威壓之下，皇帝最終還是將吳士矩流端州。可見，贓罪想要避免流
放的處罰是非常困難的，在面對贓罪的問題上，連保護封建官員等級特權與
利益的「八議」制度都極難發揮作用。再有朱叔夜的例子，《新唐書・殷侑傳》
中記載朱叔夜因侵牟士卒，贓數萬，家畜兵器，被殷侑罷為左武衛大將軍。
然皇帝卻因殷侑治朱叔業之罪太輕，不僅將殷侑出為山南東道節度使，更是
將叔夜賜死。從這個例子，我們更可見出皇帝對贓罪的態度之嚴厲。總而言
之，贓罪在唐代是一種非常嚴重的罪行，其處罰甚至極少考慮官員的特殊身
份予以優待，即使優待，也僅僅是可以免除就地處死的命運，而不能避免其
流放遠惡之處的懲罰，這是唐代贓罪與其他形式的犯罪區別最大的所在。

當然，贓罪處罰也並不都是流放於遠惡之州，有時贓罪也會以貶官的方
式進行處理，只是，受貶官處罰的這些官員大部分都是宰相或者寵臣。如大
曆二年（767年），代宗貶太子少保李遵永州司馬，「坐贓也」〔註26〕。還有一
些酷吏，如延載元年（694年），殿中丞來俊臣「坐贓，出為同州參軍」〔註27〕。
神龍初，左臺侍御史姚少之因貪贓五千餘貫，韋皇后妹為之保持，姚少之「遂
黜放為嶺南瓊山尉」。〔註28〕還有天寶十四年（755年），澧陽長史吉溫因「坐
贓七千匹及奪人口馬奸穢事發」〔註29〕，被貶端州高要尉等。可見，特殊時
期，特殊人物，皇帝對贓罪的處罰亦有相當的自由度，但整體而言，對贓罪
的處罰在唐代都可以說是比較嚴苛的。

由經濟原因造成的犯罪除了贓罪以外，還有一些其他的情形，如中書令
褚遂良便有因「市地不如值」〔註30〕而被貶同州刺史的例子。開元二十四年，
李泳為鄧州南陽縣令，「坐擅興賦役，貶康州都城縣尉」〔註31〕。還有代宗朝
「御史大夫崔渙為稅地青苗錢使，給百官俸錢不平，詔尚書左丞蔣渙按鞫，
貶崔渙為道州刺史」〔註32〕等等。更多的時候，皇帝都會以制敕的形式將臨

〔註25〕《新唐書》卷一五九《吳士矩傳》，第4956頁。
〔註26〕《舊唐書》卷十一《代宗紀》，第286頁。
〔註27〕《舊唐書》卷一八六上《酷吏・來俊臣傳》，第4840頁。
〔註28〕《舊唐書》卷一八六下《酷吏・姚少之傳》，第4852頁。
〔註29〕《舊唐書》卷一八六下《酷吏・吉溫傳》，第4857頁。
〔註30〕《新唐書》卷一一六《韋思謙傳》，第4228頁。
〔註31〕《冊府元龜》（第九冊）卷七〇七《令長部・黜責》，第8414頁。
〔註32〕《舊唐書》卷十一《代宗紀》，第290頁。

時需要規定的內容頒發實行，並規定貶官的處罰方式。如憲宗時發布的《定贓估敕》：「元和三年正月敕：「今後應坐贓及他罪當贖者，諸道委觀察判官一人專勾當，及時申報。如蔽匿不申者，節級科貶加罪。」〔註33〕《停實估敕》：「敕：所納匹段，並依中估，明知加價納物，務在利及疲人，若更徵剝實錢，即是重傷百姓。自今已後，送省及留使匹段，不得剝徵折估錢。但委刺史縣令分明告諭，令加意織造，不得濫惡，故違節級科貶。」〔註34〕《禁私貯見錢敕》：「近日布帛轉輕，見錢漸少，皆緣所在壅塞，不得通流。宜令京城內文武官僚，不問品秩高下，並公郡縣主中使等，下至士庶商旅等，寺觀坊市，所有私貯見錢。並不得過五千貫。如有過此，許從敕出後，限一月內，任將別物收貯。如錢數較多，處置未了，任便於限內於地界州縣陳狀更請限。縱有此色，亦不得過兩月。若一家內別有宅舍店鋪等，所貯錢並須計用此數。其兄弟本來異居曾經分析者，不在此限。如限滿後有違犯者，白身人等，宜付所司痛杖一頓處死。其文武官及公主等，並委有司聞奏，當重科貶。」〔註35〕此外還有《請令諸道年終勾帳奏》、《定內外官料錢奏》、《禁額外徵稅制》等等制敕，都是國家規定的因經濟原因犯罪的情形，且其中還規定了相應的貶謫措施。由此可知，唐代因經濟原因導致的犯罪形式是多種多樣的，其中數量最多且處罰最為嚴重的是因贓罪而造成的犯罪，這也是皇帝最為重視的一種犯罪，以致於在國家的法律中都有大量的相關條目予以說明。除此之外，有相當種類的其他形式的經濟犯罪以國家制敕的形式臨時頒發，這些類型的經濟犯罪則一般以貶官的方式進行處理。

除了經濟類型的犯罪，唐代法律也以相關條目規定了軍事類型的犯罪。如《擅興律》中的「擅發兵」「校閱違期」「乏軍興」「征人稽留」「主將守城棄去」「主將臨陣先退」等。其處罰規定如「主將守城棄去」條：「諸主將守城，為賊所攻，不固守而棄去及守備不設，為賊所掩覆者，斬。」〔註36〕「主將臨陣先退」條：「諸主將以下，臨陣先退，若寇賊對陣，捨杖投軍及棄賊來降而輒殺者，斬。」〔註37〕此外還有其他如徒、流、絞等懲罰方式，這是法律對軍事犯罪的相關規定。而具體現實中，軍事犯罪則大多以流放、除名、

〔註33〕《唐會要校證》卷四十《定贓估》，第624頁。
〔註34〕《全唐文》卷六一，第654頁。
〔註35〕《全唐文》卷六二，第660頁。
〔註36〕《唐律疏議箋解》，第1192頁。
〔註37〕《唐律疏議箋解》，第1194頁。

除名白衣從軍自效、貶謫等方式予以處罰，且不同的時代，處罰的側重點也有所不同。

唐朝初年，大多數武將因戰爭失敗而受減死流放處罰，極個別的除名。如武德元年（622年），因突厥寇馬邑，高遷因賊兵勝而斬關宵遁，除名徙邊〔註38〕；武德五年大恩奏稱突厥飢饉，馬邑可取，詔獨孤晟將兵共擊郡璋，獨孤晟失期不至，獨孤晟徙邊〔註39〕；貞觀九年（635年），李道彥為赤水道行軍總管，與党項首領約定党項資給糧運，道彥背約，諸羌怨怒，道彥軍大敗，減死徙邊〔註40〕；還有同年樊興因逗留失軍期而減死徙邊〔註41〕等，而除名的僅有高祖武德元年（618年），劉文靜、殷嶠因兵敗除名一例〔註42〕，可見，減死徙邊是這一時期處罰武將的常用手段。軍事失利本是死刑大罪，但朝廷出於仁恕之道的考慮，免除其死刑，而採取了流放的處罰方式。到高宗、武后時期，對部分軍將的流放處罰逐漸減少，而除名、免官和白衣從軍自效的方式逐漸增多。如顯慶五年（660年），劉仁軌因征遼誤軍期而被免官，以白衣隨軍自效〔註43〕；咸亨元年（670年），行軍大總管薛仁貴與副總管阿史那道真、郭待封率兵與吐蕃戰於大非川，唐軍大敗，後三人免死除名〔註44〕。萬歲通天元年（696年），婁師德與夏官尚書王孝傑征討吐蕃，唐兵大敗，孝傑坐免為庶人〔註45〕等等。而到玄宗以後，武將軍敗則大多以貶謫的方式進行懲處。《舊唐書·憲宗下》載：「（元和）十二年（817年）春正月辛酉朔，以用兵不受朝賀。癸未，貶義武軍節度使渾鎬為循州刺史，坐討賊失律也。甲申，貶唐鄧節度袁滋為撫州刺史，以上疏請罷兵故也。」〔註46〕袁滋，「逆賊吳元濟與官軍對壘者數年，滋竟以淹留無功，貶撫州刺史。」〔註47〕太和三年（829年），南詔蠻進犯成都，大掠蜀城玉帛、子女、工巧之具而去，西川節度使杜元穎不做防備，被貶循州司馬，判官崔璜被貶連州司馬，紇干眾

〔註38〕《舊唐書》卷五七《李高遷傳》，第2297頁。
〔註39〕《資治通鑒》卷一九〇，第6062～6063頁。
〔註40〕《資治通鑒》卷一九四，第6227頁
〔註41〕《資治通鑒》卷一九四，第6227頁。
〔註42〕《舊唐書》卷五七《劉文靜傳》，第2293頁。
〔註43〕《舊唐書》卷八四《劉仁軌傳》，第2790頁。
〔註44〕《資治通鑒》卷二〇一，第6479頁。
〔註45〕《資治通鑒》卷二〇五，第6620頁。
〔註46〕《舊唐書》卷十五《憲宗下》，第458頁。
〔註47〕《舊唐書》卷一八五下《良吏下·袁滋傳》，第4831頁。

被貶郢州長史、盧並被貶唐州司馬〔註48〕等等。可見，隨著時間的推移，唐代對武將犯罪的處罰措施呈現逐漸減輕的趨勢，而這與唐帝王愛惜將才，重視國家的邊防等要素密切相關。

三、其他職制、禮俗原因導致的貶謫

除去前文所言政治、經濟、軍事等原因導致的貶謫以外，唐代還有大量因其他禮法原因所致的貶謫。這些貶謫的情形中，有的是違反了法律的相關規定，有的是觸犯了皇帝頒布的相關制敕，有的則是不符合特定文化環境中的禮俗。總而言之，這些情形均會遭到貶謫的處罰。具體而言我們分以下幾種情形進行探討。

（一）貢舉非其人與漏泄大事

貢舉非其人與漏泄大事都是唐律中明確規定的職制類的違法犯罪行為，《唐律疏議》中都有非常明確的處罰規定。然而在實際政治生活中，出於種種原因的考慮，這兩種違法行為卻常常受到貶謫的處罰，成為貶謫的重要原因。以下就這兩種原因造成的貶謫詳細解說。

《唐律疏議‧職制》「貢舉非其人」條規定：「諸貢舉非其人及應貢舉而不貢舉者，一人徒一年，二人加一等，罪止徒三年。若考校、課試而不以實及選官乖於舉狀，以故不稱職者，減一等。」〔註49〕劉俊文對此罪行進行了更為詳細的解析：「所謂貢舉非人，即指負責貢舉之官，違背令式，『妄相推薦』『德行無聞』之人，或『蔽而不舉』『才堪利用』之人，造成所貢舉者不符合標準。所謂考選失實，即指負責考課及銓選之官，違背令式，『考課不以實』，或『乖於所舉本狀』，造成所選授者不稱職，所升降者有差失。貢舉非人及考選失實，就性質而言，皆屬官吏失職之罪，就後果而言，則直接影響封建國家機器運轉與更新。」〔註50〕由此，我們可以明白這一犯罪行為的性質。犯罪本應受到相應的法律處罰，然史籍中記載的大量貢舉非人的例子卻最終以貶謫的方式進行懲處。如貞觀十九年，「吏部尚書楊師道坐所署用多非其才，左遷工部尚書。」〔註51〕開元四年，「（盧）從願以注擬非才，左遷豫

〔註48〕《舊唐書》卷一六三《杜元穎傳》，第 4264 頁。
〔註49〕《唐律疏議箋解》，第 697～698 頁。
〔註50〕《唐律疏議箋解》，第 705 頁。
〔註51〕《資治通鑒》卷一九八，第 6345 頁。

州刺史。」〔註52〕李朝隱，「（開元）四年春，以授縣令非其人，出為滑州刺史，轉同州刺史。」〔註53〕韋抗，「以薦御史非其人，出為安州都督，轉蒲州刺史。」〔註54〕等等。此外，唐代皇帝還不定期頒發相關制敕，規定舉主舉人不當的貶謫處罰。如武后時期頒布的《搜訪賢良詔》，其中規定：「薦若不虛，自從褒異之典；舉非其士，豈漏貶責之科。所司明為條例，布告遠近，知朕意焉。」〔註55〕玄宗時《令內外臣僚各舉縣令敕》、《放舉人並下第敕》中的：「所舉人得官以來，一任之中，能有善政，及不稱所舉，其舉主應須褒貶」〔註56〕、「其有不對策羅嘉茂，既是白丁，宜於劍南效力，全不答所問崔慎惑、劉灣等，勒為本郡充學生之數，勿許東西。其所舉官，各量貶殿，以示懲誡。」〔註57〕還有代宗大曆元年二月敕：「許吏部選人自相舉，如任官有犯，坐舉主。」〔註58〕憲宗元和二年十二月敕：「本試官及司功官，見任及已停替，並量事輕重貶降，仍委御史臺常加察訪。」〔註59〕元和三年四月敕：「其觀察使、刺史所舉人，不得授以本州島府縣令。到任後，有罪犯，其所舉主，準前敕貶罰。」〔註60〕以及元和十一年九月《請申明舉主事例奏》中「……並請量輕重坐其舉主，輕則削奪，重則貶謫」〔註61〕及《嚴定應試人事例敕》中「如舉送以後事發，長吏奏停見任，如已停替者殿二年，本試官及司功官見任及已停替，並量事輕重貶降，仍委御史臺常加察訪」〔註62〕等等。可見，貢舉非人的貶謫在唐代歷史中十分常見。

　　與貢舉非人類似的還有科舉考試不合規定造成的貶謫。科舉是唐代國家選舉官吏的重要手段，科舉的不合規定同樣會造成國家選拔人才的失誤，影響封建國家機器的運轉，因此，科舉失誤亦是造成唐代官員貶謫的一大原因。具體例子如《舊唐書》卷一一三《苗晉卿傳》中苗晉卿因科舉中徇私舞弊而

〔註52〕《舊唐書》卷一百《盧從願傳》，第3124頁。
〔註53〕《舊唐書》卷一百《李朝隱傳》，第3126頁。
〔註54〕《舊唐書》卷九二《韋抗傳》，第2963頁。
〔註55〕《全唐文》卷九六，第990頁。
〔註56〕《全唐文》卷三四，第378頁。
〔註57〕《全唐文》卷三六，第398頁。
〔註58〕《唐會要校證》卷七五《選部下》，第1169頁。
〔註59〕《唐會要校證》卷七六《貢舉中》，第1184頁。
〔註60〕《唐會要校證》卷六九《別駕》，第1041頁。
〔註61〕《全唐文》卷九六五，第10022頁。
〔註62〕《全唐文》卷六一，第653頁。

造成貶謫的例子:「御史中丞張倚男奭參選,晉卿與遙以倚初承恩,欲悅附之,考選人判等凡六十四人,分甲乙丙科,奭在其首。眾知奭不讀書,論議紛然。」〔註63〕蘇孝慍具其事告之,「玄宗大集登科人,御花萼樓親試,登第者十無一二;而奭手持試紙,竟日不下一字,時謂之『曳白』。上怒,晉卿貶為安康郡太守,遙為武當郡太守,張倚為淮陽太守。」〔註64〕還有因科舉漏泄題目而造成貶謫的例子,《唐會要》載:「大中元年二月。吏部宏辭舉人漏泄題目。為御史臺所劾。侍郎裴稔。改國子祭酒……考試官刑部郎中唐扶出為虔州刺史。」〔註65〕穆宗時,侍郎錢徽等多所舉送,覆試多不中選,於是「貶禮部侍郎錢徽為江州刺史,中書舍人李宗閔為劍州刺史,右補闕楊汝士為開州開江令」等等。〔註66〕總而言之,這些都是與選官相關的貶謫情形,也是唐代造成貶謫比較重要的一項因素。

除了貢舉非人,《唐律疏議・職制》還有另外一個造成貶謫的非常重要因素,即漏泄大事。《唐律疏議》中「漏泄大事」條規定:「諸漏泄大事應密者,絞。非大事應密者,徒一年半;漏泄於藩國使者,加一等。仍以初傳者為首,傳至者為從,即轉傳大事者,杖八十,非大事勿論。」〔註67〕同樣地,在現實政治環境中,漏泄大事亦常常以貶謫的方式進行處罰,如貞觀七年,王珪「坐漏泄禁中語,左遷同州刺史。」〔註68〕杜正倫,因漏泄禁中語,被出為谷州刺史。杜景檢,「坐漏泄禁中語,左授司刑少卿,出為并州長史。」〔註69〕還有齊澣因漏泄禁中語,「貶高州良德丞」〔註70〕等等。可見,漏泄大事亦是唐代造成貶謫的重要原因。

(二)戶、婚、喪葬因素造成的貶謫

唐代《戶婚律》規定了戶口、婚姻方面的違法犯罪行為及其處罰方式,在實際生活中,這些情形的處罰常常以貶謫的方式進行。「戶」方面常見的有「占田過限」「在官侵奪私田」「脫漏戶口增減年狀」「州縣不覺脫漏增減」等,

〔註63〕《舊唐書》卷一一三《苗晉卿傳》,第3350頁。
〔註64〕《舊唐書》卷一一三《苗晉卿傳》,第3350頁。
〔註65〕《唐會要校證》卷七六《貢舉中・制科舉》,第1196頁。
〔註66〕《舊唐書》卷一六《穆宗》,第488頁。
〔註67〕《唐律疏議箋解》,第758~759頁。
〔註68〕《舊唐書》卷七十《王珪傳》,第2529頁。
〔註69〕《舊唐書》卷九十《杜景儉傳》,第2912頁。
〔註70〕《舊唐書》卷一九〇中《文苑中・齊澣傳》,第5038頁。

具體事例如「（蘇）味道因此侵毀鄉人墓田，役使過度，為憲司所劾，左授坊州刺史。」〔註71〕亦有相關制敕反覆宣說，如玄宗朝《令諸州年終申報戶口實數敕》，其中規定「……自今以後，天下諸州戶口，或刺史縣令自離任者，並宜分明交付。州縣仍每至年終，各具存亡及增加實數同申，並委採訪使重複報省，所司明為課最，具條件奏聞。隨事褒貶，以旌善惡。」〔註72〕還有玄宗時的《均平戶籍敕》，其中有：「自今已後，每至定戶之時，宜委縣令與鄉村對定。審於眾議，察以資財，不得容有愛憎，以為高下。苟其虛妄，令不均平，使每等之中，皆稱允當。仍委太守詳覆。如有不平，縣令錄奏，量事貶降，其鄉村對定之人，便與節級科罪。覆定之後，明立薄書。每有差科，先從高等，務茲不足，庶叶彝倫。」〔註73〕很顯然，戶籍、田地等方面不公正的處理是造成貶謫的一大因素。

「婚」方面，唐代法律中亦有相當篇幅的規定，如「妻無七出而出之」等條，源休出妻便是一例，源休「妻即吏部侍郎王翊女也，因小忿而離，妻族上訴，下御史臺驗理，休遲留不答款狀，除名，配流溱州。久之，移岳州。」〔註74〕而在實際生活中，因婚姻造成的貶謫大多是因為背離了禮俗，有的是閨廷不理，有的因強奪人妻，有的因理家不當，有的因畜別宅婦人，還有的因嫁娶儀禮不合或多所私聘等等。如陳叔達便曾「坐閨廷不理，為憲司所劾，朝廷惜其名臣，不欲彰其罪，聽以散秩歸第。」〔註75〕（貞元）十一年五月，左神策軍健兒朱華因「枉法受贓並強奪人妻」〔註76〕杖八十，配流嶺南。更有李元素，「初，元素再娶妻王氏，石泉公方慶之孫，性柔弱，元素為郎官時娶之，甚禮重，及貴，溺情僕妾，遂薄之。且又無子，而前妻之子已長，無良，元素寢疾昏惑，聽譖遂出之，給與非厚。妻族上訴」〔註77〕，從其貶謫詔書中，我們更能夠清楚其被貶謫原因，「李元素病中上表，懇切披陳，云『妻王氏，禮義殊乖，願與離絕』。初謂素有醜行，不能顯言，以其大官之家，所以令自處置。訪聞不曾告報妻族，亦無明過可書，蓋是中情不和，遂至於此。

〔註71〕《舊唐書》卷九四《蘇味道傳》，第 2992 頁。
〔註72〕《全唐文》卷三五，第 389 頁。
〔註73〕《全唐文》卷三六，第 395 頁。
〔註74〕《舊唐書》卷一二七《源休傳》，第 3574 頁。
〔註75〕《舊唐書》卷六一《陳叔達傳》，第 2363 頁。
〔註76〕《冊府元龜》（第二冊）卷一五三《帝王部·明罰》，第 1850 頁。
〔註77〕《舊唐書》卷一三二《李元素傳》，第 3658 頁。

脅以王命，當日遣歸，給送之間，又至單薄。不唯王氏受辱，實亦朝情悉驚。如此理家，合當懲責。宜停官，仍令與王氏錢物，通所奏數滿五千貫。」〔註78〕顯然，其被貶的主要原因乃理家不當，與妻離絕致妻受辱。畜別宅婦人則有相關制敕規定，玄宗時的《禁畜別宅婦人制》規定：「自今已後，更有犯者，並準法科斷。五品已上，仍貶授遠惡處官，婦人配入掖庭。」〔註79〕嫁娶儀禮不合的如「左拾遺楊歸厚以自娶婦，進狀借禮會院，貶國子主簿分司。」〔註80〕多所私聘的例子如許敬宗，其因貪婪，「以女嫁蠻酋馮盎子，多私所聘，有司劾舉，下除鄭州刺史。」〔註81〕此外，還有妻子妒悍殺人的例子，如「安石夫人薛氏疑元澄先所幸婢厭殺之」〔註82〕，為御史中丞楊茂謙所劾，出安石為蒲州刺史。還有房孺復，「娶台州刺史崔昭女，崔妒悍甚，一夕杖殺孺復侍兒二人，埋之雪中。觀察使聞之，詔發使鞫案有實，孺復坐貶連州司馬。」〔註83〕由此可見，在唐代，官員的家庭關係不和諧，或官員妻子犯法，都有可能會影響到官員自身的仕途，婚姻嫁娶不合禮法的方方面面，都可能導致貶謫。

與「戶」「婚」具備相關的法律規定不同，喪葬造成的貶謫並無明確的法律規定，更多是因其不合禮法或喪葬期間不合禮法的行為而導致的貶謫。如皇甫鎛便因「居喪遊處不度，下除詹事府司直。」〔註84〕田璹因葬妻奢侈而貶瀘州縣尉〔註85〕，「駙馬都尉於季友居嫡母喪，與進士劉師服歡宴夜飲。季友削官爵，笞四十，忠州安置；師服笞四十，配流連州。」〔註86〕除此之外就是一些專門禁止厚葬的制敕詔令，如玄宗時期的《禁厚葬制》，其中規定：「墳墓塋域，務遵簡儉；凡諸送終之具，並不得以金銀為飾。如有違者，先決杖一百。州縣長官，不能舉察，並貶授遠官。」〔註87〕亦有《禁殯葬違法詔》，「如聞百官及庶人家，殯葬頗違古則，無復哀戚，遞相誇尚。富者逾於

〔註78〕《舊唐書》卷一三二《李元素傳》，第3659頁。
〔註79〕《全唐文》卷二一，第246頁。
〔註80〕《舊唐書》卷十五《憲宗下》，第444頁。
〔註81〕《新唐書》卷二二三上《許敬宗傳》，第6335頁。
〔註82〕《舊唐書》卷九二《韋安石傳》，第2957頁。
〔註83〕《舊唐書》卷一一一《房孺復傳》，第3325頁。
〔註84〕《新唐書》卷一六七《皇甫鎛傳》，第5113頁。
〔註85〕《冊府元龜》（第二冊）卷一五三《帝王部·明罰》，第1860頁。
〔註86〕《舊唐書》卷十五《憲宗下》，第459頁。
〔註87〕《全唐文》卷二一，第245頁。

禮法，貧者殫其資產，無益於死，徒損於生，傷風敗化，斯斁尤甚。自今已後，送終之儀，一依令式。至墳墓所，仍不得聚飲肉食，宜令所繇，嚴加禁斷。更有違者，科違敕罪」〔註 88〕等。由此可知，違背喪葬中的相關禮俗亦是唐代貶謫原因之一。

（三）祭祀朝會不合禮法、營造過度及左道

除了婚喪習俗，祭祀朝會中也有許多需要注意的禮俗，違背這些禮俗就是觸犯法律，要受到相應的制裁。《唐律疏議．職制》「祭祀朝會失措違儀」條規定：「諸祭祀及有事於園陵若朝會、侍衛、行事失錯及違失儀式者，笞四十。應集而主司不告，及告而不至者，各笞五十。」〔註 89〕劉俊文解釋曰：「按典禮失儀及不集罪，指朝廷舉行祭祀、謁陵、朝參、集會等典禮時，『行事失錯』、『違失儀式』或『應集不告』、『告而不至』等行為。此類行為，侮慢朝章，非禮不敬，故為律所不容。」〔註 90〕在唐代，官員如在祭祀與朝會中若有不合禮法的行為，常常會被處以貶謫。

祭祀朝會中的不合儀禮之舉如服色的不合禮儀。玄宗先天二年十月敕文：「文武官朝參，著蔥褶珂傘者，其有不著入班者，各奪一月俸。若無故不到者，奪一季祿。其行香拜表不到，亦準此。頻犯者量事貶降。其衣冠珂傘，乃許著到曹司。」〔註 91〕其中對於朝參多次服色不合的便要處以貶謫。還有其頒布的《禁僭用服色詔》及《禁濫借魚袋詔》都有類似的規定。《禁僭用服色詔》中規定：「彰施服色，分別貴賤，苟容僭濫，有乖儀式。如聞內外官絕無著碧者，皆許著綠，以為常事。又軍將在陣，賞借緋紫，本是從戎缺胯之服，一得以後，遂別著長袍，遞相仿傚。又入蕃使等別敕借緋紫者，使回合停，或有便著，曾無愧恥。憲司不能舉劾，遂令此弊滋甚。自今已後，衙內宜專定，殿中侍御史本司官長，並量事貶降。」〔註 92〕《禁濫借魚袋詔》中又有：「朱紫貴服，所以分別班品，自非有德有功，不可輕為賞借。自今以後，諸軍節度大使，灼然有知功勞，須權行給賞，任量借色及魚袋，仍俱狀奏。」〔註 93〕在古代，不同場合應如何著裝有明確的禮法規定，它象徵著整個封建

〔註 88〕《全唐文》卷二八，第 325 頁。
〔註 89〕《唐律疏議箋解》，第 735 頁。
〔註 90〕《唐律疏議箋解》，第 736 頁。
〔註 91〕《唐會要校證》卷二四《朔望朝參》，第 400 頁。
〔註 92〕《全唐文》卷二七，第 307～308 頁。
〔註 93〕《全唐文》卷二九，第 330 頁。

國家等級結構與階級秩序的穩定性，反之，服色的隨意使用則是對這一秩序的破壞，會受到貶謫處罰。祭祀活動中，除服色要合理之外，國家對官員的威儀也有一定的約束。中書舍人兼吏部侍郎崔漪便曾因帶酒容入朝，被貶為右庶子，諫議大夫李何忌則因在班不肅而被貶西平郡司馬。〔註94〕武宗時李程，因其「性放蕩，不修儀檢，滑稽好戲，而居師長之地，物議輕之……（開成）二年三月，檢校司徒，出為襄州刺史、山南東道節度使。」〔註95〕憲宗元和二年十二月，御史臺關於文武常參官朝堂行為規範的奏書亦獲得批准頒發，其中規定：「文武常參官，準乾元元年三月敕，如有朝堂相弔慰及跪拜，待漏行立不序，談笑喧嘩，入衙門執笏不端，行立遲慢，至班列不正，趨拜失儀，言語微喧，穿班仗，出合門，不即就班，無故離位，廊下食行坐失儀語鬧，入朝及退朝，不從正衙出入，非公事入中書，每犯奪一月俸。今商量舊條，每罰各減一半，有犯必舉，不敢寬容。如所由指揮，尚抵拒非，即請準舊例，錄奏貶官。」〔註96〕可見，所有文武官員在朝的不合理行為都要接受懲罰，輕則罰俸，重則貶謫。

不合禮法的行為除了祭祀、朝會的相關服色與威儀的不合理外，還有營造宮殿、服被等的僭越。《唐律疏議‧雜律》「捨宅車服器物違令」條規定：「諸營造捨宅、車服、器物及墳塋、石獸於令有違者杖一百。」〔註97〕「唐大實行嚴格的等級制度，凡衣、食、住、行、婚娶、喪葬皆有明確的等級界限」，「所謂營造違制罪，即指修造或使用捨宅、車服、器物及墳塋、石獸、碑碣之類，有違令文之節制，而僭級踰等之行為，此類行為混淆貴賤、顛倒上下，破壞社會等級秩序，故律設為專條以懲禁之。」〔註98〕大和八年（834年）十一月，「幽州節度使楊志誠被逐入朝，下御史臺訊鞠。志誠在幽州，被服皆為龍鳳，乃流之嶺外，至商州殺之。」〔註99〕龍鳳乃帝王的標誌，只有御用之物才能夠使用，楊志誠作為一個節度使使用它顯然屬於僭越，因此被流放，《舊唐書‧楊志成傳》亦對此事有記載：「元忠進志誠所造袞龍衣二副及被服鞍韉，皆繡飾鸞鳳日月之形，或為王字。因付御史臺按問，流嶺南。行至商州，殺

〔註94〕《舊唐書》卷一二八《顏真卿傳》，第 3591 頁。
〔註95〕《舊唐書》卷一六七《李程傳》，第 4373～4374 頁。
〔註96〕《唐會要校證》卷二四《朔望朝參》，第 404 頁。
〔註97〕《唐律疏議箋解》，第 1818 頁。
〔註98〕《唐律疏議箋解》，第 1820 頁。
〔註99〕《舊唐書》卷十七下《文宗下》，第 556 頁。

之。」〔註100〕除了被服的僭越還有宅第規制的僭越，宗楚客便曾因「賜將作材營第，僭侈過度，為懿宗所劾，自文昌左丞貶播州司馬」。〔註101〕《朝野僉載》描述為：「宗楚客造一新宅成，皆是文柏為梁，沉香和紅粉以泥壁，開門則香氣蓬勃。磨文石為階砌及地，著吉莫靴者，行則仰僕。」〔註102〕太平公主見了都感歎：「看他行坐處，我等虛生浪死。」然僭越最終還是導致其貶謫的命運。

　　除了違反祭祀朝會等的禮法，唐代貶官的貶謫原因中還經常出現「左道」一項。左道，指邪門歪道，《禮記‧王制》曰：「執左道以亂政，殺。」〔註103〕鄭玄注：「左道，若巫蠱及俗禁。」〔註104〕左道如造畜蠱毒，如厭勝之術。造畜蠱毒指「製造或『傳畜』蠱蟲，用以『毒害於人』之行為。此類行為帶有神秘之特點，屬於邪術之性質。其之成罪，不僅因為律從迷信觀念出發，確認其有害人之功能，更重要者，是因為律從儒家學說出發，確認其為『亂政』之『旁門左道』，對整個社會構成危害。」〔註105〕厭勝，《唐律疏議》曰：「有所憎嫌前人而造厭魅，厭事多方，罕能詳悉，或圖畫形象，或刻作人身，刺心釘眼，繫手縛足，如此厭勝，事非一緒；魅者，或假託鬼神，或妄行左道之類；或祝或詛，欲以殺人者：各以謀殺論減二等。」〔註106〕由此可知，左道常常指通過某種邪門歪道或神秘活動而達到害人目的的行動。唐代因左道而遭貶的例子也不少，如通鑑中記載的司農卿韋璇欲求夏州節度使，璇信一術士之言，設醮具於庭為其求之，〔註107〕事泄，璇貶永州司馬。如王守一，「坐與庶人潛通左道，左遷柳州司馬，行至藍田驛，賜死。」〔註108〕又有殿中侍御史郭震曾奏「彥昭以女巫趙五娘左道亂常，託為諸姑，潛相影援，既因提挈，乃踐臺階，驅車造門，著婦人之服；攜妻就謁，申猶子之情。於時南憲直臣，劾以霜憲，暫加微貶，旋登寵秩。同惡相濟，一至於此。乾坤交泰，

〔註100〕《舊唐書》卷一八〇《楊志誠傳》，第 4676～4677 頁。

〔註101〕《新唐書》卷一〇九《宗楚客傳》，第 4102 頁。

〔註102〕張鷟等撰，陽羨生校點：《朝野僉載‧雲溪友議》卷三，上海古籍出版社，2012年版，第 34 頁。

〔註103〕阮元校刻：《十三經注疏》（清嘉慶刊本）卷十三《禮記‧王制》，第 2909 頁。

〔註104〕《十三經注疏》卷十三，《禮記‧王制》，第 2909 頁。

〔註105〕《唐律疏議箋解》，第 1302 頁。

〔註106〕《唐律疏議箋解》，第 1311 頁。

〔註107〕《資治通鑑》卷二四九，第 8182 頁。

〔註108〕《舊唐書》卷一八三《外戚‧王守一傳》，第 4745 頁。

宇宙再清，不加貶削，法將安措？請付紫微黃門，準法處分。」〔註109〕後累貶江州別駕。可見，左道乃危害封建國家有序運行的行為，常常會受到貶謫處罰。

（四）斷獄、制書書寫與道路稽違

除了貢舉非其人與漏泄大事外，唐代職制方面的犯罪還有斷獄不當、制書寫作失誤、官員上任道路稽程等許多類型，這些類型的犯罪亦常常是導致唐代官員貶謫的重要原因。

《唐律疏議·職制》條中「稽緩制書官文書」、「被制書施行有違」、「受制忘誤」、「制書官文書誤輒改定」、「上書奏事犯諱」、「上書奏事誤」等條都是對制書書寫中各種錯誤的處罰規範，其具體處罰方式有笞，有杖，有徒，但現實政治中，這類犯罪一般都會以貶謫的方式進行處罰。如《新唐書·藝文四》記載「李德裕之謫，誣草制不盡書其過，貶端州刺史。」〔註110〕再如劉瞻，因諫囚醫工宗族罷相，出為荊南節度使。畋草制過為美詞，懿宗怒責之曰：「畋頃以行跡玷穢，為時棄捐，朝籍周行，無階踐歷。竟因由徑，遂致叨居，塵忝既多，狡蠹尤甚。且居承旨，合體朕懷。一昨劉瞻出藩，朕豈無意？爾次當視草，過為美詞。逞譎詭於筆端，籠愛憎於形內。徒知報瞻咳唾之惠，誰思蔑我拔擢之恩。載詳言偽而堅，果明同惡相濟。人之多僻，一至於斯！宜行竄逐之科，用屏回邪之黨。可梧州刺史。」〔註111〕可見，制書書寫是要嚴格的書寫規定的，任何不當都可能遭致貶謫處罰。除去制書書寫有誤，官員應奏事不奏也常常會造成貶謫。《唐律疏議·職制》「應奏事不奏」規定：「諸事應奏而不奏，不應奏而奏者，杖八十。」〔註112〕實際政治中，皇帝也常會下達相關詔書，規定官員奏事不實的貶謫處罰。如（會昌）六年五月敕：「諸州刺史，委中書門下切加選擇，非奉公潔己，素效彰著者，不得妄有除授……仍令觀察使審勘，詣實聞奏。如涉虛妄，本判官重加貶責。」〔註113〕還有武宗時期頒布的《釐革請留中不出狀詔》：「……宜起今後，應有朝官及上封事人進章表論人罪惡，並須證驗明白。狀中仍言請付御史臺按問，不

〔註109〕《舊唐書》卷九二《趙彥昭傳》，第 2968 頁。
〔註110〕《新唐書》卷六十《藝文四》，第 1616 頁。
〔註111〕《舊唐書》卷一七八《鄭畋傳》，第 4632 頁。
〔註112〕《唐律疏議箋解》，第 790 頁。
〔註113〕《唐會要校證》卷六九，第 1033 頁。

得更云請留中不出。如軍國要機事關密切者，不在此例。推勘後如得事實，必獎奉公，苟涉加誣，當令反坐。如此，則人知畏法，事免構虛。」〔註114〕除此之外，還有「之官限滿不赴」、「驛使稽程」等，均是導致貶謫的常見原因，司空圖便曾「以赴闕遲留，責授光祿寺主簿，分司東都」〔註115〕。哀帝時也頒布《新除官不得停住詔》，規定「……宜令諸道節度觀察防禦刺史等，如部內有新除朝官前資朝官，敕到後三日內發遣赴闕，仍差人監送。所在州縣，不得停住，苟或稽違。必議貶黜。付所司。」〔註116〕總而言之，以上所舉官員各種職制類型的犯罪，都是官員被貶的常見原因。

除去以上所舉官員被貶的四大類原因之外，官員被貶的原因還有許多，如妄請假、訕短時政、用法深、滯獄、御史作威福、僧人斂財、笞辱官吏等。這些情形有些是法律中有規定的，有些是違反一般禮法原則的，不一而足。此外，皇帝還會根據實際政治情況臨時頒發相應制敕來規範官員的行為。如玄宗時期《戒州縣祇候御史詔》：「御史出使，舉正不法。身苟不正，焉能正人？如聞州縣祇迎，相望道路，牧宰祇候，僮僕不若。作此威福，其正人何？自今以後，宜申明格敕，不得更爾。違者州縣科罪，御史貶降。」〔註117〕規定御史不能作威福。德宗時期《罷邕府金坑敕》：「朕聞致理之君，克勤於德，不貴遠物，所寶惟賢。故堯設茅茨，禹卑宮室，光武捨去寶劍，順帝封還大珠。朕以眇身，獲守丕業，仰止前王之德，思齊太素之風，未嘗緣情於服玩，措意於珠玉，庶乎捐金抵璧，返樸還淳。邕州所奉金坑，誠為潤國，語人以利，非朕素懷。方以不貪為寶，惟德其物，豈尚茲難得之貨，生其可欲之心耶？其金坑宜委康澤差擇清強官專勾當，任貧下百姓採勵，不得令酋豪及官吏影占侵擾，聞奏當重科貶。俾夫俗臻富壽，人識廉隅，副朕意也。」〔註118〕規定金坑只能任貧下百姓去開採，酋豪及官吏不得占侵干擾。還有德宗貞元七年二月規定軍士不能陵忽的詔書：「詔：神威、六軍吏士與百姓訟者，委之府縣，小事牒本軍，大事奏聞。若軍士陵忽府縣，禁身以聞，委御史臺推覆。縣吏輒敢笞辱，必從貶謫。」〔註119〕等等這些，均是根據實際政治需要的臨

〔註114〕《全唐文》卷七六，中華書局影印，第 803 頁。
〔註115〕《舊唐書》卷一九〇下《司空圖傳》，第 5082 頁。
〔註116〕《全唐文》卷九三，第 970 頁。
〔註117〕《全唐文》卷二九，第 331 頁。
〔註118〕《全唐文》卷五四，第 578 頁。
〔註119〕《資治通鑒》卷二三三，第 7645 頁。

時頒發。由此我們可以得出結論，唐代官員貶謫的原因非常多，其中既有法律規定的犯罪行為，也有不符合相關禮法的不合禮行為，還有根據實際政治需要臨時頒發的制敕規定，都可以成為官員被貶謫的依據。可以說，在唐代，官員的貶謫藉口非常之多且非常靈活，貶謫是唐代政治生活中的大事件。

第二節　幾類重要的貶官方式

「貶乃降資」，貶謫顧名思義指對官員品職的降級。唐代官員的品級由職、散、勳、爵四大官階系統組合而成，這四大官階中，任何一個官階的降低都可視為貶謫。複雜的官階制度決定了貶謫方式的多樣性。在多種貶謫方式中，本節只擇取幾類出現比較多、也比較重要、但在以往的研究中卻從未專門論及的貶謫方式進行論述。

一、除名、免官、免所居官

貶官制度與官階制度有著密切的關係。唐代官階由職、散、勳、爵四大官階系統組成。職代表著職事之官，「職事者，諸統領曹事，供命王命，上下相攝，以持庶績」，〔註120〕指職掌朝廷大小具體事務的官職；散官又稱「階官」，與職事官表示所任職務的稱號相對而言，指有官名而無實際職務的官職，散官一切以門蔭結品，勞考進敘，凡是九品以上的職事官都各帶散位，謂之本品，唐代有文武兩套散官系統共九品二十九階；勳官是古代授予有功之人的官號，有品級而無執掌，「勳官者，出於周齊交戰之際，本以酬戰士，其後漸及朝流」，〔註121〕唐代官員的勳級自上柱國（十二轉，視從二品）以下至武騎尉（一轉，視從七品），共十二等；爵級是古代皇帝對貴戚功臣的賜封，是一種地位的象徵，唐代共有九等爵位，分別有食邑。本節論述的幾種貶謫方式即與這四大官階系統關係密切。

第一種是除名。《唐律疏議》有：「諸除名者，官爵悉除，課役從本色，六載之後聽敘，依出身法。」〔註122〕意思就是說，凡是除名的，官職爵位完全除去，成為庶人，徭役依其本品征服，本無官蔭的與百姓一樣，有官蔭的依照官蔭徵收，過六載之後可重新做官，其品位依初始得官時的品位辦理。

〔註120〕《舊唐書》，卷四二《職官一》，第 1804 頁。
〔註121〕《舊唐書》，卷四二《職官一》，第 1807 頁。
〔註122〕《唐律疏議新注》，第 92 頁。

出身法，是指「官員選授敘官始初階品確定的制度。敘官不但要有緣由根據，而且所起始的階品也有限制，不同情況敘官時不同的基礎階位，就是『出身』之階位，也稱『出身』。」〔註123〕《唐六典·吏部·吏部郎中》規定出身的品階，「有以封爵」、「有以親戚」、「有以勳庸」、「有以資蔭」、「有以秀、孝」、「有以勞考」〔註124〕。具體常敘之法，《選舉令》中規定：「三品以上，奏請皇帝，依皇命辦。原『正四品』的從『從七品下』做起；原『從四品』的，從『正八品上』做起；原『正五品』的，從『正八品下』做起……」〔註125〕若始出身品位比令文中規定的常敘品位高的，就依出身的品位做起；若出身品位低於常敘品位的，就依常敘品位。可見，除名這種處罰之重敘基本要從做官之初重新開始，是一種相當嚴厲的處罰措施。史書中除名與流放經常相伴隨也是一個明證，如「辰州刺史裴虔通，隋煬帝故人，特蒙寵任，而身為弒逆……乃下詔除名，流驩州」、〔註126〕「中書侍郎崔仁師除名，配流連州」、〔註127〕柳璨「貶登州刺史，俄除名為民，流崖州，尋斬之」〔註128〕等等。除名本便是官爵悉除，再流放到遠惡之處，其嚴厲程度可想而知。相比之下，除名為庶人則減輕了許多，因為不再進一步外放到遠惡之地。薛訥便曾因兵敗而除名為庶人，細讀其詔書中的責辭，比蕭齡之除名配流嶺南遠處的責辭便溫和不少。薛制中責辭為「暗於料敵，輕於接戰，張我王師，劍之虜境。偏裨失節，乃斯令之不明；中軍靡旗，則厥謀之不振」；〔註129〕蕭制罪辭則為「心如溪壑，聚斂無厭，不憚典章，唯利是視，豪門富室，必與交通。受納金銀二千餘兩，乞取奴婢一十九人，赦後之贓，數猶極廣」〔註130〕等。如果說薛被除名還是能力問題的話，那麼，蕭的罪行則更上升到人品，言其貪贓、交通豪貴等，史書中這樣的情形亦所在所有。最後一種除名的類型為軍事失誤中比較常見的一種，即「除名，白衣隨軍」類型，如劉仁軌。李義府因與劉仁軌結有舊怨，時「會討百濟，仁軌當浮海運糧，時未可行，義府督之，遭風

〔註123〕《唐律疏議新注》，第 97 頁。
〔註124〕李林甫等撰，陳仲夫點校：《唐六典》卷二《吏部·吏部郎中》，中華書局，1992 年版，第 31～32 頁。
〔註125〕《唐律疏議新注》，第 93 頁。
〔註126〕《資治通鑑》卷一九二，第 6167 頁。
〔註127〕《舊唐書》卷三《太宗下》，第 60 頁。
〔註128〕《新唐書》卷二二三下《姦臣下·柳璨傳》，第 6360 頁。
〔註129〕《全唐文》卷二一，第 243 頁。
〔註130〕《全唐文》卷一一，第 141 頁。

失船，丁夫溺死甚眾，命監察御史袁異式往鞫之」〔註131〕。借助這件事情，義府一方面命異式曲成其罪；另一方面又不斷上書皇帝求斬殺仁軌。最終在舍人源直心的進諫下「上乃命除名，以白衣從軍自效」〔註132〕，即一方面官爵悉除，一方面還可以繼續隨軍努力將功補過，比單純的除名為名更多了立功的機會，因此處罰比除名為庶人又減輕了一層。

第二種為免官。《唐律疏議》中解釋免官：「謂二官並免，爵及降所不至者，聽留。」〔註133〕疏曰：「『二官』為職事官、散官、衛官為一官，勳官為一官。此二官並免……爵者，王及公、侯、伯、子、男。『降所不至者，謂二等以外，歷任之官是也。』」〔註134〕意思是免官乃職事官、散官、衛官、勳官並免。那麼，「降所不至者」及「二等之外，歷任之官是也」是什麼意思呢？《疏議》中關於免官的重敘有這樣的規定：「三載之後，降先品二等敘」，〔註135〕也就是說，所免官既是二官同免，且均只免二等，三載之後，還要在低於原官二等的基礎之上重新起用。具體而言，二等之外歷任之官，此官指告身。唐制，凡在官皆給告身，除了因為犯罪、除免或官當而追毀以外，都可以保存。如此，二等以內之告身為降至者，應當追毀，二等以外的其他歷任之官的告身為降所不至者，應當保留。至此，顯而易見，與除名相比，免官的處罰相對減輕了不少：除名是出身以來，官爵悉除；而免官，第一，僅免二官，爵仍聽留，第二，所免之官僅降二等，二等之外的歷任官，聽留。而其復敘，也僅僅需要三載，比除名的六載減了一半，復敘的基礎也只在原先官職降二等的基礎之上，不像除名，要從做官之初開始。這一點，我們從史籍中記載的諸多免官案例中亦不難發現。

綜合研究唐代免官案例可以看到，首先，免官經常用在一些勳舊功臣與諸王身上，是一種皇帝處理罪行較輕之重臣的常用手段。如武德二年，唐高祖之子李元吉因驕淫擾民免官；武德四年，高祖第十二子彭王元則坐章服奢僭免官等。諸王免官還經常與削封邑聯繫在一起，如上元二年七月，「杞王上金免官，削封邑」〔註136〕、安州都督吳王恪數出畋獵，頗損居人，「恪坐免官，

〔註131〕《資治通鑒》卷二○一，第 6462 頁。

〔註132〕《資治通鑒》卷二○一，第 6462 頁。

〔註133〕《唐律疏議新注》，第 87 頁。

〔註134〕《唐律疏議新注》，第 87 頁。

〔註135〕《唐律疏議新注》，第 94 頁。

〔註136〕《新唐書》卷三《本紀第三》，中華書局，1975 年版，第 76 頁。

削戶三百」、〔註137〕江夏王道宗坐贓免官，削封邑等等。總而言之，諸王因為身份尊貴，其只要不是犯上逆亂的大罪，一般的違禮犯法都以免官削封邑的方法進行處理。另外或是朝廷重臣，或是勳舊，其貶官也經常採用免官的形式。如裴寂，本便與高祖交好，後在參與策劃太原起兵，在唐朝建立的過程中立了大功，史載「及京師平，賜良田千頃、甲第一區、物四萬段，轉大丞相府長史，進封魏國公，食邑三千戶。」〔註138〕後又請高祖受禪，「高祖曰：『使我至此，公之力也』。」寂也因此「拜尚書右僕射，賜以服玩，不可勝紀，仍詔尚食奉御，每日賜寂御膳。高祖視朝，必引與同坐，入閣則延之臥內，言無不從，呼為裴監而不名，當朝貴戚，親禮莫與為比」〔註139〕，到貞觀元年，加實封並前共一千五百戶，其權力地位煊赫一時。然而，此中醞釀的矛盾卻同時也激化到了白熱化的程度。據黃永年的考證，「李淵與李世民父子之間的矛盾早在武德初年就存在」，〔註140〕而裴寂作為李淵身邊親信的第一號人物，自然不會得到李世民的真正信任。因此，無論裴寂在高祖之時享受多麼崇高的禮遇，在武德九年宣武門之變、李世民逼迫李淵內禪當上皇帝之後，他是一定會對裴寂進行處理的。於是，貞觀三年，借沙門法雅的事情將裴寂「免官，削食邑之半，放歸本邑」。〔註141〕時寂請住京師，太宗對其說的一段話也可以見出其對裴寂的態度：「計公勳庸，不至於此，徒以恩澤，特居第一。武德之時，政刑紕繆，官方弛紊，職公之由。但以舊情，不能極法，歸掃墳墓，何得復辭？」〔註142〕說裴寂的地位乃是由於恩澤，對武德時期的政治不僅無功，反而起了破壞作用。當然這只是一種欲加之罪的說法，然一代名臣裴寂因此而免官放歸卻是實情。

其次，朝廷其他官員的輕貶也常採用免官處罰：如盧承慶，顯慶五年，度支尚書、同中書門下三品盧承慶坐科調失所免官；許圉師，累遷給事中、黃門侍郎、同中書門下三品。龍朔中，為左相，因其子犯罪掩奏，朝堂與皇帝對答不當，免官；閣讓建宮煩燠不可居，免官；雍丘令尹元貞坐婦女治道免官，李元素以出妻免官等等。總之，免官這一處罰或是針對王子勳舊大臣

〔註137〕《資治通鑒》卷一九五，第 6247 頁。
〔註138〕《舊唐書》卷五七《裴寂傳》，第 2286 頁。
〔註139〕《舊唐書》卷五七《裴寂傳》，第 2287 頁。
〔註140〕黃永年撰：《唐史十二講》，中華書局，2007 年 4 月版，第 3 頁。
〔註141〕《舊唐書》，卷五七《裴寂傳》，中華書局，1975 年版，第 2288 頁。
〔註142〕《舊唐書》，卷五七《裴寂傳》，第 2288 頁。

的輕貶，或是被貶之人罪行本身比較輕微，不涉及權利爭奪與利益爭鬥，罪行比較單純的犯罪，都相對較輕。需要說明的一點是，免官處罰中亦有白衣領職一說。如上文陸元芳被免官之後，便同時白衣領職；又如安祿山，亦曾因討奚、契丹失利，守珪奏請斬之，九齡亦言不宜免死，然「玄宗惜其勇銳，但令免官，白衣展效」，〔註143〕以致最終釀成安史之亂。可見，加白衣領職因還有職務在身，因此又比單純的免職減輕許多。當然，無論是除名還是免官，若是自請，便不屬於貶謫，唐休璟便因大水上書請求免官，此不屬於貶謫的範圍。

最後，與免官相類似的還有免所居官。《唐律疏議》解免所居官者，謂「免所居之一官，若兼代勳官者，免其職事。」〔註144〕疏曰：「稱免所居官者，職事、散官、衛官同階者，總為一官。若有數官，先追高者；若帶勳官，免其職事；如無職事，即免勳官高者。」〔註145〕二官之意，上文講免官之時已經說明，免所居官的意思是，若一個人有職散衛及勳官兩種官職時，免去職散衛一種官；當一人只有職散衛一種官職時，若職散衛三官同階，免所居之一官即三官同免；若三官不同階，免所居之一官即免去其中最高者；若一人只有勳官，免所居一種官則為免去其中最高者。至於免所居官的復敘，《唐律》規定：「期年之後，降先品一等敘」。〔註146〕也就是說，免所居官不僅只免一官，且只免一等，可見，這又比免官相對減輕。這種情形史書中雖有規定，但具體實踐中所用較少，這裡只備一說，便不細述。

二、流放

流放是對官員品級最嚴重的降低，降至平民。官員受到流刑處罰之後，不僅官職、爵位、勳官、戶籍等全部被追奪，無官俸，而且還要放至邊遠、蠻荒之地，受到相應的監管，可見其嚴厲程度。

經統計，整個唐代，被處以流放的官員一共有552位，這552位流官中，流放原因最多的為三大類：一是謀逆反，二是軍事原因，三是貪贓。在整個唐代，所有官員的犯罪類型中，這三種原因造成的犯罪是最為嚴重的。謀反

〔註143〕王仁裕、姚汝能撰《開元天寶遺事・安祿山事蹟》，中華書局，2006 年版，第 74 頁。
〔註144〕《唐律疏議新注》，第 90 頁。
〔註145〕《唐律疏議新注》，第 90 頁。
〔註146〕《唐律疏議新注》，第 94 頁。

乃從根本上顛覆國家政權的行為，在《唐律》中屬於「十惡」的範疇，是最嚴重的危害國家的犯罪。軍事是國家安全的有力保證，軍事失利根本上會威脅到國家的長久安定，事關重大。貪贓則是保證官僚隊伍純潔的最大阻礙，唐代皇帝非常重視對貪贓的治理，《唐律》形成了非常完善的反貪立法。彭炳金便曾分類總結過《唐律》中規定的懲處官員貪贓的幾種方式：「貪污絹三十匹就要處死刑」、「受財枉法與受財不枉法皆是犯罪」、「官員因私收受財物與接受饋贈也要懲處」、「禁止官員及其家人利用其職權從事經營活動牟利」、「下級官吏犯贓，長官也要連坐」〔註147〕。可見，唐代，流放一般是對犯有重罪的官員所施行的一種處罰手段。舉例來說，唐代官員因軍事原因被流的如高祖時期的李高遷、獨孤晟、可達志，還有太宗時期的李道彥、樊興等。因謀反而被流的也非常多，武德中，因太子建成謀叛便曾流放過王珪、韋挺、杜淹等。太宗時，長孫安業與利州都督義安王李孝常等謀反，孝常伏誅，安業坐流。貞觀十七年，李承乾因叛亂被流黔州，杜正倫、王敬直等亦坐流嶺外。永徽四年，李道宗等坐房遺愛反流，顯慶四年，長孫無忌等坐無忌反流。神龍元年，杜審言等坐二張謀逆流等等，都是因謀逆而造成的流放。還有因貪贓而被流放的情形，貞觀十六年，黨弘仁因貪贓而被流嶺南欽州；上元元年，李逢年因貪贓被流嶺南；開元二十五年，宋廷暉、周仁公等因貪贓被流冀州；以及乾元二年，第五琦因受人黃金被流夷州等等。從這些例子以及唐代流放官員的被流原因，我們大概可以得出這樣的結論：在唐代，流放是專門針對嚴重犯罪官員的一種處罰手段，比一般的外出或虛職更為嚴厲。

正因為流刑針對的是最為嚴厲的犯罪，因此，這一處罰措施又常常會與杖刑、除名一起出現。杖刑是五刑之一，關於唐代官員犯罪要不要使用杖刑這一問題，官員們也曾反覆討論過，其結果雖然在某一件事情的處理上可能會發生作用，但整體上來看，杖刑仍是常常伴隨官員流放而施行的一種刑罰。如裴伷先，因證裴炎不反，被武后杖之朝堂，長流瀼州；武強令裴景仙，因犯贓事發逃走，上令集眾殺之，後在朝臣執奏為之言後令決杖一百，流嶺南惡處；左監門員外將軍楊元方受人饋餉，於朝堂決杖，流瀼州；周子諒劾奏牛仙客，語援讖書，杖於朝堂，流瀼州；楊濟，因犯贓，杖六十，流古州等等，都是杖刑與流刑配合使用的例子。事實上，杖刑對官員而言，是有一定

的侮辱的含義的，張說便曾進言：「臣聞刑不上大夫，以其近於君也。故曰：『士可殺，不可辱。』……若其有犯，應死即殺，應流即流，不宜決杖廷辱，以卒伍待之。」〔註148〕然而，綜觀唐史，我們仍然能見到許多杖刑附會流刑使用的例子，由此可見，流刑確實是非常嚴重的處罰措施，流刑的使用甚至可以不顧士大夫的尊嚴與體面。除此之外，流刑還常與除名一起使用，除名乃「官爵悉除」，除名流放即指被流放官員不僅沒有任何官爵在身，甚至要被遣往極荒僻之地。總而言之，流放與除名和杖刑的配合使用均顯示出其對犯罪處罰的嚴厲性。

流放除了與杖刑、除名一起使用之外，它還常常作為對官員一系列貶降處罰之後的最終懲處。一般而言，官員一旦被施以流刑，那便說明，他很有可能會就此退出政治舞臺，而流放的後續，常常是賜死。最典型的如「五王」，其被殺害有幾個層次，從進封虛爵－到貶為刺史－貶為司馬－流放－矯制殺害，很顯然，流放是賜死之前的最後一個環節。事實上，整體而言，官員被流放，其遷轉的幾率是不如被貶為刺史或出為節度使高的，特別是這樣被政敵陷害的情況，等待他們的便往往只有賜死一條道路了。由此，我們再次看到唐代流放的使用情況，其一般使用在較為嚴重的犯罪情形下，特別是欲被政敵置於死地的情形。

當然，流刑除了比一般的官員降級處罰更為嚴重之外，它卻是對死刑的寬恕，唐代許多流放都是為減死而施行的。如《舊唐書·尹思貞傳》載：「雍州人韋月將上變，告三思謀逆，中宗大怒，命斬之。思貞以發生之月，固執奏以為不可行刑，竟有敕決杖配流嶺南」；〔註149〕開元十年，「武強令裴景仙犯乞取贓積五千匹，事發逃走。上大怒，令集眾殺之。朝隱執奏」〔註150〕，裴景先於是減死，杖一百，流嶺南惡處；李邕，「會仇人告邕贓貸枉法，下獄當死。許昌男子孔璋上書天子」，「疏奏，邕得減死，貶遵化尉，流璋嶺南」〔註151〕，此外還有唐武德初的獨孤晟減死徙邊，李道彥等減死徙邊，長孫安業減死流雟州等等。這種流放的處罰方式乃是「流宥五刑」的法律宗旨的一種延續，《唐會要》亦有「流為撿死」〔註152〕，這也是流放不同於其他貶謫處罰方

〔註148〕《舊唐書》卷九九《張嘉貞傳》，第 3091 頁。
〔註149〕《舊唐書》卷一百《尹思貞傳》，第 3110 頁。
〔註150〕《舊唐書》卷一百《李朝隱傳》，第 3126 頁。
〔註151〕《新唐書》卷二〇二《李邕傳》，第 5756 頁。
〔註152〕《唐會要校證》卷四一《左降官及流人》，第 632 頁。

式的地方。

總而言之，作為上古時期便存在的一種對犯罪的處罰方式，到唐代，流放依然是處罰犯罪官員的一種非常重要的方式。與一般外出與降職的貶謫類型相比，流放針對的是謀逆、軍事失利或貪贓等更為嚴重的犯罪行為。因其處罰的嚴厲性，流放常常與杖刑、除名、賜死等處罰方式一起使用，並且常常作為官員貶降的最後一個程序出現在欲被政敵置於死地的官員身上。流放基本代表著退出政治舞臺，對官員而言，是非常沉重的打擊。然而，對於被判處死刑的官員而言，流放則常常成為其減去死刑的一種寬恕式的處罰方式，體現出禮的「仁恕」之意。

第三節　貶官安置的幾種重要職位

翻檢史書可以發現，唐代貶官安置的主要職位為刺史及刺史以下的州縣令尹、丞尉、別駕、長史、司馬等。其中，刺史之外的其他官職，地位都十分低下，基本是安置貶官的閒職，備位而已。唐代貶官除了這幾類明顯的外任，還有其他幾種較為特殊的安置職位，如節度使、東宮官、東宮東都分司官等。這些官職的品級有的甚至高於貶官被貶前職位，然根據實際情形，我們仍視其為貶謫。為明確這些官職何以成為貶官安置的常見職位，及被貶為此類官職的貶官特點，以下分別就其具體情形一一言之。

一、節度使

「設官以經之，置使以緯之」，這是杜佑在其巨著《通典》中對唐代官制特點所作的精妙總結，可見在唐代，使職亦是一種與職事官相併列的重要設置。本節所談節度使便是使職中的一種，其前身是都督、刺史使持節，即皇帝委任靠近邊州的刺史、都督為特使，統領其在邊州設置的常駐邊防大軍。《新唐書·兵志》載：「自高宗永徽以後，都督帶使持節者，始謂之節度使，然猶未以名官。景雲二年，以賀拔延嗣為涼州都督，河西節度使。自此而後，接乎開元，朔方、隴右、河東河西諸鎮，皆置節度使。」〔註153〕由這段材料我們可以知道，節度使早至高宗時期就出現了，然作為一種使職，其臨時差遣的性質仍然非常濃厚，事罷即省。直到睿宗景雲二年的賀拔延嗣，節度使的

〔註153〕《新唐書》卷五十《兵志》，1329頁。

任職才逐漸長期化，職權轄區化、鎮所固定化。這之後，玄宗為了加強對邊疆地區的控制，又將節度使增至十個。到安史之亂爆發，中央為禦備戰亂，又在腹地增設節度使，「至德之後，中原用兵，刺史皆治軍戎，遂有防禦、團練、制置之名，要衝大郡，皆有節度之類。」〔註154〕至此，全國各地，可謂藩鎮林立，元和中，節鎮之數已達48個之多，〔註155〕晚唐愈甚。歷來對節度使的研究都比較注重其組織制度、與中央的關係、軍事地位等，卻忽視了它還是安置貶謫官員的一種重要職位，對此，本節將予以具體論述。

在這類安置貶官的節度使、觀察使當中，有的即明言為貶謫，其貶詔中也有相應的謫詞，如《孔緯荊南節度使制》和《張浚鄂岳觀察使制》，這兩篇製書與其他「出鎮」制書不同，在《唐大詔令集》中，則歸為「貶降」條下，明確為貶降詔書。其中，孔緯貶詔中的謫詞為：「但崇朋助，罕究否臧，昨者張浚首請興師，親求伐叛，且陳謀畫，累贊征行，決言旬朔之間，兄著殊常之效，延英互奏，幾疑朕言，文字繼來，固違朕意，以至干戈一舉，星紀將周，並汾之防孽未除，蒲晉之生靈已盡，構茲紛擾，職爾披陳，罔思惑亂之由，堅執比周之計」〔註156〕；而張浚貶詔中的謫詞則為：「而乃罔思守道，但欲邀功，是不詢之計謀，起無名之兵甲，自云一舉，止在旬時，妄請抗論，勢莫能奪，輕葛亮渭濱之役，小裴度淮右之行，而經歷寒暄，糜費百萬，虛誕張於朝野，詐詭布於華夷，橫草蔑聞，燎原愈急，俾擁旄乘馹之使，囚於虜庭，致勤王奉國之軍，懷歸本土，忘廊廟之威重，結藩屏之仇讎，是使海內生靈，竭於貢賦，豈獨河中郡邑，蕩為丘墟」。〔註157〕顯然，此二人被貶均由於軍事上的失利。當時正處於大敗黃巢之後各地軍閥的割據混戰之中，李克用與朱全忠的矛盾越來越白熱化，互相欲將對方置之死地而後快。李克用擊破孟遷，奪取邢、洺、磁三州，又命安金俊在雲州攻打赫連鐸。幽州李匡威出兵救赫連鐸，與安金俊在蔚州交戰，安金俊大敗。於是李匡威、赫連鐸等全忠之黨和朱全忠都上書因為李克用戰敗要乘機討伐他，即時「幽州李匡威、雲州赫連鐸等奏請出軍討太原」。朝廷大臣皆言「國祚未安，不宜生事。

〔註154〕《舊唐書》卷三八《地理志一》，第1389頁。

〔註155〕譚其驤撰：《簡明中國歷史地圖集》，中國地圖出版社，1991年版，第45～46頁。下文凡引據此書者，皆只列書名及頁碼，不再詳細出注。

〔註156〕宋敏求編：《唐大詔令集》，中華書局，2008年版，第310頁。下文凡引據此書者，皆只列書名及頁碼，不再詳細出注。

〔註157〕《唐大詔令集》，第310頁。

假如得太原，亦非國家所有」，認為李克用不可攻打，宰臣杜讓能、劉崇望亦深以為不可，皇帝猶豫不決，詔四品以上的官員詳議。張浚作為宰相，一方面，他與楊復恭有過節，希望借助這一次軍事討伐贏得皇帝更大的信任從而排擠楊復恭，即「蓋欲示外勢而擠復恭也」；〔註158〕另一方面，「全忠密遣濬之親黨賂濬，濬恃全忠之援」〔註159〕，因此論奏不已，認為「先朝再幸興元，實沙陀之罪。比慮河北諸侯與之膠固，無以滌除。今兩河大藩皆願誅討，不因其離貳而除之，是當斷失斷也」，〔註160〕時「上持疑未決，問計於緯，緯以討之為便」。〔註161〕於是，皇帝乃以濬為河東行營兵馬都招討宣慰使，以京兆尹孫揆副之。仍授揆昭義節度使，華州韓建為供軍使，朱全忠為太原西南面招討使，李匡威、赫連鐸為太原東北面招討使攻打李克用，終於一戰而敗。這兩封貶詔便是戰敗之後張浚、孔緯分別被貶為節度使的詔書，「且陳謀畫，累贊征行」、「並汾之防孽未除，蒲晉之生靈已盡」、「罔思守道，但欲邀功」、「海內生靈，竭於貢賦，河中郡邑，蕩為丘墟」等等，都成為其貶謫的罪辭，因此這是一類明確為貶降的節度使。

　　與此不同的是，另有一類節度使則不僅未明言貶謫，受命詔書中也無謫詞，且其節度使仍帶同中書門下平章事之位，但結合史料，我們亦可以將之認定為貶謫。如李德裕、李逢吉、杜黃裳、劉瞻、王鐸等人，其授予節度使的制書在《唐大詔令集》中被歸為「出鎮」一類，且其詔書中並無謫詞。李德裕的《李德裕荊南節度平章事制》中有，「嶽瀆間氣，鍾罄正音，葆粹孕和，本仁叶義，道蘊賢人之業，正謂王者之師，詞鋒莫當，學海難測，自入膺大任，克構崇庸，王猷國經，契合彝矩，邠吉馨安邊之術，虜寇殄夷，張華興伐叛之謀，壺關洞啟，克荷先朝之旨，弼成底定之功，佈在冊書，輝映前古，而能處劇不懈，久次彌勤。朕以嗣位之初，懋勤在念，宜先碩望，以表優恩，荊部雄藩，地惟四楚，總五都之要會，包七澤之奧區，兵賦殷煩，居旅甚眾，必藉舊德，作鎮尹臨，載崇五教之名，俾賦十連之貴，勉弘化理，以續前勞。」〔註162〕很明顯，除了對李德裕本人的褒美之詞，便是認為荊南雄藩如何之重要，由此必須由像李德裕這樣的先朝碩望之人去治理，看起來不僅無責備的

〔註158〕《舊唐書》卷一七九《張浚傳》，第 4657 頁。
〔註159〕《舊唐書》，卷二十上《昭宗》，第 741 頁。
〔註160〕《舊唐書》，卷二十上《昭宗》，第 740 頁。
〔註161〕《舊唐書》卷一七九《孔緯傳》，第 4650 頁。
〔註162〕《唐大詔令集》卷五三，第 281～282 頁。

意思，甚至是重用了。然而，結合具體史料分析卻發現並不如此。李德裕此次出鎮卻是在武宗病卒、宣宗剛剛即位之時，穆宗長慶元年到武宗之前，牛李黨爭的雙方已經鬥爭了相當長的一段時間，李德裕大部分時間都被出在外擔任各個地方的節度使、觀察使，遠離朝廷的政治中心，直到武宗即位才被重用。武宗銳意削弱藩鎮的力量，重振朝廷權威，德裕也的確在抵禦回紇入侵、平定澤路叛亂、改革朝政等方面，提出了許多有力的政治見解。其君臣際遇，史載為「自開成五年冬回紇至天德，至會昌四年八月平澤潞，首尾五年，其籌度機宜，選用將帥，軍中書詔，奏請雲合，起草指蹤，皆獨決於德裕，諸相無預焉」〔註163〕。然而，宣宗一即位，朝政馬上發生了變化，李德裕罷相，出為江陵尹、荊南節度使，正是這種「特承恩顧」、「委以樞衡」讓其馬上遭遇政敵的打擊，正如南宋洪邁所說：「人臣立社稷大功，負海宇重望，久在君側，為所敬畏，其究必至於招疑毀」。〔註164〕可知德裕此次出鎮荊南乃是因為時局的變動被調離權力中心，雖帶平章事，卻已經是一虛銜，無實際執掌。這種政敵之間暗中的權力爭奪雖不可名言貶謫，但卻與貶謫無異了，因此其受官詔書中雖無謫詞，卻是貶謫。

　　與李德裕類似的還有劉瞻，其《劉瞻荊南節度平章事制》同樣是沒有謫詞的貶謫詔書。「早以文學，迭中殊科……而應對多敏，詔書立成，風棱甚高，恭慎無玷……而又癖於廉慎，不尚榮華，安數畝之居，仍非己有，卻四方之賂，惟畏人知」全是溢美之詞，其後接著說荊南之重要性，「乃眷荊渚，實惟奧區，紀江漢之洪流，振黔吳之要路，舟車所會，財賦咸殷」，因此要重臣去鎮守，「況臺鼎舊臣，拜章辭務，爰思重屏，當委全才，授任無疑」，最後提出期待，言其出鎮乃是一種殊榮「寵章斯備，兵符在手，相印懸腰，吞雲夢於胸襟，運籌於掌握，當年得志，報國圖功，大夫之榮，何以加此，勉膺殊渥，勿替令猷」。〔註165〕全篇無一點責備的意思。然而，研究具體史實，我們卻發現並不如此。史載「十一年八月，同昌公主薨，懿宗尤嗟惜之。以翰林醫官韓宗召、康仲殷等用藥無效，收之下獄。兩家宗族，枝蔓盡捕三百餘人，狴牢皆滿。瞻召諫官令上疏，無敢極言。」〔註166〕劉瞻於是上疏極言處理過

〔註163〕《舊唐書》，卷一七四《李德裕傳》，第4527頁。
〔註164〕洪邁撰：《容齋隨筆》卷一《容齋五筆·人臣震主》，上海古籍出版社，1978年版，第817頁。
〔註165〕《唐大詔令集》卷五四，第285頁。
〔註166〕《舊唐書》卷一七七《劉瞻傳》，第4605頁。

當，「帝閱疏大怒，即日罷瞻相位，檢校刑部尚書、同平章事、江陵尹，充荊南節度等使」。〔註167〕這才是劉瞻任荊南節度使的真相，與其詔書中所言基本無相關。詔書中冠冕堂皇的言辭基本掩蓋了事實層面的複雜，然而細細考較起來，則同樣是貶謫無疑。

　　節度使是唐中後期的一種常見職位，其擁有相當的權力卻又遠離朝廷權力中心，因此往往成為宰相及其他臺省清望官的貶謫之地。這類官員本身具備相當的能力，其被貶除去特殊情形之外也往往只是需要離開權力中心，並非將其置之死地。因此，節度使亦是唐代貶官一種常見的安置職位。

二、東宮官、東宮東都分司官

　　東宮官，是指為教育、輔導、保護封建最高統治者皇帝的繼承人——太子，而設立的一系列的官職，是中國古代封建官僚體制的有機組成部分，被朱熹形容「如一小朝廷」。〔註168〕其人員配置情況為：太子太師、太傅、太保各一員，並從一品；太子少師、少傅、少保各一員，並正二品；太子賓客四員，正三品；太子詹事一員，正三品；太子左春坊內左庶子二人，正四品上；太子右春坊內太子右庶子二人，正四品下等等。很明顯，東宮官不僅有齊整的人員配置和一定的規模，並且其官員品級不低。東宮官在唐代前後期的歷史地位經歷了一個不斷變化的過程。唐高祖、太宗、高宗時期都非常重視東宮官屬的設定，其往往任用前朝老臣、宗室姻親來輔佐太子，並且有人還兼任朝廷宰相。到武后時期，隨著她對政權的野心日益膨脹，太子之位屢經變遷，東宮官署更不必言。中宗不重視皇儲培養，任憑韋后及安樂公主擅權，致使太子勢力弱小，東宮官員不僅人數減少，其中人員也良莠不齊。到睿宗即位，太子李隆基的東宮官員才逐步強大。然而，到玄宗這裡，或是由於他注意到東宮官屬的過分強大對皇權造成威脅，或是希望避免因太子勢力過大而造成兄弟鬩于牆，總之，歷史出現了一個新的轉折——東宮官閒散化。據《冊府元龜》卷七〇八《宮臣部》總序云：

　　　　「然自唐室至於五代，東宮之職、王府之屬，或總領它務、或授左降分司、致仕官，不專為宮府之任。若建置儲嫡、諸王出閣，

〔註167〕《舊唐書》卷一七七《劉瞻傳》，第4606頁。
〔註168〕黎靖德編：《朱子語類》卷一一二《朱子九・論官》，中華書局，1986年版，第2728頁。

則宮府之職多以它官兼領及簡較之。天寶後，武臣及藩鎮牙校、幕府僚佐，亦多簡較東宮之職以為散官。」〔註169〕

可見，到玄宗時期，東宮諸曹司行使行政事務的權力大為減弱，其官位設置雖在，但已多為閒官或安置其他閒散官員的職位，也是因為如此，它同時也成為了安置部分貶官的職位。遍檢史籍以及《唐大詔令集》，我們可以發現諸多這樣的例子。如鄭餘慶、宋申錫、柳公權、崔造、李磎等等，茲舉數例說明。《大詔令集》中有一篇鄭餘慶被貶為太子賓客的《鄭餘慶太子賓客制》，言其「勞於虛襟，亦既周月，寂寥厥位，不聞直聲，昔魏相持綱，樞機周密，左雄匡政，朝廷肅然，總錄之司，輕重攸繫，苟云不稱，亦在量能，俾從調護之班，猶示優崇之寵，可守太子賓客，散官勳如故。」〔註170〕只看詔書的內容似乎還不明確其被貶謫的原因，但細考史書可知，憲宗之時，「有主書滑渙，久司中書簿籍，與內官典樞密劉光琦情通。宰相議事，與光琦異同者，令渙達意，未嘗不遂所欲。宰相杜佑、鄭絪皆姑息之。議者云祐私呼為滑八，四方書幣賮貨，充集其門，弟泳官至刺史。及餘慶再入中書，與同僚集議。渙指陳是非，餘慶怒其僭，叱之。尋而餘慶罷相，為太子賓客。」〔註171〕由此，事情的經過便十分清楚了。滑渙與內官溝通，可謂權臣，鄭餘慶正是因為觸怒權臣，罷相，被貶為太子賓客，從宰相降職成為這樣一個閒散官員。再比如宋申錫，《大詔令集》中同樣有他被貶為太子右庶子的制書——《宋申錫太子右庶子制》，其中描述其被貶的緣由為：「而乃踐修不慎，自抵愆尤，知臣之規，俾予增愧，欲遏奸回之路，宜先懲勸之源，豈可猶秉樞機，仍司考轄，罷居臺席，列位龍樓，誠謂寬恩，用全至體，朕以事狀之間，慮其冤濫，拘驗之際，須務詳明，尚佇得情，以申後命，可行太子右庶子，散官勳封如故。」〔註172〕說其因行為不夠謹慎，而造成了貶謫。而通過史書中的記載可知，此次宋申錫被貶乃是因為其為文宗策劃除掉宦官，卻被宦官提前發覺，因此反被誣告，「文宗以王守澄恃權，深怒閹官，欲盡誅之，密令宰相宋申錫與外臣謀畫其計。守澄門人鄭注伺知其事，欲先事誅申錫。以漳王賢而有望，乃令神策虞候豆盧著告變」，〔註173〕言宋申錫與漳王謀反，宋申錫由此

〔註169〕《冊府元龜》（第九冊）卷七〇八《宮臣部·總序》，第8428頁。
〔註170〕《唐大詔令集》卷五五，第292頁。
〔註171〕《舊唐書》卷一五八《鄭餘慶傳》，第4164頁。
〔註172〕《唐大詔令集》卷五六，第297頁。
〔註173〕《舊唐書》卷一七五《穆宗》，第4537頁。

被貶太子右庶子。史書中類似的例子還有很多，如會昌二年，柳公權的被貶：「李德裕素待公權厚，及為琮奏薦，頗不悅，左授太子詹事，改賓客」〔註174〕；乾寧元年李磎的貶謫：「崔昭緯素疾磎，諷劉崇魯掠其麻哭之，言：『磎懷奸，與中人楊復恭昵款，其弟為時溥所殺，不可相天子。』翌日，下遷太子少傅」；〔註175〕寶應二年，劉晏「坐與中官程元振交通，元振得罪，晏罷相，為太子賓客」〔註176〕等等，總而言之，東宮官亦成為安置貶官的一種特殊職位。

　　另外，在此東宮官基礎之上發展出來的另一種閒散官職是東宮東都分司官。東都是修建於洛陽的陪都，洛陽宮的修繕、東都官的設置始於高宗顯慶二年。《太平御覽》卷一五六《州郡二・敘京都下》引《兩京新記》曰：「太宗東駕，始幸洛陽宮，唯因舊宮無所改制，終於貞觀永徽之間，荒蕪虛耗，置都之後，方漸修補。龍朔中，詔司農少卿韋機更繕造。高宗嘗謂機曰：『兩京朕東西二宅，來去不恒，卿宜善思修建。』始作上陽等宮。至武太后，遂定都於此，日已營構而宮府備矣。」〔註177〕可見，從高宗開始，才在隋業已傾頹虛耗的宮殿基礎之上進行完善，修建了洛陽宮，「宮府備焉」，即形成了一套與長安相類似的官職體系。從此時一直到安史之亂前，天子在東西都各約四十年，東西都的地位也大概相似，東都官亦有相當的權力。當皇帝不在東都時，其被稱為「留司」。安史之亂以後，天子再無東幸之舉，東都百官稱「分司」，其權力也一步步不斷地受到削弱，被其他使職替代。我們這裡所說的東宮東都分司官亦是東都分司官的一種。前文有言，玄宗之後，東宮官開始逐漸成為閒職，「大曆十四年（779），王縉以太子賓客分司東都，之後，大量官員被分司於東都的東宮系統，三太、三少與賓客，詹事府、左右春坊官員均有分司」。〔註178〕既是閒散的東宮官，又分司到皇帝不再巡行的洛陽宮，因此，特別是唐後期，東都的東宮官也逐漸成為安置貶謫的一種常見職位，勾利軍的《唐代東都分司官研究》一書中便總結了以太子賓客分司東都者 37 例。我們這裡亦簡單舉幾例加以說明。

〔註174〕《舊唐書》卷一六五《柳公權傳》，第 4311 頁。

〔註175〕《新唐書》卷一四六《李墉傳》，第 4746 頁。

〔註176〕《舊唐書》卷一二三《劉晏傳》，第 3511 頁。

〔註177〕李昉等編纂：《太平御覽》（第一冊）卷一五六《州郡部二・敘京都下》，中華書局影印，1960 年版，第 760 頁。下文凡引據此書者，皆只列書名、卷數及頁碼，不再詳細出注。

〔註178〕勾利軍：《唐代東都分司官研究》，上海古籍出版社，2007 年 6 月版，第 126 頁。

如鄭畋以太子少傅分司東都。「乾符六年，黃巢勢寢盛，據安南，騰書求天平節度使，帝令群臣議，咸請假節以紓難」。〔註179〕當時黃巢進攻，來勢兇猛，皇帝著急，令群臣討論處理辦法，群臣的意見是答應黃巢的請求假節，以解除叛亂危機。而宰相「盧攜方倚高駢，使立功」，卻主張讓高駢去鎮壓黃巢。鄭畋作為宰相，當時與朝廷諸多大臣的意見相同，希望假節黃巢，並認為「巢之亂本於饑，其眾以利合……如以恩釋罪，使及歲豐，其下思歸，眾一離，巢即機上肉耳」。〔註180〕認為只要先給黃巢官做，等百姓安居之時，黃巢之亂自會不戰而解。於是，鄭畋、盧攜意見不合發生爭執，僖宗怒，以為「大臣相訐，何以表儀四海」，均罷相，貶鄭畋太子少傅分司東都。其貶詔中有言：「而不能傾心養士，盡力惜人，致興半菽之嗟，竟起多寒之怨。既乖撫馭，幾誤權宜。」〔註181〕雖因某些原因，詔書的謫詞與事實的本身有出入，但其為貶詔則是無疑的。另一個例子如李絳，寶曆元年十一月，以左僕射李絳為太子少師，分司東都，事情的經過，《舊唐書·李絳傳》中表達的非常清楚，「絳以直道進退，聞望傾於一時。然剛腸嫉惡，賢不肖太分，以此為非正之徒所忌。又嘗與御史中丞王璠相遇於道，璠不為之避，絳奏論事體，敕命兩省詳議，咸以絳論奏是。李逢吉祐播惡絳，乃罷絳僕射，改授太子少師，分司東都。」〔註182〕顯而易見，李絳因其正直耿介，被李逢吉厭惡，最終遭貶。類似的例子於唐後期所在多有：乾符六年，王鐸因兵敗被貶太子賓客，分司東都；柳仲郢，因決贓吏過當，以太子賓客分司東都；殷侑，坐減兵不先論啟，左遷太子賓客分司東都；裴潾，坐違法杖殺人，貶左庶子，分司東都等等，不一而足。由是，東宮東都分司官亦成為貶官常處之職位。

三、剌史、別駕、長史、司馬

相對於前文提到的這幾種較為隱晦的貶謫方式，剌史、司馬、長史乃史書中最多明言為「貶」的。剌史、司馬、長史乃唐代貶官中最常見的貶謫方式，那麼，這三種安置貶官的方式各自有什麼樣的特點？其在唐代前後期分布情況如何？又為何會呈現如此特色呢？下面我們將通過對史料的梳理和剖析一一說明。

〔註179〕《新唐書》卷一八五《鄭畋傳》，第 5402 頁。
〔註180〕《新唐書》卷一八五《鄭畋傳》，第 5402 頁。
〔註181〕《全唐文》卷八六，第 902 頁。
〔註182〕《舊唐書》，卷一六四《李絳傳》，第 4290～4291 頁。

刺史制度興起於漢，起初是一種中央監察地方的監察官。《通典》記述：「惠帝三年，相國奏御史監三輔、郡，察以九條。」〔註183〕此「監郡御史」共以「九條」的內容具體監察中央下轄的郡縣。文帝時期，隨著「監郡御史」制度在實踐中弊端的日益出現，監察方式也有了新的改變，「文帝十三年，以御史不奉法，下失其職，乃以丞相史出刺，並督監察御史」，〔註184〕此時，一種新的監察角色「丞相史」出現，這便是刺史的前身。這時的「丞相史」既可以監察郡國，又可以監察此前的「監郡御史」，是一種漢帝王加強中央集權的有力舉措。只是，此時的「丞相史」還是一種臨時性的使臣性質，每年有固定的出刺監察時間——秋分，且事罷即解體，各歸本職。直到漢武帝元封五年，「初置部刺史」，〔註185〕「初分十三州，刺史假印綬」，〔註186〕刺史一職才由臨時巡察改為地方常駐，設立固定的治所和辦事機構。可以說，到漢武帝時期，刺史制度才正式形成。其主要特點有二：第一，因為是常駐性的機構，導致刺史逐漸參與地方行政事務，最終成為郡縣二級之上的第三級行政區劃「州」的行政長官，掌握相當大的權力；第二，刺史以六百石的俸祿監察兩千石的高官，以輕御重，朝廷鼓勵其勇於彈劾，嚴格糾察，對於成績卓著者，及時提拔。正如朱博所說：刺史若無差錯，即可「居部九歲，舉為守相，其有異材功效著者輒登擢，秩卑而賞厚」。〔註187〕可見，刺史在漢代乃一種新興發展起來的官職，在朝廷官僚體系中，具有非常重要的地位。從東漢末三國開始，戰亂不斷，刺史麾下因擁有相當數量的軍隊，可以出征討伐，由此，他們幾乎全部帶將軍銜，並依自己的將軍銜而開府，置府官府吏。然而，隨著時間的發展，「長期持續的戰爭狀態造成了府官權限的增長」，逐漸地「民政為軍政所左右，州官職權為府官所侵奪」，〔註188〕大量的州官開始喪失實權，問題逐漸顯現：或是府主與府官結成私人關係，以此扶植自己的政

〔註183〕杜佑撰：《通典》，職官十四，中華書局，1988年版，第884頁。下文凡引據此書者，皆只列書名、卷數及頁碼，不再詳細出注。

〔註184〕《通典》，第884頁。

〔註185〕班固撰，顏師古注：《漢書》卷十九上《百官公卿表》，中華書局，1962年版，第741頁。

〔註186〕孫星衍撰：《漢官六種》《漢舊儀》卷上，上海中華書局據平津館本校刊，第6頁。

〔註187〕《漢書》卷八三《朱博傳》，第3406頁。

〔註188〕濱口重國：《所謂隋的廢止鄉官》，劉俊文主編，黃正建等譯：《日本學者研究中國史論著選譯》（第四卷·六朝隋唐），中華書局，1992年版，第325頁。

治勢力；或是府官兼任管內太守或縣令造成監督系統的失靈；或是冗餘的機構設置造成龐大的官僚費用等等。基於這種種原因，隋開皇十五年，朝廷斷然廢除了有名無實的州官系統，結束了行之已久的刺史僚屬的兩重性，刺史僚屬職位精簡。開皇九年，又在全國實行府兵制，剝奪刺史的兵權，將其全部收歸中央，由此，刺史一步步變成了「牧民」的州官，地位一落千丈。

以上便是刺史制度從產生到唐以前的整個發展過程，由此可知唐前期刺史在整個朝廷中的地位。通過對《唐會要》的研究發現，唐代前期，刺史的來源多為京職沙汰者抑或貶累之人：貞觀十一年八月，侍御史馬周上疏曰：「朝廷獨重內官，刺史縣令，頗輕其選，刺史多是武夫勳人，或京官不稱職，方始外出，邊遠之處，用人更輕」；〔註189〕神龍元年，趙冬曦也上疏說：「京職之不稱者，乃左為外任」；〔註190〕開元八年六月敕：「頃來朝士出牧，例非情願，緣沙汰之色」；〔註191〕長安四年，李嶠等奏曰「安人之方，須擇刺史，竊見朝廷物議，莫不重內官，輕外職，每除牧伯，皆再三披訴。比來所遣外任，多是貶累之人，風俗不澄，實由於此」〔註192〕等等。不論是京職沙汰還是貶累之人，這樣的官員來歷都毫無疑問地表明此時刺史地位之低。究其原因，一方面固然是唐人「重內輕外」思想影響的結果，另一方面更是由於發展到唐，刺史正處於大權被朝廷收歸之階段，是由其發展規律決定的。而伴隨著刺史地位的降低，地方治理如何維持便同時成為了終唐一代君臣關心並努力解決的核心課題。漢代，作為刺史制度發展最輝煌的年代，其治理下的良性吏治便也被不斷被提及，成為唐人心目中的完美坩本。無論是太宗將刺史之名書於屏風，屢思善惡，擬憑黜置，還是大臣希望內外官之間進行遷轉的奏疏：「自古郡守縣令，皆妙選賢德，欲有擢升宰相，必先試以臨人，或有從二千石入為丞相及司徒、太尉者」，〔註193〕或是朝廷明令的京官外官之間的遷轉政令「京官中有才幹堪理人者，量與外官，外官中有清慎者與京官」〔註194〕等，無一不是對這一問題的思考與解決，只是，這些措施解決的情況終究如何還需要我們仔細考察。

〔註189〕《唐會要校證》卷六八《刺史上》，第1022頁。
〔註190〕《唐會要校證》卷六八《刺史上》，第1024頁。
〔註191〕《唐大詔令集》卷一百《官制上》，第508頁。
〔註192〕《唐會要》卷六八《刺史上》，第1023頁。
〔註193〕《唐會要》卷六八《刺史上》，第1023頁。
〔註194〕《唐大詔令集》卷一百《官制上》，第506頁。

　　具體而言，我們可以從有唐一代各個時期被貶刺史的情況作出分析。下表是日本學者辻正博統計的唐代被貶為州官（包括刺史，別駕、長史、司馬等）的具體數據：

表 1：辻正博統計的唐代被貶州官具體數據[註195]

官職 時間	州　官							
	刺史	別駕	長史	司馬	上佐	司戶 參軍	其他	州官 合計
高祖～太宗時期 （618～649）	15 （78.8）	0 （0.0）	0 （0.0）	1 （5.3）	1 （5.3）	1 （5.3）	0 （0.0）	17 （89.4）
高宗～武后時期 （649～704）	71 （52.6）	2 （1.5）	5 （3.7）	15 （11.1）	22 （16.3）	3 （2.2）	7 （5.2）	103 （76.3）
中宗～玄宗時期 （704～756）	127 （46.5）	34 （12.5）	16 （5.9）	30 （11.0）	80 （29.4）	6 （2.2）	8 （2.9）	221 （81.0）
肅宗～順宗時期 （756～805）	57 （30.3）	16 （8.5）	24 （12.8）	39 （20.7）	79 （42.0）	24 （12.8）	6 （3.2）	166 （88.3）
憲宗～宣宗時期 （805～859）	132 （51.4）	1 （0.4）	14 （5.5）	53 （20.6）	68 （26.5）	38 （14.7）	5 （2.0）	243 （94.6）
懿宗～哀帝時期 （859～907）	43 （27.7）	0 （0.0）	1 （0.7）	29 （18.7）	30 （19.4）	57 （36.8）	2 （1.3）	132 （85.2）
合　計	445 （43.3）	53 （5.2）	60 （5.8）	167 （16.3）	280 （27.3）	129 （12.6）	28 （2.7）	882 （85.9）

　　圖表中關於刺史的貶謫呈現出幾個比較突出的時間點：一是中宗—玄宗時期到肅宗—順宗時期，貶為刺史人數的銳減；一是肅宗—順宗時期到憲宗—宣宗時期貶為刺史人數的明顯回升。考察這一時期的相關詔命可以發現，從中宗時期的景龍二年開始，韋嗣立在其奏疏中便言：「自今已後，應有遷除諸曹侍郎、兩省兩臺、及五品已上清資望官，先於刺史內取，刺史無人，然後餘官中求，其御史員外郎等諸清要六品已上官，先於縣令中取。」[註196]其年十月十六日又有敕書：「京官中有才幹堪治人者，量與外官，外官中有清慎著稱者，量與京職」，到玄宗開元八年，還有敕命「自今已後，諸司清望官

〔註195〕辻正博：《唐代貶官考》，《中國法制史考證》（丙編第二卷），2003 年版。
〔註196〕《唐會要校證》卷六八《刺史上》，第 1024 頁。

闕，先於牧守內精擇，都督刺史等要人，兼向京官簡授」等。朝廷屢次希望能夠通過刺史與京官之間的互相遷轉提高刺史的地位，然而，玄宗時期刺史貶謫總數仍高達 127 人次，成為高祖以來刺史貶謫數的一個最高值，可見這一時期關於提升刺史地位的措施並無明顯的效果。而貶謫為刺史人數的陡增，乃是因為從高宗到武后、中宗、睿宗這一時期，先後經歷了武后奪權、酷吏當朝、中宗復辟、韋后專權、太平政變等一系列複雜殘酷的政治鬥爭所致。那麼，到肅宗、順宗時期為何又大量減少了呢？根據辻正博的考證，這又與安史之亂帶來的「州的軍事化」密切相關。隨著藩鎮的跋扈，朝廷喪失了對藩鎮所在區域的官吏任免權限，被貶為刺史人數自然下降。而到了後期的憲宗—玄宗時期，貶為刺史的人數又大為增加，這一是因為這一時期朝廷對藩鎮的打擊取得了相當的功效；二是因為永泰元年的詔令——「郎中得任中州刺史，員外郎得任下州刺史」發揮了相當的作用，伴隨著殘酷的政治鬥爭，五六品的京官大量被遷出，因此貶為刺史的人數再次回升。總而言之，唐朝統治者一直沒有放棄對刺史地位的調整與京官外官的平衡，然而，終唐之世，刺史的地位均未見有實質性的改變，因此刺史便一直被當成安置貶官的重要職位，其數量超過節度使、東宮官與東都分司官。

別駕、長史、司馬是刺史的佐貳官。別駕、長史早在漢代就出現了，漢代州之佐吏，「有別駕、治中、主簿、功曹書佐、簿曹」〔註197〕等。別駕的主要職責是隨同刺史巡察郡縣，「從刺史行部」，因為「別乘傳車，故謂之別駕」，〔註198〕相對於別駕，長史則為郡官。魏晉以降，刺史多帶軍銜，「開府則州與府各置僚屬，州官理民，別駕、治中以下是。府宮理戎，長史、司馬等官是」〔註199〕，別駕成為行政人員，長史、司馬則為軍府人員，參謀軍政，當府官權力漸大，超過州官之後，長史、司馬便也逐漸取代別駕，成為真正的州官。隋文帝時改別駕為長史、治中為司馬，煬帝時，廢長史、司馬，置贊治，如此反覆。直到唐永徽二年，將別駕改為長史，治中改為司馬，由此，別駕的職能逐漸被長史繼承，別駕便成為沒有實務的閒職，逐漸具備了貶官安置的特點。結合上表，我們也可以發現，貶為別駕者，中宗—玄宗時期的 34 人達到了最多，此後逐漸減少。至於長史和司馬，隨著安史之亂的爆發，內地節

〔註197〕杜佑撰：《通典》卷三二《職官一四・州郡上》，第 184 頁。
〔註198〕《通典》卷三二，第 185 頁。
〔註199〕《通典》卷三二，第 184 頁。

度使設立，長史、司馬與節度使的幕僚重複，因此成為唐後期安置貶官的重要職位。正如《朱子語類》中的記載：「至唐中葉，而長史、司馬、別駕皆為貶官，不事事。蓋節度使既得自辟官屬（如節度、觀察推、判官之屬），此既重，則彼皆輕矣。」〔註200〕大和之後，別駕逐漸用來安置立戰功的武將，從大和元年宰相韋楚厚上疏：「復置六雄、十望、十緊、三十四州別駕」，安置「偏裨立功者」〔註201〕可以見出，因此閒散化的長史和司馬成為最重要的貶謫安置職位選擇。到肅宗～順宗時期，貶為長史、司馬人數均增多，長史貶謫人數還達到了最高值。到唐末，從憲宗開始到哀帝，貶謫為司馬的人數超過長史，不斷增加，不僅在憲宗～宣宗時期達到了最多，懿宗～哀帝時期亦是不少，正如馬端臨所說：「至唐而司馬多以處遷謫，蓋視為冗員。」〔註202〕可見，隨著時間的推移，被貶為別駕、長史、司馬的人數逐漸增多，也就是說，別駕、長史、司馬，作為刺史的佐貳官，先後成為朝廷安置貶官的主要職位。

〔註200〕《朱子語類》卷一二八《本朝·法制》，第3074頁。

〔註201〕《唐會要校證》卷六九《刺史下》，第1038頁。

〔註202〕馬端臨撰：《文獻通考》卷六三《職官考·郡丞》，中華書局，1986年版，第570頁。

第二章 唐代貶官罪行確認之相關制度

唐代貶謫已經形成了相對完整的實施制度，而其具體的實施過程卻從未被細緻研究。貶謫實施的前提是罪行確認，罪行確認的第一步即罪行上奏。罪行上奏過程中要履行相應的步驟與程序。罪行上奏之後，第二步便是法律推鞫，推鞫包含具體的執行過程，如延英奏對、施刑、繫獄、引用證人，情況不同，推鞫方式亦各異。經過推鞫確認罪行之後，第三步便是貶詔的書寫與下達，貶詔的下達標誌著貶官罪名的最終確認，而伴隨整個罪行確認過程的，還有朝臣對貶謫的商討。貶謫商討可能存在於貶官的整個過程中，通過研究貶官商討，我們可以大體總結出貶謫實施所依據的四大原則，這些原則即是「禮」在貶謫中的具體體現，也是貶謫遵循的內在規律。

第一節 罪行上奏及御史彈劾

貶謫作為一種常見的官員懲罰方式，有著穩定的實施程序，《唐六典》、兩《唐書》及《通鑒》中均可見相關記載。本節擬對貶謫程序的第一步——罪行上奏的相關情形進行挖掘梳理，特別是對御史臺官在貶謫過程中的作用進行深入分析，以期完善對貶謫這一歷史事件的細節認知。

一、罪行上奏機構及御史臺

貶謫，無論是正向還是負向，其實施並不是隨意而為的，而是要經歷一個「罪行」認證到判決的完整過程。在此過程中，罪行上奏是第一步，即首

先需要有人將「犯罪官員」的罪行奏明朝廷。那麼，具體哪些人可以上奏罪行？罪行上奏又有無特定的機關呢？

考察相關史料發現，此罪行的上奏權雖主要由御史臺主導，但卻並不完全侷限在特定的人和特定的機關，除御史臺外，許多其他機構及人員均可寫奏疏、奏表將官員所犯罪行上奏朝廷。如顯慶中，大理卿段寶玄懷疑李義府枉法出洛州婦人淳于氏，因上奏；「右金吾倉曹參軍楊行穎表言義府罪狀」〔註1〕。也有的是地方官員上奏，如中書令許敬宗「陰使洛陽人李奉節上無忌變事」、〔註2〕潭州刺史龐承鼎奏妖人申泰芝贓罪等。唐後期亦有藩鎮上表請貶的情形出現，如德宗時期山南東道節度使于頔，「誣鄧州刺史元洪贓罪，朝廷不得已流洪端州」，「又怒判官薛正倫，奏貶峽州長史」〔註3〕等。還有的甚至乾脆不提上奏之人，只單說一個「或誣」，即有人誣奏的意思，如武后垂拱三年，「或誣禕之受歸誠州都督孫萬榮金，又與許敬宗妾有私，太后命肅州刺史王本立推之」〔註4〕等。可見，上奏機關並不是固定不變的，只要有人奏明，無論其「罪行」真實與否，上奏便算是生效，皇帝自然便會對這些嫌疑犯罪官員展開下一步的調查與處理。

需要詳細論述的是主導此上奏權、專門負責朝廷彈劾的機關——御史臺。作為一種監察機關，國家的風憲之司，御史臺乃「人君耳目」，幫助皇帝監管朝廷的其他官員，也可以稱之為「管官的官」。在唐代，御史臺的地位尤其重要，「唐自貞觀初以法理天下，尤重憲官，故御史復為雄要」。〔註5〕御史臺有五個重要職位組成，其中御史大夫為長官，御史中丞為副官，其品位「御史大夫一人，從三品；中丞二人，正五品上」。〔註6〕御史大夫的主要職責為「掌邦國刑憲，典章之政令，以肅政朝列」，御史中丞作為御史大夫的副手，輔佐御史大夫履行其職責。安史之亂後，御史中丞逐漸取代大夫，成為御史臺的主要負責人。此外，唐代御史臺的所屬機構又有臺院、殿院、察院，分別由侍御史、殿中侍御史、監察御史任職，統稱三院御史，御史臺的具體工作，主要是由三院御史完成。臺院是侍御史的辦公場所，唐置「侍

〔註1〕《舊唐書》卷八二《李義府傳》，第2769頁。

〔註2〕《新唐書》卷一〇五《長孫無忌傳》，第4021頁。

〔註3〕《資治通鑒》卷二三五，第7710頁。

〔註4〕《資治通鑒》卷二百四，第6559頁。

〔註5〕《通典》卷二四《職官六》，第141頁。

〔註6〕《唐六典》卷十三《御史臺》，第377～378頁。

御史四員，從六品下」，〔註 7〕唐代侍御史的職責是「掌糾舉百僚，推鞠獄訟。凡有別付推者，則按其實狀以奏。若尋常之獄，推訖斷於大理。凡事非大夫、中承所劾，而合彈奏者，則具其事為狀，大夫、中丞押奏。大事則冠法冠，衣朱衣纁裳，白紗中單以彈之，小事常服而已。」〔註 8〕《唐六典》卷一三《御史臺》云，侍御史掌「糾舉百僚，推鞠獄訟。其職有六：一曰奏彈，二曰三司，三曰西推，四曰東推，五曰贓贖，六曰理匭。」〔註 9〕可見，侍御史的主要職責乃糾舉百司，審訊案件。殿中侍御史六人，從七品上，「掌殿庭供奉之儀式。每朝，與侍御史隨仗入，位在中丞下，給事中、中書舍人後。凡冬至、元正大朝會；則具服升殿。若皇帝郊祀、巡省，謂大駕與鹵簿。則具服從，於旌門往來檢察，視其文物之有虧闕則糾之。非大備，則常服。凡兩京城內則分知左、右巡，各察其所巡之內有不法之事。謂左降、流移停匿不去，及妖訛、宿宵、蒲博、盜竊、獄訟冤濫、諸州綱典貿易隱盜、賦斂不如法式，諸此之類，咸舉按而奏之」〔註 10〕很顯然，殿中侍御史主要巡察兩京不法之事及殿庭供奉儀禮。與此不同，監察御史則除肅整朝儀之外，還「分察百僚，巡按郡縣」。《舊唐書》卷四四《職官志三》云：監察御史主要「掌分察、巡按郡縣、屯田、鑄錢、嶺南選補、知太府、司農出納，監決囚徒。監察祀則閱牲牢，省器服，不敬則劾祭官。尚書省有會議，亦監其過謬。凡百官宴會、習射，亦如之。」〔註 11〕相比於殿中侍御史，監察御史的監察範圍擴大了許多，從中央三省六部長官到地方州郡官僚都在其巡察範圍之內，甚至祭祀、地方財政等都屬於其按察範圍。而無論是糾舉還是巡察，押奏還是奏彈，御史臺作為一個監督機關，都有對犯罪官員進行彈奏的權力。具體事例如《通鑑》載中書侍郎兼知吏部侍郎、同平章事崔湜被彈劾一事：

　　　　（崔）湜父把為司業，受選人錢，湜不之知，長名放之。其人
　　訴曰：「公所親受某賂，奈何不與官？」湜怒曰：「所親為誰，當擒
　　取杖殺之！」其人曰：「公勿杖殺，將使公遭憂。」湜大慚。侍御史
　　勒恒與監察御史李尚隱對仗彈之，上下湜等獄，命監察御史裴漼按

〔註 7〕《舊唐書》卷四四《職官志三》，第 1862 頁。
〔註 8〕《舊唐書》卷四四《職官志三》，第 1862 頁。
〔註 9〕《唐六典》卷十三《御史臺》，第 380 頁。
〔註 10〕《唐六典》卷十三《御史臺》，第 380 頁。
〔註 11〕《舊唐書》卷四四《職官志三》，第 1863 頁。

之。安樂公主諷湜寬其獄，湜復對仗彈之。〔註12〕

其中侍御史勒恒與監察御史李尚隱對仗彈劾崔湜，即是御史行使權力的表現。再如：

> 御史中丞姜晦以宗楚客等改中宗遺詔，青州刺史韋安石、太子賓客韋嗣立、刑部尚書趙彥昭、特進致仕李嶠，於時同為宰相，不能匡正，令監察御史郭震彈之。〔註13〕

作為監察御史的郭震，甚至有彈劾宰相的權力，可見御史這一職位的重要性。也正因為如此，總有人想要控制御史，侵奪御史的彈劾權。《通鑑》云：「京兆尹崔日知貪暴不法，御史大夫李傑將糾之，日知反構傑罪。十二月，侍御史楊瑒廷奏曰：『若糾彈之司，使奸人得而恐愒，則御史臺可廢矣。』上遽命傑視事如故，貶日知為歙縣丞。」〔註14〕可見，保持御史的獨立性是確保法律正常運行的重要環節。

總之，御史臺乃國家的監督機關，風憲之司。御史彈劾是罪行上奏的重要方式，在貶謫過程中起著非常重要的作用。御史臺的獨立執法是確保貶謫依法實施的關鍵，也是避免形成負向貶謫的重要措施。

二、罪行上奏過程及相關儀禮

御史掌有廣泛的彈劾權，那麼，其彈奏是否遵循一定的程序？上奏的具體過程如何，相關儀禮如何？

龍大軒在《唐代的御史推彈制度》中具體論述了御史彈奏的幾種方式，即「風聞奏事」「訪察奏聞」「押奏」「方幅彈奏」「法冠彈奏」以及「仗彈」和「仗下彈」。然因分類標準不同，具體彈劾過程中或有重複之處，如仗下彈便同時可以著法冠，與法冠彈重合。此外，各種彈劾方式存在的時間也有不同，如押奏，指侍御史彈奏要先遞交大夫、中丞劃押簽字，但到肅宗至德元年，御史彈奏便「不須取大夫同置」，〔註15〕因此押奏之名消失。再加上史料中所存彈劾具體程序的記載有限，與貶謫相關的御史彈劾也並不包括御史彈劾的全部，因此，本文不擬面面俱到，只大體總結彈劾的一般程序。這裡試以侍御史王義方劾奏李義府一事為例，略窺唐代御史劾奏官員的具體過程及相關禮儀。

〔註12〕《資治通鑒》卷二〇九，第6753頁。
〔註13〕《資治通鑒》卷二一一，第6816頁。
〔註14〕《資治通鑒》卷二一一，第6832頁。
〔註15〕《唐會要校證》卷六一，第909頁。

　　高宗顯慶年間，時義府恃寵用事，「洛州婦人淳于氏，美色，繫大理獄，義府屬大理寺丞畢正義枉法出之，將納為妾，大理卿段寶玄疑而奏之。上命給事中劉仁軌等鞫之，義府恐事泄，逼正義自縊於獄中。上知之，原義府罪不問。」〔註16〕顯而易見，這是一個冤案，只因為皇帝的寵幸，因此按下不提。《舊唐書‧王義方傳》載：「義方以義府奸蠹害政，將加彈奏，以問其母，母曰：『昔王陵母伏劍成子之義，汝能盡忠立名，吾之願也，雖死不恨。』義方乃先奏曰……」〔註17〕侍御史王義方，出於一個御史的使命感，希望案件能夠公正，然而，他同時也意識到了彈奏這件事情的危險性，於是先求得母親的理解──「汝能盡忠以事君，吾死不恨！」〔註18〕然後上奏。根據王義方上奏請求重勘的奏疏和其彈劾李義府的文字「義府擅殺寺官，陛下雖已釋放，臣不應更有鞫問」「貪冶容之姣好，原有罪之淳于，恐漏泄其陰謀，殞無辜之正義」等語言，〔註19〕我們可以知道：王義方對李義府枉法出淳于氏、逼死大理寺丞這一事件的真相應該是非常清楚的，是私下裏經過調查的，可稱為「訪察奏聞」，這便與未主動訪察案獄的「風聞奏事」有了區別。王義方此時乃侍御史，其彈奏應為押奏，即先將自己彈奏的文章交由大夫、中丞簽字畫押，然後奏聞。這一過程《唐六典》中有記載：「凡事非大夫、中丞所劾而合彈奏者，（侍御史）則具其事為狀，大夫、中丞押奏，大事則冠法冠、衣朱衣、纁裳、白紗中單以彈之，小事常服而已。」〔註20〕由此可以明白王義方從上奏乞請、到對仗彈劾的整個過程。《通鑑》記載這一過程為：「於是對仗，叱義府令下；義府顧望不退。義方三叱，上既無言，義府始趨出，義方乃讀彈文」；〔註21〕《新唐書‧王義方傳》云：「（義方）即具法冠對仗，叱義府下，跪讀所言」。〔註22〕可見，義方採取了對仗彈的方式，公開在朝堂之上彈劾違法。獬豸冠，《後漢書‧輿服志下》云「獬豸，神羊，能別曲直，楚王嘗獲之，故以為冠」，〔註23〕取其能辨是非曲直、識善惡忠奸之意。義方帶法

〔註16〕《資治通鑑》卷二〇〇，第6412頁。
〔註17〕《舊唐書》卷一八七上《王義方傳》，第4874～4875頁。
〔註18〕《資治通鑑》卷二〇〇，第6412頁。
〔註19〕《唐會要校證》卷六一，第910頁。
〔註20〕《唐六典》卷十三《御史臺》，第380頁。
〔註21〕《資治通鑑》卷二〇〇，第6413頁。
〔註22〕《新唐書》卷一一二《王義方傳》，第4160頁。
〔註23〕范曄撰：《後漢書》卷一二〇《輿服志》，中華書局，1975年版，第3667頁。
　　　　下文凡引據此書者，皆只列書名、卷數及頁碼，不再詳細出注。

冠，穿朱衣白紗公開於朝堂宣讀彈文。此時，按照常理，被彈劾之人應立刻迴避，馬上離開仗內，到朝廷外等候處罰，也就是史書中記載的「義方對仗，叱義府令下」，然義府因其權寵隆盛，便寄希望於皇帝為自己開脫，於是顧望不去，待義方三叱，發現皇帝也並不打算對其庇護之後，義府才徐徐退出仗外，義方開始宣讀彈文進行彈劾。從這一事件，我們可以略窺朝堂彈劾犯罪官員的一般程序。

關於御史大夫與中丞的「方幅彈奏」，《唐六典》記載「凡中外百僚之事，應彈劾者，御史言於大夫，大事則方幅奏彈，小事則署名而已。」〔註24〕事實上，在武后之後，特別是安史之亂以後的絕大部分時間裏，御史中丞、侍御史、殿中侍御史都有各自獨立的彈劾權，並不需要言於御史大夫。《冊府元龜·憲部·振舉》中便有「大夫與監察競為官政，略無承稟」〔註25〕的說法。具體事例如長安四年（704）監察御史彈劾宰相蘇味道貪贓之事。御史大夫李承嘉責御史曰：「近日彈事，不諮大夫，禮乎？」宰相蕭至忠曰：「故事，臺中無長官，御史人君耳目，比肩事主，得各彈事，不相關白。若先白大夫，而許彈則可，如不許彈，則如之何？大夫不知曰誰也。」〔註26〕肅宗至德元年九月下詔：「御史彈事，自今以後，不需取大夫同置。」〔註27〕德宗亦一再重申：「御史得專彈劾，不復關白於中丞、大夫。」〔註28〕都強調了御史獨立彈劾的重要性。此外，《唐會要》也記載了御史中丞張彧等連章彈齊運之後，德宗命宰臣宣諭的詔書，「自今上封彈劾，宜入自陳論，不得群署章奏，若涉朋黨」。〔註29〕可見，唐代對御史司法獨立的重視。至於監察御史，其彈劾亦與以上所言王義方的彈劾程序大致相同，我們從「建中元年三月，監察御史張著冠豸冠，彈京兆尹、兼御史中丞嚴郢於紫宸殿」〔註30〕，崔湜父收選人賄錢，「侍御史勒恒與監察御史李尚隱對仗彈之」〔註31〕等均可見出。總而言之，從以上王義方彈奏的這一案例，我們大體可以瞭解御史劾奏官員罪行的一般程序。

〔註24〕《唐六典》卷十三《御史臺》，第 379 頁。
〔註25〕《冊府元龜》卷五一六《憲部·振舉》，第 6167 頁。
〔註26〕《唐會要校證》卷六一《御史臺中·彈劾》，第 911 頁。
〔註27〕《唐會要校證》卷六一《御史臺中·彈劾》，第 909 頁。
〔註28〕《唐會要校證》卷六一《御史臺中·彈劾》，第 913 頁。
〔註29〕《唐會要校證》卷六一《御史臺中·彈劾》，第 913 頁。
〔註30〕《唐會要校證》卷六一，第 913 頁。
〔註31〕《資治通鑑》卷二〇九，第 6753 頁。

御史彈奏的情形如此，那麼，若是其他的朝臣彈奏，程序又會如何呢？首先，其他朝臣彈奏亦需要朝臣將所彈劾的事件寫奏表上奏，奏表可自己寫或是請人代寫，如敬暉等五王彈奏武三思時便是請人代寫奏疏。「時武三思用事，侍中敬暉欲上表請削諸武之為王者，募為疏者。眾畏三思，皆辭託不敢為之，羲便操筆，辭甚切直。」〔註32〕其次，上奏的奏疏要由中書舍人當場宣讀。《唐六典》卷九《中書省》「中書舍人」條載：「中書舍人掌侍奉進奏，參議表章」，「凡大朝會，諸方起居，則受其表狀而奏之；國有大事，若大克捷及大祥瑞，百僚表賀亦如之。凡冊命大臣於朝，則使持節讀冊命命之」。〔註33〕其中提到，中書舍人有「侍奉進奏」的執掌，凡大朝會、大賀、大冊命等，都要奉表而奏，冊命還要臨朝宣讀冊書。這裡雖未言貶謫情形如何，但我們從具體史料中可知，貶謫中的罪行上奏亦是由中書舍人侍奉進奏，並當朝宣讀奏表。《舊唐書·畢構傳》中記載，「敬暉等奏請降削武氏諸王，構次當讀表，既聲韻朗暢，兼分析其文句，左右聽者皆歷然可曉」。〔註34〕時畢構為中書舍人，敬暉等奏請貶謫武三思的奏表便由畢構當朝宣讀。並且，從這段記載我們還可以知道，好的宣奏還有音韻、讀法等方面的要求。此處畢構的宣讀顯然是非常到位的，不但音韻朗暢，而且一邊宣讀還一邊分析奏表，使聽者，即皇帝與其他眾臣都能很快清楚奏表的內容，也即三思的罪行，也正因為如此，畢構終被三思所惡，出為潤州刺史。

以上便是根據史料暫時能夠梳理清楚的上奏程序。首先由御史臺官或朝中其他官員、地方官員將自己調查的官員罪行寫成奏疏。其次為上表：若由御史上表，便可由御史按照一定的禮儀對仗彈劾所奏官員；若是其他官員上表，便由中書舍人代為宣讀奏表，上達天聽，達到罪行上奏的目的。

三、罪行上奏彈性及御史權力消解

作為國家的監察機關，御史職責乃監察百官，糾舉不法，審訊案件。因其在確定官員罪行中的重要作用，所以又往往會被皇帝、宰相或權臣控制，成為其附庸而失去自身的獨立性，監督之權亦同時被消解。如此一來，對貶謫而言，原本制度規定下的貶謫便會因此出現相當的彈性，有罪不貶、無罪加貶的情形大量出現。

〔註32〕《舊唐書》卷七十《岑文本傳》，第 2540 頁。
〔註33〕《唐六典》卷九《中書省·中書舍人》，第 276 頁。
〔註34〕《舊唐書》卷一〇〇《畢構傳》，第 3113 頁。

首先，權臣安排是造成御史罪行上奏出現偏差的第一要素。權臣是指除皇帝以外在朝廷擁有重權的大臣，一般擁有皇帝的絕對信任，甚至可以左右皇帝視聽。權臣為了實現自己權力的通暢，往往會將御史臺安排為聽命於自己之人。如武三思，中宗時因通於韋氏，而韋氏又為帝所寵幸，因此成為炙手可熱的權臣，其在誅殺五王的過程中臨時提拔周利用為御史，為自己的私欲服務。經過一系列的政治鬥爭，長流敬暉於瓊州，桓彥範於瀼州，張柬之於瀧州，袁恕己於環州，崔玄暐於古州後，中書舍人崔湜勸說武三思將五王斬草除根，免除禍患。「三思問誰可使者，湜薦大理正周利用。利用先為五王所惡，貶嘉州司馬，乃以利用攝右臺侍御史，奉使嶺外」，〔註35〕於是利用「遇彥範於貴州，令左右縛之，曳於竹槎之上，肉盡至骨，然後杖殺。得暉，呙而殺之。恕己素服黃金，利用逼之使飲野葛汁，盡數升不死，不勝毒憤，掊地，爪甲殆盡，仍捶殺之」，〔註36〕在周利用的殘酷逼迫下，五王慘死。然回朝之後，利用被提拔為御史中丞，這顯然是武三思對其謀害「五王」成功的嘉獎。此後，利用正式依附武三思，成為三思爪牙。類似的情形還有玄宗時期的權相李林甫，「咸寧太守趙奉璋得林甫隱惡二十條，將言之。林甫諷御史補繫奉璋，劾妖言，抵死。」〔註37〕可見，權臣利用依附於自己的御史清除異己是其維護自己權力的一種手段。此外，李林甫還重用吉溫、羅希奭、王鉷等御史臺的酷吏，鍛鍊詔獄，「以王鉷、吉溫、羅希奭為爪牙，數興大獄，衣冠為累息」。〔註38〕史載「林甫深以（吉）溫為能，擢戶部郎中，常帶御史……楊國忠入相，素與（吉）溫交通，追入為御史中丞」；〔註39〕「羅希奭……為吏持法深刻。天寶初，右相李林甫引與吉溫持獄，又與希奭姻婭，自御史臺主簿再遷殿中侍御史。自韋堅、皇甫惟明、李适之、柳勣、裴敦復、李邕、鄔元昌、楊慎矜、趙奉璋下獄事，皆與（吉）溫鍛鍊，故時稱『羅鉗吉網』，惡其深刻也。」〔註40〕由此，權臣控制御史臺官員的情形可見一斑，而其中提到的密使楊慎矜誣陷皇甫惟明與太子謀反，並最終將二人貶謫的事件亦是其利用御史一手造成。還有德宗時期盧杞欲陷害宰相楊炎，知道嚴郢與楊炎素有嫌隙，便引郢為御史大夫，通過再三歪解

〔註35〕《資治通鑑》卷二〇八，第6722頁。
〔註36〕《資治通鑑》卷二〇八，第6722～6723頁。
〔註37〕《新唐書》卷二二三上《姦臣上·李林甫傳》，第6346頁。
〔註38〕《新唐書》卷二二三上《姦臣上·李林甫傳》，第6345頁。
〔註39〕《舊唐書》卷一八六下《酷吏下·吉溫傳》，第4856頁。
〔註40〕《舊唐書》卷一八六下《酷吏下·羅希奭傳》，第4858頁。

楊炎營家廟的事情而最終將其貶謫並半道縊死。此外，我們所熟知的「二王八司馬」中，王叔文之黨也多為御史，《冊府元龜》記載：「武元衡為御史中丞，順宗初即位，王叔文專政，以其黨數人為御史在臺，元衡薄其為人，待之莽鹵，皆有所憾。」〔註41〕「叔文以元衡在風憲，欲使附己，使其黨誘以權利，元衡不從，由是左遷」〔註42〕。可見，御史一職因其具備彈劾職能，所以往往被權臣注意和控制。權臣一旦安排自己人做御史，便可以任意彈劾想要彈劾之人，清除異己，擴大自身權力。而這些御史，因其職位是被權臣安排的，必須受制於權臣，為其私人目的服務，自然也便喪失了天子耳目之官的監督權。可見，權臣控制乃是造成御史罪行上奏權失落的一大要素。

其次，特殊時期皇帝為私人目的對御史的控制也是造成御史監督權消解的重要原因。如武后，作為中國唯一的女皇帝，其登上政壇自然承受著相當的壓力與威脅，而控制御史臺、任用酷吏御史，便是她鞏固自己統治的一項重要措施。武后突破了由宰相、御史臺長官、吏部三方共同商討任用御史臺官員的慣例，改為直接由自己任用。「敕通直郎行瀛州河間縣丞馮嘉賓，砥礪名節，恭勤職務，幹能兼備，清直有聞。黃綬隨班，未展才用，繡衣蒞事，方觀舉察，可行左肅政臺監察御史，散官如故」〔註43〕便是武后直接敕授御史的實例。為了維護自己的統治，打擊異己勢力，武后任用了一大批的酷吏御史，羅織罪名，殘害朝中大臣。據毛健統計，「武周時期，至少有 40 名酷吏見諸史籍，這群酷吏絕大部分來自監察、司法部門，以御史臺的酷吏最為殘酷」，〔註44〕《通典》中「武太后時，刑獄滋章，凡二臺御史，多苛刻無恩，以誅暴為事，猜阻傾奪，更相陵構，此其為弊也」〔註45〕說的也是武后控制御史，殘酷打擊異己的事情。如來俊臣誣告任知古、狄仁傑、裴行本、司農卿裴宣禮、前文昌左丞盧獻、御史中丞魏元忠、潞州刺史李嗣真等謀反，導致一批大臣或貶或流等等。總之，則天「自垂拱以來，任用酷吏，先誅唐宗室貴戚數百人，次及大臣數百家，其刺史、郎將以下，不可勝數」。〔註46〕可

〔註41〕《冊府元龜》，卷五百十五，《憲官部・剛正第二》，第 6162 頁。
〔註42〕《資治通鑑》卷二三六，第 7735 頁。
〔註43〕《授馮嘉賓左臺監察御史制》，李昉等編：《文苑英華》卷三九五，中華書局1966 年版，第 2008 頁。
〔註44〕毛健：《唐代御史職權的非常態運作》，《求索》，2009 年 10 月刊。
〔註45〕《通典》卷二四《職官六・侍御史》，第 144 頁。
〔註46〕《資治通鑑》卷二〇五，第 6600 頁。

見皇帝在某種特殊情形之下，同樣會控制御史臺為其私人目的服務。類似的情況在代宗時也出現過。《新唐書·李栖筠傳》載：「元載當國久，益恣橫，代宗不能堪，陰引剛鯁大臣自助，欲收綱權以黜載，會御史大夫敬括卒，即召栖筠與河南尹張延賞，擇可為大夫者」〔註47〕為了控制元載的權力，代宗首先想到的便是提拔耿直剛正的人為御史，為此，他選擇了兩個人，即李栖筠與河南尹張延賞。延賞先至，便代為御史，「會李少良、陸珽等上書劾載陰事，詔御史問狀，延賞稱疾，不敢鞫」〔註48〕。代宗頗失望，然後出延賞為淮南節度使，引拜栖筠為大夫。史載：「始，栖筠見帝，敷奏明辯，不阿附，帝心善之，故製麻自中以授，朝廷莫知也」，〔註49〕可見，代宗同樣改變了御史任用的一般方式，私自安排御史，以至於宣布栖筠為御史後，中外竦眙。不過作為御史，栖筠的行為卻是符合代宗心願的，其人方挺不屈，果斷貶謫依附於元載的徐浩、杜濟、薛邕三人，打擊元載勢力。結合這兩個例子，我們不難看出，皇權對御史的控制也在一定程度上消解了御史真正的彈劾權，而使之成為維護皇權的工具。

當然，制度方面御史任免出現的問題與御史本人的性格缺陷亦是導致其不能如實上奏罪行的原因。唐初御史的選拔還比較規範，由御史臺長官、吏部與宰臣共擬，非才能出眾、體貌甚偉者不得為御史。然而，安史之亂以後，御史選任的弊病越來越多，御史人選經常選非其人，出現了大量不符合御史要求的不良人員，以至於朝廷一度以臺郎充任御史，希望藉以提高御史的地位。杜牧曾經說過：「……御史府其屬三十人，例以中臺郎官一人稽參其事，以重風憲」，〔註50〕宋人王應麟也說：「（御史）大夫秩崇不常置，中丞為憲臺之長，升正四品，與丞郎出入迭用，以重其任。」〔註51〕而御史本人有時因為性格的軟弱，也極易諂媚、投靠權臣，如李承嘉附會武三思等，淪為權臣的爪牙等。如此，御史罪行上奏過程中出現彈性便很好理解了。

〔註47〕《新唐書》卷一四六《李栖筠傳》，第4737頁。
〔註48〕《新唐書》卷一四六《李栖筠傳》，第4737頁。
〔註49〕《新唐書》卷一四六《李栖筠傳》，第4377頁。
〔註50〕《鄭處晦守職方員外郎兼侍御史知雜事制》，吳在慶撰：《杜牧集繫年校注》卷十七，中華書局，2008年版，第1036頁。下文凡引據此書者，皆只列書名及頁碼，不再詳細出注。
〔註51〕王應麟撰：《玉海》卷一二一《唐御史臺》，江蘇古籍出版社·上海書店，1987年版，第2239頁。

總之，唐代貶謫罪行或由朝廷官員上奏，或由地方官員上奏，其專門性的機構則為御史臺。御史臺及其他官員上奏罪行都有一定的程序，履行相關的禮儀。然而，因為權臣及皇帝的控制，加上制度問題和御史臺官員自身的性格缺點，所奏罪行與事實之間經常存在相當的距離，御史權力的消解造成罪行上奏的巨大彈性，負向貶謫大量產生。

第二節　法律推鞫與皇帝特命

罪行上奏是貶謫實施的第一步，包括御史彈劾及地方官員、藩鎮等的上奏；官員主動上奏與被權臣、御史臺長官控制的上奏等。待罪行奏明朝廷之後，第二步便要對所貶之人的犯罪事由進行審查，即推鞫。本節主要就推鞫的具體方式、特點，依法推鞫與皇帝特命之間的關係等相關內容進行論述，以期對推鞫這一程序，以及唐代皇權與法的複雜關係有一個更為完整深刻的認識。

一、推鞫主體及其變遷

綜觀唐史，案件推鞫主要由「三司」執掌。關於唐代的司法「三司」，目前已有相當多的論述，據劉后濱考察，此「三司」分前後兩個不同的發展階段：唐初期主要由給事中、中書舍人、侍御史組成的「受事三司」發揮作用，此乃唐代律令格式中明確規定的受理上訴機構；高宗、武則天以後，由於用刑之濫，屢起大獄，開始出現由刑部、大理寺、御史臺官共同組成的審理案件的臨時機構——「三司推事」，之後經歷玄宗肅宗，以刑部尚書侍郎與御史中丞、大理卿為三司使的推鞫制度逐漸穩定下來，〔註52〕並取代受事三司，成為唐代法律推鞫的重要方式。細觀唐代貶謫案件發現，其前後期的推鞫機構亦有由中書門下、御史臺官員轉為刑部、大理寺、御史臺官之區別。以下是玄宗及玄宗以前由宰相或中書、門下推鞫案件的具體事例，由此可以見出唐代前期推鞫方式的演變軌跡。

　　①（貞觀十七年）夏，四月，庚辰朔，承基上變，告太子謀反。敕長孫無忌、房玄齡、蕭瑀、李世勣與大理、中書、門下參鞫之。

　　胡三省注：唐制：凡國之大獄，三司詳決。三司，謂給事中、

中書舍人與御史參鞫也。今令三省與大理參鞫，重其事。〔註53〕

②永徽初，高陽公主「謀黜遺直而奪其封爵，永徽中，誣告遺直無禮於己。高宗令長孫無忌鞫其事。」〔註54〕（其時長孫無忌乃太尉，同中書門下三品，以元舅的身份輔政。）

③顯慶元年，遷侍御史。時中書侍郎李義府執權用事，婦人淳于氏有美色，坐事繫大理，義府悅之，託大理丞畢正義枉法出之。高宗又敕給事中劉仁軌、侍御史張倫重按其事。正義自縊。高宗特原義府之罪。〔註55〕

④（顯慶）四年，中書令許敬宗遣人上封事，稱監察御史李巢與無忌交通謀反，帝令敬宗與侍中辛茂將鞫之。〔註56〕

⑤調露二年，（明）崇儼為盜所殺，則天疑賢所為。俄使人發其陰謀事，詔令中書侍郎薛元超、黃門侍郎裴炎、御史大夫高智周與法官推鞫之。〔註57〕

⑥（開元二年）或告太子少保劉幽求、太子詹事鍾紹京有怨望語，下紫微省按問，幽求等不服。〔註58〕

⑦時開府王毛仲寵幸用事，與龍武將軍葛福順為姻親，故北門官見毛仲奏請，無不之允，皆受毛仲之惠，進退隨其指使。澣惡之，乘間論之曰：「……」會大理丞麻察坐事出為興州別駕，澣與察善，出城餞之，因語禁中諫語。察性譎諂，遽以澣語奏之。玄宗怒，令中書門下鞫問。〔註59〕

以上七個案例中，第一個乃由宰相監領，結合中書省、門下省推鞫的例子，據胡三省的注疏，其中大理寺的參與是因為此案關係重大，藉此表明朝廷重視之意，與後世大理寺參與推鞫的情況不同。第二個例子出現於高宗時期，事關公主與功臣之後，亦是非常重要的案件，高宗敕令當時宰相兼輔政大臣

〔註53〕《資治通鑑》卷一九七，第6306頁。
〔註54〕《舊唐書》卷六六《房玄齡傳》，第2467頁。
〔註55〕《舊唐書》卷一八七上《忠義上·王義方傳》，第4874頁。
〔註56〕《舊唐書》卷六五《長孫無忌傳》，第2455頁。
〔註57〕《舊唐書》卷八六《高宗中宗諸子》，第2832頁。
〔註58〕《資治通鑑》卷二一一，第6815頁。
〔註59〕《舊唐書》卷一九〇中《文苑中·齊澣傳》，第5037頁。

長孫無忌進行推鞫。由這兩個例子可以看出，「三司受事」雖出現甚早，且同時具備推鞫案件的職能，但初唐時期，重要的案件通常由宰相推鞫或在宰相監領的情況下與中書、門下共同推鞫。從接下來的幾個例子則可以看出，高宗之後，中書省、門下省、御史臺的推鞫逐漸普遍起來，並且直到玄宗時期還有中書門下推鞫的案例（如上文第七例中玄宗令中書門下推鞫齊浣漏泄禁中語一事）。也就是說，中書省、門下省與御史臺的推鞫是唐朝初年推鞫的一般情形，雖在玄宗、肅宗之後被「三司推事」所取代，但仍偶而有中書、門下參鞫的情形出現，是「受事三司」推鞫影響之體現。

　　而高宗、武后時期出現的另外一種更為重要的推鞫方式則為「三司推事」，即由刑部、御史臺、大理寺的長官或副長官共同組成的推鞫機構。最早出現的案例為龍朔三年的李義府案。「義府又遣其子右司議郎津召長孫無忌之孫延，謂曰：『相為得一官，數日詔書當出。』居五日，果授延司津監，乃取延錢七百貫。於是右金吾倉曹參軍楊行穎表言義府罪狀，制下司刑太常伯劉祥道與侍御詳刑對推其事，仍令司空李勣監焉。按皆有實。」〔註60〕司刑太常伯即刑部尚書，詳刑即大理寺，可見其推鞫機構已變成了由刑部、大理寺與御史臺組成的「三司」。然而，據上文可知，高宗、武后時期，「受事三司」推鞫的情形仍非常常見，因此，此時的「三司推按」僅是零星出現，尚未形成定制，之後，隨著時間的推移，才逐漸普遍起來。如唐玄宗開元年間，「隱甫、融及御史中丞李林甫共奏彈說『引術士占星，徇私僭侈，受納賄賂。』敕源乾曜及刑部尚書韋抗、大理少卿明珪與隱甫等同於御史臺鞫之。」〔註61〕天寶六載，王珙遣人誣告戶部侍郎兼御史中承楊慎矜陰謀圖復隋室祖業，「上大怒，收慎矜繫獄。命刑部大理與侍御史楊釗、殿中侍御史盧鉉同鞫之」〔註62〕等等。直到肅宗時期，因安史之亂後處理偽官的需要，負責推按的「三司使」制度才逐漸確立。如：乾元二年，「鳳翔馬坊押官為劫，天興尉謝夷甫捕殺之……又使御史中丞崔伯陽、刑部侍郎李曄、大理卿權獻鞫之。」〔註63〕憲宗元和八年，司空于頔之子于敏殺人，「敏奴王再榮詣銀臺門告其事，即日捕頔孔目官沈璧、家僮十餘人於內侍獄鞫問。尋出付臺獄，詔御史中丞薛存誠、

〔註60〕《舊唐書》卷八二《李義府傳》，第2769頁。
〔註61〕《資治通鑒》卷二一三，第6890頁。
〔註62〕《資治通鑒》卷二一五，第7000頁。
〔註63〕《資治通鑒》卷二二一，第7195頁。

刑部侍郎王播、大理卿武少儀為三司使按問。」〔註64〕以及文宗開成四年，昭義節度使劉從諫上章要求推問自稱是太后弟的蕭本和蕭弘，「詔御史中丞高元裕、刑部侍郎孫簡、大理卿崔郇三司按弘、本之獄。」〔註65〕總之，此時由刑部、大理寺、御史臺長官形成的「三司使」才正式成為推鞫案件的最高機構。

　　建中之後，又有了「大小三司」之說。宋人於唐代大、小三司使之分言之甚詳，錢易曰：「（建中二年十一月後）有大獄即命御史中丞、刑部侍郎、大理卿充，謂之「大三司使」，次又以刑部員外郎、御史、大理寺官為之，以決疑獄，謂之「小三司使」，皆事畢日罷。」〔註66〕也就是說，所謂「大三司使」是由御史中丞、刑部侍郎與大理卿組成的推鞫大案的司法機構；所謂「小三司使」則是由刑部員外郎、御史、大理寺司直或評事組成審斷疑難案件機構。大、小三司「皆事畢日罷」，屬於臨時組成的審判機關。事實上，大、小三司人員皆出自大理寺、刑部和御史臺，三機關首長組成的審判機構名「大三司」，一般官員組成的審判機構稱「小三司」。上文所舉案例皆由「大三司使」進行推鞫，以下舉出一些在貶謫過程中，由「小三司使」負責推鞫的案件：

　　　　①德宗時，有令狐運獄，「德宗令侍御史李元素、刑部員外崔從質、大理司直盧士瞻三司覆按運獄。」〔註67〕

　　　　②德宗時，信州刺史姚驥彈劾員外司馬盧南史贓罪，德宗派三司使前去推問，「德宗遣監察御史鄭楚相、刑部員外郎裴澥、大理評事陳正儀充三司使，同往按鞫。將行，並召於延英。」〔註68〕

　　　　③唐敬宗時，崔元略為京兆尹兼御史大夫，「以誤徵畿甸經赦免放緡錢萬七千貫，為侍御史蕭澈彈劾。有詔刑部郎中趙元亮、大理正元從質、侍御史溫造充三司覆理。元略有中助，止於削兼大夫。」〔註69〕

〔註64〕《舊唐書》卷一五六《於頔傳》，第4131頁。
〔註65〕《舊唐書》卷五二《后妃下》，第2202頁。
〔註66〕錢易撰、黃壽成點校：《南部新書》，中華書局，2002年版，第48頁。
〔註67〕《舊唐書》卷一二四《令狐彰傳》，第3531頁。
〔註68〕《舊唐書》卷一三七《趙涓傳》，第3761頁。
〔註69〕《舊唐書》卷一六三《崔元略傳》，第4261頁。

由此可見，「大三司」與「小三司」均為唐代貶謫過程中，對罪犯進行推鞫的重要方式。除此之外，史書記載中，還有另外一些特殊的推鞫形式，現列舉如下：

①神龍二年，「三思使曇、悛及撫州司倉冉祖雍上書告同皎與洛陽人張仲之、祖延慶、武當丞壽春周憬等潛結壯士，謀殺三思，因勒兵詣闕，廢皇后。上命御史大夫李承嘉、監察御史姚紹之按其事，又命楊再思、李嶠、韋巨源參驗。」〔註70〕

②玄宗時，「（姚）崇子光祿少卿彝、宗正少卿異，廣通賓客，頗受饋遺，為時所譏。主書趙誨為崇所親信，受胡人賂，事覺，上親鞫問。」〔註71〕

③「楊慎矜，隋煬帝玄孫也。……時天寶六載十一月，玄宗在華清宮，林甫令人發之。玄宗震怒，繫之於尚書省，詔刑部尚書蕭隱之、大理卿李道邃、少卿楊璹、侍御史楊釗、殿中侍御史盧鉉同鞫之。」〔註72〕

④代宗大曆中，元載與王縉案。「會有告載、縉夜醮圖為不軌者，庚辰，上御延英殿，命湊收載、縉於政事堂，又收仲武及卓英倩等繫獄。命吏部尚書劉晏與御史大夫李涵等同鞫之，問端皆出禁中，仍遣中使詰以陰事，載、縉皆伏罪。」〔註73〕推拘者為吏部尚書與御史大夫。

⑤代宗時期的元載案。「凡累年，載長惡不悛，眾怒上聞。大曆十二年三月庚辰，仗下後，上御延英殿，命左金吾大將軍吳湊收載、縉於政事堂，各留繫本所，並中書主事卓英倩、李待榮及載男仲武、季能並收禁，命吏部尚書劉晏訊鞫。晏以載受任樹黨，布於天下，不敢專斷，請他官共事。敕御史大夫李涵、右散騎常侍蕭昕、兵部侍郎袁傪、禮部侍郎常袞、諫議大夫杜亞同推究其狀。」〔註74〕

以上推鞫均為朝廷中央官員按問的情形，除此之外，亦有命地方官員或是中

〔註70〕《資治通鑒》卷二〇八，第6716頁。
〔註71〕《資治通鑒》卷二一一，第6842頁。
〔註72〕《舊唐書》卷一〇五《楊慎矜傳》，第3227頁。
〔註73〕《資治通鑒》卷二二五，第7361頁。
〔註74〕《舊唐書》卷一九二《元載傳》，第3412頁。

央官員出使地方按問的情況。如妖人申泰芝以左道事李輔國，後被潭州刺史龐承鼎上奏，證據確鑿，遣使奏聞，後泰芝在李輔國的幫助下誣奏承鼎，「詔鞫承鼎誣罔之罪，令荊南府按問」。〔註75〕還有則天時，太后命肅州刺史王本立推禕之受歸誠州都督孫萬榮金，又與許敬宗妾有私之事等等。至於中央官員出使按問的情形，德宗時，「刺史姚驥劾奏南史，以為贓，又劾南史買鉛燒黃丹。德宗遣監察御史鄭楚相、刑部員外郎裴澥、大理評事陳正儀充三司使，同往按鞫」，〔註76〕後在裴澥建議下，由其一人前往江南按察。可見，地方官員推鞫亦是推鞫的一種形式。

總之，或是皇帝親自推鞫，或由御史臺官專行推鞫，或是派遣地方官員進行推鞫，又或者是朝廷臨時指派其他官員與御史臺官共同推鞫，就整個唐代而言，雖然不同時期都有相對穩定的推鞫形式，然針對具體事例，又可以隨機指派相關官員，推鞫方式具有相當的靈活性。

二、皇帝特命與法律推鞫

作為一種法律形式，推鞫在貶謫案件的處理中，確保著案件的最高公正。然而，在古代中國，皇帝乃專制主義中央集權國家的核心，具有最高的決策權力，因此皇權與法之間便出現了相當的衝突與張力。就貶謫而言，法律推鞫與皇帝特命到底如何選擇？推鞫如何既不違反皇帝命令又能依法實現？這些問題的處理可以見出唐代貶謫制度的新特點。

貶謫過程中，推鞫是罪行審問的法定程序，法律之外，還有另一種特殊情形——皇帝特命，即貶謫如何實行需要按照皇帝的意願而不依賴法律程序。如唐代著名的「五王」案與宋申錫案，便都是遵照皇帝旨意進行的。那麼，為何會出現這種情形？皇帝特命與法律到底如何平衡？貶謫過程中，哪一項才是決定貶謫的關鍵？解決這些問題，便需要我們對唐代貶謫作更為深入的研究。

皇權與法如何抉擇的問題，唐初便有過許多論爭。如高祖武德年間：

> 有犯法不至死者，上特命殺之。監察御史李素立諫曰：「三尺法，王者所與天下共也；法一動搖，人無所措手足。陛下甫創洪業，奈何棄法！臣忝法司，不敢奉詔。」上從之。〔註77〕

〔註75〕《舊唐書》卷一八五下《良吏下・呂諲傳》，第4825頁。
〔註76〕《舊唐書》卷一三七《趙涓傳》，第3761頁。
〔註77〕《資治通鑑》卷一八六，第5945頁。

其論述法的重要性可謂切中要害。皇命雖大，但法乃社會共同的行為規範，若開皇命干擾法的先例，影響法的執行，那民眾如何治理，如何行事便無措手足了。同樣地，太宗時期亦有類似的事件：

> 郐令裴仁軌私役門夫，上怒，欲斬之。殿中侍御史長安李乾祐諫曰：「法者，陛下所與天下共也，非陛下所獨有也。今仁軌坐輕罪而抵極刑，臣恐人無所措手足。」上悦，免仁軌死，以乾祐為侍御史。〔註78〕

太宗欲斬之，這是皇帝意願。李乾祐的勸諫，則提醒皇帝法乃天下共有，不能一己獨斷，由此改變太宗看法，依法行事。同一時期，戴胄亦曾因此類事情勸諫過太宗：

> 上以選人多詐冒資蔭，敕令自首，不首者死。未幾，有詐冒事覺者，上欲殺之。胄奏：「據法應流。」上怒曰：「卿欲守法而使朕失信乎？」對曰：「敕者出於一時之喜怒，法者國家所以布大信於天下也。陛下忿選人之多詐，故欲殺之，而既知其不可，復斷之以法，此乃忍小忿而存大信也。」上曰：「卿能執法，朕復何憂！」胄前後犯顏執法，言如湧泉，上皆從之，天下無冤獄。〔註79〕

皇帝敕命即死，據法則應流，二者在案件的處理當中發生衝突，到底該如何執行？戴胄的言說深刻指出了二者之本質，也為後世論辯相關問題提供了借鑒：皇命出於一時喜怒，法則布大信於天下，忍受一時的小忿依法行事，布大信於天下，才是正道。這樣的回答既讓皇帝認識到依法的重要性，同時也感受到大臣為國的衷心，無怪乎皇帝最後亦誇讚戴公清正能執法，可見其回答實合情合理。到高宗時左威衛大將軍權善才、右監門中郎將范懷義誤斫昭陵柏一事，便是依照戴公勸諫太宗之意進行處理。誤斫昭陵柏，其罪本當除名，皇帝卻以不重治不足以明孝而欲處斬，狄仁傑於是上奏：「今法不至死而陛下特殺之，是法不信於人也，人何所措其手足！且張釋之有言：『設有盜長陵一抔土，陛下何以處之？』今以一株柏殺二將軍，後代謂陛下為何如矣？臣不敢奉詔者，恐陷陛下於不道，且羞見釋之於地下故也。」〔註80〕既擔心若按照皇命而不依法則讓百姓行事無措手足，又指出若如此後世將不知如何

〔註78〕《資治通鑒》卷一九二，第6156頁。
〔註79〕《資治通鑒》卷一九二，第6144頁。
〔註80〕《資治通鑒》卷二〇二，第6496頁。

評價皇帝，條條都立足於皇帝自身的立場而言，立足於如何實現更好的治理而言，由此，皇帝怒解，二人亦依法除名。可見，當皇命與法發生衝突之時，大臣的勸諫往往是捨皇帝特命而依法，以上的案件當中，皇帝也的確聽從了大臣的建議依法行事，那麼，這是不是說明皇帝特命在大臣的勸諫之後都會從屬於法律呢？事實上，細觀唐史我們發現，唐代貶謫史上的幾大冤案卻都是依皇帝特命而不依法。

首先便是高宗時期的「五王」案。《資治通鑑》記載，武三思在實施一系列對「五王」的栽贓陷害之後，「上命法司結竟」〔註81〕。法司本具有執法獨立性，這裡卻要聽從皇命，甚至在大理丞三原李朝隱奏稱「未經推鞫，不可遽就誅夷」之後，仍未行推鞫便予以處罰。可見，在一些重要案件中，若皇帝堅持自己的意志不顧法律程序，法司便也只能聽從皇帝的意見，越過推鞫程序而進行處罰。此種情形在晚唐文宗時代宋申錫案中亦表露無疑。

《舊唐書・宋申錫傳》記載：

> 左常侍崔玄亮、給事中李固言、諫議大夫王質、補闕盧鈞、舒元褒、羅泰、蔣系、裴休、竇宗直、韋溫、拾遺李群、韋端符、丁居晦、袁都等一十四人，皆伏玉階下奏以申錫獄付外，請不於禁中訊鞫。〔註82〕

《新唐書・宋申錫傳》：「左散騎常侍崔玄亮、給事中李固言、諫議大夫王質、補闕盧鈞、舒元褒、羅泰、蔣系、裴休、竇宗直、韋溫，拾遺李群、韋端符、丁居晦、袁都等伏殿陛，請以獄付外。」〔註83〕《通鑑》中的記載則更為詳細：「上命守澄捕豆盧著所告十六宅宮市品官晏敬則及申錫親事王師文等，於禁中鞫之；……三月，庚子，申錫罷為右庶子。自宰相大臣無敢顯言其冤者，獨京兆尹崔管、大理卿王正雅連上疏請出內獄付外廷核實，由是獄稍緩。……左常侍崔玄亮、給事中李固言、諫議大夫王質、補闕盧鈞、舒元褒、蔣系、裴休、韋溫等復請對於延英，乞以獄事付外覆按。」〔註84〕可以看出，被誣構的宋申錫案從開始便被皇帝於禁中訊鞫，而大臣進諫的關鍵也並不是討論宋申錫的罪行，而是對其推鞫方式的諫言，甚至集體請求皇帝將案件付

〔註81〕《資治通鑑》卷二〇八，第6722頁。

〔註82〕《舊唐書》，卷一五二《宋申錫傳》，第4371頁。

〔註83〕《新唐書》卷一五二《宋申錫傳》，第4845頁。

〔註84〕《資治通鑑》卷二四四，第7998頁。

外廷鞫按。然而，即使如此，皇帝的意志還是超越了法律規定，案件並沒有付外推按，宋申錫也以被處貶謫而告終。同樣，唐代還有許多其他案件，均乃皇帝下令越過推鞫程序而予以直接處罰，甚至大臣上疏請求依法亦不能阻止。如韋月將上書告武三思潛通宮掖，「上大怒，命斬之」，黃門侍郎宋璟反覆上疏請求依法推按，終未行。又如，德宗時李巽奏竇參交結藩鎮，「上大怒，欲殺參」，贄上言：「參朝廷大臣，誅之不可無名。……若不推鞫，遽加重辟，駭動不細」，〔註85〕然終不推鞫。韓滉誣劾元琇饋米與淄青李納、河中李懷光，「帝怒，不復究驗，貶琇雷州司戶參軍」，〔註86〕左丞董晉白宰相劉滋、齊映曰：「昨關輔用兵，方蝗旱，琇不增一賦，而軍興皆濟，可謂勞臣。今被謫無名，刑濫人懼，假令權臣逞志，公胡不請三司鞫之？」〔註87〕滋、映終不能用。可見，皇帝的命令具有絕對權威，很多情況下可以凌駕於法律之上，只要是其看重並希望按照自己意願執行的案件，大臣諫言或是法律程序均對其特權沒有約束力。法律若想在皇權面前發揮作用，首先取決於皇帝個人的素養，能否認識到法律的重要性，是否具有寬廣的納諫胸懷；其次還要看其所面對的案件的重要性，是一般性無關大局的案件還是威脅到國家安定的重大案件，案件的不同性質也決定皇帝是否願意放下個人意志，聽從於法律裁決。

當然，皇帝雖然擁有可以超越法律的權力，但其要凌駕於法律之上也並不是理所應當、毫無阻礙的，還是要花費許多心思，有時甚至做得有點矯揉造作。如高祖為保全仁弘的做法：

> 高祖之入關也……仁弘有材略，所至著聲跡，上甚器之。然性貪，罷廣州，為人所訟，贓百餘萬，罪當死。上謂侍臣曰：「吾昨見大理五奏誅仁弘，哀其白首就戮，方晡食，遂命撤案；然為之求生理，終不可得。今欲曲法就公等乞之。」十二月，壬午朔，上復召五品已上集太極殿前，謂曰：「法者，人君所受於天，不可以私而失信。今朕私黨仁弘而欲赦之，是亂其法，上負於天。欲席稿於南郊，日一進蔬食，以謝罪於天三日。」房玄齡等皆曰：「生殺之柄，人主所得專也，何至自貶責如此！」上不許，群臣頓首固請於庭，自旦

〔註85〕《資治通鑑》卷二三四，第7664頁。

〔註86〕《新唐書》卷五三《食貨三》，第1370頁。

〔註87〕《新唐書》卷一二六《韓滉傳》，第4430頁。

至日昃，上乃降手詔，自稱：「朕有三罪：知人不明，一也；以私亂法，二也；善善未賞，惡惡未誅，三也。以公等固諫，且依來請。」

於是黜仁弘為庶人，徙欽州。〔註88〕

因犯貪贓，仁弘罪本當死，然高祖希望以皇帝之尊將其保全，於是有了這場鬧劇式的求情，以退為進，逼迫宰相們讓步，三番五次，最終在朝臣們堅持請求下才同意赦免仁弘。這樣的方式，既實現了皇帝的意志，又維護了法律尊嚴，同時將責任推到朝臣身上。不過，這只是唐初的情形，如果說唐初皇帝特命還需要大費周章才能實施的話，到中晚唐，皇帝特命的實施則往往更為直接，有時甚至是朝臣奏請依法處置都難以動搖皇帝的特命分毫。此外，還有一種幫助皇帝將個人意志貫徹於法律程序當中的方法，武后為保全張昌宗時曾使用過。

（長安四年）辛未，許州人楊元嗣，告「昌宗嘗召術士李弘泰占相，弘泰言昌宗有天子相，勸於定州造佛寺，則天下歸心。」太后命韋承慶及司刑卿崔神慶、御史中丞宋璟鞫之。承慶、神慶奏言：「昌宗款稱『弘泰之語，尋已奏聞』，準法首原；弘泰妖言，請收行法。」璟與大理丞封全禎奏：「昌宗寵榮如是，復召術士占相，志欲何求！弘泰稱筮得純《乾》，天子之卦。昌宗倘以弘泰為妖妄，何不執送有司！雖云奏聞，終是包藏禍心，法當處斬破家。請收付獄，窮理其罪！」太后久之不應，璟又曰：「倘不即收繫，恐其搖動眾心。」太后曰：「卿且停推，俟更檢詳文狀。」璟退，左拾遺江都李邕進曰：「向觀宋璟所奏，志安社稷，非為身謀，願陛下可其奏。」太后不聽。尋敕璟揚州推按，又敕璟按幽州都督屈突仲翔贓污，又敕璟副李嶠安撫隴、蜀；璟皆不肯行，奏曰：「故事，州縣官有罪，品高則侍御史、卑則監察御史按之，中丞非軍國大事，不當出使。今隴、蜀無變，不識陛下遣臣出外何也？臣皆不敢奉制。」〔註89〕

顯而易見，無論是不回應，還是先令停止推鞫，均是太后希望通過拖延，讓事情有緩衝的餘地。最終，為了保全昌宗而又不迴避應有的法律程序，太后有意將宋璟外調，先是派去揚州推按，後又派去幽州，又指派安撫隴、蜀，雖然這些措施最終都被宋璟拒絕，但其意圖卻是非常明顯的。而無論哪一種

〔註88〕《資治通鑑》卷一九六，第 6295 頁。
〔註89〕《資治通鑑》卷二○七，第 6692 頁。

皇帝干預法律的形式，均是皇帝為實現個人意志而主動與法律所作的調和，其本質仍然是獨大的皇權。

　　總而言之，推鞫乃貶謫過程中重要的法律形式，然皇權才是貶謫背後的最高權力。皇帝有權選擇聽從或違背法律，若其個人意志與法律程序相衝突，皇帝特命有越過群臣勸諫而下行之權力。皇帝特命的存在，為唐代一些重大貶謫冤案的形成創造了條件。

三、推鞫具體過程分析

　　推鞫即推問，指對犯人的審問，又稱「訊鞫」。推鞫有「大、小三司」推鞫，亦有皇帝特於禁中鞫治，與私密的禁中鞫治相比，外廷推鞫乃法律上的一般程序，在這一程序中，還包含延英奏對、施加刑罰、繫獄、引用證人等細節。此外，推鞫雖為法律程序，卻往往被皇帝或權臣干預，無法實現公平、正義。

　　就具體過程而言，推鞫往往伴隨著大臣的討論。推鞫過程中，若推鞫大臣對所推事情的意見不一，雙方往往會將各自意見上奏皇帝，反覆申論。如前述武后長安四年，韋承慶及崔神慶與御史中丞宋璟推鞫張昌宗召術士案時的反覆辯駁；又如則天長壽二年，德妃母龐氏被奴才陷害，監察御史龍門薛季昶按之，季昶誣奏，認為龐氏當斬，其子希瑊於是詣侍御史徐有功訟冤，有功牒所司停刑，上奏論之，以為無罪。而季昶又反過來誣奏有功阿黨惡逆，請付法初絞，最後太后親自召見有功詢問，才將此事平息。可見，推鞫並不是一個簡單的過程，其涉及到事件是否能夠被公正處理，經常面臨大臣據理力爭，反覆論說。有時，若群臣對皇帝作出的某種處罰有異議，還可以申請開延英奏對。眾所周知，安史之亂以後，伴隨著原本的三省中樞體制的破壞，政事堂會議逐漸失去決策地位，一種新的御前最高決策會議誕生，即延英奏對。延英奏對有兩種主要形式：其一，皇帝有事，召宰相入延英；其二，宰相有事，奏請開延英。唐後期，許多皇帝特命於內廷鞫治的貶謫案件，都有群臣奏請開延英的記載，最有名的便是文宗時期的宋申錫案。《通鑑》載：「三月，庚子，申錫罷為右庶子。自宰相大臣無敢顯言其冤者，獨京兆尹崔琯、大理卿王正雅連上疏請出內獄付外廷核實，由是獄稍緩。……獄成，壬寅，上悉召師保以下及臺省府寺大臣面詢之。午際，左常侍崔玄亮、給事中李固言、諫議大夫王質、補闕盧鈞、舒元褒、蔣系、裴休、韋溫等復請對於延英，

乞以獄事付外覆按。」〔註90〕最後，雖然宋申錫的案件並未實現外廷鞫治，
然而，延英奏對中崔玄亮、牛僧孺等大臣的諫言還是對皇帝的決策起了關鍵
性的作用，最終使得鄭注等人亦心生畏懼，勸守澄請止行貶黜，貶申錫為開
州司馬。類似的案件還有會昌元年三月，唐武宗遣中使往潭、桂二州誅楊嗣
復、李珏，宰相李德裕、陳夷行等四人邀樞密使至中書，使入奏：「嗣復、珏
等若有罪惡，乞更加重貶。必不可容，亦當先行訊鞫，俟罪狀著白，誅之未
晚。今不謀於臣等，遽遣使誅之，人情莫不震駭。願開延英賜對。」〔註91〕
「至哺時，開延英，召德裕等入」，李德裕等人於延英殿「涕泗極言」，最後
終於使武宗收回成命，追還了已派出誅殺楊嗣復、李珏的二中使。顯而易見，
無論是大臣上疏對所貶之事反覆申論，還是直接奏請皇帝開延英，二者均是
推鞫過程中的重要步驟，作用都在於對案件廣泛地發表個人意見，保證其公
平、公正執行。

　　除去表達個人意見，推鞫過程中還不可避免地存在著繫獄、引用證人、證
據與施刑的過程。御史臺獄便是被推鞫之人的關押之處，如前述憲宗時于敏殺
人案，「尋出付臺獄，詔御史中丞薛存誠、刑部侍郎王播、大理卿武少儀為三
司使按問」，〔註92〕便是將于敏繫於御史臺。張說亦曾被宇文融與李林甫彈劾
受納賄賂而下臺獄，時玄宗派高力士去看望，力士還奏：「說蓬首垢面，席槁，
食以瓦器，惶懼待罪。」〔註93〕正因為他在獄中的表現引發玄宗憐憫，所以最
終只被罷去中書令，餘如故。此外，除御史臺獄，政事堂、尚書省等地亦時時
成為拘押犯人之地。如玄宗時期的楊慎矜案，「天寶六載十一月，玄宗在華清
宮，林甫令人發之。玄宗震怒，繫之於尚書省，詔刑部尚書蕭隱之、大理卿李
道邃、少卿楊璹、侍御史楊釗、殿中侍御史盧鉉同鞫之」，〔註94〕其所繫之地
便是尚書省。代宗時，元載和王縉貪污受賄，帝欲誅之，「會有告載、縉夜醮
圖為不軌者，庚辰，上御延英殿，命湊收載、縉於政事堂，又收仲武及卓英倩
等繫獄」，〔註95〕所拘之地變為政事堂。可見，推鞫之人有時還有被關押這一
程序，關押之後便要進行審訊，審訊過程中除了上文所言朝臣的論爭之外，有

〔註90〕《資治通鑑》卷二四四，第 7998 頁。
〔註91〕《資治通鑑》卷二四六，第 8071 頁。
〔註92〕《舊唐書》，卷一五六《於頔傳》，第 4131 頁。
〔註93〕《資治通鑑》卷二一三，第 6891 頁。
〔註94〕《舊唐書》，卷一○五《楊慎矜傳》，第 3227 頁。
〔註95〕《資治通鑑》卷二二五，第 7361 頁。

時皇帝還會召集相關人員於殿前參對，引用證人，甚至有的還會嚴刑逼供，栽贓陷害等等。如《舊唐書・魏元忠傳》中記載，魏元忠被易之、昌宗陷害，「則天惑其言，乃下元忠詔獄，召太子、相王及諸宰相，令昌宗與元忠等殿前參對，反覆不決。昌宗又引鳳閣舍人張說令執證元忠。說初偽許之，及則天召說驗問，說確稱元忠實無此語，則天乃悟元忠被誣。」〔註96〕其中，元忠下獄之後，則天便曾召集相關人員殿前參對，昌宗亦以計引張說為證人陷害魏元忠，雖然最終沒有達到想要的效果，但卻足以證明推鞫過程中有引證人這一環節。此外，有時皇帝欲處罰某人，除派相關官員鞫治之外，還會親自於禁中出問，並派遣中使搜羅證據，代宗謀誅元載、王縉便是一例：「庚辰，上御延英殿，命湊收載、縉於政事堂，又收仲武及卓英倩等繫獄。命吏部尚書劉晏與御史大夫李涵等同鞫之，問端皆出禁中，仍遣中使詰以陰事，載、縉皆伏罪。」〔註97〕也正因為有這一步驟，有時欲陷害一人，便可以在引用證人及搜集證據方面下工夫。如楊慎矜案中，除派相關人員推鞫之外，「又使京兆士曹吉溫往東京收慎矜兄少府少監慎餘、弟洛陽令慎名等雜訊之；又令溫於汝州捕史敬忠獲之，便赴行在所。先令盧鉉收太府少卿張瑄於會昌驛，繫而推之」，〔註98〕「時（慎）矜皆引服，惟搜讖書不獲。林甫危之，使盧鉉入長安搜慎矜家，鉉袖讖書入暗中，訏而出曰：『逆賊深藏秘記。』至會昌，以示慎矜。」〔註99〕可見，推鞫過程中的這些具體程序，在實行過程中均有可能被人暗中操縱，一旦被操縱，案件便無公正可言。更為嚴重的是，有時一件冤案的成立還會依賴嚴刑逼供、屈打成招。《資治通鑑》記載，天寶四載：

> 李适之與李林甫爭權有隙。適之領兵部尚書，駙馬張垍為侍郎，林甫亦惡之，使人發兵部銓曹奸利事，收吏六十餘人付京兆與御史對鞫之，數日，竟不得其情。京兆尹蕭炅使法曹吉溫鞫之。溫入院，置兵部吏於外，先於後廳取二重囚訊之，或杖或壓，號呼之聲，所不忍聞；皆曰：「苟存餘生，乞紙盡答。」兵部吏素聞溫之慘酷，引入，皆自誣服，無敢違溫意者。頃刻而獄成，驗囚無榜掠之跡。〔註100〕

〔註96〕《舊唐書》，卷九二《魏元忠傳》，第 2953 頁。
〔註97〕《資治通鑑》卷二二五，第 7361 頁。
〔註98〕《舊唐書》卷一○五《楊慎矜傳》，第 3227 頁。
〔註99〕《資治通鑑》卷二一五，第 7001 頁。
〔註100〕《資治通鑑》卷二一五，第 6983 頁。

李适之因被嚴刑拷打而不得不承認罪行，鍛鍊成獄。同樣地，前述楊慎矜案中，為了確定楊慎矜的罪行，「令盧鉉收太府少卿張瑄於會昌驛，繫而推之，瑄不肯答辯。鉉百端拷訊不得，乃令不良枷瑄，以手力絆其足，以木按其足間，撇其枷柄向前，挽其身長校數尺，腰細欲絕，眼鼻皆血出，謂之『驢駒拔橛』，瑄竟不肯答。」〔註101〕可見，嚴刑亦是推鞫過程中伴隨的重要手段。

最後，貶謫案件中，推鞫的方式也並不是固定不變的，不同的情形會選擇不同的推鞫方式。如垂拱三年，鳳閣侍郎、同鳳閣鸞臺三品劉禕之得罪武后，當時正好有人誣奏劉禕之受歸誠州都督孫萬榮金，又與許敬宗妾有私，武后欲藉此事打擊劉禕之，於是便「命肅州刺史王本立推之，本立宣敕示之」。〔註102〕堂堂當朝宰相，犯罪卻派一個地方官員去推問，並且直接宣敕，完全不顧應有的法律程序，難怪禕之亦言：「不經鳳閣鸞臺，何名為敕！」〔註103〕然而，權力控制下的貶謫本來就不會受制於一些死板的條例，最終，則天以禕之拒捍制使將其賜死於家。可見，推鞫也並不完全是按照法律程序施行的，權力主體的意願亦會極大地影響其具體的實施的程序。此外，德宗時刑部員外郎裴潎赴江南推鞫盧南史罪狀則是另外的情形。時刺史姚驥劾奏南史贓罪及買鉛燒黃丹事，德宗得知，欲「遣監察御史鄭楚相、刑部員外郎裴潎、大理評事陳正儀充三司使，同往按鞫」，〔註104〕裴潎在綜合考慮之後上奏曰：「臣按姚驥奏狀，稱南中取廳吏紙筆錢計贓六十餘貫，雖於公法有違，量事且非巨蠹」，「南史違敕買鉛，不得無罪。伏以陛下自登寶位，及天寶、大曆以來，未曾降三司使至江南；今忽錄此小事，令三司使往，非唯損耗州縣，亦恐遠處聞之，各懷憂懼」，〔註105〕並列舉張九齡與吳仲孺的例子表明此事只需自己一人往鞫即可，三司同往不僅勞民傷財還容易驚擾百姓，使人心憂懼。可見，推鞫雖有其法定程序，然有時或由於特權控制，或出於大局考慮，亦會因事制宜，臨時調整既定程序。

四、權臣控制與推鞫彈性

由以上分析可知，推鞫有唐初的「受事三司」推鞫，亦有後來的「大、

〔註101〕《舊唐書》卷一〇五《楊慎矜傳》，第 3227 頁。
〔註102〕《資治通鑑》卷二〇四，第 6559 頁。
〔註103〕《資治通鑑》卷二〇四，第 6559 頁。
〔註104〕《舊唐書》卷一三七《趙涓傳》，第 3761 頁。
〔註105〕《舊唐書》卷一三七《趙涓傳》，第 3761 頁。

「小」三司推鞫或其他部門臨時組合推鞫。推鞫包含具體的執行過程，如延英奏對、施刑、繫獄、引用證人等環節，且根據情況的不同，推鞫方式亦有相當的差異。然而，推鞫雖為貶謫過程中的法定程序，但在具體實施過程中卻往往伴隨著相當的彈性，這種彈性使得貶謫案件的發展更多地依賴皇帝或重臣的權力而不是法律。其中，皇權因素上文皇帝特命一節已有論述，本節就權臣控制略作補充，以幫助我們更深入地瞭解推鞫之內在特性。

　　眾所周知，推鞫由具體人員組成的相關機構予以執行，因此，推鞫者的司法獨立便成為保證案件依法執行的重要因素，而按照私人意志選派推鞫官員，以私人意志干預推鞫，便成為影響推鞫公正的重要力量。唐代歷史上，許多權臣便常常安排自己的人作御史臺官，使推鞫按照自己的意願執行。如李林甫，《通鑑》記載：「李林甫屢起大獄，別置推事院於長安。以楊釗有掖廷之親，出入禁闥，所言多聽，乃引以為援，擢為御史。事有微涉東宮者，皆指擿使之奏劾，付羅希奭、吉溫鞫之。」〔註106〕吉溫羅希奭亦都是林甫之爪牙，吉溫乃蕭炅為李林甫引薦，羅希奭則為林甫親自提拔，二人在李林甫剷除異己、鍛鍊成獄的過程中，發揮了重大的作用。《通鑑》有「及林甫欲除不附己者，求治獄吏，炅薦溫於林甫；林甫得之，大喜。溫常曰：『若遇知己，南山白額虎不足縛也。』時又有杭州人羅希奭，為吏深刻，林甫引之，自御史臺主簿再遷殿中侍御史。二人皆隨林甫所欲深淺，鍛鍊成獄，無能自脫者，時人謂之『羅鉗吉網』。」〔註107〕如對韋堅的陷害，便是由林甫派「楊慎矜、楊國忠、王鉷、吉溫等文致其獄」〔註108〕而得以實現。此外還有武三思，在處罰「五王」的過程中，武三思便是依靠自己親信的幫助而將「五王」未經推鞫便行處死。時「武三思陰令人疏皇后穢行，榜於天津橋，請加廢黜」，〔註109〕「上大怒，命御史大夫李承嘉窮覈其事。承嘉奏言：『敬暉、桓彥範、張柬之、袁恕己、崔玄暐使人為之，雖云廢后，實謀大逆，請族誅之。』」〔註110〕李承嘉本就附會武三思，其必然知曉三思之意，因此上奏將「五王」直接處死，後雖有大臣上奏，但亦未能改變皇帝的心意，於是「五王」被流放。又「中書舍人崔湜說三思曰：『暉等異日北歸，終為後患，

〔註106〕《資治通鑑》卷二一五，第7002頁。
〔註107〕《資治通鑑》卷二一五，第6985頁。
〔註108〕《新唐書》卷一三四《韋堅傳》，第4561頁。
〔註109〕《資治通鑑》卷二○八，第6721頁。
〔註110〕《資治通鑑》卷二○八，第6721頁。

不如遣使矯制殺之。」三思問誰可使者，湜薦大理正周利用。利用先為五王所惡，貶嘉州司馬，乃以利用攝右臺侍御史，奉使嶺外。比至，柬之、玄暐已死，遇彥範於貴州，令左右縛之，曳於竹槎之上，肉盡至骨，然後杖殺。得暉，咼而殺之。恕己素服黃金，利用逼之使飲野葛汁，盡數升不死，不勝毒憤，掊地，爪甲殆盡，仍捶殺之。利用還，擢拜御史中丞。」〔註111〕崔湜、周利用均為三思爪牙，三思臨時提拔周利用為右臺侍御史，奉使嶺外，於是「五王」慘死。這樣的例子，史書中所在多有，可見，權臣通過控制推鞫人員，特別是御史臺官，往往使得貶謫按照自己的意願而不是法律程序進行，這樣一來，貶謫便不再是對犯罪人員的依法處罰方式，而是成為政治權力鬥爭的工具。

反之，正是因為認識到推鞫人員選擇的重要性，為了案件能夠依法處理，皇帝便希望選擇能夠秉公執法的御史臺官，然而有時因大臣性格等方面的原因，亦難以選擇到能夠剛直不阿、秉公執法之人，代宗欲引大臣推鞫元載便是一例。《新唐書・李棲筠傳》記載：「元載當國久，益恣橫，代宗不能堪，陰引剛鯁大臣自助，欲收綱權以黜載。會御史大夫敬括卒，即召棲筠與河南尹張延賞，擇可為大夫者。延賞先至，遂代括。會李少良、陸班等上書劾載陰事，詔御史問狀，延賞稱疾，不敢鞫，少良、班復得罪死。帝殊失望，出延賞為淮南節度使，引拜棲筠為大夫。」〔註112〕代宗之所以引用張延賞，是希望他能夠大膽彈劾元載，當他發現張延賞不敢推鞫元載之時，便毅然將其出為淮南節度使。可見，推鞫要依法實現，還具備相當的困難。

總之，貶謫過程中，官員罪行上奏之後，第二步便要進行案件的推鞫。唐代不同時期，出現了不同的推鞫方式，包括「受事三司」推鞫與「大、小三司推鞫」以及臨時指派不同部門官員共同推鞫。推鞫包含具體的執行過程，如延英奏對、施刑、繫獄、引用證人等等，情況不同，推鞫方式亦各異。推鞫在依法實施之外還有相當的彈性，皇帝特命與權臣控制都是造成這種彈性的重要因素。推鞫過程中彈性的存在，使得貶謫案件的發展更多地依賴皇帝或重臣的權力而不是法律，如此，貶謫也不再是對犯罪人員的依法處罰方式，而成為政治權力鬥爭的工具。

〔註111〕《資治通鑒》卷二〇八，第 6722 頁。
〔註112〕《新唐書》卷一四六《李棲筠傳》，第 4737 頁。

第三節　貶詔公文的草擬、下達及相關問題考述

貶謫經由罪行上奏、推鞫、議罪等程序確認罪名之後，便要進行貶詔的書寫、下發、審核及實施，此一系列過程的全部完成標誌著貶謫事件的成立。本節主要論述貶謫制詔書寫及下達的相關過程，由此完善對唐代貶謫制度的認識。

一、兩種草詔機構之分工與建制

唐代貶謫制詔的書寫主要由三部分人組成，中書舍人、翰林學士及他官知制誥。根據賴瑞和的考察，他官知制誥是一種使職，唐前期便存在過，但整體而言並不常見，案例也不多，還不是一種常設使職，只是暫時委任。到安史之亂以後，他官知制誥這種使職才大量出現，其工作的地點在舍人院，與宰相關係密切，負責草擬朝廷「外制」（又稱中書制誥），分量較翰林學士知制誥輕，可稱之為「舍人院知制誥」，〔註113〕其工作方式與中書舍人相似。既然貶詔的書寫者為中書舍人與翰林學士，那麼，二者各自的產生及地位如何，不同機關書寫的詔書又有何差異呢？

「中國傳統的皇帝，除了需要宰相來幫他『知政事』，治理軍國大事，統率百官之外，還需要其他官員的協助，比如皇帝總要發布種種『王言』……這些文書便需要一位或多位官員負責撰寫。」〔註114〕唐代官制中專門負責幫皇帝撰寫「王言」文書的官職便是中書舍人，一個正五品上的職事官。自高祖武德年間開始一直到安史之亂前夕，長達一百多年，中書舍人都發揮了極其重要的作用。與中書舍人相比，翰林學士則興起較晚，從唐太宗開始重用舊臣、詞臣（溫大雅等人），武則天時期的北門學士，中宗朝的上官婉兒等，到玄宗開元二十六年學士院設立，翰林學士才正式從翰林供奉中分化出來，並發揮草詔職能。特別是德宗朝陸贄以後，翰林學士的地位逐漸超越中書舍人，負責草擬更為重要的「內制」，後雖亦有中書舍人草擬「內制」的情形，但整體而言，翰林學士成為「密邇禁廷」的草詔機要之司則是顯而易見的。這一點，從唐中書舍人與翰林學士的工作地點舍人院、翰林院的位置分布亦可窺見一斑。

〔註113〕《唐知制誥的使職本質》《唐三大類型知制誥的特徵與區別》，賴瑞和：《唐代高層文官》，2016年5月版，聯經出版社，第199～219頁。

〔註114〕《唐中書舍人的使職化》，《唐代高層文官》，第169頁。

圖1：唐代大明宮平面圖

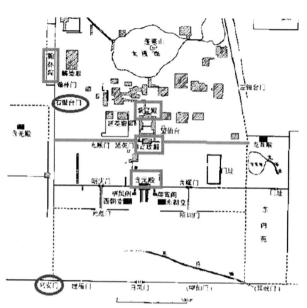

（圖1：《唐大明宮圖》中國社會科學院考古研究所提供，取自徐松《唐兩京城坊
考》，中華書局，1985 年版）

圖2：唐大明宮部分建築平面圖

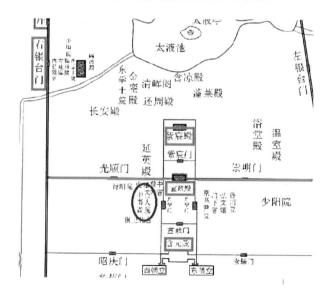

（圖 2：唐大明宮部分建築平面圖——摘自杜文玉《唐長安大明宮建築叢考，中
國歷史地理論叢，2014 年 7 月》）

圖 1 與圖 2 乃大明宮內各機構建置圖。據文獻記載，大明宮由南向北以含元殿、宣政殿、紫宸殿三大殿為中心，三大殿的布局和功能直接繼承西內太極宮的布局而來。考古研究表明，大明宮三大殿由南到北直線排列在大明宮中部，宣政殿兩側有一道橫向的宮牆，將大明宮分為內外兩個部分，即皇帝生活起居的內朝與處理政事的外朝。東西上閣門即開在此宮牆上，〔註115〕朝官須經過東西上閣門才能進入「常日聽朝而視事」的紫宸殿，所謂「入閣議事」。因閣門以北為內朝區域，因此禁衛制度森嚴。明白了大明宮的整體建制，再來看翰林院與舍人院的位置。《翰林院故事》記載「（翰林院）列於宮中」，「在銀臺門內，麟德殿西，重廊之後」，近年來考古發現，翰林院是一個寬 55 米，長 400 米左右的狹長型封閉院落，僅有一道小門與大明宮內部相通。〔註116〕於翰林院供職者，只需要經過興安門進入夾城，再經過右銀臺門便可直接進入內朝區域，而不必經過南衙三大殿（見圖 1）。由此可知，翰林院不同於南衙三大殿，更不屬於南衙三大系統，而是直接與皇帝聯繫，可謂「密邇禁廷」、「獨無所屬」。其次再看舍人院，據《唐六典》記載，中書省與門下省，二者均在宣政殿之南，分西、東對稱而置，舍人院即位於中書省內，屬於中書省系統內官職，其南為宰相議事的政事堂（見圖 2）。又因宣政殿兩側的宮牆的分割，二省與皇帝居止的寢殿隔開，因此又被稱為「外朝」「外廷」。由此，處於外朝的舍人院與內朝的翰林院，二者性質自不待言。翰林院隸屬於皇帝，而舍人院則與宰相更為密切，也正是這一點，形成了中書制詔與翰林制詔的諸多區別。

二、詔書的書寫範圍、格式及用紙

中書制詔與翰林制詔有諸多差別。首先，二者的書寫範圍、格式及用紙不同。唐初，制敕均用白紙書寫，高宗時，因「制敕比用白紙，多為蟲蠹，今後尚書省下諸司、州、縣，宜並用黃紙。其承制敕之司，量為卷軸，以備披檢。」〔註117〕因為蟲蛀，制敕改為黃紙書寫，黃紙又分為黃麻紙和黃藤紙。「天后天授元年，以避諱，改詔為制。今冊書用簡，制書、慰勞制書、

〔註115〕參見中國社會科學院考古研究所編：《唐長安大明宮》，科學出版社，1959 年版。

〔註116〕馬得志：《西安市唐大明宮翰林院遺址》，《中國考古學年鑒》（1985）及馬得志：《唐長安城發掘新收穫》，《考古》1987 年第四期。

〔註117〕《舊唐書》卷五《高宗下》，第 101 頁。

發日敕用黃麻紙，敕旨、論事敕及敕牒用黃藤紙，其赦書頒下諸州用絹。」〔註118〕可見，雖是黃紙，因其體制又有輕重之別，《石林燕語》載：「紙以麻為上，藤次之，用此為輕重之辨」，〔註119〕《演繁露》云：「惟除拜王公將相則用白麻紙書……自制書以下至發日敕，則用黃麻紙書之……若降敕旨論事及敕牒，則用黃藤紙，其禮又降於黃麻矣」。〔註120〕可見，唐初便出現了黃麻與白麻書寫制書的差別，但無論黃麻還是白麻，均由中書舍人執掌，《唐會要》：「故事，中書以黃、白二麻為綸命重輕之辨」。〔註121〕自開元二十六年，唐玄宗改翰林供奉為翰林學士，建立學士制，始出現白麻專稱。《新唐書·百官志一》載：「開元二十六年，又改翰林供奉為學士，別置學士院，專掌內命。凡拜免將相、號令征伐，皆用白麻。」〔註122〕此乃最早由翰林學士草擬白麻內制的記載，所謂「宣麻之始，自明皇世也」。〔註123〕後韋執誼《翰林院故事》曰：

> 故事，中書以黃白二麻為綸命重輕之辨。近者所出，獨得用黃麻；其白麻皆在北院（翰林院）。自非國之重事，拜授將相，德音赦宥，則不得由於斯。〔註124〕

其中不僅指出了黃、白二麻分掌於中書舍人與翰林學士的事實，且說明了翰林學士的執掌範圍：「拜授將相，德音赦宥」。《冊府元龜》卷五五〇《詞臣部·總序》亦有類似的記載，且對翰林學士所掌的詔命範圍區分更為細緻：

> 元和初，學士院別置書詔印，凡赦書、德音、立后、建儲、大誅討、拜免三公將相曰「制」，百官班於宣政殿而聽之。賜與徵召，宣索處分之詔，慰撫軍旅之書，祠饗道釋之文，陵寢薦獻之表，答奏疏賜軍號，皆學士院主之，餘則中書舍人主之。〔註125〕

〔註118〕《唐六典》卷九《中書省·中書令》，第274頁。

〔註119〕葉夢得撰，田松青校點：《石林燕語》卷三，上海古籍出版社，2012年版，第28頁。

〔註120〕程大昌撰：《演繁露》卷四，「黃麻白麻條」，文淵閣四庫全書本，第825冊，第101頁。

〔註121〕《唐會要校證》卷五七《翰林院》，第1146頁。

〔註122〕《新唐書》卷四六《百官志一》，第1183～1184頁。

〔註123〕高承撰，李果訂：《事物紀元》卷二《公式·宣麻》，中華書局，1989年，第59頁。

〔註124〕洪遵：《翰苑群書》卷四《韋執誼翰林院故事》，史部三五三，文淵閣四庫全書本，第五九五冊，臺灣商務印書館，第353頁。

〔註125〕《冊府元龜》（第七冊）卷五五〇《詞臣部·總序》，第6600頁。

可見，翰林院的出現，正式分割了中書舍人草詔權，皇帝的命令被分為內制和外制，翰林學士所撰，直接從禁中發出，故稱「內制」，用白麻紙寫；中書舍人所撰，為外朝所擬，故稱「外制」，用黃麻紙寫。雖然中晚唐亦有中書舍人草擬「內制」的情形，然由翰林學士草白麻內制乃是主流。貶謫制詔，主要在德宗之後，一部分由中書舍人撰寫，另一部分，特別是宰相罷免之制書，則由翰林學士所寫，由中書舍人所寫的部分用紙為黃麻，而由翰林學士所寫的部分用紙則為白麻。

此外，就其草詔格式而言，翰林學士草擬的各類文書在格式上有明確的規定。唐末楊鉅《翰林學士院舊規》，其中有書詔樣、祠祭祈賽例、道門情詞例及答蕃書並使紙及寶函等事例，記錄了對各類文書在抬頭、收尾、遣詞等方面的具體規定。如對周邊藩屬政權的文書、對新羅渤海書，則頭云：「敕某國云王著姓名」，尾云「卿比平安好，遣書指不多及」。對回鶻天睦可汗書，則頭云：「皇帝舅敬問回鶻天睦可汗外甥」，尾云：「想宜知悉，時候卿比平安好，將相及部族男女兼存問之」〔註 126〕等等，記載十分詳細。除此之外，南宋王應麟《玉海》卷二〇一據《中興館閣書目》記云：「陸贄《備舉文言》三十卷，摘經史為偶對類事，共四百五十二門。」〔註 127〕當為陸贄在任翰林學士期間所作。因唐代制詔王言基本為駢文體式，《四庫全書總目提要》云：「唐代王言，率崇縟麗，駢四儷六，累牘連篇」〔註 128〕，駢文的特點是講究對偶與聲律，注重用典與辭藻，因此陸贄特將經史等書，按類摘錄，竟有四百五十二門。可見，陸贄此書類似於工具書，寫來以供撰制參鑒。與之類似的還有白居易所編的《白樸》，也是翰林學士撰制的參考用書。元稹《酬樂天餘思不盡加為六韻之作》，其中有「《白樸》流傳用轉新」句，自注云：「樂天於翰林中書，取書詔批答詞等，撰為程序，禁中號曰「白樸」。每有新入學士求訪，寶重過於《六典》也」。〔註 129〕宋王楙《野客叢書》卷三〇「白樸」條云：

〔註 126〕洪遵：《翰苑群書》卷五，文淵閣四庫全書本，第五九五冊，臺灣商務印書館，第 359～360 頁。

〔註 127〕王應麟撰：《玉海》，第 3680 頁。

〔註 128〕紀昀等主編：《欽定四庫全書總目》卷四六史部二《新唐書提要》，中華書局，1997 年版，第 633 頁。

〔註 129〕《酬樂天餘思不盡加為六韻之作》，元稹撰，冀勤點校：《元稹集》，中華書局，1982 年版，第 284 頁。

> 僕讀元微之詩，有曰「白樸流傳用轉新」，注云：樂天於翰林
> 中，專取書詔批答詞撰為矜式，禁中號為「白樸」。每新入學求訪，
> 寶重過於《六典》。檢《唐·藝文志》及《崇文總目》無聞，每訪此
> 書不獲，適有以一編求售，號曰「制樸」，開帙覽之，即微之所謂「白
> 樸」者是也。為卷上、中、下三，上卷文武階勳等，中卷制頭、制
> 肩、制腹、制腰、制尾，下卷將相、刺史、節度之類。此蓋樂天取
> 當時制文編類，以規後學者。〔註130〕

可見，《白樸》一書乃白居易任翰林學士期間所作，是一部制書寫作指導書，
其將「制」書分為制頭、制肩、制腹、制腰、制尾幾個部分，具體內容雖已
失傳，但我們從王應麟《辭學指南》中亦可略窺一端：

> 「制頭四句說除授之職，其下散語一段略說除授之意。〔註131〕

又如：

> 「制頭四句四六一聯，散語四句或六句……「具官某」一段頌
> 德，先須看題……一段說舊官……一段說新官。於戲用一聯，或引
> 故事，或說大意……後面或四句散語，或止用兩句散語，結不須更
> 作聯，恐冗。」〔註132〕

從「制頭」到「具某官」一段，到「一段說舊官」、「一段說新官」，再到「於
戲」一聯，一篇製書每一句該如何寫，均作了詳細說明，這表明，最遲至中
唐，「制」書已經擁有了固定的體制，且翰林學士草詔對其體制的穩定起了很
重要的作用。此前由中書舍人所草詔書雖有一個大概的模式，但仍無固定的
體制。就貶詔而言，此前貶詔內容還比較隨意，後來逐漸生成了「制頭」「制
腹」「制尾」的三段式結構，且對每一部分具體的言說內容都有詳細規定。可
以說，經過翰林學士對詔書書寫的規範，制詔書寫包括貶詔書寫開始具備了
明確的體制，規範性更強，文體意識也更加鮮明。

三、詔書書寫、下達、封駁之程序

除去詔書書寫的範圍、格式及用紙，中書制詔與翰林制詔書寫下達的程

〔註130〕王楙撰：《野客叢書》，載王水照《歷代文話》（第五冊），復旦大學出版社，
　　　　2007 年版，第 4433 頁。下文凡引據此書者，皆只列書名及頁碼，不再詳細
　　　　出注。
〔註131〕王應麟：《辭學指南》，第 4414 頁。
〔註132〕王應麟：《辭學指南》，第 4414～4415 頁。

序也有不同。中書制詔由中書舍人根據宰相的「詞頭」即中書決策而擬寫，若中書舍人對「詞頭」有異議，則可以封還「詞頭」；待中書舍人擬寫詔書之後，便要交付門下省進行審核，若有不當，給事中有封還詔書的權力，謂之「塗歸」、「封駁」。翰林學士則獨立於三省之外，不受三省的約束和管轄，其所擬詔書無需經過給事中的審核，可以直接經過中書門下頒發。

　　詞頭是指詞臣草詔所依據的旨意，「一般是由宰相記錄下來的皇帝對政務的處理意見，多數為人事任免方面，詞頭需經中書舍人撰製正規文書才能生效。」〔註133〕詞臣起草詔命的起點是詞頭，中書舍人根據詞頭將詔書擬好之後，先要送皇帝畫日，之後再將畫日的詔書備份，更寫一道交由門下省審核。中書詔令起草及下達的一大特點就是其封駁權，包括中書舍人的封還詞頭與給事中的封還制書。《舊唐書·袁高傳》載：「袁高，字公頤，恕己之孫。……貞元元年，德宗復用吉州長史盧杞為饒州刺史，令高草詔書。高執詞頭以謁宰相盧翰、劉從一曰：『盧杞作相三年，矯詐陰賊……』翰、從一不悅，改命舍人草之。詔出，執之不下，仍上奏曰：『盧杞為政，窮極兇惡……』遺補陳京、趙需、裴佶、宇文炫、盧景亮、張薦等上疏論奏。次日，又上疏。」〔註134〕在任命盧杞的事情上，宰相與皇帝的意見一致，均希望起復盧杞為饒州刺史，並命給事中袁高草擬制詔。袁高與其意見不一，於是執「詞頭」上奏。宰相不同意袁高的執奏，便另命其他舍人草擬制書，然擬好的中書制詔終究要下發門下省審核，於是，袁高再次以給事中的身份對詔書進行封駁，所謂「執之不下」。加上許多官員上疏論奏及諫官進諫，德宗最終迫於壓力而追回了盧杞的饒州制書。

　　與之類似的還有白居易封還貶謫獨孤朗的詞頭。其《論左降獨孤朗等狀》云：

> 都官員外郎史館修撰獨孤朗可富州刺史、起居舍人溫造可朗州刺史、司勳員外郎李肇可澧州刺史、刑部員外郎王鎰可郢州刺史
>
> 右，今日宰相送詞頭左降前件官如前，令臣撰詞者。臣伏以李景儉因飲酒醉，詆忤宰相，既從遠貶，已是深文，其同飲四人，又一例左降，臣有所見，不敢不陳。伏以兩省、史館，皆是近署，聚

〔註133〕張東光、李中：《唐宋中書舍人院名物制度述略》，《河南教育學院學報》（哲社版），1996年第4期。

〔註134〕《舊唐書》卷一五三《袁高傳》，第4087頁。

飲致醉，理亦非宜，然皆貶官，即恐太重。況獨孤朗與李景儉等，皆是僚友，旦夕往來，一飯一飲，蓋是常事。景儉飲散之後，忽然醉發，自猶不覺，何況他人。以此矜量，情亦可恕。臣又見貞元之末，時政嚴急，人家不敢歡宴，朝士不敢過從，眾心無憀，以為不可。自陛下臨御，及此二年，聖慈寬和，天下欣戴，臣恐此詔或下，眾情不免驚憂；兼恐朝廷官僚，從此不敢聚會；四方諸遠，不知事由，奔走流傳，事體非便。伏惟宸鑒，更賜裁量，免至貶官，各令罰俸，感恩知失，亦足戒懲。臣不揆蠢愚，輒敢塵黷，豈不懼罪，豈不惜身，但緣進不因人，出於聖念，自忠州刺史，累遷中書舍人，已涉二年，一無裨補，夙夜慚惕，實不自安，前後制敕之間，若非甚不可者，恐煩聖聽，多不備論，今者所見，若又不奏，是圖省事，有負皇恩。伏希天慈，以此詳察，知臣所奏，不是偶然。其獨孤朗等四人出官詞頭，臣已封訖，未敢撰進，伏待聖旨。〔註135〕

這是一篇完整的中書舍人封還詞頭的「狀」，由之可見中書舍人草擬詔書乃根據宰相送的「詞頭」而來，若中書舍人對宰相的「詞頭」有異議，則可上疏申論。具體而言，白居易此篇「狀」詳細論述了其不同意獨孤朗等人左降的原因，指出自己封還詞頭並不代表著不惜身懼罪，而實在是職責所在，且申明詞頭已經封好，並未撰進，等待聖意的最終裁決。由此可知，中書舍人在草詔之前封還「詞頭」，是實現詔書封駁權的一種方式。

詔書封駁的第二種方式則為給事中封還詔書。考諸史籍，官員貶謫中給事中封還詔書大概有以下幾種情形。第一，給事中對貶謫制書的內容存在異議，可封還，上文袁高封還盧杞饒州制書便是一例。封還制書的同時，為其他朝臣表達意見贏得了時間，皇帝可以重新考慮整個事件，避免朝政失當。當然，亦有給事中與被貶者不屬於一個陣營，而借封還制書落井下石的例子，如李回被貶賀州刺史之事。《新唐書・李回傳》載：「武宗崩，（回）為山陵使，遷門下侍郎，兼戶部尚書。出為劍南西川節度使。以與德裕善，決吳湘獄，時回為中丞，坐不糾擿，貶湖南觀察使。俄以太子賓客分司東都。給事中還制，謂責回薄，遂貶賀州刺史。徙撫州長史，卒」。〔註136〕吳湘案乃白敏中、

〔註135〕《論左降獨孤朗等狀》，白居易撰，顧學頡校點：《白居易集》，第 1268～1269 頁。

〔註136〕《新唐書》卷一三一《宗室宰相・李回傳》，第 4518 頁。

令狐綯等牛黨成員打擊李德裕之李黨的冤案，李回顯然是因為與李德裕相善而受到牽連，因此，給事中封還其太子賓客分司東都的制書而將其改為賀州刺史，乃是通過給事中封還制書而打擊異己的例子。第二，若制書中用字、用詞不當，可封還。如王遂，「度支使潘孟陽與太府卿王遂迭相奏論，孟陽除散騎常侍，遂為鄧州刺史，皆假以美詞」，〔註137〕「遂親吏韋行素、柳季常請課料於兩池務。屬遂罷務，季常等為吏所誣，各笞四十」，而遂柳州制出，其中卻有「清」一字，於是左丞呂元膺執奏曰：「遂以補吏犯贓，法當從坐。其除官制云『清能業官』，據遂犯狀，不宜有『清』字。柳州大郡，出守為憂。謹封還制書。」〔註138〕因其外出制書中有「清」一字不符合事實，呂元膺便執論請封還制書。此外，中書舍人崔嘏亦因草李德裕制不盡言其罪而被貶端州刺史。可見，詔書所用的言辭有一定的講究，若使用不當，給事中均可駁回。第三，若案件審理及制書下發的程序不當，給事中亦會予以封駁。《舊唐書·呂元膺傳》有：「江西觀察使裴堪奏虔州刺史李將順贓狀，朝廷不覆按，遽貶將順道州司戶。元膺曰：『廉使奏刺史贓罪，不覆檢即謫去，縱堪之詞足信，亦不可為天下法。』又封詔書，請發御史按問，宰臣不能奪。」〔註139〕由前文可知，奏贓狀只是案件審理的第一步，之後還需要有推按，合法地審理案件才能取信於人。呂元膺正是針對這種不如法的案件處理進行駁奏，封還詔書，請御史按問。

　　需要指出的一點是，中書舍人封還「詞頭」有其相應的論「狀」，給事中封還詔書亦有其相應的上奏。如呂元膺的《封還授孔戡衛尉寺丞分司東都詔奏》：

> 　　孔戡以公為盧從史所忌，且離職已久，李吉甫以宰相出鎮，辟請非涉嫌疑，推類言之，河陽節度行軍司馬楊同慈、史官崔國楨，或處近職，或倅戎府，皆為吉甫奏在幕庭，從史以嫌忿干瀆朝典，豈可曲徇其志。且孔戡官序，雖非黜退，但因此改易，則長姦邪之心，臣恐忠正之士，各懷疑慮，事不可許。〔註140〕

奏疏具體說明了事情的原委及自己之所以封還制書的原因，這樣的奏疏，乃是朝臣與皇帝溝通的重要方式，在整個貶謫過程中起著非常重要的作用。

〔註137〕《舊唐書》卷一五四《呂元膺傳》，第4104頁。
〔註138〕《舊唐書》卷一六二《王遂傳》，第4241～4242頁。
〔註139〕《舊唐書》卷一五四《呂元膺傳》，第4104頁。
〔註140〕《全唐文》卷四七九，第4891頁。

相比較而言，翰林學士所草詔書的下達則無封還一說，其獨立於三省機構之外，「不拘本司，不係朝參」，乃典型的天子私人。只是，其書寫制書中用字用語亦需準確到位，草制失詞雖不會被給事中封駁，但往往因此遭遇貶謫之禍。如憲宗時，「李逢吉不欲討蔡，翰林學士令狐楚與逢吉善，（裴）度恐其合中外之勢以沮軍事，乃請改制書數字，且言其草制失辭。壬戌，罷楚為中書舍人。」〔註141〕還有翰林學士承旨草劉瞻罷相制書之事。時「同昌公主薨，懿宗捕太醫韓宗紹等送詔獄，逮繫宗族數百人。瞻喻諫官，皆依違無敢言，即自上疏固爭」，〔註142〕結果「帝大怒，即日賜罷，以檢校刑部尚書、同平章事為荊南節度使」。〔註143〕負責草詔的人為翰林學士承旨鄭畋，鄭畋與劉瞻本親善，其為翰林學士還是劉瞻的推薦，因此，在草劉瞻罷相詔書之時便加入許多讚美之詞，以致引起懿宗的不滿，貶其為梧州刺史。《舊唐書·鄭畋傳》記載為「畋草制過為美詞，懿宗省之甚怒，責之曰：『一昨劉瞻出藩，朕豈無意？爾次當視草，過為美詞。逞譎詭於筆端，籠愛憎於形內。徒知報瞻咳唾之惠，誰思蔑我拔擢之恩。載詳言偽而堅，果明同惡相濟。人之多僻，一至於斯！宜行竄逐之科，用屏回邪之黨……』」〔註144〕可見，翰林學士因其與皇帝「私」的關係更為密切，若其詔書出現問題，便也無須經歷三省的核查而是直接遭受貶謫的結果，其命運起伏更為跌宕殘酷！

四、宿直制度與詔書草擬

中書舍人與翰林學士雖均遵循草詔者的宿直制度，但其中又有差異。與中書舍人宿直相比，翰林學士宿直更顯機密，基本無朝臣活動空間，而是直接反應皇帝意旨。

宿直又稱直宿，是指朝臣夜宿於供職機構，備問召對、處理朝務的一種制度。對於負責制詔擬寫的詞臣而言，宿直可以稱為工作制度，因為制書多為當直之時起草。關於中書舍人當直，玄宗初年有這樣一則案例：

> 開元二十年九月二十一日，是中書舍人梁升卿私忌。二十日晚，欲還，即令傳制，報給事中元彥沖，令宿衛。會彥沖已出，升卿至宅，令狀報。彥沖以旬假與親朋聚宴，醉中詬曰：「汝何不直？」升

〔註141〕《資治通鑒》卷二四〇，第7860頁。
〔註142〕《新唐書》卷一八一《劉瞻傳》，第5352～5353頁。
〔註143〕《新唐書》卷一八一《劉瞻傳》，第5353頁。
〔註144〕《舊唐書》卷一七八《鄭畋傳》，第4632頁。

卿又作書報云：「明辰是先忌。」比往復。日已暮矣。其夜，有中使
齎黄敕，見直官不見，回奏。上大怒，出彥沖為邠州刺史，因新昌
公主進狀申理。公主即彥沖甥張均之妻，云：「元不承報，此是中書
省之失。」由是出升卿為莫州刺史。〔註145〕

以上材料記載的便是中書舍人換值之時因交接不暢而遭貶謫的情形，可見，
中書舍人宿直有其明確的規章，如若違反，便要受到相應的處罰。事實上，
不僅中書舍人，給事中亦有宿直制度，且草詔之事有時還會交到宿直的給事
中手中，上文提到的貞元元年給事中袁高宿直，上命其草盧杞饒州制書便是
證明。更多的時候，中書舍人宿直能夠為皇帝貫徹個人意志提供制度上的方
便，鄭處誨《明皇雜錄》中記錄的兩條材料便可說明：

開元中，上急於為理，尤注意於宰輔，常欲用張嘉貞為相，而
忘其姓名。夜令中人持燭於省中，訪直宿者為誰，還奏中書侍郎韋
抗，上即令召入寢殿。上曰：「朕欲命一相，嘗記得風標為當時重臣，
姓張而重名，今為北方諸伯。**不欲訪左右**，旬日念之，終忘其名，
卿試言之。」抗捧曰：「張齊丘今為朔方節度。」上即令草詔，仍令
中人持燭。抗跪於御前，援筆而成，上甚稱其敏捷典麗。因促命寫
詔敕。抗歸宿省中，上不解衣以待旦，將降其詔書。夜漏未半，忽
有中人復促抗入見。上迎謂曰：「非張齊丘，乃太原節度使張嘉貞。」
別命草詔。（見卷上）〔註146〕

玄宗嘗器重蘇頲，欲倚以為相，禮遇顧問，與群臣特異。欲命
相前一日，**上秘密不欲左右知**，迨夜將艾，乃令草詔。訪於侍臣曰：
「外廷直宿誰？」遂命秉燭召來，至則中書舍人蕭嵩。上即以頲姓
名授嵩，令草制書。（見卷下）〔註147〕

「不欲訪左右」「密不欲左右知」均表明，宿直制度為皇帝實現自己的個人意
志提供了極大的方便，也正因為如此，被貶之人有時會借助中書舍人宿直的
方便接近皇帝，扭轉貶謫的命運。如李義府被貶的例子：

中書舍人饒陽李義府為長孫無忌所惡，左遷壁州司馬。敕未至
門下，義府密知之，問計於中書舍人幽州王德儉，德儉曰：「上欲立

〔註145〕《唐會要校證》卷八二，第1297頁。
〔註146〕鄭處誨撰：《明皇雜錄》，中華書局，1994年版，第12頁。
〔註147〕《明皇雜錄》，第34頁。

> 武昭儀為後，猶豫未決者，直恐宰臣異議耳。君能建策立之，則轉
> 禍為福矣。」義府然之，是日，代德儉直宿，叩閤上表，請廢皇后
> 王氏，立武昭儀，以厭兆庶之心。上悅，召見，與語，賜珠一斗，
> 留居舊職。〔註148〕

李義府因為前任中書舍人，因此對中書舍人的重要性非常瞭解，且又與同為中書舍人的王德儉熟識，因此在遭遇左遷處罰之後，便去與德儉商量對策，最終通過替代德儉直宿的機會叩閤面見皇帝，投其所好請立武昭儀，終於免去貶謫的命運，「留居舊職」。可見中書舍人宿直在為皇帝的個人意願提供渠道的同時，也為大臣單獨面見皇帝、表達個人意願提供了機會。如若能把握好這樣的機會，甚至有扭轉貶謫命運的可能。

相比較而言，翰林學士直宿則更加機密。直宿制度是翰林學士最主要的工作特點，也往往是學士發揮重要作用的先決條件。按規定，「凡當直之次，自給、舍、丞、郎入者，三直無儌。自起居、御史、郎官入，五直一儌。其餘雜入者，十直三儌。新遷官一直。」〔註149〕交接班時，「侯內朝之退，不過辰巳，入者先之，出者後之。」〔註150〕值班的人數則「視人之眾寡，事之勞逸，隨時之動靜……有不時而集，並夜而宿者，或內務不至，外喧已寂，可以探窮理性，養浩然之氣，故前輩傳楞伽經一本函在屋壁，每下直出門，相謔謂之小三昧，出銀臺乘馬，謂之大三昧，如釋氏之去纏縛而自在也。」〔註151〕可見，翰林學士有關於宿直時間的詳細規定，若閑暇之時則可以探窮理性，養其浩然之氣，實踐儒家知識分子修身養性的工夫；若遇到公務事繁，則十分忙碌，元稹詩注中「麻制例通宵堪寫」〔註152〕描述的便是這種情形。翰林院深居禁中，為了詔令的上傳下達，憲宗設置了專門傳達旨意的翰林院使，由宦官專任，「有高品使二人知院事，每日晚執事於思政殿，退而傳旨」〔註153〕。起草的詔書為了防止洩露，禁止閒雜人員出入，「學士院深嚴，非本院

〔註148〕《資治通鑑》卷一九九，第 6402 頁。
〔註149〕李肇撰：《翰林誌》，文淵閣四庫全書本，第五九五冊，臺灣商務印書館，第 300 頁。
〔註150〕《翰林誌》，第 300 頁。
〔註151〕《翰林誌》，第 300 頁。
〔註152〕元稹《奉和浙西大夫李德裕述夢四十韻》，彭定求等：《全唐詩》卷四二三，中華書局，1960 年版，第 4646 頁。下文凡引據此書者，皆只列書名及頁碼，不再詳細出注。
〔註153〕《翰林誌》，第 301 頁。

人不可遽入，雖中使宣示及有文書必先動鈴索，立於門外，俟本院小判官出授訖，授院使，院使授學士」。〔註154〕據《翰林誌》記載，學士院由南廳和北廳兩部分組成，南北二廳都設有懸鈴，「以示呼召」，〔註155〕元稹也記載，「院有懸鈴，以備夜直警急。文書出入，皆引之以代傳呼。」〔註156〕翰林學士草詔時，又有「鎖院」制度，即晚上草麻時由宦官把當值學士鎖在工作室裏，不准出門，待第二天「宣麻」後才准下值回家，其麻制宣授皆由院使傳達。元稹《奉和浙西大夫述夢四十韻》詩：「綾紙侵紅點，藍燈焰碧高，代予言不易，承聖旨偏勞，繞月同樓鵲，驚風比夜熬，吏傳開鎖契，神憾引鈴條」，便是描述夜值「鎖院」草麻時的情況。

此外，學士院南北二廳還分別設有藏書庫，存實錄數以萬計。還有兩間專門存放「遠歲詔草及制舉詞策」的檔案室，供學士制敕時查閱、參考。為了使學士在宿直之暇或公務清簡時得到一定的休息，學士院還給學士提供床、被褥、通中枕、象梳、手巾等生活用品。白居易詩中記載其與錢徽同直，草詔任務完成後，「連鋪青縑被，對置通中枕。彷彿百餘宵，與君同此寢。」〔註157〕總而言之，相比於中書舍人，翰林學士作為一種草詔機關機密性更強，韓愈稱其「職親而地禁，不敢相聞」，〔註158〕其草詔全程封閉，很難有朝臣借助與翰林學士的關係活動融通的機會，制詔的下達基本上嚴格遵守皇帝的旨意。

五、關於追制、停詔執奏及其他

上文具體論述了不同時期貶謫制詔的草擬機構，不同機構的書寫用紙，書寫及下達的程序，宿直制度與詔書草擬等問題。除此之外，關於貶詔草擬還有以下幾點問題需要進一步說明。

首先，貶謫制詔在下達之前還有活動的空間。這一點，前文論述中書舍

〔註154〕蘇耆撰：《次續翰林誌》，《翰苑群書》卷九，文淵閣四庫全書本，第五九五冊，臺灣商務印書館，第386頁。

〔註155〕《翰林誌》，第301頁。

〔註156〕元稹《奉和浙西大夫李德裕述夢四十韻》，彭定求等：《全唐詩》卷四二三，第4646頁。

〔註157〕《冬夜與錢員外同直禁中》，白居易撰，朱金城箋校：《白居易集箋校》卷五，上海古籍出版社，1988年版，第282頁。下文凡引據此書者，皆只列書名及頁碼，不再詳細出注。

〔註158〕《韓愈文集匯校箋注》，第275頁。

人李義府左降壁州司馬，「敕未至門下」，通過代德儉宿直而叩閤面見皇帝，勸立武昭儀從而留居舊職便是一例。當然，並不是所有制書下達前均可進行活動，這一方面要視草詔機構的不同情形而定，另一方面則與當事人的處事策略和皇帝個人的喜好、意願有著極大的關係。

其次，制書下達過程中，若給事中對制書內容有不同意見，封還的同時便可停詔執奏，甚至有時要執奏相當長的時間，詔書才能下達。《冊府元龜》載：「李勉，建中末為司徒平章事，無何，盧杞自新州員外司馬除澧州刺史，給事中袁高以杞邪佞蠹政，貶未塞責，停詔執奏。遂授澧州別駕」。〔註159〕《通鑒》及《舊唐書》中對此事均作了詳細的記載，《通鑒》中：「乙卯，制出，高執之不下，且奏：『杞極惡窮凶，百辟疾之若仇，六軍思食其肉，何可復用！』上不聽。補闕陳京、趙需等上疏曰：『杞三年擅權，百揆失敘，天地神祇所知，華夏、蠻夷同棄。倘加巨奸之寵，必失萬姓之心。』丁巳，袁高復於正牙論奏。上曰：『杞已再更敕。』高曰：『敕者止原其罪，不可為刺史。』陳京等亦爭之不已，曰：『杞之執政，百官常如兵在其頸，今復用之，則奸黨皆唾掌而起。』上大怒，左右辟易，諫者稍引卻，京顧曰：『趙需等勿退，此國大事，當以死爭之。』上怒稍解。……壬戌，以杞為澧州別駕。」〔註160〕制出之後，經過給事中、補闕等人一系列反反覆覆的論爭，最終才使得皇帝同意改變盧杞的量移之地，可見停詔執奏對於正確決策的重要性。有時甚至會為此花費更長的時間，如「貞元二年，以開州別駕白志貞為果州刺史，（李）勉及諫官等以志貞罪均盧杞，不宜收擢，固執之不許，凡踰旬方下其詔。」〔註161〕停詔執奏乃為朝臣表達政見、參與決策提供了非常好的機會，是古代集權政治中相對民主的部分。

再次，若貶謫制書已經下達，且在下達之後發現其有不當之處，還可以通過追製取消原命令。《舊唐書·令狐楚傳》載：「長慶元年四月，（楚）量移郢州刺史，遷太子賓客，分司東都。二年十一月，授陝州大都督府長史、兼御史大夫、陝虢觀察使。制下旬日，諫官論奏，言楚所犯非輕，未合居廉察之任。上知之，遽令追制。時楚已至陝州，視事一日矣。復授賓客，歸東都。」〔註162〕其時制書已經下經旬日，然諫官論奏其不可之處，皇帝馬上命令追制，

〔註159〕《冊府元龜》（第四冊）卷三一七《宰輔部·正直》，第3744頁。

〔註160〕《資治通鑒》卷二三一，第7571頁。

〔註161〕《冊府元龜》（第四冊）卷三一七《宰輔部·正直》，第3744頁。

〔註162〕《舊唐書》卷一七二《令狐楚傳》，第4461頁。

重新處罰。而李景儉從楚州刺史改授少府監亦是通過追制而完成。時「景儉乘醉詣中書謁宰相，呼王播、崔植、杜元穎名，面疏其失，辭頗悖慢，宰相遜言止之，旋奏貶漳州刺史。是日同飲於史館者皆貶逐。景儉未至漳州而元積作相，改授楚州刺史。議者以景儉使酒，凌忽宰臣，詔令才行，遽遷大郡。積懼其物議，追還，授少府少監。」〔註163〕元積因懼物議而將原本的楚州刺史制書追還，改其為少府監。有時為了追還制書，皇帝甚至可以從權考慮，而不拘泥於應有的辦事程序。《東觀奏記》載這樣一則故事：「李燧除嶺南節度使，間一日，已命中使頒旄節，給事中蕭仿封還詔書。上正聽樂，不暇別召中使，謂優人曰：『汝可就李燧宅，卻喚使來。』旄節及燧門而反。」〔註164〕為了保證追還不合理的制書，皇帝因不暇別召中使，甚至派優人去追還前使，其行為還能夠得到肯定與讚揚。可見，制書的合理性是關鍵，程序的實施不能成為確保制書合理性的障礙。由此，無論停詔執奏還是追還制書，其之所以存在，便不難理解了。

最後，制書的書寫及下達雖然有一定的程序，但在中央集權的古代，皇帝的個人意志往往凌駕於具體程序之上，特殊時期，不按照程序而來的貶謫詔書亦時有下達，影響貶謫公正，使得貶謫淪為實現其個人意志的工具。如武后時劉禕之的被貶。《通鑑》記載：

> 五月，……鳳閣侍郎、同鳳閣鸞臺三品劉禕之竊謂鳳閣舍人永年賈大隱曰：「太后既廢昏立明，安用臨朝稱制！不如返正，以安天下之心。」大隱密奏之，太后不悅，謂左右曰：「禕之我所引，乃復叛我！」或誣禕之受歸誠州都督孫萬榮金，又與許敬宗妾有私，太后命肅州刺史王本立推之。本立宣敕示之，禕之曰：「不經鳳閣鸞臺，何名為敕！」太后大怒，以為拒捍制使；庚午，賜死於家。〔註165〕

只因劉禕之的言論威脅到武后政權，武后便設法將其除去，遇到有人誣奏禕之之罪，武后也並不按照法定程序讓御史推按，而是命肅州刺史——一個地方官去推按，且推按之後又馬上宣敕貶謫，這是完全不符合法定程序的，因此才有禕之的「不經鳳閣鸞臺，何名為敕！」此乃禕之希望以法律程序對抗皇帝特權的表現，然其最終被賜死的結果表明，這樣的反抗是無效的。此外，

〔註163〕《舊唐書》卷一七一《李景儉傳》，第4456頁。
〔註164〕裴廷裕撰：《東觀奏記》卷上，中華書局，1994年版，第93頁。
〔註165〕《資治通鑑》卷二〇四，第6559頁。

《舊唐書・李漢傳》還記載了敬宗時期制敕不合程序的案例:「寶曆中,王政日僻,(李)漢與同列薛廷老因入閣廷奏曰:『近日除授,不由中書擬議,多是宣出施行。臣恐自此紀綱大壞,姦邪恣行。願陛下各敕有司,稍存典故。』坐言忤旨,出為興元從事。」〔註166〕因為王政日僻,所以除授也不再由中書擬議,而是直接按照掌權者的意見宣示,為此,李漢與同列薛廷老論奏,希望按典故而來,以此穩定人心與朝政,然最終亦因忤旨被貶。由此不難見出,貶謫制詔雖有一定的書寫、下達程序,但特殊時期亦會被強權掌控,架空原有程序,出現冤貶的情形。

　　總而言之,中書舍人及翰林學士是唐代草擬貶謫詔書的兩種官員,其分別有各自的草詔機構,且從此機構之建制便可見出其與皇帝關係的遠近及機要程度。唐代貶謫制詔有特定的書寫用紙、格式規範及下達程序。中書舍人封還詞頭與給事中封還詔書,是貶謫過程中的重要環節,機密性是翰林學士草詔的重要特色。宿直制度乃草詔者的工作方式,許多貶謫制詔都是中書舍人或翰林學士於宿直之時完成的,中書舍人的宿直還為被貶者進行貶謫前的活動提供了方便。貶謫制詔下達過程中,不僅給事中可封駁詔書,朝臣亦可建議停詔執奏,重頒詔書,若有問題的詔書已經下達,還可追制改擬。當然,中央集權的國家很難避免的一點是,詔書的下達總有越過既定程序與相關機構而強行下達之情況,這種情形雖不公正,但確實存在且極難避免。

第四節　貶謫商討及決策形成

　　貶謫商討即對貶謫如何處理的討論,包括皇帝主動與群臣探討貶謫者的處罰問題,或群臣通過上疏向皇帝表達自己對如何處理貶謫的看法。貶謫商討貫穿於整個貶謫過程當中,是影響決策形成的重要因素。然而,商討卻並不直接決定決策,從商討到決策還有一個非常關鍵的因素,即皇帝,包括皇帝的清明與否,皇帝的喜好如何以及皇帝是否專權等等。貶謫從商討到決策的過程,反映出中國古代文化的獨特性。

　　貶謫商討可能存在於官員貶謫的整個過程中。第一,罪行上奏之前便可能出現貶謫的相關商討。如貞觀年間,太宗與岑文本探討對其弟文昭的貶謫。《通鑑》載:「文本弟文昭為校書郎,喜賓客,上聞之不悅;嘗從容謂文本曰:

〔註166〕《舊唐書》卷一七一《李漢傳》,第 4453 頁。

『卿弟過爾交結，恐為卿累；朕欲出為外官，何如？』」〔註167〕對文昭之貶，在還未有官員上奏其罪行的情況下，太宗便開始與其兄討論，而討論背後反映的是太宗對大臣的尊重，其不僅不專斷，而且充分考慮大臣的意見，最終在文本泣訴一番之後，便「愍其意而止」。第二，罪行上奏之後，推鞫之前，亦可進行相關討論。如武后長安四年，御史大夫李承嘉、中丞桓彥範上奏：「張同休兄弟贓共四千餘緡，張昌宗法應免官。」〔註168〕上奏之後，太后便與諸宰相展開討論，最終在宰相的附會下復昌宗之職。第三，罪行推鞫的整個過程中亦伴隨著貶謫的相關討論，其中包括皇帝與推鞫官員之間的商討，以及推鞫過程中其他官員的上疏。武后長安中，張易之使人誣告崔貞慎與魏元忠，則天令馬懷素按鞫，諷令構成其事，懷素不受命，於是則天召懷素詰問，最終在懷素關於守法重要性的論說之下，貞慎等免除處罰。這可以算是皇帝與推鞫之官商討的例子。至德年間，房琯兵敗，杜甫因與房琯交結而上疏論諫，觸怒皇帝，「帝詔三司雜問，宰相張鎬諫曰：『甫若抵罪，絕言者路』。帝解，不復問。」〔註169〕這乃是推鞫過程中其他官員上疏干預的情形。第四，貶謫詔書下達之後，仍伴隨著貶謫的相關商討：或是給事中封還詔書，相關官員的上疏論諫；或是詔書下達後，追制改貶，總之，仍然有商討的餘地。舉例而言，前者如盧杞自新州員外司馬除澧州刺史，給事中袁高以杞邪佞蠹政，貶未塞責，停詔執奏，最終經過補闕陳京、趙需及袁高的反覆論奏，帝怒才解，以杞為澧州別駕；後者如令狐楚，長慶二年十一月，「（楚）授陝州大都督府長史、兼御史大夫、陝虢觀察使。制下旬日，諫官論奏，言楚所犯非輕，未合居廉察之任。上知之，遽令追制。」〔註170〕除此之外，不經過法律推鞫而是由皇帝特命的貶謫，其伴隨的貶謫商討過程亦相當激烈。如文宗時貶謫宋申錫一案，宦官與朝臣均進行了相當長時間的論奏，皇帝甚至開延英，召宰臣及議事官親自詢問：「上悉召師保以下及臺省府寺大臣面詢之」，「午際，左常侍崔玄亮、給事中李固言、諫議大夫王質、補闕盧鈞、舒元褒、蔣系、裴休、韋溫等復請對於延英，乞以獄事付外覆按」，〔註171〕宰相牛僧孺亦大力諫言。總之，多數貶謫的整個過程中，均伴隨著罪行及處罰的相關商討，其

〔註167〕《資治通鑑》，卷一九七，第6324頁。
〔註168〕《資治通鑑》，卷二〇七，第6689頁。
〔註169〕傅璇琮主編：《唐才子傳校箋》卷二，中華書局，1987年版，第396頁。
〔註170〕《舊唐書》，卷一七二《令狐楚傳》，第4461頁。
〔註171〕《資治通鑑》卷二四四，第7998頁。

形式或是群臣的朝堂諫言或是上疏。貶謫商討乃我國古代政治制度之特點，亦是貶謫制度特色的外在表現。

前文曾論述貶謫是一種依「禮」而對犯罪官員實施的處罰手段，犯罪本應按照相應的法律規定予以制裁，然而官員的特殊身份決定其會享受相當程度的優容。這其中，一種優容手段是寫在法律當中的，比如對犯罪官員實施議、請、減、贖之制，又比如說除名、免官、免所居官這樣的處罰手段的設置，均是為了減輕對犯罪官員的處罰，更好地實現「禮」。《唐律疏議》箋解曰：「除名、免官和免所居官，實際上是一種附加的名譽刑。犯罪而科以名譽刑，乃『有犯以禮責之之意』，與原則上不科以真刑同為貴族和官僚在法律上的特例，從另一個方面體現了『刑不上大夫，禮不下庶人』的精神。」〔註172〕而另一種優容方式則是貶謫，貶謫實施的目的是為了更好地實現「禮」，那麼，不同的情形便不能夠硬性規定出一個統一固定的形式，再加上皇權獨大及皇帝具有最高決策權的特點，因此在面對具體的貶謫案例時，應如何貶謫才能夠更加合情合理便需要群臣參與商討了。通過研究臣子對應如何實施貶謫的具體商討，我們可以總結出貶謫實施的一般原則，這些原則即是「禮」在貶謫中的具體體現，也是貶謫遵循的內在規律。

通過對唐代大量貶謫案例的研究，我們大致可總結出唐代貶謫所依據的以下四大原則。

第一，依法實現原則。貶謫的類型中，除名、免官、流放等處罰方式都是唐律中明確規定的對犯罪官員優容性的法律處罰方式。然因唐律同樣規定了皇帝在處理案件中的特權，那麼，如若皇帝的處罰決定與法律規定發生衝突，到底是依照法律規定進行處罰還是依照皇帝特命呢？這便是貶謫實施過程中大臣們需要商討的問題了。通過研究可以發現，一般而言，遵照法律是大臣們更加傾向於選擇且更為合理的處罰手段，唐初便有許多大臣進諫皇帝依法處罰的例子。如戴冑勸諫太宗之事，太宗敕令詐冒資蔭者死，然據法卻應流，戴冑勸太宗曰：「敕者出於一時之喜怒，法者國家所以布大信於天下也」〔註173〕。「忍小忿而存大信」，這是唐代臣子對依法與依皇帝特命的基本態度，一旦皇帝想要將其打破，臣子便會上疏進諫。同樣地，高宗時亦有左威衛大將軍權善才、右監門中郎將范懷義誤斫昭陵柏一事。誤斫昭陵柏，其罪本當

〔註172〕《唐律疏議箋解》，第 51 頁。
〔註173〕《資治通鑒》卷一九二，第 6144 頁。

除名，皇帝卻以不重治不足以明孝而欲處斬，後在狄仁傑上奏勸說之下才依法除名。此外，貶謫程序亦需依照特有的法律程序進行，許多大臣上疏進行貶謫商討的目的便是希望貶謫能夠依照一定的法律程序進行。如晚唐的宋申錫案，其中大臣進諫的一大目的便是希望皇帝將此案付外廷按法律程序進行推鞫。《舊唐書・穆宗》載：「諫官崔玄亮等閣中極諫，叩頭出血，請出申錫獄付外勘鞫」；〔註174〕「左常侍崔玄亮、給事中李固言、諫議大夫王質、補闕盧鈞之、舒元褒、羅泰、蔣系、裴休、竇宗直、韋溫、拾遺李群、韋端符、丁居晦、袁都等一十四人，皆伏玉階下奏以申錫獄付外，請不於禁中訊鞫。」〔註175〕亦有中唐時期董溪、於皋謨以運糧使盜用軍資，憲宗流其嶺南，尋悔其輕，詔中使半道殺之，權德輿上疏諫曰：「溪等方山東用兵，乾沒庫財，死不償責。陛下以流斥太輕，當責臣等繆誤，審正其罪，明下詔書，與眾同棄，則人人懼法。臣知己事不諍，然異時或有此比，要須有司論報，罰一勸百，孰不甘心。」〔註176〕無論如何，臣子們都希望貶謫能夠光明正大地依照法律的規定處理。這樣的例子，史書中所在多有，在這種情形之下，大臣或通過進諫或通過上疏，其商討堅持的原則便是依法實現原則，即希望貶謫能夠在法律的範圍內實現。

　　第二，尊重人性原則。貶謫的最終目的是要貶官認識到自己所犯的罪行，從而改過遷善，這是「法」的指導思想——「禮」想要實現的最高原則。那麼，什麼樣的方式是能夠幫助官員認識到自身罪過？這便需要處罰者對人性有非常深入的認識，如唐太宗便是一位洞察人性的大師。《舊唐書》卷五八《長孫順德傳》記載長孫順德受人饋絹一事，唐太宗對其處罰乃「於殿庭賜絹數十匹，以愧其心」。大理少卿胡演進不明，問太宗：「順德枉法受財，罪不可恕，奈何又賜之絹？」太宗曰：「人生性靈，得絹甚於刑戮，如不知愧，一禽獸耳，殺之何益！」〔註177〕唐太宗認為，對長孫順德這樣位高爵厚有功德的人來說，得到皇帝賜絹是比對他實施刑戮更能夠讓他生出愧悔之心的，因此針對這樣的特殊情形，太宗反而以賜絹的形式進行懲罰。無獨有偶，高宗時許圉師亦曾採用類似的措施處罰官吏犯贓的行為。《舊唐書》卷五九《許紹傳》

〔註174〕《舊唐書》，卷一七五《穆宗》，第 4537 頁。
〔註175〕《舊唐書》，卷一六七《宋申錫傳》，第 4371 頁。
〔註176〕《新唐書》卷一六五《權德輿傳》，第 5078～5079 頁。
〔註177〕《舊唐書》卷五八《長孫順德傳》，第 2308 頁。

記載：「嘗有官吏犯贓事露，圍師不令推究，但賜清白詩以激之，犯者愧懼，遂改節為廉士，其寬厚如此。」〔註178〕與太宗相同的是，許圍師同樣瞭解人，瞭解人性，他能夠斷定，人人內心深處都是向善的，你以清白之詩賜予他反而更能夠激發他的感激懺悔向善之心，這是比依照法律進行懲罰更能夠幫助其達到改過遷善目的的，因此他大膽越過法律而採用這樣的方式。若不是有他對人性的深刻瞭解，是斷然不敢採用這樣的處罰方式的。當然，總體而言這樣的處罰方式只在唐代前期出現過，是一種非常特殊且少見的處罰方式。

除此之外，唐代對犯罪官員進行處罰時幾乎不使用笞刑和杖刑亦是基於對人性的瞭解，照顧被貶之人的尊嚴而對犯罪官員實施相應的處罰。《舊唐書·張廷珪傳》中有：「時監察御史蔣挺以監決杖刑稍輕，敕朝堂杖之，廷珪奏曰：『御史憲司，清望耳目之官，有犯當殺即殺，當流即流，不可決杖。士可殺，不可辱也。』」〔註179〕張說也曾就張嘉貞請杖裴伷先一事作過慷慨陳詞：「臣聞刑不上大夫，以其近於君也。故曰：『士可殺，不可辱。』臣今秋受詔巡邊，中途聞姜皎以罪於朝堂決杖，配流而死。皎官是三品，亦有微功。若其有犯，應死即殺，應流即流，不宜決杖廷辱，以卒伍待之。」〔註180〕這都體現出唐代對犯罪官員的處罰是尊重人性的，並不僅僅是簡單的依法而來這麼簡單。

第三，照顧人情原則。人與人相處免不了涉及到人情的問題，貶謫是依「禮」對犯罪官員進行的處罰，而人情，亦是其進行處罰時會考慮到的一個重要因素。如皇帝對岑文本弟文昭的貶謫便是如此。太宗欲貶文昭，卻先與其兄文本商量，只因文本是皇帝非常看重的臣子，而文昭又是文本的弟弟，正因為皇帝和文本之間的人情關係，所以在施行貶謫之前，皇帝會首先聽取文本的建議。文本聽到皇帝的想法，泣訴於上曰：「『臣弟少孤，老母特所鍾愛，未嘗信宿離左右。今若出外，母必愁悴，倘無此弟，亦無老母矣。』因歔欷嗚咽。上愍其意而止，惟召文昭嚴戒之，亦卒無過。」〔註181〕顯而易見，在這樣的一次貶謫中，人情關係完全改變了原本貶謫的處罰，可見人情在貶謫中的重要性。與此相似的還有玄宗對張說的貶謫。《通鑒》載：

夏，四月，壬子，隱甫、融及御史中丞李林甫共奏彈說「引術

〔註178〕《舊唐書》卷五九《許紹傳》，第2330頁。
〔註179〕《舊唐書》卷一〇一《張廷珪傳》，第3153頁。
〔註180〕《舊唐書》卷九九《張嘉貞傳》，第3091頁。
〔註181〕《資治通鑒》卷一九七，第6324頁。

士占星，徇私僭侈，受納賄賂。」敕源乾曜及刑部尚書韋抗、大理
少卿明珪與隱甫等同於御史臺鞫之。……源乾曜等鞫張說，事頗有
狀，上使高力士視說，力士還奏：「說蓬首垢面，席槁，食以瓦器，
惶懼待罪。」上意憐之。力士因言說有功於國，上以為然。庚申，
但罷說中書令，餘如故。〔註182〕

對張說引術士占星、徇私僭侈，受納賄賂等罪行，經過推鞫，事頗有狀，原
本應該依法進行處罰。然而，當玄宗命高力士查看張說在獄中的情形發現其
「蓬首垢面，席槁，食以瓦器，惶懼待罪」時，「上意憐之」，最終僅僅將張
說罷中書令，餘如故。顯然，按其罪行，原本的處罰絕對要更重一些，但張
說在獄中的樣子引得皇帝動了惻隱之心，基於人情的考慮大大減輕了處罰。
類似的還有唐王朝對很多對功臣減輕處罰的例子，均屬於這一情形，考慮到
這些功臣曾經為國家做出的貢獻，基於這種曾經共同打江山的革命情誼，貶
謫常常也會發生相應的變化。

　　此外還有因考慮到孝心、親情而減輕處罰的例子，如劉禹錫。《新唐書》
卷一六八《劉禹錫傳》載：「宰相欲任（劉禹錫）南省郎，而禹錫作《玄都觀
看花君子》詩，語譏忿，當路者不喜，出為播州刺史。詔下，御史中丞裴度
為言：『播極遠，猿狖所宅，禹錫母八十餘，不能往，當與其子死訣，恐傷陛
下孝治，請稍內遷。』帝曰：『為人子者宜慎事，不貽親憂。若禹錫望它人，
尤不可赦。』度不敢對，帝改容曰：『朕所言責人子事，終不欲傷其親。』乃
易連州，又徙夔州刺史。」〔註183〕很顯然，劉禹錫能夠由播州刺史改任夔州
刺史，便是因為皇帝考慮到他的老母不能隨行，怕其傷心，亦恐傷孝道，因
此改變了處罰決定。由此可見，貶謫並不是簡單地按照法律進行處罰，它往
往要考慮更多更為複雜的情形，並針對這些情形進行處理，而這樣的處理顯
然也是更符合人性、更有利於感動被貶者的內心，從而激發其向善之心的。

　　第四，考慮影響原則。既然貶謫的最終目的是使犯罪官員能夠認識到自
己的過錯從而改過遷善，那麼，不僅處罰犯罪的方式需要仔細考慮，處罰犯
罪帶來的影響同樣需要引起官員們重視。有時為了使處罰行為能夠起到更良
好的社會效應，處罰便不一定完全按照常理進行。具體例子如太宗貞觀年間，
戴州刺史賈崇以所部有犯十惡者，御史劾之，希望將其貶謫，太宗言：「昔唐、

〔註182〕《資治通鑒》卷二一三，第6890～6891頁。
〔註183〕《新唐書》卷一六八《劉禹錫傳》，第5129頁。

虞大聖，貴為天子，不能化其子；況崇為刺史，獨能使其民比屋為善乎！若坐是貶黜，則州縣互相掩蔽，縱捨罪人。自今諸州有犯十惡者，勿劾刺史，但令明加糾察，如法施罪，庶以肅清奸惡耳。」〔註184〕按照常理，賈崇是應該受到處罰的，然而，如若這樣貶謫，一旦自己管轄範圍之內有犯十惡者，地方長官便要受到處罰，那麼，以後凡是地方出現犯十惡罪的，地方長官便必然會極盡所能去掩蔽犯罪，放縱罪人，這樣從長久來看，顯然對整個國家的治理是更加不利的。也就是說，在這件事情上依法實施處罰反而會帶來更加不好的社會效應，因此實際生活中就不能這樣簡單地進行貶謫。除此之外，《資治通鑒》中記載的開元三年尚書左丞韋玢出為小州刺史的例子亦是如此。其具體事件是這樣的：

> 尚書左丞韋玢奏：「郎官多不舉職，請沙汰，改授他官。」玢尋出為刺史，宰相奏擬冀州，敕改小州。姚崇奏言：「臺郎寬惡及不稱職，玢請沙汰，乃是奉公。臺郎甫爾改官，玢即貶黜於外，議者皆謂郎官謗傷。臣恐後來左右丞指以為戒，則省事何從而舉矣！伏望聖慈祥察，使當官者無所疑懼。」乃除冀州刺史。〔註185〕

韋玢奏請沙汰郎官，但不久自己被貶，且是被貶小州刺史。姚崇很敏感地注意到，這樣的貶謫很容易引起外界的誤解，以為韋玢被貶是因為奏請沙汰郎官而被郎官譭謗，如此一來，後來的臣子便會以此事為戒，不再敢向朝廷提出建議了，基於這樣的考慮，最後還是將韋玢貶為冀州刺史。顯然，這種貶謫的處理便是考慮到貶謫可能帶來的影響而作出的。整個唐代，這樣的例子不勝枚舉，它所要向我們展示的便是貶謫這種處罰行為的靈活性。貶謫不像法律那麼說一不二，而是有更大的自由活動空間，這一方面是為了更好地實現「禮」，但與此同時也會引發另外一個問題，即容易給更多存有私心、進行權力爭奪之人提供機會，大量的負向貶謫也由此形成。

〔註184〕《資治通鑒》卷一九五，第 6276 頁。
〔註185〕《資治通鑒》卷二一一，第 6833 頁。

第三章　唐代貶官赴貶所及遷轉制度

　　貶途及貶所是貶官最具意味的生存空間，貶官在貶途與到達貶所之後往往會創作大量的貶謫詩，詩歌中的沉痛、怨憤、追尋、思索無一不深深打動著人們的內心。而貶謫詩文之所以呈現出如此特色，又與貶官被貶之後的種種境遇密切相關。貶官一旦接到貶詔，貶謫便開始生效，其在裝束時限、送行與否、交通行驛、家屬隨行、赴謫所路線及貶地活動、死後安葬等方面便都要遵循相應的規定。官員被貶，不僅在政治上要受到人身自由的限制，經濟上更是與之前有了很大的不同。貶官被貶之後還要經歷一個遷轉的過程，流官的遷轉主要通過量移，貶官的遷轉途徑則更為多樣化。玄宗朝之後，貶官常常以各種方式被朝廷牽制於貶地，量移很難如法實行，這便更加加深了貶謫官員被棄的痛苦。總而言之，官員從接到貶詔離開京城起，便是以罪人的身份開始生活，其行動的各方各面都要受到制度的相關約束，而這種政治上、經濟上的重重限制又從根本上影響著貶謫文人的心態，激發其於困厄中的生命之思，窮苦之言，千載之下仍然感動著一代又一代人。

第一節　貶官的裝束與路途

　　罪行認定、貶詔下達之後，貶官便開始踏上茫茫萬里貶途，而其踏上貶途的整個過程中又有許多相關的制度規定，包括行裝置辦、送行與否、裝束時間、交通工具、行驛速度、家人隨行、死後安葬等等許多個方面。本節主要就貶官踏上貶途所涉及到的這些具體制度進行分析，以期更為全面地瞭解唐代的貶謫制度。

一、裝束時限

　　《唐會要》載，普通刺史官員赴任，一般會有十日的裝束時間，「五年五月，御史臺奏：『應諸州刺史謝官後，限發赴任日。準敕例，刺史謝官後，不計近遠，皆限十日內發。』」〔註1〕然而，官員往往因「道途稍遙，私室貧乏，限內不能辦集事宜，須假故淹留，虛懸促期，多不遵守」〔註2〕，因此，朝廷又規定「請量其遠近，次第限日，應去京一千里內者，限十日；二千里內者，限十五日；三千里內，限二十日；三千里以外者，限二十五日。」〔註3〕即根據地方的遠近規定裝束時限。然而詔令最後卻強調「其貶授刺史，即請準舊例發遣，不依此限」，〔註4〕那麼，貶官赴任的舊例如何？他們被貶之後的裝束時限又是怎樣規定的呢？

　　貶詔下達之後，貶官踏上貶途的時限在唐前後期的規定並不完全相同。則天長壽三年五月三日，武則天敕令：「貶降官並令於朝堂謝，仍容三五日裝束。」〔註5〕到玄宗時，貶官便已經沒有裝束時間，被貶之後常常即日奔馳上道。張九齡在其《荊州刺史謝上表》中有：「聞命惶怖，魂膽飛越，即日戒路，星夜奔馳。」〔註6〕建中初楊炎貶道州司戶，「自朝受責馳驛出城，不得歸第……夕次藍田。」〔註7〕想請假一日以侯病期，驛吏便以「敕命嚴迅」而不許。韓愈《赴江陵途中》記述其被貶陽山的情景是「中使臨門遣，頃刻不得留……悲啼乞就別，百請不頷頭。」〔註8〕《全唐詩》卷六〇八皮日休《三羞詩三首並序》也描述了咸通七年（866）詩人下第東歸所見之情景：「出都門，見朝列中論犯當權者，得罪南竄，卯詔辰發，持法吏不容一刻留私室，視其色，若將厭祿位、悔名望者。」〔註9〕其詩謂：「憲司遵故典，分道播南越。蒼惶出班行，家室不容別。玄鬢行為霜，清淚立成血。乘遽劇飛鳥，就傳過風發。」〔註10〕很顯然，玄宗以後，隨著貶謫實施的不斷嚴厲，被貶官員並無從容的

〔註 1〕《唐會要校證》卷六八《刺史上》，第 1029 頁。
〔註 2〕《唐會要校證》卷六八《刺史上》，第 1029 頁。
〔註 3〕《唐會要校證》卷六八《刺史上》第 1029 頁。
〔註 4〕《唐會要校證》卷六八《刺史上》，第 1029 頁。
〔註 5〕《唐會要校證》卷四一《左降官及流人》，第 630 頁。
〔註 6〕《全唐文》卷二八八，第 2922 頁。
〔註 7〕《續定命錄》，李昉等編：《太平廣記》一五三《定數八》，第 1098 頁。
〔註 8〕韓愈：《韓愈全集》卷八，上海古籍出版社，1997 年版，第 336 頁。
〔註 9〕《全唐詩》卷六〇八皮日休《三羞詩三首並序》，第 7014 頁。
〔註 10〕《全唐詩》卷六〇八皮日休《三羞詩三首並序》，第 7015 頁。

裝束時間，而是即日踏上貶途，甚至來不及見妻子一面。《朝野僉載》載：「（崔）日知貶歙縣丞，被縣家催，求與妻子別不得」。〔註11〕有的時候，為了能與妻子互通訊息，讓妻子瞭解自己被貶的情形，貶官甚至會採用一些特殊的方式，《續定命錄》中便記載了這樣的一個故事：

> 戶部侍郎楊炎貶道州司戶參軍，自朝受責，馳驛出城，不得歸第。炎妻先病，至是炎慮耗達，妻聞驚，必至不起。其日，炎夕次藍田，（崔）清方主郵務。炎才下馬，屈崔少府相見，便曰：「某出城時，妻病綿綴，聞某得罪，事情可知。欲奉煩為申辭疾，請假一日，發一急腳附書，寬兩處相憂，以俟其來耗，便當首路，可乎？」清許之，郵知事呂華進而言曰：「此故不可，敕命嚴迅。」清謂呂華：「楊侍郎迫切，不然，申府以闕馬，可乎？」華久而對曰：「此即可矣。」清於是以此聞於京府，又自出俸錢二十千，買細氈，令造氈舁，顧夫直詣炎宅，取炎夫人。夫人扶病登舁，仍戒其丁勤夜行，旦日達藍田。時炎行李簡約，妻亦病稍愈，便與炎偕往。〔註12〕

被貶後馳驛出城的楊炎為了將自己的情況發書告知生病的妻子，接妻子同行，便與驛吏商量是否可以申請病假一日。唐代，藍田關的驛吏因為見多了這樣失魂落魄的貶降官，對其態度往往十分惡劣，張籍描寫楊憑被貶臨賀尉時便描寫過「郵夫防吏急喧驅，往往驚墮馬蹄下」〔註13〕的場景。然而，楊炎此次遇到的驛吏應該說是非常少見的友善，此文後面有楊炎重掌權柄之後許諾驛吏官職的一段記載。在相互溝通之後，驛吏最終同意以「府闕馬」的緣由請停一天，前去接炎夫人同行。可見貶官被貶之後的蒼黃與促迫，甚至沒有回家見親人一面的時間。在如此倉促的情形之下踏上萬里貶途，且可能終生不歸，生死未卜，則官員在面臨貶謫時的痛苦與驚懼便可想而知了。除此之外，貶官被貶後即日奔馳上道，這一點我們從唐代大量貶詔中「馳驛發遣」的說明也可略窺一端。玄宗時期的《貶王毛仲詔》中便有「差使馳驛領送至任，勿許東西」〔註14〕，肅宗時期的《貶李揆袁州長史詔》中也有「仍即馳

〔註11〕張鷟撰，郝潤華輯校：《朝野僉載輯校》，山東人民出版社，2018年版，第159頁。

〔註12〕《續定命錄》，李昉等編：《太平廣記》一五三《定數八》，第1098頁。

〔註13〕《全唐詩》卷三八二《傷歌行》，第4283頁。

〔註14〕《全唐文》卷三十，第338頁。

驛赴任」〔註15〕，憲宗貶王伾、王叔文的詔書中也有「並馳驛發遣」〔註16〕的要求，一直到昭宗時的《貶孫偓南州司馬制》中均有「仍令所在馳驛發遣」的字樣。可見，玄宗之後一直到唐末，貶官被貶之後都是沒有裝束時間的，都必須立即踏上貶途。依照相關規定，只有一種情形可以例外，即受到杖刑的官員，在受杖刑之後可以有一個月休息、養傷的時間，之後赴任。開元十年，玄宗規定：「自今以後，準格及敕，應合決杖人，若有便流移左貶之色，決訖，許一月內將息，然後發遣。其緣惡逆指斥乘輿者，臨時發遣。」〔註17〕可見，因犯惡逆及指斥乘輿之罪的貶官，不在可以休息的範圍內，而依舊是要當即發遣的。

實際生活中，也有一些特殊類型的官員被貶之後是允許養病再赴任貶所的。如僖宗時《貶鄭畋太子少傅分司東都制》中便有：「仍且於興元管內逐便將養，俟疾損日赴任，主者施行。」〔註18〕而之所以允許鄭畋養病再赴貶所，與其被貶的特殊情形有很大的關係，《新唐書‧鄭畋傳》有「乾符六年（879年），黃巢勢浸盛，據安南，騰書求天平節度使，帝令群臣議，咸請假節以紓難」，時「盧攜方倚高駢，使立功」〔註19〕，主張攻打黃巢。鄭畋則與其他眾多朝臣意見相同，認為「巢之亂本於饑，其眾以利合……如以恩釋罪，使及歲豐，其下思歸，眾一離，即巢機上肉耳」〔註20〕，主張假節，二人意見不合發生爭執，僖宗怒，鄭畋被貶。不難看出，鄭畋被貶只是因為政見不合，並無嚴重的罪行，其被貶也只是一種皇帝為平衡各方力量而決定攻打黃巢的暫時安排，並不是有意為之的政治打擊，故而不要求馳驛赴任，而是可以養病之後再上道。除此之外，還有一些官員會因為皇帝喜歡或是與皇帝關係密切而在貶謫之後留京數月。如《舊唐書》卷一三○《李泌傳》載：「李泌字長源，……又為宰相常袞所忌，出為楚州刺史。及謝恩，具陳戀闕，上素重之，留京數月。」〔註21〕裴寂也因其功勳而在放還鄉之後，「留一十九日」〔註22〕不發，長安縣令王文楷因不准敕發遣而決杖三十，尚書右丞魏

〔註15〕《全唐文》四三，第477~478頁。
〔註16〕《全唐文》卷五六，第605頁。
〔註17〕《唐會要校證》卷四一《左降官及流人》，第630頁。
〔註18〕《全唐文》卷八六，第902頁。
〔註19〕《新唐書》卷一八五《鄭畋傳》，第5402頁。
〔註20〕《新唐書》卷一八五《鄭畋傳》，第5402頁。
〔註21〕《舊唐書》卷一三○《李泌傳》，第3620頁。
〔註22〕《唐會要校證》卷五八《左右丞》，第848頁。

徵諫曰：「……今流人尚得裝束假，況寂放還鄉宅。古人有言，進人以禮，退人以禮，文楷識陛下恩寬，見寂大臣，不即麼迫。論其此情，未合得罪。」〔註23〕可見，特殊情形下，官員被貶有的是會在京城淹留較長時間的，並不會立即赴任。

　　而無論是有三五日的裝束時間還是即刻馳驛赴任，被貶都意味著將要去外地生活，這便需要置辦行裝，若時間比較寬裕當然可以從容置辦，但若是馳驛發遣，行裝置辦則幾乎沒有時間，這時，便往往需要依賴親友的幫忙。白居易在《與楊虞卿書》中記載了楊虞卿為被流貶的崔行儉置辦行裝之事：「又足下與崔行儉遊，行儉非罪下獄，足下意其不幸，及於流竄，敕下之日，躬俟於御史府門，而行李之具，養活之物，崔生顧其旁，一無闕者。」〔註24〕由此可見貶官處境的艱辛，貶謫的倉促使得貶官往往悽惶上路，此時朋友的幫助也便顯得格外地情意深厚。

二、親友送行

　　由上文可知，自唐玄宗之後，貶官赴任越來越倉促，裝束時間越來越短，可見朝廷對貶官的處罰越來越嚴厲。那麼，如此嚴厲的處罰下，貶官是否允許送行呢？

　　關於貶官送行，歷史上並無明確的相關規定，但從一些歷史案例，我們大概可以總結出朝廷的態度。整體來看，貶官因為是負罪官員，為其送行是要承相較大風險的，唐史中便記載了許多因為貶官送行而遭致貶謫的案例。《冊府元龜·學校部·師道》中就曾記載陽城因送別被貶的薛約而出為道州刺史一事：「有薛約者，嘗學於城，狂躁以言事得罪，竄連州，客無根蒂，吏蹤跡求，得之城家。城坐吏於門，與約飲食，訣別涕泣，送上郊外。德宗聞之，以城為黨罪人，出為道州刺史。」〔註25〕《舊唐書·高元裕傳》載：「（大和）九年，宗閔得罪南遷，元裕出城餞送，為李訓所怒，出為閬州刺史。」〔註26〕《舊唐書·畢誠傳》亦載：「武宗朝，宰相李德裕專政，出悰為東蜀節度。悰之故吏，莫敢餞送問訊，唯誠無所顧慮，問遺不絕。德裕怒，出誠為磁州

〔註23〕《唐會要校證》卷五八《左右丞》，第848頁。

〔註24〕《與楊虞卿書》，白居易撰，顧學頡校點：《白居易集》，中華書局，1979年版，第948頁。下文凡引據此書者，皆只列書名及頁碼，不再詳細出注。

〔註25〕《冊府元龜》（第八冊）卷六〇〇《學校部·師道》，第7212頁。

〔註26〕《舊唐書》卷一七一《高元裕傳》，第4452頁。

刺史。」〔註 27〕可見，作為犯罪之色的貶謫官員，其被貶之後，朝廷一般是不允許官員為其送行的，一旦送行，便會被懷疑有朋黨之嫌或不滿處罰而被處罰。特殊情形之下，若有人進諫請求，或上疏為皇帝說理，才有可能會免除被處罰的命運，《唐會要》中記載太子僕射崔貞慎等人送別被張易之等誣陷貶謫的魏元忠，便是一個這樣的例子。

> 長安三年九月八日，魏元忠為張易之所構，配流嶺表。太子僕射崔貞慎、東宮率府獨孤禕等送至郊外。易之大怒，復使人誣告。則天令監察御史馬懷素推問，續使中使促迫，諷令構成其事。懷素執正不受命。則天怒，懷素奏曰：「元忠犯罪配流，貞慎等以親故相送，誠為可責。若以為謀反，臣豈誣罔神明。昔彭越以反伏誅，欒布猶奏事，哭於其屍下。漢朝不坐。況元忠罪非彭越，陛下豈加追送之罪。」則天意解，由是獲免。〔註28〕

崔貞慎等人因為送別貶官魏元忠引得張易之大怒，諷令中使誣構，後在馬懷素的諫言之下易之才改變主意，貞慎等人豁免。然而，像馬懷素這樣正直而敢於直言進諫的人並不多，大部分時候，官員被貶都是「親戚相逢不容語」「中門之外無送者」〔註29〕。白居易《寄隱者》中也曾形象地描寫過這樣的場面，「道逢馳驛者，色有非常懼，親族走相送，欲別不敢住」〔註30〕，形象地描繪出永貞元年韋執誼被貶崖州司馬時緊張、肅殺、淒慘的場景，親族送別，連一刻的停留都不敢，只能馳驛前往貶所。一旦從政治的巔峰跌落下來，那等待貶官的，便是無限悲慘的命運。

當然，有時候，也有一些個別的官員仗義相送之後，還能因此忠直、義氣得到別人的嘉獎。《資治通鑑》中記載了楊憑被貶臨賀尉，徐晦送之一事。「憑之親友無敢送者，櫟陽尉徐晦獨至藍田與別。太常卿權德輿素與晦善，謂之曰：『君送楊臨賀，誠為厚矣，無乃為累乎！』對曰：『晦自布衣蒙楊公知獎，今日遠謫，豈得不與之別！借如明公它日為讒人所逐，晦敢自同路人乎！』德輿嗟歎，稱之於朝。後數日，李夷簡奏為監察御史。晦謝曰：『晦平生未嘗得望公顏色，公何從而取之！』夷簡曰：『君不負楊臨賀，肯負國

〔註27〕《舊唐書》卷一七七《畢諴傳》，第 4609 頁。
〔註28〕《唐會要校證》卷六二《御史臺下·推事》，第 921 頁。
〔註29〕《傷歌行》，《全唐詩》卷三八二，第 4283 頁。
〔註30〕《寄隱者》，《白居易集》，第 25 頁。

－124－

乎！』」〔註31〕徐晦不負恩情的相送不僅沒有受到處罰，反而為他的仕宦生涯帶來了機會。可見，給貶官送行原本是一種合情合理的行為，然而因為是負罪官員，原則上的合情合理卻也被政治的高壓籠罩，權力的重壓使得人們不敢隨心意而為，像徐晦這樣因送別貶官而獲得陞官的例子少之又少，大部分的時候，官員被貶都是無人敢去相送而孤獨踏上貶途的。

　　除了這種實際的送別，文人亦往往通過作詩的方式送別自己被貶的友人，相對於實際的送別，這樣的方式顯然更自由靈活、不受限制。最有名的如李白的《聞王昌齡左遷龍標，遙有此寄》，還有上文提到的張籍送別楊憑的《傷歌行》，賈至送別南巨川的《送南給事貶崖州》，戎昱的《送陳煉師貶辰州》，李洞的《賦得賈島謫長沙》，李明遠的《送韋覬謫播州》以及貫休的《送薛侍郎貶峽州司馬》等等，這些詩歌或表達別情的悽愴，或宣洩友人被貶與懷才不遇的感憤，又或抒發對友人由衷的勸勉和寬慰，寫得情真意切，真摯感人。

三、交通行驛

　　經過下詔、裝束甚至送別之後，唐人便要從此開始漫長的行旅。那麼，他們行驛一般會選擇怎樣的交通工具？行驛速度如何？行驛過程中又有些什麼樣的規定呢？本節擬針對這些問題進行探索挖掘。

　　唐人貶途中使用的交通工具，一般以馬和船為主。張籍《傷歌行》中便有「辭成謫尉南海州，受命不得須臾留。身著青衫騎惡馬，中門之外無送者。郵夫防吏急喧驅，往往驚墮馬蹄下。」〔註32〕可見，貶官赴貶所是乘馬的。有時，貶官赴貶所也可能會乘驟，《太平廣記》中記載的楊炎貶道州司戶參軍時，王新就曾送驟給炎，「炎至商於洛源驛，馬乏，驛僕王新送驟一頭」〔註33〕。但一般情形下，貶官赴貶所主要還是乘馬。然而，流官在這一點上的規定卻與貶官不同，《舊唐書·薛元超傳》載：「舊制：『流人禁乘馬』」，〔註34〕李義府配流儶州，薛元超奏請給之，因貶簡州刺史。〔註35〕不過，在實際行驛過程中，有時流人同樣是可以乘馬赴流所的。神龍初，沈佺期流歡州，其

〔註31〕《資治通鑒》卷二三八，第 7784～7785 頁。
〔註32〕《傷歌行》，《全唐詩》卷三八二，第 4283 頁。
〔註33〕《續定命錄》，《太平廣記》卷一五三《定數八》，第 1098 頁。
〔註34〕《舊唐書》卷七三《薛元超傳》，第 2590 頁。
〔註35〕《舊唐書》卷七三《薛元超傳》，第 2590 頁。

有詩「夕宿含沙裏,晨行岡路間。馬危千仞谷,舟險萬重灣」〔註36〕,顯然沈佺期赴歡州的路途中是乘馬的,而且,除了乘馬以外,還乘舟,這便是本節要論述的貶官赴貶所最常用的另一種交通工具——船。唐代貶官大多都是貶往距京城遙遠的南方,而南方的水系又特別發達,流貶官員赴貶所常常要走水路,此時船自然成為了他們的交通工具。白居易詩集中便有許多記錄自己乘舟赴貶所的詩歌,如《舟中雨夜》:「江雲暗悠悠,江風冷修修。夜雨滴船背,風浪打船頭。船中有病客,左降向江州。」〔註37〕《襄陽舟夜》:「下馬襄陽郭,移舟漢陰驛,秋風截江起,寒浪連天白。本是多愁人,復此風波夕。」〔註38〕《江州夜行》:「煙淡月濛濛,舟行夜色中。江鋪滿槽水,帆展半檣風。」〔註39〕此外還有《舟夜贈內》、《浦中夜泊》、《舟中讀元九詩》、《舟行阻風寄李十一舍人》等等許多記錄水驛生活情感的詩歌,可見,船亦是貶官貶途中常見且重要的交通工具。

　　唐代,不同的交通工具有著不同的行驛速度。《唐律疏議‧名例》「流配人在道會赦」條規定:「諸流配人在道會赦,計行程過限者,不得以赦原。」該條《疏議》解釋云:「『行程』,依令:『馬,日行七十里;驢及步人,五十里;車,三十里。其水程,江、河、餘水沿溯,程各不同。』」〔註40〕除此之外,唐代對流貶官員整體的行驛期限又有明確規定,流貶官員一定要在指定的時間之內到達貶所,否則便要受到處罰。《唐律疏議》:「之官限滿不赴」條有:「諸之官限滿不赴者,一日笞十,十日加一等,罪止徒一年。即代到不還,減二等。」〔註41〕疏議曰:「依令,之官各有裝束程限。限滿不赴,一日笞十,十日加一等,罪止徒一年。」〔註42〕而且,不僅是整體期限,唐代詔敕對流貶官員每日行驛速度也有明確的要求,更不允許貶官在路逗留或枉道行走。如天寶五載七月,玄宗便規定:「應流貶之人,皆負遣罪。如聞在路多作逗留,郡縣阿容,許其停滯。自今以後,左降官量情狀稍重者,日馳十驛以上赴任。流人押領,綱典晝時,遞相分付,如更因循,所由官當別

〔註36〕陶敏等校注:《沈佺期宋之問集校注》,中書書局,2001年11月版,第87頁。
〔註37〕《白居易詩集校注》,第819頁。
〔註38〕《白居易詩集校注》,第1216頁。
〔註39〕《白居易詩集校注》,第1216頁。
〔註40〕《唐律疏議箋解》卷三《名例‧流配人在道會赦》,第265頁。
〔註41〕《唐律疏議箋解》,第721頁。
〔註42〕《唐律疏議箋解》,第721頁。

有處分。」〔註43〕《唐六典》記載，唐代驛路「凡三十里一驛」，十驛則為三百里，也就是說，貶官赴貶所要日行三百里以上。唐代，不少區域交通條件還非常落後，許多地方崎嶇難行，且路途上經常遇到阻風阻水的情況，如白居易在從長安赴江州的途中便寫過《臼口阻風十日》、《舟行阻風，寄李十一舍人》等詩，表達路途上遇到的各種難行的阻礙，所謂「虎蹋青泥稠似印，風吹白浪大於山」〔註44〕，以致發出「等閒臼口坐經旬」「且愁江郡何時到，敢望京都幾歲還」〔註45〕的感慨。在如此落後的交通情況下，要日行三百里對貶官來說顯然是非常殘酷的。據《資治通鑒》記載，這條詔策的頒發乃是李林甫用以打擊異己者的一種措施，其頒發的結果就是「是後流貶者多不全矣」。〔註46〕由此我們大概可以肯定，流貶官員日馳十驛以上赴任是一種政治迫害下出現的政策，其對流貶官員而言是極大的摧殘。

不過分析具體的唐代流貶官員行驛速度會發現，實際生活中有許多流貶官員，他們在貶途的行驛速度是不到日馳十驛的標準的。如白居易，其被貶江州途中有《初出藍田路作》詩，詩中云：「朝經韓公阪，夕次藍橋水。潯陽近四千，始行七十里。」〔註47〕白居易從長安走到藍橋驛共走了七十里的路程，而這一天則從韓公阪走到藍橋水，走了一驛，大概三十里的路程，也就是說他的行驛速度是日行三十里。再如前文提到的楊炎被貶道州司戶，《太平廣記》載：「自朝受責，馳驛出城，不得歸第。……其日，炎夕次藍田」〔註48〕。此處的藍田，作者沒有說是指藍田驛、藍田縣還是藍田關，這三個地方離京城的距離是不同的，藍田驛最近、其次是藍田縣、最遠的是藍田關，根據嚴耕望《唐代交通圖考》所述，即使是最遠的藍田關，距離京師也才一百七十里〔註49〕，也就是說，楊炎被貶道州司戶，其行驛速度最快也是日行一百七十里，遠遠沒有達到日行十驛的速度。還有韓愈被貶潮州刺史，韓愈至潮州後所作的《潮州刺史謝上表》中有：「臣以正月十四日蒙恩除潮州刺史，

〔註43〕《唐會要校證》，卷四一《左降官及流人》，第 630 頁。

〔註44〕《白居易詩集校注》，第 1224 頁。

〔註45〕《白居易詩集校注》，第 1221 頁、1224 頁。

〔註46〕《資治通鑒》卷二一五，第 6991 頁。

〔註47〕《白居易詩集校注》，第 814 頁。

〔註48〕《太平廣記》卷三，第 1098 頁。

〔註49〕嚴耕望撰：《唐代交通圖考》（第三卷・秦嶺仇池區），中央研究院歷史語言研究所，1985 年 9 月版，臺北，第 643 頁。下文凡引據此書者，皆只列書名及頁碼，不再詳細出注。

即日奔馳上道，經涉嶺海，水陸萬里，以今月二十五日到州上訖。」〔註50〕其中未言明今月是幾月，根據卞孝萱在《韓愈評傳》中的考證，韓愈到潮州的時間當在「四月二十五日，計行程八千里，走了近一百天」〔註51〕，如若這樣計算的話，日行也就八十里左右，遠遠不及日行十驛的標準的。不過雖不夠日行十驛的標準，但通過某些特殊的案例，我們仍然可以看出，自天寶五載的詔命頒發之後，唐代貶官赴貶所的路線還是加快了很多。如張九齡開元二十五年（737）左遷荊州長史，到州後上奏的《荊州謝上表》即言：「伏奉四月十四日制，授臣荊州大都督府長史。聞命皇怖，魂膽飛越，即日戒路，星夜奔馳，屬小道使多，驛馬先少。以今月八日至州禮上」〔註52〕，四月十四日下制，即日上路，五月八日抵荊州，花去二十四天。據《舊唐書·地理二》，長安至荊州江陵府一千七百三十里，一千七百三十里走了二十四天，日行是七十二里。而到元和五年（810），元稹被貶江陵府士曹參軍，白居易在《和答詩十首·和思歸樂》中描述其行程為：「荊州又非遠，驛路半月程」，也就是說元稹赴貶所的速度大約是日行一百一十五里。張九齡在「即日戒路，星夜奔馳」的情況下才日行七十二里，而元稹被貶卻是日行一百一十五里，可見，玄宗之後，貶降官於貶途的速度與唐前期相比還是加快了不少。

依上文所說，朝廷雖然規定了貶官的行驛速度，但在具體行驛的過程中，又時常有枉道而行或在路逗留的情況出現。天寶五載七月「日馳十驛以上」詔令的出臺便是因為「流貶人多在道逗留」，如「甲申貶新除桂管觀察使裴弘泰為饒州刺史，以除鎮淹程不進，為憲司所糾故也。」〔註53〕《唐會要》中也有：「比緣向外除授刺史，多經半年已上，方至本任，或稱敕牒不到，或作故滯留」〔註54〕。還有留連宴會，也是貶官在行驛過程中比較容易出現的問題。既然貶途中的枉道或逗留都要受到相應的處罰，那麼，朝廷又是如何判斷貶官在貶途中有沒有逗留不進或枉道而行的呢？

要明白這一點便需要提到唐代貶官所用的券牒。券牒，其實也就是一種使用驛館的憑證，它由門下省下發，有公券和私券的區別，官員貶謫乃因公

〔註50〕《韓愈文集匯校箋注》，第 2921 頁。

〔註51〕卞孝萱等撰：《韓愈評傳》，南京大學出版社，1998 年 12 月版，第 196 頁。下文凡引據此書者，皆只列書名及頁碼，不再詳細出注。

〔註52〕《全唐文》卷二八八，第 2922 頁。

〔註53〕《舊唐書》卷十七下《文宗紀下》，第 543 頁。

〔註54〕《唐會要校證》卷六九《刺史下》，第 1033 頁。

赴任，使用公券，元稹便有：「伏準前後制敕，入驛須給正券」〔註55〕的說法。
關於券牒的發放，玄宗時規定：「凡乘驛者，在京於門下給券，在外於留守及
諸軍、州給券，若乘驛經留守及五軍都督府過者，長官壓署，若不應給驛者，
隨即停之。」〔註56〕事實上，不僅僅是貶官，唐代對所有官員的奉使、赴任
等均需要門下省下發這種券牒，券牒上一般會注明行程，即走那些驛，要走
多少天等。《唐律疏議》有：「給驛者給銅龍傳符，無傳符處為紙券。量事緩
急，注驛數於符契上，據此驛數以為行程，稽此程者，一日杖八十，二日加
一等，罪止徒三年。」〔註57〕也就是說，凡發使，皆由驛使根據事情的緩急
規定每日行走的驛數，將官員所經驛站、出發到達時間、具體路線等在牒券
上加以說明，「再著令沿途館吏、驛長、關吏都視券牒督察，視具體情況給驢
馬車船，到達目的後，地方官有權據牒券審查行程，凡枉道、越道而行都違
法，將受到懲處。」〔註58〕這也就是柳宗元《館驛使壁記》中凡「授館」住
驛者「傳吏奉符而閱其數，縣吏執牘而書其物」〔註59〕的意思。唐代，從中
央到地方都有督察驛路的官員，中央如駕部郎中，地方上，每驛皆有專知官，

〔註55〕《論轉牒事》，元稹撰，冀勤校點：《元稹集》，第 496 頁。
〔註56〕《唐六典》，第 163 頁。
〔註57〕《唐律疏議箋解》卷十《職制·驛使稽程》，第 814 頁。
〔註58〕《唐會要校證》卷六一，《館驛使》，第 903～909 頁。從《館驛使》中的幾條
　　　　規定可知這一情形。如「其年九月十七日，門下省奏：『準公式令，諸給驛馬：
　　　　職事三品及爵三品已上若王，四疋；四品已上及國公，三品、五品及爵三品
　　　　已上，二疋；餘官爵各一匹。伏望今後。並約前件馬數給券。其從人，每馬
　　　　一匹。許將一人。』從之。其月敕節文：『兩京宜委御史臺，各定知驛御史一
　　　　人，往來句當。諸道委節度觀察使，各於本道判官中定一人專知。差定訖，
　　　　具名銜聞奏，並牒奏。』」如：「其年四月敕：「」如聞館驛遞馬，死損轉多，
　　　　欲令提舉吏人，悉又推委中使。驛吏稱不見券，則隨所索盡供。既無憑據，
　　　　肯有定數。自今以後，中使乘遞，宜將券示驛吏，據券供馬。如不見券，及
　　　　分外索馬，輒不得勒供。下後從長樂、臨皋等驛，準此勘合，如不遵守，要
　　　　速聞知。仍委所在長官，當時具名銜聞奏。其常參知官出使，及諸道幕府軍
　　　　將等，合乘遞者，並須依格式。如有違越，當加科貶。」再如：「其年九月，
　　　　時詔命授行營諸司方略，朝令夕改，驛使相望。京兆尹柳公綽獻狀訴云：『自
　　　　幽、鎮兵興，使命繁並，館驛貧虛，鞍馬多闕。又敕使行傳，都無限約，驛
　　　　吏不得視券牒，隨口即供。驛馬既盡，遂奪鞍乘，衣冠士庶，驚擾怨嗟。』
　　　　於是降敕：『中使傳券，素有定數，如聞近日多越券牒。宜令諸司府據元和十
　　　　四年四月五日敕，分明曉示。自今已後，如更違越，所在州縣，俱當時具名
　　　　聞奏。』」
〔註59〕《館驛使壁記》，柳宗元撰，尹占華、韓文奇校注：《柳宗元集校注》，中華書
　　　　局，2013 年版，第 1737 頁。

元和五年（810）正月考功奏，「諸道節度使、觀察等使，各選清強判官一人，專知郵驛，如一週年無違犯，與上考。如有違越，書下考者，伏以遵守條章，才為奉職，便與殊考，恐涉太優，今請不違敕文者，書中上考，其違越者，依前書下考，仍請永為例程」〔註60〕也就是說，牒券上提前規定的行程，會在貶官具體入住每一站館驛的時候被驛站的專知官員審查，然後逐一簽字畫押，如果有超出規定驛站的驛名出現，或在兩個驛站之間的行走時間上有較大的時差，便會被盤查出來，貶官也會最終因此而受罰。總之，為了保證官員在規定的期限到達貶所，《唐律疏議》中對館驛行為亦有明確規定，凡「應遣驛而不遣驛，及不應遣驛而遣驛者杖一百。若依式應須遣使詣闕而不遣者，罪亦如之。」〔註61〕唐代的普通官員奉使出行尚且如此，更不用說身為罪人的流貶官員。《舊唐書‧宇文融傳》中便記載了流官宇文融配流巖州，生病欲暫留廣府，又被都督耿仁忠勸走的事情。其時融配流巖州，「地既瘴毒，憂恚發疾，遂詣廣府，將停留未還。都督耿仁忠謂融曰：『明公負朝廷深譴，以至於此，更欲故犯嚴命，淹留他境，仁忠見累，誠所甘心，亦恐朝廷知明公在此，必不相容也。』融遽還，卒於路。」〔註62〕宇文融因為害怕朝廷處罰，連生病都不敢淹留它境，甚至帶病死於貶途。

除此之外，流貶官員赴貶所通常還會由中官押領，這種押領本身便有監督的意思。玄宗時的《貶王毛仲詔》中便有：「差使馳驛領送至任，勿許東西」〔註63〕，《舊唐書‧儀禮五》中孫平子被謫「康州都城尉，仍差使領送至任，不許東西」〔註64〕，差使領送即是朝廷派人領送至貶所，「勿許東西」說明在領送至貶所的過程中要嚴格遵照牒券的要求，不能隨意而行。這一點，從唐《獄官令》第十五條的規定也可以見出端倪：

> 諸流移人，州斷訖，應申請配者，皆令專使送省司。令量配訖，還附專使報州，符至，季別一遣（原注：若符在季末至者，聽與後季人同遣）。具錄所隨家口及被符告若發遣日月，便移配處，遞差防援（原注：其援人皆取壯者充，餘應防援者，皆準此）。專使部領，送達配所。若配西州、伊州者，並送涼州都督府。江北人

〔註60〕《唐會要校證》卷六一《館驛使》，第905頁。
〔註61〕《唐律疏議箋解》卷十《職制律》，第819頁。
〔註62〕《舊唐書》卷一○五《宇文融傳》，第3221～3222頁。
〔註63〕《全唐文》卷三十，第338頁。
〔註64〕《舊唐書》卷二五《禮儀五》，第953頁。

配嶺以南者，送赴桂、廣二都督府。其非劍南諸州人而配南寧以南
及巂州界者，皆送付益州大都督府，取領即還。其涼州都督府等，
各差專使，準式配送所。付領訖，速報元送處，並申省知（其使人，
差部內散官充，仍申省為使勞。若無散官，兼取勳官強幹者充）。
若妻、子在遠，又無路便，豫為追喚，使得同發。其妻、子未至間，
因身合役者，且於隨近公役，仍錄已役日月下配所，即於限內聽折。

〔註65〕

這一段材料介紹的雖然是地方流官的流放方式，但其中提到「具錄所隨家口
及被符告若發遣日月，便移配處，遞差防援。專使部領，送達配所」〔註66〕，
這一點，和我們前面講的免官需要派人押送以及其被貶牒券上要注明發遣日
月等是一致的，也就是天寶五載詔敕中所言「流人押領，綱典畫時，遞相分
付」的意思。由此可見，唐代的流貶官員赴貶所路途中的規定之細緻，制度
之完備。

四、家屬隨行

在貶官前往貶所的過程中，還有一個問題值得我們關注，那就是貶官被
貶之後，其家屬是否需要同行呢？

唐律中關於夫妻之間權力與義務的規定因受「禮」的影響而形成其自身
的性別秩序，即「男尊女卑」「夫尊妻卑」的思想。妻子把丈夫當成自己的
「天」，丈夫被貶或被流，妻子都要隨行。《唐律疏議》卷三《名例》「犯流
應配」條規定：「諸犯流應配者，三流俱役一年，妻妾從之。」〔註67〕這一
點，如前文所舉楊炎被貶道州司戶參軍，拜託郵知事將妻子接至藍田同行即
可見出。不過，在實際執行的過程中，一些特殊情況下，妻子也不會同行，
如《新唐書·高士廉傳》載，高士廉貶為朱鳶主簿，「以母老不可居瘴癘地，
乃留妻鮮于奉養而行。」〔註68〕因母親老邁，因此留妻子照顧，而不用跟自
己同行。然而，這樣通情達理的做法大概也是在唐初才會出現，中唐以後，

〔註65〕雷聞：《唐開元獄官令復原研究》，天一閣博物館、中國社會科學院歷史研究
所，天一閣藏明抄本天聖令校證（附唐令復原研究），中華書局，2006年，第
6頁。
〔註66〕《唐開元獄官令復原研究》，第6頁。
〔註67〕《唐律疏議箋解》卷三《名例律》，第256頁。
〔註68〕《新唐書》卷九五《高士廉傳》，第3839頁。

隨著貶謫制度越來越嚴苛，貶謫再也沒有這麼溫情的一面了。如韓愈被貶潮州刺史，「愈既行，有司以罪人家不可留京師，迫遣之。女挐年十二，病在席，既驚痛與其父訣，又輿致走道，撼頓失食飲節，死於商南層峰驛，即瘞道南山下。」〔註69〕因為官吏催逼妻子兒女要隨貶官同行，致使年僅十二歲的女兒也不得不跟隨韓愈一起踏上貶途，最終在父親被貶的驚痛與貶途行旅艱辛的雙重打擊下死於商南層峰驛，可想而知，對於一個正直卻負罪遭貶的父親來說，這是多麼大的打擊與痛苦。然而，據卜孝萱所言，最終，韓愈的家眷卻似乎並沒有追隨至潮州，「大約家眷行至韶州，就在那裡住下來了」〔註70〕，可見，貶官的家眷雖必須與貶官同行，但有時因為路途太過於遙遠，也可以不完全跟隨至貶所。

相比之下，母親是否需要跟隨至貶所則沒有那麼嚴苛，這更多地是基於「孝」的考慮。「不孝」本身是「十惡」之一，母親一般年紀較高，身體較弱，若因為跟隨去貶地而去世，那便是大不孝了，因此，在對於母親是否跟隨至貶所這個問題上，唐史中的相關記載是比較溫和的，上文所言高士廉「以母老不可居瘴癘地」而留妻子奉養便是這個道理。除此之外，最為大家所熟知的應該是劉禹錫的例子，《新唐書‧劉禹錫傳》載：劉禹錫出為播州刺史「詔下，御史中丞裴度為言：『播極遠，猿狖所宅，禹錫母八十餘，不能往，當與其子死訣，恐傷陛下孝治，請稍內遷。』帝曰：『為人子者宜慎事，不貽親憂。若禹錫望它人，尤不可赦。』度不敢對，帝改容曰：『朕所言責人子事，終不欲傷其親。』乃易連州。」〔註71〕正是在裴度一番關於孝治的言論之後，考慮到劉禹錫老母對劉禹錫的擔憂及其身體狀況，憲宗最終將劉禹錫由播州改為連州。可見，母親不僅可以不跟隨兒子赴任貶所，且基於孝道的考慮，有時甚至會改變貶官的被貶之地。

事實上，這種情形我們從唐代制敕中關於貶官奔喪的相關規定也可以見出。《舊唐書》卷九《玄宗下》有：

> （天寶十三載二月）乙亥，御興慶殿受徽號，禮畢，大赦天下。
> 左降官遭父母憂，放歸。〔註72〕

〔註69〕《韓愈文集匯校箋注》，第 2695 頁。
〔註70〕卜孝萱等著：《韓愈評傳》，第 197 頁。
〔註71〕《新唐書》卷一六八《劉禹錫傳》，第 5129 頁。
〔註72〕《舊唐書》卷九《玄宗下》，第 228 頁。

唐會要卷四十一《左降官及流人》載：

> （天寶）十三載二月九日赦文：「左降官承前遭憂，皆不得離任。孝行之道，所未宏通，情禮之間，深可哀憫。如有此類，並宜放還，仍申省計至服滿日，準法處分。自今以後，編入例程。」〔註73〕

> 乾元元年二月五日敕節文：「其左降官，非反逆緣坐，及犯惡逆名教、枉法強盜贓，如有親年八十以上，及患在床枕，不堪扶持，更無兄弟者，許停官終養。其流移人亦準此。」〔註74〕

> 元和六年閏十二月，盧州奏：「量移官司戶參軍員外置同正員顏頎，母在揚州十二月二十七日身亡，今請奔喪者。」準貞元十八年五月十九日敕，自今以後，流人左降官，稱遭憂奔喪者，宜令所司，先奏聽進止。〔註75〕

天寶年間規定左降官遭憂，應放還奔喪，計服滿日再準法處分。乾元元年又規定，左降官凡被貶原因不是反逆緣坐，及犯惡逆名教、枉法強盜贓，其若有親年八十以上，及患病在床，更無兄弟，則可以停官終養。這便意味著，可以不履行左降或流放的制詔，而去行孝道，可見唐代對孝行的重視。同樣地，元和六年，仍然有制敕規定左降官遭憂奔喪的問題。由此我們可以知道，左降官的父母並非一定要跟隨左降官員至貶所，他們很多都一直呆在家中，去世之後，左降官還要回鄉奔喪。

五、赴貶所路線

前文所言，貶官踏上貶途之時，會由門下省發放一種牒券，牒券上會注明行程，即走哪些驛，要走多少天等。《唐律疏議》云：「給驛者給銅龍傳符，無傳符處為紙券。量事緩急，注驛數於符契上，據此驛數以為行程，稽此程者，一日杖八十，二日加一等，罪止徒三年。」〔註76〕在牒券上標明官員應行驛站，這便同時意味著規定了貶官赴貶所的路線。可見，雖然沒有制度方面的明文規定，但顯然，國家對貶官赴貶所應行路線是有特定要求的，這種要求因牒券的失傳而不能直接知曉，但我們通過對唐代交通路線的分析並結

〔註73〕《唐會要校證》卷四一《左降官及流人》，第630頁。
〔註74〕《唐會要校證》卷四一《左降官及流人》，第630頁。
〔註75〕《唐會要校證》卷四一《左降官及流人》，第631頁。
〔註76〕《唐律疏議箋解》卷十《職制律》，第814頁。

合貶官具體的詩文創作，是能夠大致摸索清楚的。

尚永亮先生在其《唐五代逐臣與貶謫文學研究》中曾作過對唐五代貶官之貶官時間與地域分布的定量分析，其中有言：「我們依據對大量文獻資料的統計，得知唐五代三百四十餘年間，有姓名和貶地可考的貶官共 2828 人次。……而在南方諸道中，數量最多的是嶺南道，高達 436 人次，其下以依次是江南西道，402 人次，江南東道，277 人次，山南東道，242 人次，劍南道 155 人次。」〔註 77〕「有姓名貶地可考的文人貶官 1040 人次，江南西道貶官最多，共 163 人次，嶺南道其次，為 150 人次。」〔註 78〕李德輝在其《唐代交通與文學》中也有「唐代官員流貶最集中的地方是劍南道、黔中道、江南道、嶺南道」〔註 79〕的說法。由此，本節論述唐代貶官赴貶所的路線主要選取劍南黔中道、江南東西道與嶺南道為主要對象。又因為去往嶺南道必然經過江南東西道，因此，本節主要以劍南黔中、嶺南兩道為主要對象，論述官員赴貶所的具體路線。

1. 長安——劍南黔中道（包括山南西道）

蜀中、劍南一直是貶官比較集中的地方，據李德輝的考察，「查《輿地紀勝》『官吏』目，山劍地區刺史，可以確認是自朝中派出的左降官有近二十人，據《唐刺史考》，山劍兩地左降官出身的刺史達七十二人，若加貶山劍滇黔的上諸州上佐，數目當更大。」〔註 80〕「查《唐刺史考》，該地區共二十七州曾有唐官遷謫而來，忠州、通州、開州、巴州、資州、硤州是重點區，黔中是重中之重。」〔註 81〕既然有這麼多的流貶官員都要前往這一地域，那麼，他們在去往這一地區時，走的是一個怎樣的路線呢？

根據嚴耕望的《唐代交通圖考》，我們可以總結出唐人去往劍南道的幾條主要路線。大體而言，從唐都長安入蜀主要有四條交通線路，分別是鳳興道、褒斜道、駱谷道與子午谷道。

鳳興道：從長安出發往西北到鳳翔府—西南至寶雞縣渡渭水—經大散關、黃牛嶺、黃花驛到鳳州—過兩當縣、長舉縣到興州—東南行至百牢關—過金

〔註 77〕尚永亮撰：《唐五代逐臣與貶謫文學研究》，武漢大學出版社，2007 年 9 月版，第 74 頁。下文凡引據此書者，皆只列書名及頁碼，不再詳細出注。

〔註 78〕《唐五代逐臣與貶謫文學研究》，第 76 頁。

〔註 79〕李德輝撰：《唐代交通與文學》，湖南人民出版社，2003 年版，第 133 頁。

〔註 80〕《唐代交通與文學》，第 76 頁。

〔註 81〕《唐代交通與文學》，第 76 頁。

牛縣、三泉縣到利州—西南到劍州—過綿州、漢州—成都府。

　　褒斜道：從長安出發過興平縣、武功縣、扶風縣—郿縣—過褒斜谷道到興元府—向西過襃城縣、百牢關—到利州、劍州、綿州、漢州到成都府。

　　駱谷道：從長安出發經鄠縣—盩屋縣—經駱谷道至洋州—向西過興元、百牢關、金牛縣、三泉縣到利州—西南到劍州—過綿州、漢州—成都府。

　　子午谷道：從長安縣出發—經子午谷道—洋州—向西過興元、百牢關、金牛縣、三泉縣到利州—西南到劍州—過綿州、漢州—成都府。

　　這幾條驛道如圖所示：

圖 3：長安往劍南的四條交通要道圖

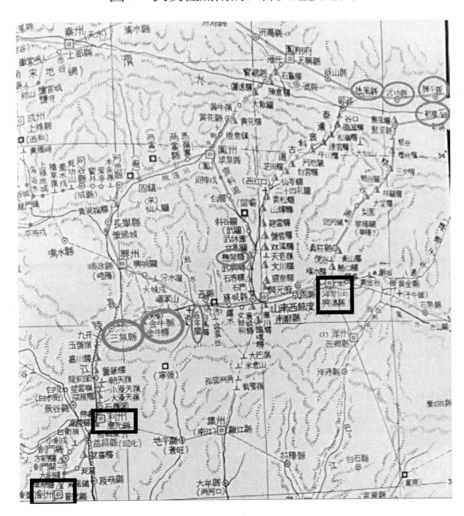

（嚴耕望：《唐代交通圖考》）

　　從劍州再往西南經邛州—雅州—黎州，過清溪關便至巂州—巂州再往西南為姚州。如圖 4 和圖 5 所示。

圖4：劍州到巂州、姚州路線圖

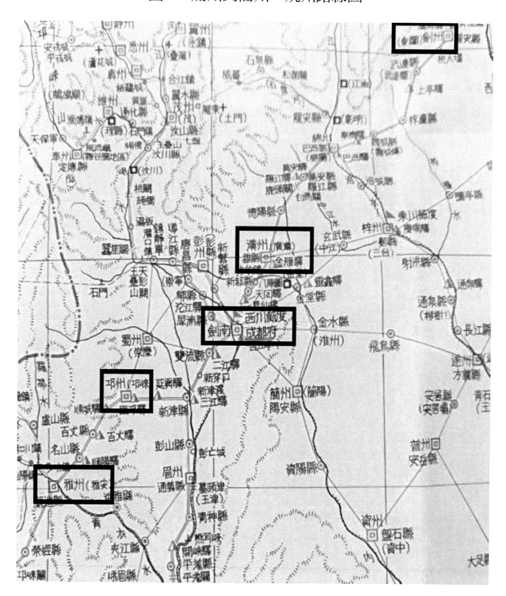

（嚴耕望：《唐代交通圖考》）

圖 5：劍州到嶲州、姚州路線圖

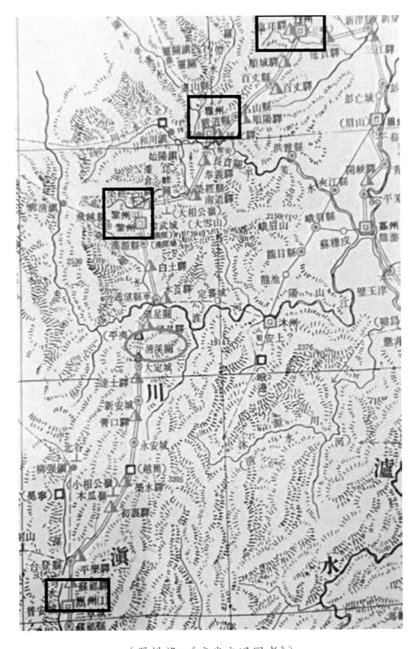

（嚴耕望：《唐代交通圖考》）

　　以上為唐代從長安到劍南成都府再到嶲州、姚州的大概路線，至於貶官
被貶的其他地方，如忠州、通州等地，其部分地理位置如圖所示：

圖6：通州、巴州、閬州等地理位置

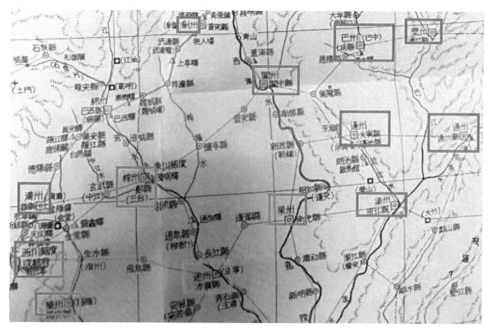

（嚴耕望：《唐代交通圖考》）

　　唐代被貶文人通過蜀道的如元稹，元和十年（815）正月，元稹奉詔回朝，本以為起用有望，沒想到三月二十五日，又突然被謫通州。通過分析元稹的詩歌我們發現，元稹赴通州走的正是關中與漢中最便捷的通道——駱谷道。元稹在其《紫躑躅》與《山枇杷》中都提到一個地名，即青山驛，根據前文圖 1 可知，青山驛正處於駱谷道上，元稹《望雲騅馬歌》中也曾有「八十四盤青山驛」的說法，可見其盤曲險峻。過青山驛之後，元稹又經過了褒城驛，並作《褒城驛》二首，表達對時間流逝、物是人非的淒涼與悲痛之情。之後詩人又「從嘉陵江邊的新政縣東行，經由蓬州，然後順著流江南下至渠州」〔註82〕，在渠州停留數天後，乘舟從渠州轉入渠江，赴任通州。除了元稹，中晚唐左降官赴貶所，通常都會經由駱谷道。劉禹錫《傳信方》：「（王）及早充西川安撫使判官，乘驛入駱谷。」〔註83〕《舊唐書》卷一一四《來瑱傳》載，寶應二年（763）來瑱貶播州尉，翌日賜死於鄠縣，鄠縣正在駱谷道上，這便

〔註82〕吳偉斌撰：《元稹評傳》，河南人民出版社，2008 年版，第 221 頁。

〔註83〕劉禹錫撰，馮漢鏞集釋：《傳信方集釋》，上海科學技術出版社出版，1959 年版，第 26 頁。

說明其赴播州也是經由駱谷道。此外，貶謫文人入蜀除了走駱谷道之外，有的也會走鳳興道，如唐後期的文士薛逢貶蜀，便有《題黃花驛》一詩，黃花驛在鳳州北黃花縣，表明其乃是由鳳興道入蜀的。

2. 長安──嶺南道（包括山南東道、淮南道、江南西道）

唐代前期，文人所貶廣泛分布於河南、山東、關中、蜀中、閩中等地，並不固定，來濟甚至貶至西域的庭州。武周時期，政治黑暗，酷吏橫行，流貶人數劇增，自武周至長壽中，不到十年時間，李唐皇族及諸大臣親族流放在外者「且數萬人」。萬國俊等奉使往六道鞫流人，展開殺人比賽。《通鑒》引潘遠《紀文》中也有「十道流人」的記載〔註84〕。盛唐時，官員亦常常被貶往兩河與山東地區，如王維便曾被貶濟州。但自肅代以後，大量政治犯開始貶往嶺南，嶺南成為新的安置流官官員的重要區域。那麼，官員從長安到嶺南的路線是怎樣的呢？

長安經江南西道到嶺南道的路線整體而言有兩條，第一條是從長安先至洛陽，然後再向南，第二條是直接從長安出發，走藍田──武關道至南方。

第一條從長安出發，首先便要通過兩都驛道到洛陽。根據嚴耕望先生的考證，從長安至洛陽的路線為：從長安通化門出發，向東經過長樂驛──灞橋驛──經華州出潼關，沿著黃河東行，過函谷關、虢州、陝州，由陝州東南行至洛水，沿洛水東下洛陽，具體路線如下：

〔註84〕《資治通鑒》卷二〇五，第6607頁。

圖7：唐代長安至洛陽路線圖

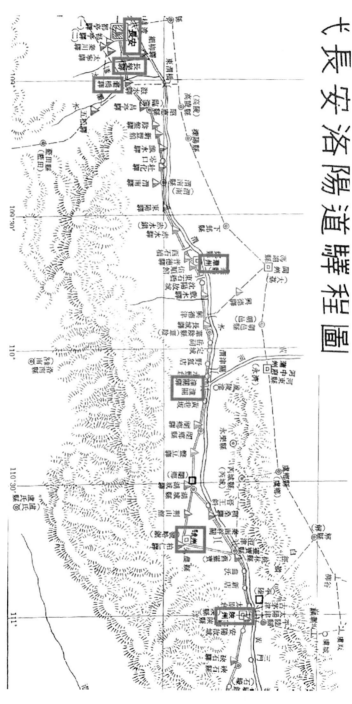

（嚴耕望：《唐代交通圖考》）

圖8：唐代長安至洛陽路線圖

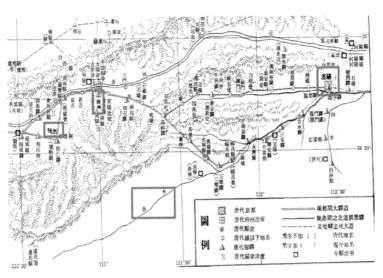

（嚴耕望：《唐代交通圖考》）

到洛陽以後，再往江南的路線又有三條。第一條，從洛陽向南行到汝州，從汝州繼續往南到襄陽、荊州、岳州。第二條，從洛陽南行到汝州，再經豫州（即蔡州）、申州、黃州、蘄州至江州。第三條，從洛陽東行到忭州，再沿大運河到揚州，從揚州又可以沿長江至江州。其中第一、第二條路線如下圖所示。

圖9：洛陽經汝州至岳州、江州路線示意圖

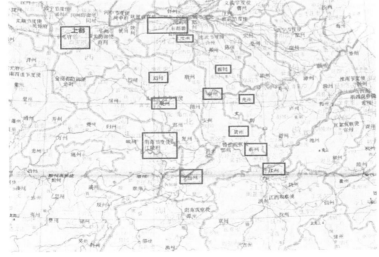

（譚其驤《中國歷史地圖集》）

　　這是從洛陽出發往南與長江交匯的兩條驛道，到岳州與江州以後，往嶺
南方向的路線有兩條：一條是從江州往南至鄱陽湖，過湖後至洪州，在洪州
溯贛江而上，經吉州至虔州，翻越大庾嶺至嶺南到韶州，在韶州沿韶水而下
至廣州。另一路是從岳州經洞庭湖往潭州，再溯湘江而上，經衡州至郴州，
過騎田嶺往韶州，沿韶水至廣州；或經衡州至永州，翻越萌諸嶺，過靈渠至
桂州。具體如下圖所示。

圖 10：從江州、岳州至廣州路線示意圖

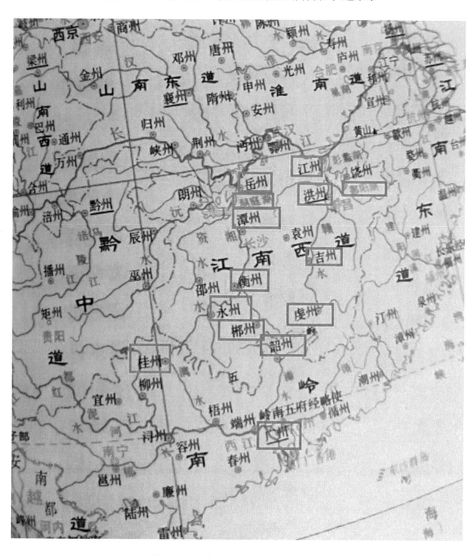

（譚其驤《中國歷史地圖集》）

圖 11：岳州經永州至柳州路線示意圖

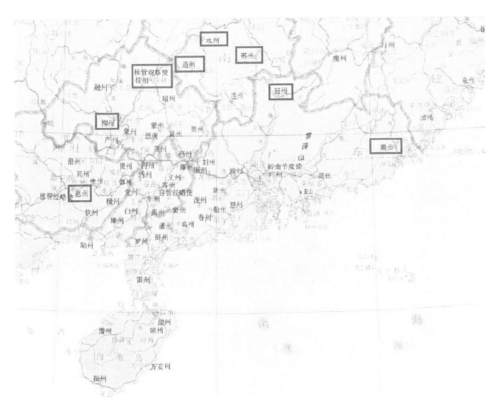

（譚其驤《中國歷史地圖集》）

　　從長安到嶺南的第二條路線為藍田武關道。這一條道從長安出發，向東南經五松驛、藍田驛、韓公堆、商州、曾峰驛、武關、陽城驛至鄧州，從鄧州南下至襄州。從襄州再南行至荊州、岳州，或江州、洪州。據嚴耕望先生所言，「蓋唐代京師長安與江淮之間之交通，除物資運輸及行李笨重之行旅者多取道汴河外，朝廷使臣及一般公私行旅遠適東川、黔中、江淮、嶺南者，皆利此道之捷徑。」〔註85〕可見此道在唐代交通中的重要性。此外，這條驛道還是唐代貶謫文人貶往南方經常走的一條道路，嚴耕望《唐代交通圖考》中便列舉過張九齡、白居易、元稹等貶官都曾數度經過此道，「顏真卿貶峽州，周子諒、薛繡、楊志成、顏師邕、王搏等流貶嶺南」〔註86〕也都取此道，蓋此道「途出崇山峻嶺間，道小崎嶇，且多猛獸」，而貶逐之臣於貶途往往不得求安適，故而

〔註85〕《唐代交通圖考》，（卷三・秦嶺仇池區），第 637 頁。
〔註86〕《唐代交通圖考》，（卷三・秦嶺仇池區），第 664 頁。

常常成為貶謫官員貶往南所走的重要通道。這條驛道的具體路線如下所示：

圖 12：藍田──武關道具體路線示意圖

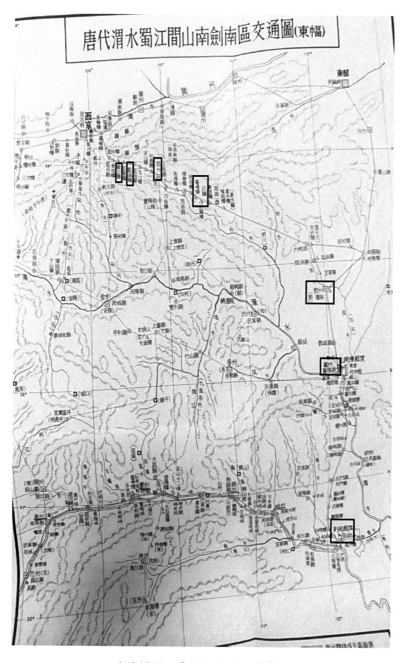

（嚴耕望：《唐代交通圖考》）

藍田──武關道上的具體驛站如下圖所示：

圖 13：藍田──武關道部分驛站地理位置圖示

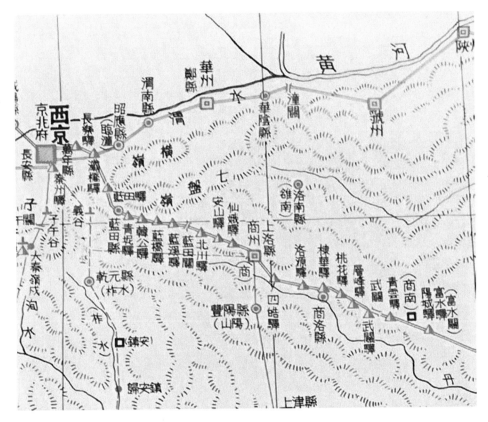

（嚴耕望：《唐代交通圖考》）

在這條驛路上，留下了許許多多貶謫文人的足跡，他們也寫了許許多多的詩歌，表達自己被貶之後內心的恐懼與無限的悲憤。特別是許多關津詩，如韓愈的《左遷至藍關示姪孫湘》、白居易的《初出藍田作》、《韓公堆寄元九》以及元稹的《陽城驛》等，寫得情感深沉動人。這是一條充滿恐懼的道路，這條驛路上的許多驛站都成為朝廷對貶黜出城的官員進行刺殺的地方，其中，以長樂驛、藍田驛、故驛、青泥驛、長城驛等賜死的文人最多，如藍田驛，嚴耕望先生言「此驛唐史中極常見，朝臣重遣往往賜死於此」〔註 87〕，具體如「襄州刺史裴茙長流費州，賜死於藍田驛」、〔註 88〕，《昭宗紀》光化三年

〔註 87〕《唐代交通圖考》（卷三・秦嶺仇池區），第 639 頁。
〔註 88〕《舊唐書》卷十一《代宗》，第 270 頁。

六月，宰相王摶「貶崖州司戶，尋賜死於藍田驛」〔註89〕，還有京兆尹黎幹、中官劉忠冀等等。以下沿途諸驛自商、鄧至郴州都賜死過大臣，最遠的延伸到崖州驛。據嚴耕望考證，單商山以上路段就有周子諒、薛繡、楊志誠、顧師邕等七位，商嶺以南有陳弘志、韋元素、楊承和王踐言〔註90〕。也正因為如此，左降官被貶降之後，常常會膽落色變，韓愈被貶潮州，也才會發出「雲橫秦嶺家何在，雪擁藍關馬不前」的感慨。

總而言之，唐代被貶至江南東西道、嶺南道的貶降官基本都是經過上文總結出的幾條路線前往貶所的，如宋之問、韓愈、白居易等被貶瀧州、越州、潮州、江州等地即是如此，以下結合這些詩人的具體詩作分析其赴貶所的路線。

宋之問，神龍元年（705）正月被貶瀧州參軍。這一年，在他詩集中有一首《途中寒食題黃梅臨江驛寄崔融》，黃梅指黃梅縣，《元和郡縣圖志》卷二七蘄州黃梅縣有：「大江水，在縣南一百里。」〔註91〕臨江驛應在其地。可見，宋之問赴貶地經過了蘄州，走的是從洛陽出發，經汝州，申州、蘄州至江州的這條路線。到江州後，他寫了《寒食江州滿塘驛》，從江州至洪州，又有《自洪府舟行直書其事》一首。過洪州之後有《題大庾嶺北驛》、《度大庾嶺》、《早發大庾嶺》，可見其已溯贛江而上至江西與廣東的交界處，過大庾嶺之後到達韶州，並作《早發始興江口至虛氏村作》一首。始興，縣名，《元和郡縣圖志》卷三四有韶州始興縣：「邪階水，今名階水，出縣南一百三十里。」〔註92〕過韶州以後便至端州，作《至端州驛見杜五審言沈三佺期閻五朝隱王二無競題壁慨然成詠》，其後作《入瀧州江》，到達目的地瀧州。通過對其於貶途所作詩歌的分析，我們可以明顯看出宋之問赴貶所的路線。在這之後，景龍三年（709），宋之問又因傾附安樂公主，遭太平公主忌恨，進言中宗，下遷越州長史。赴越州途中，作《初宿淮口》一詩，淮口「當指忻水（通濟渠）入淮河處，在今江蘇盱眙」，〔註93〕可見，宋之問經過兩京驛道，先從長安至洛陽，又經過汴水沿著運河而下，到廣陵，作詩《傷王七秘書監寄呈揚州陸長史通

〔註89〕《舊唐書》卷二十上《昭宗紀》，第 766 頁。

〔註90〕《唐代交通圖考》（卷三·秦嶺仇池區），第 664 頁。

〔註91〕李吉甫撰：《元和郡縣圖志》卷二七《蘄州黃梅縣》，中華書局，1983 年版，第 655 頁。

〔註92〕《元和郡縣圖志》卷三四《韶州始興縣》，第 902 頁。

〔註93〕陶敏等校注：《沈佺期宋之問集校注》，中書書局，2001 年 11 月版，第 494 頁。

簡府僚廣陵好事》。廣陵之後又有詩《陪潤州薛司功丹徒桂明府遊招隱寺》、《登北固山》、《錢江曉寄十三弟》、《題杭州天竺寺》幾首。潤州治在今江蘇鎮江，北固山即在其地，錢江指錢塘江，由此可知，宋之問是從長安到洛陽經盱眙到鎮江、杭州再到越州的。景雲元年（710）六月，李隆基與太平公主誅殺韋后和安樂公主，擁立睿宗，以宋之問因嘗附二張及武三思詔流欽州。其從越州到欽州的路線亦可在其詩歌中尋到蹤跡。宋之問先從越州沿長江逆流而上到荊州江陵，再從江陵出發南下過洞庭湖，溯湘水過岳州、衡州、韶州至廣州。其《初發荊府贈崔長史》、《在荊州重赴嶺南》、《洞庭湖》、《晚泊湘江》、《自衡陽至韶州謁能禪師》、《遊韶水廣果寺》、《廣州朱長史座觀妓》等詩可以為證。由此，宋之問的貶謫路線便非常清楚了，其赴瀧州、越州與欽州的路線基本沿著我們前文總結的幾條南北交通的水陸要道而行進。

　　與宋之問之相比，白居易、韓愈的被貶之路則主要走的是藍田——武關道。元和十年（815），白居易因越職言事與被人誹謗貶江州司馬。詔書在元和十年的七月下旬下發，按照當時對貶降官的規定，官員被貶之後必須馬上踏上貶途，因此，詩人「左降詔下，明日而東」。〔註94〕那麼，他赴江州走的是一條怎樣的路線呢？

　　通過其在貶途所作的詩歌，我們可以判斷，白居易赴江州走的是藍田——武關道。這一段路程中，白居易有詩《初出藍田作》、《藍橋驛見元九詩》、《韓公堆寄元九》、《仙娥峰下作》等，其中記錄行程有：「朝經韓公坡，夕次藍橋水」、「我為東南行，始登商山道。商山無數峰，最愛仙娥好」。由上文列舉的圖可知，無論是藍田驛、韓公驛、藍橋驛、仙娥驛還是商山，都是藍田——武關道中的具體驛站。越過藍田縣，進入商州界之後，詩人還登上了一個叫望秦嶺的高峰，回首長安，無限留戀，並作詩《初貶官過望秦嶺》，表達對被貶生活的茫然無策之感，可謂「草草辭家憂後事，遲遲去國問前途」。到達商州後，詩人在驛館中等待自己的家眷，等待了三天，待妻子孩子都到了以後又一起往江州進發，並寫了《發商州》詩記錄這一過程。直到詩人一直走到商洛山中的最後一道關隘——武關時，看到元稹的題詩有感而作《武關南見元九題山石榴花見寄》。一直走到八月下旬，詩人到達了襄陽，從其《再到襄陽訪問舊居》一詩可知。過了襄陽之後，詩人改走水路，這一時期，他寫了很多舟行詩如《舟中雨夜》：「江雲暗悠悠，江風冷修修。夜雨滴船背，風

〔註94〕《與楊虞卿書》，《白居易集》，第 946 頁。

浪打船頭。船中有病客,左降向江州。」〔註95〕如《襄陽舟夜》:「下馬襄陽
郭,移舟漢陰驛。秋風截江起,寒浪連天白。」〔註96〕如《江夜舟行》:「煙
淡月濛濛,舟行夜色中。江鋪滿槽水,帆展半檣風。」〔註97〕等等,用以記
錄江行的見聞與感受。到達郢州之後,詩人還作了《登郢州白雪樓》詩,表
達對故鄉的思念,而且,舟行到郢州臼口時,還遭遇到了阻風南行的情況,
耽擱了十天未行,從其《臼口阻風十日》可以知道,其中既描寫了自己所不
熟悉的南方奇異與不舒適的情狀,又寫出了等待中不耐煩的情緒。之後,《夜
聞歌者》一詩中,詩人自注在鄂州作,其詩曰:「夜泊鸚鵡洲,江月秋澄澈。
鄰船有歌者,發詞堪愁絕。」〔註98〕可見,從襄陽出發以後,詩人沿漢水終
於到達了漢水與長江的交匯城市——鄂州。在鄂州,詩人的友人盧侍御、崔
評事設宴於黃鶴樓招待白居易,並作詩《盧侍御與崔評事為予於黃鶴樓致宴
宴罷同望》記錄此事。最終,經過兩個月左右的舟行生活,在這一年的初冬,
詩人終於到達了貶謫的目的地——江州,並作《望江州》、《初到江州》等詩。
在江州,詩人一直呆了三年半的時間,到元和十三年十二月二十日,被量移
為忠州刺史。白居易再次帶領全家從湓口出發,溯江而上,途徑鄂州、岳州、
峽州而到達了山城忠州。這一路有詩《行次夏口先寄李大夫》《江州赴忠州至
江陵已來舟中示舍弟五十韻》《題岳陽樓》《入峽次巴東》《題峽中石上》《夜
入瞿塘峽》等等,記錄詩人的見聞感受,特別是路經峽州時的驚險體驗,其
《夜入瞿塘峽》中有:「瞿唐天下險,夜上信難哉。岸似雙屏合,天如匹帛開。
逆風驚浪起,拔念暗船來。欲識愁多少,高如灩澦堆。」〔註99〕還有《初入
峽有感》中的:「上有萬仞山,下有千丈水。蒼蒼兩岸間,闊狹容一葦。瞿唐
呀直瀉,灩澦屹中峙。未夜黑岩昏,無風白浪起。大石如刀劍,小石如牙齒。
一步不可行,況千三百里。」詩人自注:「自峽州至忠州,灘險相繼,凡一千
三百里。」〔註100〕這樣的奇絕險惡之景,也間接暗示了白居易於貶途中的驚
恐與憂愁。由於白居易詩歌寫作很多且多流傳下來,因此,我們可以通過這
些詩歌很清晰地瞭解其赴貶所的主要路線,也就是前文所列舉的藍田——武

〔註95〕《白居易詩集校注》,第819頁。
〔註96〕《白居易詩集校注》,第1216頁。
〔註97〕《白居易詩集校注》,第1216頁。
〔註98〕《白居易詩集校注》,第820頁。
〔註99〕《白居易詩集校注》,第1431頁。
〔註100〕《白居易詩集校注》,第845頁。

關道。

　　除白居易之外，韓愈被貶陽山及潮州走的也是藍田──武關道。貞元十九年，韓愈因上疏論旱，得罪幸臣，被貶陽山。冒著隆冬的嚴寒，韓愈出長安東門，踏上貶途。兩年後，當韓愈再回長安時，曾寫過一首《南山詩》回憶其被貶陽山時出藍田關的情景：「初從藍田入，顧眄勞頸脰。時天晦大雪，淚目苦蒙瞀。」〔註101〕可見，韓愈當時赴陽山走的是藍田武關道。出藍田武關道之後，韓愈途經過汨羅江，懷屈原，並作《湘中》一首，這說明韓愈出藍田武關道之後沿漢水到達岳州，之後，沿著湘水逆流而上，到達郴州西南的九嶷山，經過連州的貞女峽、同冠峽，到達距京師三千八百餘里的陽山縣。顯然，此次南貶，韓愈是通過藍田武關道赴任貶所的。到憲宗元和十四年正月，韓愈又因上《論佛骨表》而被貶潮州，這一次，他仍然是經藍田武關道赴潮州。韓愈行至藍田關，寫下了《左遷至藍關示侄孫湘》這樣一首流傳千古的名詩，抒發自己內心的鬱憤以及前途未卜的感傷。行至商洛縣武關之西，逢吐蕃囚流配湖南，有感作《武關西逢配流吐蕃》一首。出武關，進入鄧州境內，作《次鄧州界》。二月二日，韓愈抵達襄陽境內的古宜城，也就是古宜驛，驛內有昭王廟，韓愈分別作了《記宜城驛》及《題楚昭王廟》二首。再至岳州、郴州、衡州，到三月中旬，抵達韶州樂昌瀧水，並作《瀧吏》一首。其後經廣州增江口，夜宿，作《夜曾江口示侄孫湘二首》，再從廣州到潮州，計行程八千里。在潮州，韓愈勤於王事，忠於職守，深入瞭解民生疾苦，去害除弊，關注農桑，安定百姓生活。到元和十四年，憲宗頒發赦書，韓愈於「其年十月二十四日準例量移」〔註102〕袁州。元和十四年（819），韓愈離開潮州，取道韶州，前往袁州，有詩《將至韶州先寄張端公使君借圖經》、《題秀禪師房》、《韶州留別張端公使君》詩為證。元和十五年九月，韓愈以袁州刺史為朝散大夫，受國子祭酒，賜金紫。韓愈十月辭別袁州，踏上返回長安的路途，其從袁州溯贛水到江州，途經豫章，宿石頭驛，獻詩於江西觀察使王仲舒，作《次石頭驛寄江西王十中丞閣老》，又經廬山下西林寺，訪蕭存舊居，作《遊西林寺題蕭二兄郎中舊堂》，以詩寄鄂岳觀察使李程，作《除官赴闕至江州寄鄂岳李大夫》。之後經隨州，作《寄隨州周員外》，經襄陽，劍南東川節度使李逢吉設宴款待，韓愈賦詩以謝，作《酒中留上襄陽李相公》，襄

〔註101〕韓愈撰，孫昌武選注：《韓愈選集》，上海古籍出版社，2013年版，第76頁。
〔註102〕《韓愈文集匯校箋注》，第2941頁。

陽之後便再一次進入藍田武關道。再次經過藍田武關道中商州層峰驛,韓愈感慨萬千。去年貶潮,幼女於貶途中驚病交加,便是於層峰驛去世並葬於此的。今返途再遇,不能不哭之,作《去歲自刑部侍郎以罪貶潮州刺史,乘驛赴任,其後家亦譴逐,小女道死,殯之層峰驛旁山下,蒙恩還朝,過其墓,留題驛梁》一首。此後,沿著藍田武關道,韓愈返回了長安。可見,白居易、韓愈被貶,其赴貶所的路線乃藍田——武關道,這條道路比起到忻州之後沿運河而下顯然更為難行,但比起從洛陽南下而言,這條路又較近,貶官赴貶所一方面要快,時限要求更高,另一方面要難行,以懲罰這些犯罪官員,讓其經受鞍馬勞頓之苦,而藍田——武關道,顯然正好符合了這兩個要素,因此成為唐代貶官比較常見的赴貶所路線。

六、貶地規定與貶官安葬

在經過漫長的行驛,貶官到達貶地之後,便要開始新的生活。

唐代朝廷對居於貶地的貶官的要求最重要的是不允許其擅離州縣或留連宴會。如元和十二年四月敕:「應左降官流人,不得補制及留連宴會。如擅離州縣,具名聞奏。」〔註103〕這就意味著,貶謫除了官員職位降低與遷往外地之外,還必須強制限制被貶之人的人身自由,這種限制讓貶官即使身居官位,但仍然有強烈的拘囚之感。柳宗元「欲采蘋花不自由」即是這種拘囚之感的反映。還有其在《與李翰林建書》中表達的自己對永州山水的感受:「譬如囚居圜土,一遇和景,負牆搔摩,伸展支體。當此之時,亦以為適,然顧地窺天,不過尋丈,終不得出,豈復能久為舒暢哉?」〔註104〕《答問》中的反覆申訴:「吾纍囚也,逃山林入江海無路,其何以容吾軀乎?」〔註105〕《囚山賦》中對周邊環境的描寫:「楚越之郊環萬山兮,勢騰踊夫波濤。紛對回合仰伏以離迾兮,若重墉之相褒。爭生角逐上軼旁出兮,下坼裂而為壕。欣下頹以就順兮,曾不畝平而又高……聖日以理兮,賢日以進,誰使吾山之囚吾兮滔滔?」〔註106〕無一不是柳宗元內心的不自由感的外化,難怪宋人晁補之評曰「自昔達人,有以朝市為樊籠者矣,未聞以山林為樊籠者」〔註107〕。

〔註103〕《唐會要校證》卷四一《左降官及流人》,第631頁。
〔註104〕柳宗元:《柳宗元集》,中華書局,1979年版,第801頁。
〔註105〕《柳宗元集》,第433頁。
〔註106〕《柳宗元集》,第63頁。
〔註107〕《柳宗元集》,第63頁。

　　除此之外，一般情況下，貶官是可以正常生活的。比如陸贄和白居易，如果說陸贄的生活還比較謹慎保守的話，白居易在江州的生活則看起來更為灑脫。《舊唐書‧陸贄傳》記載陸贄在忠州十年，「常閉關靜處，人不識其面，復避謗，不著書。家居瘴鄉，人多癘疫，乃抄撮方書，為《陸氏集驗方》五十卷，行於代。」〔註108〕白居易被貶江州司馬，遍遊名勝，「由是郡南樓山、北樓水、溢亭、百花亭、風篁、石岩、瀑布、廬宮、源潭洞、東西二林寺、泉石松雪、司馬盡有之矣。」〔註109〕柳宗元被貶永州亦遊覽了永州的許多景色清幽之處，寫下著名的《永州八記》，並為自己在愚溪旁築草堂為家，還種下各種花種樹木。可見，貶官在貶地的痛苦更多地是心理上的，是政治上受到污蔑與打擊的痛苦，至於其生活方面，朝廷並未給予過多地限制。

　　最後要說明的是貶官的安葬。唐代貶官因身陷貶謫，久不召回，或因染上疾病而死於流貶之所，政府允許其親友收其遺骨歸葬故土。大曆十四年（779）敕：「如聞士庶在外身亡，將櫬還京，多被所司不放入城，自今以後，不須止遏。」〔註110〕建中三年（782）正月敕：「諸流貶之人及左降官身死，並許親屬收之，本貫殯葬。」〔註111〕大中三年（849）六月又有：「先經流貶罪人歿於貶所，有情非惡逆，任經刑部陳牒許歸葬。絕遠之處，仍量事給棺槥。」〔註112〕終唐之世，這項政策都未曾改變，它讓這些流貶官員最終能夠屍骨還家，為這嚴酷的流貶官制度增添了最後一抹溫情的色彩。

第二節　貶官的政治約束與經濟待遇

　　官員被貶，一方面，隨著官職品級的降低，其俸祿也會出現相應的變化，並在唐代前後期呈現出不同的狀態；另一方面，貶謫罪人的身份使得無論其是否還是官員、還享有俸祿，都會受到諸多的約束，有的甚至還會受到當地蠻族或地方官員的迫害。朝廷對貶謫官員的政治約束與待遇調整顯然會給貶謫官員的生活與心理帶來極大的影響。本節就貶謫官員到達貶所之後的政治、經濟狀況進行分析，以便我們更為全面地理解貶謫制度及其在此制度之下生活的貶謫文人。

〔註108〕《舊唐書》卷一三九《陸贄傳》，第3818頁。
〔註109〕《江州司馬廳記》，《白居易集》卷四三，第933頁。
〔註110〕《唐會要校證》卷三八《葬》，第596頁。
〔註111〕《唐會要校證》卷四一《左降官及流人》，第630頁。
〔註112〕《唐會要校證》卷四一《左降官及流人》，第633頁。

一、貶官的政治約束

正因為貶謫官員的罪人身份，貶官在貶地可能經常會受到當地官員的欺凌甚至殺害。天寶六載（747），酷吏羅希奭「自青州如嶺南，所過殺遷謫者」，宜春太守李适之聞其至，「仰藥自殺」，道州別駕王琚「仰藥不死」，「自縊」。〔註113〕有時根據被貶之人的特殊身份，也有貶謫之人在貶地受到當地官員保護的情形。《舊唐書‧崔光遠傳》載：「中宗為盧陵王，安置在州，官吏多無禮度，（崔）敬嗣獨以親賢待之，供給豐贍，中宗深德之。及登位，有益州長史崔敬嗣，既同姓名，每進擬官，皆御筆超拜之者數四。後引與語，始知誤寵。訪敬嗣已卒，乃遣中書令韋安石授其子汪官。」〔註114〕《舊唐書》卷一八五下《良吏下》也同樣記載了此事：「中宗以盧陵王安置房州，制約甚急。知謇與董玄質、崔敬嗣相次為刺史，皆保護，供擬豐贍，中宗德之。」〔註115〕正因為有崔敬嗣，知謇與董玄質在房州對中宗相次不間斷的供養與保護，中宗才能夠較為輕鬆、平安地在貶地過渡，一直到被召回朝。這也從側面反映出，一般的普通官員被貶，其罪人的身份很有可能會讓其在貶地遭至許多無妄的折磨與傷害。

《唐律疏議》云：「犯五流之人，有官爵者，除名，流配，免居作。」〔註116〕且流放官員因其罪人的身份，更比普通百姓還不如，他們除了像貶謫官員一樣沒有人身自由之外，有時還要遭到朝廷或是其他官員的殺害，人身安全處於極大的威脅之中。《唐會要》「貶降官與流人」條有：「其年（元和）十月敕：『自今以後，流人不得因事差使離本處。』」〔註117〕可見，流放官員人身的不自由。《舊唐書‧宇文融傳》載：宇文融配流岩州，「地既瘴毒，憂恚發疾，遂詣廣府，將停留未還。都督耿仁忠謂融曰：『明公負朝廷深譴，以至於此，更欲故犯嚴命，淹留他境，仁忠見累，誠所甘心，亦恐朝廷知明公在此，必不相容也。』融遽還，卒於路。」〔註118〕宇文融本因生病欲暫留廣府休養，但卻被都督耿仁忠苦心勸走，其原因便是害怕朝廷知道宇文融淹留它境而受處罰，由此，宇文融即使生病都不敢暫留，最終帶病死於貶途。流官到達流

〔註113〕《資治通鑒》卷二一五，第 6994 頁。
〔註114〕《舊唐書》卷一一一《崔光遠傳》，第 3317 頁。
〔註115〕《舊唐書》卷一八五下《良吏下》，第 4809 頁。
〔註116〕《唐律疏議箋解》卷二《應議請減（贖章）》，第 135 頁。
〔註117〕《唐會要校證》卷四一《左降官及流人》，第 632 頁。
〔註118〕《舊唐書》卷一〇五《宇文融傳》，第 3221～3222 頁。

所之後，人身安全也依然沒有辦法保證，武后時，韋玄貞被流放欽州，玄貞死後，蠻族首領寧承基兄弟逼取其女，其妻拒絕，最終妻子與四個兒子全部被殺。〔註119〕至德二載（757），尚書工部侍郎韋述流放渝州，渝州刺史薛舒將其困辱至死。〔註120〕更不要說有的時候，流放之人還有可能遭到朝廷大規模地屠殺。最有名的如長壽二年（693），有人誣告嶺南流人謀反，武則天派人往廣州推按此事，「國俊至廣州，盡召流人，矯詔賜自盡，皆呼哭不服，國俊驅就水曲，使不得逃，一日戮三百餘人。」〔註121〕其後，武則天又派劉光業、王德壽等酷吏分別按察諸道流人，「光業等以國俊多殺蒙賞，爭傚之，光業殺七百人，德壽殺五百人，自餘少者不減百人，其遠年雜犯流人亦與之俱斃。」〔註122〕可見，相對於貶官而言，流官在流所的政治環境更差，不僅僅是人身自由的受限，更是生命安全隨時遭遇的威脅。

二、貶官在貶所的經濟待遇

　　唐代官員的經濟收入主要包括職田、祿米、俸料、雜用及課錢等。關於貶謫官員的經濟收入，我們主要探討祿米及俸錢，因為兩項乃是構成唐代官員收入最重要的部分。

　　貶官雖然戴罪，但因為有官職，所以有相應的經濟收入。貶官的經濟收入體現在祿料與俸錢兩方面。首先來看貶謫官員的祿料。祿料指的是按照官員的品級發放給官員的糧食，唐代不同時期官員的祿料數額都有變動，且京官和地方官員之間，祿料發放也有區別。

　　《通典》中《職官十七祿秩》中記載了貞觀的給祿標準：

> 京官正一品，七百石。從一品，六百石。正二品，五百石。從二品，四百六十正三品，四百石，從三品，三百六十石。正四品，三百石。從四品，二百六十石。正五品，二百石。從五品，一百六十石。正六品，一百石。從六品，九十石。正七品，八十石。從七品，七十石。正八品，六十七石。從八品，六十二石。正九品，五十七石。從九品，五十二石。諸給祿者，三師、三公及太子三師、三少，若在京國諸司文武官職事九品以上並左右千牛備身左右、太

〔註119〕《資治通鑒》卷二〇八，第 6720 頁。
〔註120〕《舊唐書》卷一〇二《韋述傳》，第 3184 頁。
〔註121〕《新唐書》卷七六，第 3482 頁。
〔註122〕《資治通鑒》卷二〇五，第 6606 頁。

　　子千牛，並依官給。其春夏二季春給，秋冬二季秋給。〔註123〕
相對於京官而言，唐初期「外官卑品，猶未得祿」，〔註124〕也就是說，外官品
位低者並沒有相應的祿米收入，針對這種情況，貞觀八年（634），中書舍人
高季輔上書言曰：「既離鄉井，理必貧煎。但妻子之戀，賢達猶累其懷；飢寒
之切，夷、惠罕全其行。為政之道，期於易從。若不恤其匱乏，唯欲勵其清
儉，凡在末品，中庸者多，止恐巡察歲出，軺軒繼軌。不能肅其侵漁，何以
求其政術？今戶口漸殷，倉廩已實，斟量給祿，使得養親。然後督以嚴科，
責其報效，則庶官畢力，物議斯允。」〔註125〕提倡給予低品位外官一定的俸
祿，這一建議應該是得到了太宗的應允，《通典》中記載：「其在外文武官九
品以上準官皆降京官一等給」。〔註126〕並規定了降等的等級差別：「諸給祿應
降等者，正從一品各以五十石為一等，二品三品皆以三十石為一等，四品五
品皆以二十石為一等，六品七品皆以五石為一等，八品九品皆以二石五斗為
一等。」〔註127〕根據這一規定，我們可總結出唐代貞觀年間京官與外官具體
的祿米收入，如下表：

表2：唐代貞觀年間京官、外官祿米收入　單位：石

	一品（正、從）	二品（正、從）	三品（正、從）	四品（正、從）	五品（正、從）	六品（正、從）	七品（正、從）	八品（正、從）	九品（正、從）
京官	700 600	500 460	400 360	300 260	200 160	100 90	80 70	67 62	57 52
外官	650 550	470 430	370 330	280 240	180 140	95 85	75 65	64.5 59.5	54.5 49.5

　　根據這個表格，我們可以清楚貞觀年間京官外官具體的祿米收入。再根
據《通典·祿秩》：「內外員外官同正員者，祿料賜會食料一事以上，並同正
員。其不同正員者，祿賜食料亦同正員，餘各給半。職田並不給。」〔註128〕
可見，貞觀年間，被貶為員外官同正員官者，其祿料與正員官相同，而被貶

〔註123〕杜佑：《通典》卷三五《俸祿·祿秩》，中華書局，1984年版，第200頁。
〔註124〕《唐會要校證》卷九十《內外官祿》，第1411頁。
〔註125〕《唐會要校證》卷九十《內外官祿》，第1411頁。
〔註126〕《通典》，卷三五《俸祿·祿秩》，第200頁。
〔註127〕《通典》，卷三五《俸祿·祿秩》，第200頁。
〔註128〕《通典》，卷三五《俸祿·祿秩》，第201頁。

為員外官的，祿料卻只有正員官的一半。這樣的祿料制度一直延續到玄宗開元二十六年，上表亦為至開元之前朝廷公行之祿米制度。到天寶年間，官員祿米額與貞觀時期相比略有變化，主要是八、九品官員的祿米額數稍有減少，但整體而言與貞觀年間的祿米收入是大致相當的。根據黃惠賢和陳鋒所著《中國俸祿制度史》統計，玄宗天寶間的京官、外官祿米收入如下：

表3：唐代天寶間京官、外官祿米收入　單位：石

	一品（正、從）	二品（正、從）	三品（正、從）	四品（正、從）	五品（正、從）	六品（正、從）	七品（正、從）	八品（正、從）	九品（正、從）
京官		500 460	400 360	330 260	200 160	100 90	80 70	60 55	55 50
外官		470 430	370 330	280 240	180 140	95 85	75 65	57.5 52.5	52.5 47.5

（資料據黃惠賢、陳鋒撰《中國俸祿制度史》第166～167頁）

　　顯然，除了八、九品官員的祿米收入與貞觀年間稍有差別之外，天寶年間的祿米收入與貞觀是大致相同的。這一制度一直到肅宗至德之後才有了新的變動。至德中，唐王朝處於激烈的動盪之中，肅宗著力於收復兩京，龐大的軍費開支使得肅宗不得不削減官員的俸祿開支。至德二年，外官給半祿。乾元元年肅宗下發詔令：「以常賦不給，內外官俸祿各減其半。」〔註129〕待安史之亂結束之後，這種情況才逐漸恢復，到唐代後期，官員的祿米收入甚至大幅度提升。元和五年，白居易從左拾遺遷京兆府戶曹，有詩：「廩祿兩百石，歲可盈倉囷」〔註130〕。京兆府戶曹為正七品下，每月可以有兩百石的祿米，這個相當於唐代前期五品官員的收入，非常豐厚可觀。由此，我們可以清晰唐代官員祿米收入的情況，整體而言，外官祿米收入要少於京官，官員若被貶為外官，經濟收入一定會降低，而這也是造成貶官痛苦的原因之一。

　　以上是唐代官員的祿米收入。祿料之外，唐代官員還有一項非常重要的收入，即俸錢。唐代官員的俸錢收入也經歷了幾個不同時期的變化，根據劉海峰考察，主要有貞觀制、乾封制、開元制、大曆制、貞元制、會昌

〔註129〕《通典》卷三五《俸祿·祿秩》，第201頁。
〔註130〕《初除戶曹喜而言志》，《白居易集》，第98頁。

制。〔註131〕這六個階段的變化又可以分為唐前期三種，唐後期三種。唐前期即貞觀初年、乾封元年、開元二十四年，唐後期三種即大曆十二年、貞元四年與會昌年間。現據其統計，將唐前期幾次俸祿列表如下：

表4：唐前期京官月俸表　單位：文

月俸　年代 ＼ 品級	一	二	三	四	五	六	七	八	九	資料來源
貞觀初	6800	6000	5100	4200	3600	1600	2400	1600	1300	《通典》卷19
乾封元年	11000	9000	6000	4200	3600	2400	2100	1850	1500	《新唐書》卷55
開元二十四年	31000	24000	17000	11867	9200	5300	4050	2475	1817	《冊府元龜》卷505

（資料據劉海峰《論唐代官員俸料錢的變動》第19頁）

　　顯然，從貞觀到乾封再到開元年間，京官的俸錢逐漸增多。這一方面是因為唐初期的俸制較簡約，其俸錢數額不包括防閤庶僕代役錢，《通典》卷19記載為：「其幹力及防閤庶僕並別給」，而開元制中，俸錢包括了防閤庶僕錢。另一方面，貞觀年間官員俸錢的來源是官府高利貸公廨本錢的利息，數量有限，而永徽到乾封之後，戶稅開始徵收，並成為俸錢比較可靠的來源。此外，乾封年間，重鑄「乾元重寶」錢使得貨幣貶值、物價踴貴，因此也導致了京官月俸的提高。至於唐前期外官的收入，史籍中並沒有明確記載唐代地方官的俸祿，但卻給出了相應的計算原則。「外官則以公廨田收及息錢等，常食公用之外，分充月料，先以長官定數，其州縣少尹、長史、司馬及丞，各減長官之半。尹、大都督府長史、副都督、別駕及判司準二佐，以職田數為加減，其參軍及博士減判司、主簿縣尉減縣丞各三分之一。」〔註132〕也就是說，唐代外官的收入並不是像京官按照品級高下來進行發放，其來源是公廨本錢的田租及利息收入，根據這個收入再分成相應的份額，計算外官收入。梁瑞根據這一方法得出了玄宗開元天寶時期州縣官的月俸收入。如下表：

〔註131〕劉海峰：《論唐代官員俸料錢的變動》，《中國社會經濟史研究》，1985年第2期，第18頁。
〔註132〕《通典》，卷三五《俸祿‧祿秩》，第201頁。

表 5：唐玄宗開元天寶時期州縣官月俸表　單位：貫

品　階	地方官	正員月俸	員外月俸
從三	上州刺史	22 貫 92 文	11 貫 46 文
正四上	中州刺史	16 貫 35 文	8 貫 17 文
正四下	下州刺史	12 貫 731 文	6 貫 365 文
正五下	別駕（中）	11 貫 225 文	5 貫 112 文
正六上	長史（中）	8 貫 17 文	4 貫 8 文
正六下	司馬（中）	8 貫 17 文	4 貫 8 文
正八下	參軍（中）	4 貫 810 文	2 貫 405 文
從六上	上縣縣令	19 貫 41 文	8 貫 70 文
正七上	中縣縣令	15 貫 523 文	7 貫 761 文
從七上	中下縣令	10 貫 876 文	5 貫 438 文
從七下	下縣縣令	10 貫 876 文	5 貫 438 文

（資料據梁瑞《唐代流貶官研究》第 165 頁）

　　再結合前文玄宗開元二十四年京官的俸祿列出對比，便可發現，此時京官俸祿還不如地方官的俸祿高。這一情形，在梁瑞《唐代流貶官研究》所製表中體現非常明顯：

表 6：唐玄宗開元時期京官與州縣官月俸對照表　單位：貫

品　階	地方官	正員月俸	員外月俸	京　官	月　俸
從三	上州刺史	22 貫 92 文	11 貫 46 文	御史大夫	17 貫
正四上	中州刺史	16 貫 35 文	8 貫 17 文	史部侍郎	11 貫 867 文
正四下	下州刺史	12 貫 731 文	6 貫 365 文	刑部侍郎	11 貫 867 文
正五下	別駕（中）	11 貫 225 文	5 貫 112 文	尚書侍郎	9 貫 200 文
正六上	長史（中）	8 貫 17 文	4 貫 8 文	太子舍人	5 貫 300 文
正六下	司馬（中）	8 貫 17 文	4 貫 8 文	太子文學	5 貫 300 文
正八下	參軍（中）	4 貫 810 文	2 貫 405 文	內府局令	2 貫 550 文
從六上	上縣縣令	19 貫 41 文	8 貫 70 文	員外郎	5 貫 300 文
正七上	中縣縣令	15 貫 523 文	7 貫 761 文	四門博士	4 貫 50 文
從七上	中下縣令	10 貫 876 文	5 貫 438 文	九寺主簿	4 貫 50 文
從七下	下縣縣令	10 貫 876 文	5 貫 438 文	國子監主簿	4 貫 50 文

（資料據梁瑞《唐代流貶官研究》第 165 頁）

　　從表中可以見出，京官的官俸普遍低於外官的官俸。也就是說，這一時期的貶官，雖然身遭貶謫，但經濟上並無太大的負擔。

　　安史之亂以後，由於用兵，國家財政困難，「京師百僚，俸錢減耗」。〔註133〕代宗時，京官俸錢甚至到不能自給的地步。《通鑑》記載：「元載以仕進者多樂京師，惡其逼己，乃制俸祿，厚外官而薄京官，京官不能自給，常從外官乞貸。」〔註134〕元載去世以後，「楊綰、常袞奏京官俸太薄，己酉，詔加京官俸，歲約十五萬六千餘緡。」〔註135〕根據《唐會要》記載，大曆十二年，經過楊綰、常袞的請增京官俸祿之後，京官俸祿有了很大的提升。

表7：大曆京官月俸表　單位：貫

職事官	品級	月俸
三師	正一品	120
三公	正一品	120
左右僕射	從二品	80
侍中	正三品	120
中書門下侍郎	正三品	100
六尚書	正三品	60
御史大夫	從三品	60
諸司侍郎	正四品	45
國子司業	從四品	30
給事中	正五品	45
郎中	從五品	45
侍御史	從六品	25
四門博士	正七品	12
殿中侍御史	從七品	20
協律郎	正八品	4.075
拾遺	從八品	12
校書郎	正九品	6
諸總監主簿	從九品	1.917

（資料就《冊府元龜》卷五○六《邦計部》統計）

〔註133〕《資治通鑑》卷二二三，第 7284 頁。
〔註134〕《資治通鑑》卷二二五，第 7362 頁。
〔註135〕《資治通鑑》卷二二五，第 7362 頁。

從以上可知，大曆時京官的俸錢的確較開元時有很大的增長。那麼，這一時期外官俸錢如何呢？據《唐會要》卷九一、《冊府元龜》卷五〇六載，這一時期外官的俸錢有了明確的規定。大曆十二年五月，中書門下奏定：「州縣官給料，（上州）刺史八十貫文；別駕五十五貫文；長史、司馬各五十貫；錄事參軍四十貫；判司三十貫；參軍、博士各一十五貫；錄事縣令等各一十三貫。（上縣）縣令四十貫；丞三十貫；簿、尉各二十貫……其中州、中縣已下，三分減一分。」〔註136〕據此，可列出大曆年間京官與外官的月俸對照表如下：

表8：大曆中京官、外官月俸對照表　單位：貫

地方官	俸　祿	京　官	品　階	大曆俸料
上州刺史（從三）	80 貫	御史大夫	從三品	60 貫
中州刺史（正四上）	53 貫 333 文	諸司侍郎	正四品上或下	45 貫
下州刺史（正四下）	35 貫 555 文	太子左右庶子	正四品上或下	40 貫
上州別駕（從四下）	55 貫	國子司業	從四下	30 貫
上州長史（從五上）	50 貫	諸司郎中	從五上	25 貫
上州司馬（從五下）	50 貫	大理正	從五下	20 貫
上州判司（從七下）	30 貫	國子監主簿	從七下	10 貫
上縣令（從六上）	40 貫	諸司員外郎	從六品上	18 貫
中縣令（正七下）	27 貫 777 文	四門博士	正七品上	12 貫
中下縣令（從七上）	17 貫 911 文	左右補闕	從七品上或下	15 貫
下縣令（從七下）	11 貫 941 文	御史臺主簿	從七品下	15 貫
上縣丞（從八上）	30 貫	左右拾遺	從八上	12 貫
上縣尉（從九上）	20 貫	尚書主事	從九上	4 貫 175 文

（表格根據梁瑞《唐代流貶官研究》第 167 頁統計）

從這個對照可以見出，大曆十二年的京官月俸改革並沒有使京官月俸高於外官，絕大部分的京官月俸錢仍是低於外官收入。《新唐書》卷一三九《李泌傳》這樣描寫當時京官與外官俸錢之間的反差：「是時，州刺史月奉至千緡，方鎮所取無藝，而京官祿寡薄，自方鎮入八座，至謂罷權。薛邕由左丞貶歙

〔註136〕《唐會要校證》卷九一《內外官料錢上》，第 1419 頁。

州刺史，家人恨降之晚。崔祐甫任吏部員外，求為洪州別駕。使府賓佐有所忤者，薦為郎官。其當遷臺閣者，皆不赴取罪去。」〔註137〕為了俸錢，官員甚至求外出，或取罪外出，可見此時京官與外官官俸差距造成的影響之大。在這樣的情形下，德宗貞元三年六月，李泌奏請增加百官俸料錢，「泌以為外太重，內太輕，乃請隨官閒劇，普增其奉，時以為宜。」〔註138〕於是，貞元四年，京官俸錢又一次大幅提升。

表9：貞元中京官、外官月俸對照表　單位：貫

地方官	俸　祿	京　官	品　階	貞元俸料
上州刺史（從三）	80 貫	御史大夫	從三品	100 貫
中州刺史（正四上）	53 貫 333 文	諸司侍郎	正四品上或下	80 貫
下州刺史（正四下）	35 貫 555 文	太子左右庶子	正四品上或下	70 貫
上州別駕（從四下）	55 貫	國子司業	從四下	65 貫
上州長史（從五上）	50 貫	諸司郎中	從五上	50 貫
上州司馬（從五下）	50 貫	大理正	從五下	40 貫
上州判司（從七下）	30 貫	國子監主簿	從七下	
上縣令（從六上）	40 貫	諸司員外郎	從六品上	40 貫
中縣令（正七下）	27 貫 777 文	四門博士	正七品上	25 貫
中下縣令（從七上）	17 貫 911 文	左右補闕	從七品上或下	35 貫
下縣令（從七下）	11 貫 941 文	御史臺主簿	從七品下	30 貫
上縣丞（從八上）	30 貫	左右拾遺	從八上	30 貫
上縣尉（從九上）	20 貫	尚書主事	從九上	20 貫

（表格根據梁瑞《唐代流貶官研究》第 167 頁統計）

　　這一次，在不考慮外官其他收入的情況下，京官的俸錢收入確實高過了外官，這顯然是俸錢改革的成果。不過這卻並不代表京官的俸錢就一定高於地方官，陳寅恪先生在其《元白詩中俸料錢問題》一文中言：「唐代中晚以後，地方官吏除法定俸料之外，其他不載於法令，而可以認為正當之收入者，為數遠在中央官吏之上。」〔註139〕史籍中對官員俸錢有記載的如白居易，元和

〔註137〕《新唐書》卷一三九《李泌傳》，第 4635 頁。
〔註138〕《新唐書》卷一三九《李泌傳》，第 4635 頁。
〔註139〕陳寅恪撰：《金明館叢稿二編》，上海古籍出版社，1980 年版，第 69 頁。

十年（815年），白居易被貶江州，其在《與元九書》中有：「今雖謫佐遠郡，而官品至第五，月俸四五萬。」〔註140〕根據前文統計的唐代貞元年間的外官俸祿可知，白居易作為一個上州司馬，月俸為五十貫，與其文章所言吻合。而這卻與白居易在三年後即元和十三年（818）七月所作的《江州司馬廳記》中的記載有出入：「案《唐典》：上州司馬，秩五品，歲廩數百石，月俸六七萬。」〔註141〕對於這兩處俸錢記載的不同，陳寅恪先生認為：「鄙意樂天兩文所以互異之故，實由《與元九書》中江州司馬月俸之數，乃其元和十年初冬始到新任時，僅據官書紙面一般通則記載之定額而言，其時尚未知當日地方特別收入之實數。至元和十三年秋，作《江州司馬廳記》時，則蒞任已行將四年，既知地方特別規定指常額，較之《與元九書》中所言，更宜可信。」〔註142〕顯然，地方官除了特定的月俸收入之外，還有地方上的額外公廨錢的收入，像白居易這樣，雖然被貶江州刺史，但其收入其實很可觀，生活相對來說也是比較舒適的。也就是說，到元和年間，地方上官的月俸收入有時是高於京官的。

當然，若是被貶為員外官，那麼，其收入又會與正員官有所區別。《新唐書‧食貨志》載：「員外官、檢校、判、試、知給祿料食糧之半。」〔註143〕也就是說，員外官的俸祿只有正員官俸祿的一半。而若碰上戰爭或饑荒，那麼，官員被貶為外官則可能連平時的俸錢都拿不到，更不要說額外的收益了。如杜甫在至德二載被貶為華州司功參軍，當時正處於戰亂時期，《新唐書‧食貨志五》有：「至德初，以用物不足，內外官不給料錢，郡府縣官給半祿及白直、品子課。」〔註144〕而杜甫，因華州被叛軍攻陷，甚至只有一個虛職，這樣的情形下，杜甫描寫其生活「自負薪採梠，兒女餓殍者數人」，〔註145〕可見其窮困程度。

此外，在一些特殊情況下，貶官在貶地的經濟情況也會非常不錯。如李邕，《太平御覽》有：「李邕尤長碑頌，雖貶職在外，中朝衣冠及天下寺觀，多齎持金帛往求其文，前後所製凡數百首，受納饋遺亦至鉅萬。時議以為自

〔註140〕《與元九書》，《白居易集》卷四五，第964頁。

〔註141〕《江州司馬廳記》，《白居易集》卷四三，第933頁。

〔註142〕陳寅恪撰：《金明館叢稿二編》，三聯書店，2001年版，第75頁。

〔註143〕《新唐書》卷五五《食貨志五》，第1396頁。

〔註144〕《新唐書》卷五五《食貨志五》，第1400頁。

〔註145〕《舊唐書》卷一九〇下《文苑下‧杜甫傳》，第5054頁。

古鬻文獲財，未有如邕者。」〔註146〕通過寫碑文這個特長，李邕雖在貶地，但受納饋遺亦至鉅萬，物質生活可謂優渥。有的皇子被貶，還有可能會得到當地官員的供養，物質生活也會比較舒適，如「中宗以盧陵王安置房州，制約甚急。知謇與董玄質、崔敬嗣相次為刺史，皆保護，供擬豐贍，中宗德之。」〔註147〕不過，這種情況只是貶官中非常少見的一種情形，大部分情形下，官員由京官被貶為地方官，無論其俸祿是降低還是不降反增，對貶官來說都是一種打擊，這一點尚永亮先生在其《唐五代諸臣與貶謫文學研究》一書中曾詳細論及，這裡不再贅述。外官縱然俸祿優厚，但對於貶官來說，離開政治中心，失去有所作為的機會才是最大的打擊。

　　以上探討了貶官的祿米及俸錢，對於流放官員而言，《唐律疏議》云：「犯五流之人，有官爵者，除名，流配，免居作。」〔註148〕除名即官爵悉除，也就是說凡被流放的官員從此失去官員的身份，當然也不會有任何的經濟待遇，國家不會再給他們發放俸祿。而他們流放所需要的衣糧，則主要由家裏供給。據梁瑞所引唐代《獄官令》：「諸流人至配所居作者，並給官糧（原注：加役流準此）。若去家懸遠絕餉及家人未知者，官給衣糧，家人至日，依數徵納（原注：其見囚絕餉者，亦準此）。」〔註149〕國家可能先給你墊給衣糧錢，但最終這部分錢還是要由家人依數交納。唐代，大多數時候，官員即是自己家庭的經濟來源，若官員流放，由家人交納費用便會比較艱難；官員若是帶著全家流放，經濟開銷則更大，家人替其交納生活費則不可能。《舊唐書·盧鈞傳》中記載：「自貞元以來，衣冠得罪流放嶺表者，因而物故，子孫貧悴，雖遇赦不能自還。」〔註150〕可見其貧窮程度，子孫即使想要返回家鄉，連回去的路費都難以籌措。盧鈞任嶺南節度使，因其「性仁恕」，因此在當時以自己的俸錢接濟流人「凡數百家」，給其「醫藥殯殮」。〔註151〕正因為流官的生活狀況如此惡劣，因此有的流官寧願鋌而走險，走上逃亡的道路。《唐律疏議·捕亡律》載：「諸流徒因役限內而亡者（原注：犯流、徒應配及移鄉人未到配所而

〔註146〕李昉等編纂：《太平御覽》（第三冊）卷589《文部五·碑》，中華書局影印，1960年版，第2652頁。

〔註147〕《舊唐書》卷一八五《良吏下·張知謇傳》下，第4809頁。

〔註148〕《唐律疏議箋解》卷二《應議請減（贖章）》，第135頁。

〔註149〕《唐開元獄官令復原研究》，第649頁。

〔註150〕《舊唐書》卷一七七《盧鈞傳》，第4592頁。

〔註151〕《舊唐書》卷一七七《盧鈞傳》，第4592頁。

亡者，亦同），一日笞四十，三日加一等；過杖一百，五日加一等。」疏曰：
「注云犯流、徒應配及移鄉人未到配所而逃亡者，各與流徒囚役限內而亡同
罪，一日笞四十，三日加一等，十九日合杖一百。過杖一百，五日加一等，
五十九日流三千里。」〔註152〕依律，流放官員逃亡後依舊要處以流刑，但事
實上，流放官員逃歸往往被處以死刑。如延載元年（694）左臺侍御史王弘義
流瓊州，逃至鄧州，被嶺南巡察使胡元禮所捕，「搒殺之」。〔註153〕永昌元年
（689年），徐敬業之弟徐敬真自嶺南繡州逃歸，「將奔突厥，過洛陽，洛陽司
馬弓嗣業、洛陽令張嗣明資遣之，至定州，為吏所獲」〔註154〕，徐敬真與張
嗣明等一起被誅。可見逃歸流官基本上是走上了不歸路。當然，也有極少數
的例外情況，在流放逃歸之後不會被殺，如裴伷先。《新唐書‧裴伷先傳》載
裴伷先為諫武則天還政激怒武后，長流瀼州之後：

> 歲餘，逃歸，為吏跡捕，流北庭。無復名檢，專居賄，五年至
> 數千萬。娶降胡女為妻，妻有黃金、駿馬、牛羊，以財自雄。養客
> 數百人，自北庭屬京師，多其客，詗候朝廷事，聞知十常七八。時
> 補闕李秦授為武后謀曰：「讖言『代武者劉』，劉無強姓，殆流人乎？
> 今大臣流放者數萬族，使之叶亂，社稷憂也。」后謂然，夜拜秦授
> 考功員外郎，分走使者，賜墨詔，尉安流人，實命殺之。伷先前知，
> 以橐它載金幣、賓客奔突厥，行未遠，都護遣兵追之，與格鬥，為
> 所執，械繫獄，以狀聞。會武后度流人已誅，畏天下姍誚，更遣使
> 者安撫十道，以好言自解釋曰：「前使使尉安有罪，而不曉朕意，擅
> 誅殺，殘忍不道，朕甚自咎。今流人存者一切縱還。」繇是伷先得
> 不死。〔註155〕

裴伷先從瀼州逃歸之後又被流放北庭，在北庭其間，恰逢武則天遣酷吏誅殺
流人，裴伷先逃走，後被抓回，還未被殺，武則天因「畏天下姍誚」，又下令
放還十道流人，於是裴伷先幸免一死。但很顯然，裴伷先作為逃走的流人而
未被誅殺，是有很大的運氣成分的，一般流人逃歸則不會有這麼好的結局。
可見，與貶官相比，流放官員不再享受國家的任何經濟待遇，其生活需要自給，
經濟的困窘使得流官的生活更為艱難、痛苦，甚至鋌而走險，走上不歸路。

〔註152〕《唐律疏議箋解》卷二八《捕亡律》，第135頁、第1975～1976頁。
〔註153〕《舊唐書》卷一八六上《酷吏上‧王弘義傳》，第4847頁。
〔註154〕《資治通鑒》卷二〇四，第6574頁。
〔註155〕《新唐書》卷一一七《裴伷先傳》，第4250頁。

第三節　貶官的遷轉與量移

貶謫是一種對犯罪官員的處罰方式，官員被貶之後會有相應的遷轉機制，據此獲得重新做官的機會，量移則是貶官非常重要的一種遷轉方式。唐代文獻中時常能看到量移的字樣，如白居易《自題》中「一旦失恩先左降，三年隨例未量移」、韓愈的《從潮州量移袁州，張韶州端公以詩相賀，因酬之》、李白的《見京兆韋參軍量移東陽二首》以及劉長卿的《初聞貶謫，續喜量移，登干越亭贈鄭校書》等詩作。史籍中也有大量關於官員量移的記載，最為人所熟知的如中晚唐朝廷對劉、柳諸人「縱縫恩赦，不在量移之限」的規定。此外，唐代赦書中也有大量關於流貶官量移的規定，玄宗時《迎氣東郊推恩制》中便有：「其左降官及流移配隸安置罰鎮效力之類，並宜量移近處」〔註156〕的說法。可見量移對流貶官員的重要性。那麼，唐代貶官具體有哪些遷轉方式，就量移而言，其出現在何時？對象如何？這種制度在唐代究竟是如何實施的？流官與貶官的量移又有哪些不同之處？這些問題都是我們本節要詳細闡述的。

一、流官的遷轉與量移

官員流放之後，往往要在流所呆特定的時間，之後才能被放還。到唐後期，這種直接放還的例子已經非常少見，大部分的官員的遷轉要通過量移或帝王徵召等其他形式。

唐代，流放官員經過六年之後是可以獲得刑滿釋放的權力的。太宗貞觀十五年（641）四月敕：「犯反逆免死配流人，六歲之後，仍不聽仕」〔註157〕，可見，非犯反逆之罪的流官，六年之後是可以重新出仕的。《唐律疏議·犯流應配》條有：「役滿一年及三年，或未滿會赦，即於配所從戶口例，課役同百姓。應選者，須滿六年，故令云：『流人至配所，六載以後聽仕。』反逆緣坐流及因反、逆免死配流，不在此例。即本犯不應流而特配流者，三載以後聽仕。」〔註158〕這也說明一般流官在流放六年之後可以有出仕的資格，而從「聽仕」二字可以知道，流官六年之後刑滿釋放是可以重新獲得入仕資格而不是六年之後馬上便可以有獲得新的官職。一般而言，流放官員放還都要先歸還

〔註156〕《全唐文》卷二三，第 268～269 頁。
〔註157〕《唐會要校證》卷四一《左降官與流人》，第 629 頁。
〔註158〕《唐律疏議箋解》卷三《犯流應配》，第 256 頁。

故里，經過一段時間之後才可以通過參加吏部的選拔而重新入仕。如太宗《即位赦詔》中：「自武德九年八月九日昧爽以前，罪無輕重，已發覺未發覺，繫囚見徒，悉從原免。武德元年以來流配者，並放還。」〔註159〕高宗的《改元弘道詔》中也有：「前後責情流人並放還。」〔註160〕兩道詔書都是對流人放還的規定，而不是再次授予官職，從放還故里到重新為官一般則還需要一定的時間。如薛萬徹，貞觀二十二年流放象州的薛萬徹會赦得還，到永徽二年才授寧州刺史。這樣的規定下，雖然流放官員要經過一段時間才可再次為官，但這已經是值得流官們期待的恩赦方式了，很多時候，流人的流放時間甚至要超過六年。

　　比如，在唐代，某些特殊地域的流官便要在流放之地呆不止六年的時間，有的還是長流，即永不放還。如元和六年（811），刑部侍郎、充鹽鐵轉運使王播上言：「流人會赦而歸，獨配因為隔，遂無還者，請率以七歲為竟。」〔註161〕也就是說，在元和六年之前，流刑犯在流所是超過七年不量移的，因此王播才會上書希望以後改以七歲為期限。而流放到天德軍戍邊的流犯的流放期限甚至長達十年之久。大中四年（805），宣宗詔敕：「徒流人比在天德者，以十年為限，既遇鴻恩，例減三年。但使循環添換，邊不闕人，次第放歸，人無怨苦。其秦、原、威、武諸州、諸關，先準格徒流人，亦量與立限，止於七年，如要住者亦聽。」〔註162〕同年十一月，宣宗又敕令：「收復成、維、扶等三州，建立已定，條令制置，一切合同。其已配到流人，宜準秦、原、威、武等州流人例，七年放還。」〔註163〕流放天德戍邊的流人因為有職責在身常常被流放長達十年之久，因為時間太長因此宣宗兩次下令希望改以七年為限。至於長流之人，則根本沒有重新踏上仕途的機會，乾封元年（666），唐高宗泰山封禪之後大赦，規定「長流人不許還」，長流劍南的李義府聽到此消息後憂懼發憤而死〔註164〕。可見朝廷對流放官員的處罰之嚴屬，六年只是一種規定，而實際上流人在貶地的時間往往要長於六年，有的流人甚至終生留在流

〔註159〕《唐大詔令集》卷二，第 6 頁。

〔註160〕《唐大詔令集》卷三，第 15 頁。

〔註161〕李宗閔《故丞相尚書左僕射贈太尉太原王公神道碑銘（並序）》，《全唐文》卷七一四，第 7336 頁。

〔註162〕《唐會要校證》卷四一《左降官與流人》，第 633 頁。

〔註163〕《唐會要校證》卷四一《左降官與流人》，第 633 頁。

〔註164〕《舊唐書》卷八二《李義府傳》，第 2770 頁。

放地，生兒育女，老死於此。瞭解了流官在流所的時限，接下來我們要討論官員的遷轉。事實上，史籍中記載的流人按時放還的例子非常少見，且越到唐代後期，流官的遷轉途徑越主要通過量移，量移乃是流官恩赦從而進入官職系統最重要的方式。

關於量移出現的時間，清人顧炎武的說法最為人們熟知，即認為量移最早出現在開元二十年，這一時間的錯誤近年來已逐漸為人辨明。事實上，早在開元十一年（723）張九齡所撰《南郊赦書》中便有：「自開元十一年十一月十六日昧爽已前，……其左貶官，非逆人五服內親，及犯贓賄名教者，所司責勘奏聞，量移近處。」〔註165〕其次，開元十七年的《謁五陵大赦文》中亦有：「自開元十七年十一月二十二日昧爽已前，……其反逆緣坐長流及戍奴，量移近處，編附為百姓。左降官量移近處。」〔註166〕可見，有確切記載的量移早在開元十一年便已經出現了。那麼，量移的對象如何呢？唐代，皇帝的諸多赦宥詔令中，言及量移大多是流人與貶官同時提及的，如玄宗《迎氣東郊推恩制》中「其左降官及流移配隸安置罰鎮效力之類，並宜量移近處」〔註167〕、肅宗《元年建卯月南郊赦文》中「其諸色流人及左降官等，前後頻有處分，並與量移」〔註168〕以及代宗《即位赦文》「其四月十五日已後諸色流貶者，與量移近處」〔註169〕等等，因而量移的對象既包括貶官也包括流放之人。弄清楚量移的對象有助於我們追溯量移出現更早的時間，由上文可知，量移左降官早在開元十一年就已經出現，事實上，對流人的量移則可以追溯到更早的開元三年。《冊府元龜》卷八五《帝王部·赦宥四》云，開元三年十二月，玄宗駕幸鳳泉，有司奏稱，凡是皇帝御駕所經過的地方，流以上囚奏聽進止，凡罪至死刑，「宜決一百，配流遠惡處；其犯杖配流者，宜免杖依前配流，已決及流三千里者，節級稍移近處；二千五百里以下，並宜配徒以殿」〔註170〕。「節級稍移近處」已經是量移的意思了。明白了量移最早出現的時間以及量移的對象，以下具體分析唐代流官量移的具體情形。

量移是流放官員最重要的遷轉方式，遇赦量移則是量移最為常見的形式。

〔註165〕《開元十一年南郊赦》，《唐大詔令集》卷六八，第380～381頁。
〔註166〕《謁五陵赦》，《唐大詔令集》卷七七，第439頁。
〔註167〕《全唐文》卷二三，第268～269頁。
〔註168〕《全唐文》卷四五，第499頁。
〔註169〕《全唐文》卷四九，第538頁。
〔註170〕《冊府元龜》（第一冊）卷八五《帝王·赦宥》，第1002頁。

前文便曾列舉過遇赦量移的相關情形，開元三年（715）三月，玄宗駕幸風泉，有司奏稱，凡是皇帝御駕所經過的地方，流以上囚奏聽進止，凡罪至死刑，「宜決一百，配流遠惡處；其犯杖配流者，宜免杖依前配流，已決及流三千里者，節級稍移近處；二千五百里以下，並宜配徒以殿」〔註171〕。天寶十載，玄宗南郊祭祀，進行大赦，其赦文中有，「流人及左降官考滿載滿、丁憂服滿者，亦準例稍與量移」。〔註172〕玄宗時《南郊大赦文》中的「流人及左降官考滿載滿丁憂服滿者，亦準例稍與量移」〔註173〕，以及代宗《即位赦文》中的「其四月十五日已後諸色流貶者，與量移近處」〔註174〕等等，這些都是赦文中對量移的規定。並且，越到唐代後期，赦文中對流放官員的量移規定越來越細緻。如玄宗時的《加證道孝德尊號大赦文》中便增加了對特殊人員的量移規定。其中規定「反逆緣坐流配之色，宜與量移。其王鉷、李林甫、柴崇耀、阿布思等，並寄任非輕，包藏特甚，原情議法，深所難容。況日月未淹，罪坐尤重，即從寬宥，何以懲肅？應緣親累流配者，並不在該及之限」〔註175〕。翻檢史書可以發現在《舊唐書・李林甫傳》中記載的發生在天寶十二年楊國忠陷害李林甫的事件：「國忠素憾林甫，既得志，誣奏林甫與蕃將阿布思同構逆謀，誘林甫親族間素不悅者為之證。詔奪林甫官爵，廢為庶人，岫、嶧諸子並謫於嶺表。」〔註176〕《通鑑》中記載此次因李林甫而被貶的親友數量之大：「二月，癸未，制削林甫官爵，子孫有官者除名，流嶺南及黔中，給隨身衣及糧食，自餘資產並沒官，近親及黨與坐貶者五十餘人」〔註177〕。而其具體的處罰，從其貶詔《削李林甫官秩詔》中可以看到大多是流放處罰：「男前將作監岫，率由下劣，不承（闕）勛驕恣越度，過失彌深，且配流嶺南及黔中延德郡。前司儲郎中嶧，配流蒼梧郡。前太常少卿嶼，配流臨封郡，仍並除名，即綱馳驛領送。自餘男有官者，令所司即勘會，亦除名，各配流嶺南及黔中送惡郡。女在室並男未有官者，取其情願，任隨兄弟。」〔註178〕顯然，玄宗《加證道孝德尊號大赦文》中的量移規定是針對此次事件而發的，其中

〔註171〕《冊府元龜》（第一冊）卷八五《帝王・赦宥》，第1002頁。
〔註172〕《天寶十載南郊赦》，《唐大詔令集》卷六八，第381頁。
〔註173〕《全唐文》卷四十，第433頁。
〔註174〕《全唐文》卷四九，第538頁。
〔註175〕《全唐文》卷四十，第435頁。
〔註176〕《舊唐書》卷一〇六《李林甫傳》，第3241頁。
〔註177〕《資治通鑑》卷二一六，第7037頁。
〔註178〕《全唐文》卷三三，第368頁。

雖然規定了「反逆緣坐流配之色，宜與量移」〔註179〕，但更清楚地說明了對
王鉷、李林甫、阿布思等人的配流並不在該及之限，可見，此時赦書中對流
官量移的規定已經非常細緻而有針對性。這樣的例子還有如懿宗的《即位赦
文》中關於受恩範圍的具體說明：「惟自今年八月九日已後坐事流貶，並不該
此新恩之限」〔註180〕。亦有僖宗《南郊赦文》中的量移法則：「諸色流貶人，
元赦內云雖逢恩赦不在量移之限，有自前年十月十二日赦書後已經量移者，
五千里更與量移一千里，三千里外與量移五百里，情狀難容者，不在此限。
天德五城流人，負罪素重，元赦未經十載不得放還，今屬洪恩，須令沾及，
宜減三年，如年已滿，便放還。從九月四日降郊禮赦後流貶，及引決妄稱冤
人等，並重推覆囚徒，並不在此限。」〔註181〕等等這些，都說明量移在赦文
規定中的細化，不同的情形，不同的人物，量移的方式各有不同。除此之外，
量移其他方面的規定在赦文中也越來越全面，如順宗時期赦文中對量移程序
的說明，「如有親故在上都，任於所司陳狀，便與處分」，〔註182〕還有對僧尼
道士量移的規定：「僧尼道士移隸者，罪人已亡歿，家口未許歸者，一切放歸；
如自情願住者，勿抑令歸」〔註183〕，甚至對之前規定「縱逢恩赦不在放還之
限者」亦允許放還等等，這樣分類詳細的說明在順宗之後的憲宗、穆宗、敬
宗、文宗、武宗、宣宗、懿宗、僖宗的赦書中甚至成為固定格式，一直被延
續下去，且有更為細緻的趨勢，如文宗時《南郊赦文》中對「縱逢恩赦不在
量移之限」者的規定便從允許放還變成了委中書門下量事節級處分，「諸色得
罪人中，如先赦云縱逢恩赦不在免限者，並別赦安置者，亦並委中書門下量
事狀輕重，節級處分。」〔註184〕這樣便使得朝廷對本不在量移之限的官員的
量移有更多樣化、多選擇的量移方式。還有敬宗時對流人死於流所如何處理
的規定「流貶人所在身亡，任其親故收以歸葬，仍仰州縣量給棺槨，優當發
遣」〔註185〕。從這些都可以見出赦文對量移規定的不斷細化、深化，而這也
在一定程度上反映了遇赦量移乃量移、甚至流官遷轉的一種非常重要的途
徑。

〔註179〕《全唐文》卷四十，第 435 頁。
〔註180〕《全唐文》卷八五，第 891 頁。
〔註181〕《全唐文》卷八九，第 930 頁。
〔註182〕《全唐文》卷五五，第 603 頁。
〔註183〕《全唐文》卷五五，第 603 頁。
〔註184〕《全唐文》卷七五，第 791 頁。
〔註185〕《全唐文》卷六八，第 719 頁。

　　第二種流官遷轉的方式乃朝廷召回。朝廷召回的方式主要發生在唐初期，玄宗以後則很少再有這樣的情形。如武德七年（624），建成謀變，元吉等為其求情，高祖歸罪於王珪等，流王珪、韋挺、杜淹等於巂州，待建成誅後，王珪徵諫議大夫，韋挺徵主爵郎中，杜淹徵御史大夫。再如太宗貞觀元年（627），李玄道與君廓有怨，君廓入朝，「玄道附書，君廓私發，不識草字，疑其謀己，懼而奔叛」〔註186〕，被流劍南巂州，未幾，徵為常州刺史。貞觀三年（629），汾陰狂男子謂（裴）寂有天命，寂惶懼遣監奴殺所言者，奴盜寂錢百萬，寂上變，帝怒言寂有死罪四，裴寂由此被流放劍南靜州，未幾，太宗徵入朝。有時流官也會通過入幕的方式獲得遷轉。如宋之問弟宋之悌「嘗坐事流朱鳶」，南蠻攻陷歡州後，宋之悌被授以總管之職擊賊，「遂平賊」〔註187〕，若不是南蠻攻陷，宋之問是不會直接從流人的身份被授予地方官職的。可見，特殊情形下，流官也可以通過進入地方官職系統而擺脫流放的命運。

二、貶官的遷轉與量移

　　與流放官員的遷轉相比，貶謫官員的遷轉情形則更為複雜。貶官仍有官品，只是階品有所下降，即為降資官，貶官需要先復資，才可以正常參加吏部的銓選，官資的恢復對貶官而言非常重要。唐代許多帝王赦書中都曾提到過復資官依常調復選的問題，如天寶十載《南郊大赦》中有：「其官（左降官）已復資，至敘用之日，不須為累。」〔註188〕代宗廣德二年（764）赦令：「左降官即與量移近處，亡官失爵、放歸不齒之類，並官已復資未得本階者，各量與收敘。」〔註189〕還有文宗《南郊赦文》中：「左降官量移近處，已經量移者更與量移。如復資者，五品已上中書門下速與處分，六品已下即任依常調選。」〔註190〕復資之後，通過重新參加吏部考試可以獲得官職，這一點梁瑞在其《唐代流貶官研究》中有詳細的論述，這裡不多贅述。那麼，除去復資參加吏部銓選之外，貶降官員還有哪些遷轉途徑呢？

　　首先，貶降官員可以通過考課而實現遷轉。《唐會要》卷 41 載憲宗元和十二年的敕文：「自今以後，左降官及責授正員官等，並從到任後，經五考滿，

〔註186〕《舊唐書》卷七二《李玄道傳》，第 2584 頁。
〔註187〕《新唐書》卷二〇二《文藝中·宋之問傳》，第 5751 頁。
〔註188〕《全唐文》卷四十，第 433 頁。
〔註189〕《廣德二年南郊赦》，《唐大詔令集》卷六九，第 385 頁。
〔註190〕《全唐文》卷七五，第 791 頁。

許量移。今日以前左降官等，及量移未復資官，亦宜準此處分。」〔註191〕更早的元和二年，中書門下便提出：「其文武官四品以下，並五考商量與改。」〔註192〕也正因為有這樣的說法，元和十年白居易貶江州司馬后才有「上佐近來多五考，少應四度見花開」的詩句。這一點，我們從陸贄《三進量移官狀》中也可以見出：「謹按承前格令，左降官非元敕令長任者，每至考滿，即申所司，量其舊資，便與改敘；縱或未有遷轉，亦即任其歸還。」〔註193〕貶官考滿之後便可以向有司申請量移，若貶官不願量移，還可以按照其意願放還，如顯慶元年（656）的王義方，其因彈奏中書侍郎李義府而被貶為萊州司戶參軍，後王義方「秩滿，家於樂昌，聚徒教授。母卒，遂不復仕進。」〔註194〕再如駱賓王，高宗末為長安主簿，後「坐贓，左遷臨海丞，怏怏失志，棄官而去。」〔註195〕當然，五考的規定也並不是固定不變的，特殊時期仍有特殊的變化。德宗建中元年便有規定：「諸州府五品以上正員內，上佐宜四考滿停，左降官不在限」〔註196〕，即有的貶將官是經過四考便可以遷轉的。開成元年二月，文宗頒布制敕云：「左降官有事情可恕，才用足稱者，中書門下量才處分。」〔註197〕四年五月又有敕云，六品以下貶降官「起今以後，宜委吏部許終四考滿與替。仍先具事由，申中書門下取指檢，不得同尋常員闕使用。」〔註198〕突出強調政績突出、能力卓著的貶官的超前遷轉方式。而德宗貞元三年《南郊赦文》中「左降官經三考，流人配隸效力之類經三週年者，普與量移」〔註199〕則更是將貶官的考課期限縮短為三年，可見，除了規定的五年考課之外，特殊情形下考課的時間也有可能縮短。有的雖在赦令中沒有明確規定，但實際上卻在貶謫後的第二年便遷轉了，如盧承慶，永徽初左遷簡州司馬，「歲餘，轉洪州長史」。〔註200〕值得一提的是，這種通過考課而實現遷轉的方式越到唐代後期越難以按規定實現，如陸贄在《三奏量移官狀》中云：「謹按承前格令，

〔註191〕《唐會要校證》卷四一《左降官及流人》，第631頁。
〔註192〕《唐會要校證》卷八一《考上》，第1288頁。
〔註193〕陸贄撰：《陸贄集》卷二十《三奏量移官狀》，第662頁。
〔註194〕《舊唐書》卷一八七《忠義上·王義方傳》，第4876頁。
〔註195〕《舊唐書》卷一九〇上《文學上·駱賓王傳》，第5006頁。
〔註196〕《唐會要校證》卷六九《別駕》，第1038頁。
〔註197〕《唐會要校證》卷四一《左降官及流人》，第633頁。
〔註198〕《唐會要校證》卷四一《左降官及流人》，第633頁。
〔註199〕《全唐文》卷五五，第588頁。
〔註200〕《舊唐書》卷八一《盧承慶傳》，第2749頁。

左降官非元敕令長任者，每至考滿，即申所司，量其舊資，便與改敘；縱或未有遷轉，亦即任其歸還。逮於開元末，李林甫固權專恣，凡所敕黜，類多非辜，慮其卻回，或復冤訴，遂奏左降官考滿未別改轉者，且給俸料，不須即停，外示憂矜，實欲羈縶。從此以後，遂為恒規，一經貶官，便同長往，回望舊里，永無還期。縱遇非常之恩，許令移遠就近，雖名改轉，不越幽遐。或自西徂東，或從大適小，時俗之語，謂之橫移。馴致忌刻之風，積成天寶之亂，展轉流弊，以至於今。」〔註201〕也就是說，自開元末，因為李林甫的專權打擊異己，官員即使考滿，亦難以實現量移，往往繼續發給俸祿讓其留在原地，或者僅僅是自西徂東的橫移。建中元年，德宗也敕令：「諸州府五品以上正員內，上佐宜四考滿停，左降官不在限。」〔註202〕將左降官獨立於四考滿停的範圍之外，使其考滿遷轉的權力受到限制。貞元十年（794），刑部奏疏有：「五品左降官既不許停祿料，六品以下未復資，已經四考未量移間，其祿料伏望亦許准給敕旨祿料。」〔註203〕貶官在四考之後仍然給祿料，這乃是朝廷牽制貶官不允許其按時量移的一種手段。甚至在德宗之末出現十年無赦的局面，史載：「德宗之末，十年無赦，群臣以微過譴逐者皆不復敘用」〔註204〕，「壬申，追忠州別駕陸贄、郴州別駕鄭餘慶、杭州刺史韓皋、道州刺史陽城赴京師……贄與陽城皆未聞追詔而卒」，〔註205〕《順宗實錄》亦記載此事為：「德宗自貞元十年已後，不復有赦令。左降官雖有名德才望，以微過忤旨譴逐者，一去皆不復敘用。至是人情大悅。而陸贄、陽城，皆未聞追詔，而卒於遷所。士君子惜之。」〔註206〕可見，貶官雖然經一定的時間考滿可以量移，但是，特殊時期，特殊情形下又會有不同的情況出現。

其次，遇赦量移也是官員遷轉的一種非常重要的方式。唐代赦書中有許多對貶降官員如何量移的規定。如玄宗《迎氣東郊推恩制》中的：「其左降官及流移配隸安置罰鎮效力之類，並宜量移近處」，〔註207〕代宗《冊尊號赦文》與《南郊赦文》中的「左降官即量移近處」「左降官即與量移近處」

〔註201〕《三奏量移官狀》，《陸贄集》卷二十，第662頁。
〔註202〕《唐會要校證》卷六九《別駕》，第1038頁。
〔註203〕《冊府元龜》（第八冊）卷六三〇《銓選部・條制二》，第7560頁。
〔註204〕《資治通鑒》卷二三六，第7733頁。
〔註205〕《資治通鑒》卷二三六，第7733～7734頁。
〔註206〕韓愈撰：《順宗實錄》卷二，中華書局，1985年版，第6頁。
〔註207〕《全唐文》卷二三，第269頁。

〔註208〕還有德宗皇帝《南郊赦文》中的「左降官經三考，流人配隸效力之類經三週年者，普與量移。」〔註209〕敬宗時《南郊赦文》中「左降官自長慶四年三月三日制後未經量移者，與量移近處，已經量移者，更與量移。」〔註210〕這些都是赦文中規定的流貶官量移，這些赦文中的規定在實際政治中是嚴格被執行的。如李紳的量移，寶曆元年四月敬宗加尊號，大赦天下，時任宰相李逢吉不欲李紳量移，「乃於赦書節文內，但言左降官已經量移，宜與量移近處，不言未量移者宜與量移。」〔註211〕當時，李紳新貶，顯然並不在規定的量移範圍內，針對這種情況，韋楚厚上疏論曰：「伏見赦文節目中，左降官有不該恩澤者。在宥之體，有所未弘。臣聞物議皆言逢吉恐李紳量移，故有此節。若如此，則應是近年流貶官，因李紳一人皆不得量移。事體至大，豈敢不言？……伏乞聖慈察臣肝膽，倘蒙允許，仍望宣付宰臣，應近年左降官，並編入赦條，令準舊例，得量移近處。」〔註212〕韋楚厚在這一奏疏中國明確指出李逢吉的私心以及其私心可能造成的危害，這一義正言辭的奏疏使得敬宗覽後「深悟其事，乃追改赦文」〔註213〕「添節文云：『左降官與量移』」〔註214〕李紳由此才可以量移，可見唐代赦文中量移的規定在現實中執行的嚴格。

第三種貶官遷轉的方式是帝王徵召。總體而言，唐代前期貶官被徵召的比例要高於唐代後期。而貶官之所以能夠被召回，主要有幾個方面的原因。第一，貶官與帝王有故舊。如蕭瑀，貞觀十二年，太宗貶蕭瑀為商州刺史，貞觀二十一年，太宗徵蕭瑀入朝，「授金紫光祿大夫，復封宋國公。」〔註215〕蕭瑀為唐朝的元老重臣，並與李世民有親表關係，為唐王朝籌劃多年，殊多建樹，因此能夠得到太宗直接召回朝廷的禮遇。第二，貶官有特殊的政治才能。如顏師古，因「物論稱其納賄」被貶郴州刺史，太宗惜其才，言於其曰：「卿之學識，良有可稱，但事親居官，未為清論所許。今之此授，卿自取之。朕以卿曩日任使，不忍遽棄，宜深自誠勵也。」〔註216〕

〔註208〕《全唐文》卷四九，第539、541頁。
〔註209〕《全唐文》卷五五，第588頁。
〔註210〕《全唐文》卷六八，第719頁。
〔註211〕《舊唐書》卷十七上《敬宗紀》，第514頁。
〔註212〕《舊唐書》卷一五九《韋楚厚傳》，第4185頁。
〔註213〕《舊唐書》卷一五九《韋楚厚傳》，第4185頁。
〔註214〕《舊唐書》卷一七三《李紳傳》，第4499頁。
〔註215〕《舊唐書》卷六三《蕭瑀傳》，第2399～2404頁。
〔註216〕《舊唐書》卷七三《顏籀傳》，第2595頁。

之後，太宗將其復遷為秘書少監。第三，官員因為朝廷政治鬥爭的消長變化被召回。如牛李黨爭中，伴隨著政治鬥爭的此起彼伏，黨爭的雙方多次被貶，也多次被召回。長慶二年（822），宰相李逢吉執政，引牛僧孺為相，李德裕被出為浙西觀察使，後大和三年（829），裴度為相，徵李德裕為兵部侍郎，李宗閔因牛僧孺罷裴度宰相，再次出李德裕為鄭滑節度使。大和七年（833），文宗徵李德裕為兵部尚書同中書門下平章事，德裕反出牛黨楊虞卿為常州刺史，張元夫為汝州刺史，李宗閔為山南東道節度使。大和八年（834），李宗閔入相又出德裕為山南西道節度使，武宗即位，召德裕為門下侍郎同平章事，李德裕同樣貶謫牛黨「楊嗣復為潮州刺史，李玨為昭州刺史，裴夷直為歡州司戶。」〔註217〕伴隨著朝廷政治力量的消長，不同黨派的官員也會頻繁外出與被召回。

最後一種貶官遷轉的方式為入幕，通過入幕立功而實現遷轉也是貶官恢復官職的一種途徑。如大曆十二年，包佶因宰相元載牽連而貶嶺南，因其有才幹，因此被劉晏「奏起為忭東兩稅使」〔註218〕憲宗時，鹽鐵轉運、揚子院留後程異坐附王伾與王叔文，被貶郴州司馬，憲宗雖詔命王叔文之黨「縱逢恩赦，不在量移之限」，但因為斂財共戰的需要與程異正好曉達錢穀的才能，因此棄瑕錄用，憲宗也重新恢復了程異揚子留後的職位。因此，雖然貶官因為罪行一般不容易被再次任用，但有的權勢較重的節度使或觀察使有時也會任用一些有才能且罪行不是很重的貶官，貶官也得以以此途徑實現官職的遷轉。

以上分析了貶官實現遷轉的四種途徑，那麼，其遷轉的程序如何呢？這一點《唐會要》卷 41 中有詳細說明：「考滿後，委本任處州府具元貶事例及到州、縣月日，申刑部堪責，俾吏部量資望位量移官。仍每季具名聞奏，並申中書門下。其曾任刺史、都督、郎官、御史並五品以上及常參官，刑部檢勘其所犯事由聞奏，中書門下商量處分。」〔註219〕這一段文字當中，對於貶官遷轉方式的說明可以說是非常具體而詳細了，尹富的解讀則更為清晰：「通常情況下，貶謫官吏遇赦或考滿之後，先由州、府（節度或觀察使府）申名，即將貶謫者的姓名、貶謫緣由以及到州、縣的具體時間等申報到刑部，……

〔註217〕《資治通鑑》卷二四六，第 8072 頁。
〔註218〕《新唐書》卷一四九《包佶傳》，第 4799 頁。
〔註219〕《唐會要校證》卷四一《左降官及流人》，第 631 頁。

刑部得申報後，首先要檢勘州府所呈報的有關情況，認定其符合量移的規定後，再轉報所司量移授官。」〔註220〕具體處理貶官量移的部門則為吏部或中書門下，一般來說，貶謫前為六品以下的官員由吏部辦理，《唐會要》有：「故事，量移六品以下官，皆吏部旨授。」〔註221〕而貶謫前若為五品以上官員，則由刑部辦理，「其曾任刺史、都督、郎官、御史、五品以上常參官，刑部檢勘，具元犯事由聞奏，並申中書門下商量處分。」〔註222〕《資治通鑒》中引陸贄奏疏亦云：「國朝五品以上，制敕命之，蓋宰相商議奏可者也。六品以下則旨授，蓋吏部銓才署職，詔旨畫聞而不知可否者也。」〔註223〕由此，我們可以大體知曉官員量移的一般程序。

量移的程序看起來簡單而清晰，但在具體實施的過程中卻常常要花費很長的時間，以至於量移經常不能按期實行。肅宗《元年建卯月南郊赦文》中就指出：「其諸色流人及左降官等，前後頻有處分，並與量移，所繇稽遲，動歷年數。」〔註224〕憲宗《上尊號赦文》中亦說：「如準前制已合量移，有司未注擬者，並任累敘。」〔註225〕可見，量移延宕乃是一種很常見的現象。而其原因，陸贄在《貞元九年冬至大禮大赦制》中指出：「比者準制量移，所司比例申牒，屢加盤覆，累涉歲年，既甚淹遲，且不均一。」〔註226〕其《論左降官準制合量移事狀》中也提出：「若準所司舊例，須俟州府錄申，盤勘檢尋，動逾年歲，上稽恤宥之旨，下虧慶賴之心。臣等商量，恐徐釐革。」〔註227〕也就是說，陸贄認為造成貶官不能按時量移的原因之一乃程序所需時間太長，為此，陸贄建議：「貞元六年恩後左降官等，除遷改亡歿之外，具名銜及貶謫事由年月，速報中書門下，不須更待州府申請。臣等據所司報到，則便進擬，不出歲內，冀希沾恩。」〔註228〕為了減短流程需要花費的時間，陸贄建議省去其中州府申請的環節。而這也就是自唐順宗起，赦文中經常加上「如有親

〔註220〕尹富：《唐代量移制度與貶謫士人心態考論》，《中華文史論叢》，第73輯，第71頁。

〔註221〕《唐會要校證》卷四一《左降官及流人》，第631頁。

〔註222〕《唐會要校證》卷四一《左降官及流人》，第632頁。

〔註223〕《資治通鑒》卷二三四，第7653頁。

〔註224〕《全唐文》卷四五，第499頁。

〔註225〕《全唐文》卷六三，第676頁。

〔註226〕《貞元九年冬至大禮大赦制》，《陸贄集》，第77頁。

〔註227〕《論左降官準赦合量移事狀》，《陸贄集》，第658頁。

〔註228〕《論左降官準赦合量移事狀》，《陸贄集》，第658頁。

故在上都，任於所司陳狀，便與處分」〔註229〕的原因，根本上而言，都是為了精簡量移程序以減短量移實施所需要的時間。

　　此外，有關部門的辦事效率低亦是導致量移經常費時很長的原因。肅宗《加恩處分流貶官詔》中有：「又流降量移，久申詔令，省司類例，事亦稽遲，遂使嶺嶂逾時，積流荒之歎，雨露凝澤，壅如絲之旨。……斯乃主者怠官，甚無謂也。宜令中書門下類例三司先所貶官，各具科目，均平改擬，仍審勘前後制敕，應合沾恩，並速處分。準制合量移人，亦令吏部速比類聞奏。」〔註230〕憲宗時，更是將官員的考課同貶謫官員量移的速度聯繫起來，元和二十九年刑部奏：「並餘左降官，緣任處州府多是遐遠，至考滿日，其有申牒稽遲致留滯者，其刺史、本判官、錄事參軍等，請與下考。」〔註231〕可見朝廷為加快量移速度所作的努力，然督責官吏雖然會使整體的情形有所好轉，但收效仍然不大，「唐德宗貞元九年冬郊祀禮赦下後，快半年了流貶者量移事項還未得到處理。」〔註232〕「元和十三年正月平淮西赦下，左降官等被准許量移，但白居易直到該年十二月才得到量移忠州刺史的詔命；同年，元稹從通州量移虢州，所費時日也大體相同。相比之下，韓愈元和十四年由潮州刺史量移為袁州刺史，歷時三個月，已算是比較快的了。」〔註233〕

　　最後要討論的是貶官量移的具體情形。貶官量移基本上是通過距離的移動與官職變動來實現的，通過分析唐代貶官的量移可以發現，量移主要有三種不同的方式，第一類是地理位置移近且官職升遷；第二類是官職升遷但地理位置移遠；第三類為地理位置移近，但官職降低。這其中最值得說明的是第二類，官職升遷但位置移遠，這樣的情形看似量移，但在具體案例中，這種量移甚至相當於再次貶謫，如元和十年，貶官韓曄由饒州司馬量移汀州刺史，陳諫自台州司馬量移封州刺史，韓泰自虔州司馬量移漳州刺史，柳宗元由永州司馬量移柳州刺史，劉禹錫由朗州司馬量移連州刺史，雖然官職的階品有所提高，但其量移之地距離京城卻更遠了。《資治通鑑》卷239載：「王叔文之黨坐謫官者，凡十年不量移。執政有憐其才欲漸進之者，悉召至京師。

〔註229〕《全唐文》卷五五，第603頁。

〔註230〕《全唐文》卷四三，第473頁。

〔註231〕《唐會要校證》卷四一《左降官及流人》，第632頁。

〔註232〕尹富：《韓愈量移江陵遇赦問題新考》，《西南民族學院學報》（哲學社會科學版），第6期，第61頁。

〔註233〕尹富：《韓愈量移江陵遇赦問題新考》，第61頁。

諫官爭言其不可，上與武元衡亦惡之。三月，乙酉，皆以為遠州刺史，官雖進而地益遠。」〔註234〕由「上與武元衡亦惡之」可知，這次量移並不是憲宗對其寬恕，而是以另一種形式進行貶謫打擊。此外，在對官員的量移中，還有一點需要提及的是「縱逢恩赦不在量移之限」的規定。如李德裕，宣宗大中元年（847）十二月，李德裕由分司東都改為潮州司馬，並命令「縱逢恩赦，不在量移之限」；《舊唐書‧憲宗紀》載憲宗詔書：「左降官韋執誼、韓泰、陳諫、柳宗元、劉禹錫、韓曄、凌準、陳異等八人，縱逢恩赦，不在量移之限。」〔註235〕量移是貶官重新返回朝廷的希望，若規定「縱逢恩赦，不在量移之限」無疑是將貶官最後一點返回朝廷的希望都破滅了，這顯然會給貶官帶來極大的心靈打擊。如李德裕，太和末年貶為袁州長史時，還能夠「吟詠著述以自適，不以遷謫為意」〔註236〕，到宣宗大中年間貶崖州時便「其心若水，其死若休」〔註237〕了。而柳宗元，被貶永州其間，其詩文中充滿了「棄」、「囚」等相關的意象，甚至於山也如同一座囚牢囚禁自己，深刻表達出內心的痛苦，這樣的痛苦顯然與不能量移有很大的關係。總之，貶謫雖然痛苦，但量移還是其唯一的希望，如若連量移的可能都失去了，那貶官的痛苦也便可想而知了。

綜合以上可知，貶官的遷轉包括流放官員與貶降官員的遷轉。官員被貶之後往往會有不同的遷轉方式，而量移則是其中最重要的一種。量移又有遇赦量移，有考滿量移，還有其特定的實施程序。量移是貶謫官員進入仕途的希望，而唐後期「縱逢恩赦，不在量移之限」的規定則給貶官心靈造成了極大的傷痛，形成其貶謫詩文中的強烈痛感。

〔註234〕《資治通鑒》卷二三九，第7831頁。

〔註235〕《舊唐書》卷一五上《憲宗紀》，第418頁。

〔註236〕《正德袁州府志》（天一閣藏本）卷6《名宦》，轉引自傅璇琮《李德裕年譜》，齊魯書社，1984年版，第319頁。

〔註237〕傅璇琮、周建國校箋：《李德裕文集校箋》，河北教育出版社，2000年版，第555頁。

第四章　唐代貶謫制詔研究

　　劉勰曾在《文心雕龍‧詔策》篇中，對「詔策」這一「王言」文體的特點作過生動描述：「王言之大，動入史策，其出如綍，不反若汗。」[註1]「王言」指皇帝的語言，特別是行之於書面的皇言。作為「王言」的一種，貶謫制詔是伴隨貶謫而下達的書面性公文，具有最高的權威性與最高的法律效力。貶謫制詔經歷了漫長的發展過程，到唐代，開始具備了穩定的文體形式。唐代貶謫制詔有固定的體制、用語風格，其書寫亦充滿了藝術性，貶詔背後，或為了打擊政敵，或出於全身避禍，或用來報復，或因之結怨，貶詔的書寫藝術大大開闊了這一實用性王言文體的意義內涵。仔細參校貶詔文本及史籍記載便會發現，貶詔中貶官罪名與被貶官員的實際罪行之間，存在相當的距離，或避重就輕、或無中生有，或上綱上線。這種距離反映的便是唐代政治環境中「禮」與「權」之間的因勢互動。貶官罪行由對「權」之爭奪所致，而罪名則始終依「禮」而定。作為一種無可指謫又義正言辭的官方文本，貶詔充分彰顯出國家的「禮制」意識形態，是士人精神家園的象徵，然深藏於其背後的卻是種種人情及權力的複雜糾鬥、較量，這種「禮」與「權」的根本衝突導則致罪名與罪行之間的必然距離。本文擬以貶謫制詔為研究對象，探討其文體特質及文本背後影射出的政治文化內涵。

〔註1〕劉勰撰，楊明照校注：《增訂文心雕龍校注》，中華書局，2012 年版，第 262
　　　頁。下文凡引據此書者，皆只列書名及頁碼，不再詳細出注。

第一節　貶謫制詔的文體淵源及其流變

　　貶謫是我國古代朝廷對犯罪官員的一種處罰方式，其出現甚早，且方式多樣，有流徙、免官、出鎮等多種不同的形式。各種形式的貶謫在其實施過程中，均伴隨著相關詔令的頒發，這些詔令，便可稱之為貶謫詔令。目前，關於詔令類公文的研究比較集中於各體之形制、功能、運轉等整體性的考察，而對某一種公文類型的縱向研究則相對闕如，貶謫制詔的專門研究亦尚未有人涉足。貶謫，作為古代國家政治生活中的重大事件，其相關詔令情形如何？為何在唐代始形成一種統一、固定的形制？從先秦至漢至唐，貶謫公文經歷了一個怎樣的發展過程？又有什麼樣的特點？貶詔的書寫與貶謫的制度化以及其時的政治生活又有何聯繫？這些便是本文希望深入探索和解決的問題。

一、秦之「賜書」到漢之「策」「制」

　　貶謫制詔淵源久遠，早在先秦便已出現。其時貶謫還是一種簡單的政治處理方式，書面表達也並未形成固定的形制。到漢代，貶謫情形大量出現，且根據所貶對象、目的的不同，開始擁有了「策」、「制」、「詔」的固定體式。

　　據筆者考察，最早有記載的書面性貶謫詔書是《國語・魯語》中魯太史李革的《更魯公書逐莒僕》，其具體內容為：「夫莒太子殺其君而竊其寶來，不識窮固，又求自邇。為我流於夷，今日必通，無逆命矣」。〔註2〕講的是莒太子僕，殺害其國君又竊取其國的寶物而來投奔魯國的魯宣公，魯宣公很高興，便要賜予他一塊土地，並命季文子宣達王命，季文子半道遇到魯太史李革，李革便更其書為此。這件事情，《左傳》亦有記載，只不過矯詔的主人公變成季文子而不是李革。然相同的是，二人均因矯詔而遭到宣公的質問，也都以一篇不可侍奸賊的精彩辯論贏得了宣公的認同，認為莒僕不該獎賞而該貶謫。此後，第二篇關於貶謫的詔令文書便是秦始皇的《賜文信侯書》。時始皇發現太后與嫪毐私通，事連相國呂不韋，始皇十年，免相國呂不韋，在朝臣諫說下，出文信侯就國河南。「歲餘，諸侯賓客使者相望於道，請文信侯。秦王恐其為變，乃賜文信侯書曰：『君何功於秦？秦封君河南，食十萬戶。君何親於秦？號稱仲父。其與家屬徙處蜀！』」〔註3〕無論是莒僕的「流於夷」

〔註2〕嚴可均輯：《全上古三代秦漢三國六朝文》，中華書局，1958年版，第25頁。
　　　　下文凡引據此書者，皆只列書名及頁碼，不再詳細出注。
〔註3〕司馬遷撰：《史記》卷八五，中華書局，1959年版，第2513頁。

還是文信侯的「徙處蜀」，此時對貶謫的處理都相對簡單粗糙，貶謫還未成為統治者人事調整及政局平衡的手段，亦無針對不同身份的不同貶謫方式。因此這只是貶謫的初始階段，其相關文書則是最初形態的貶詔。

貶謫詔令擁有固定的形制要到漢代。詔策公文發展到漢代，已經經歷了相當漫長的過程。《文心雕龍》曾對此做過一個頗為準確的描述：「昔軒轅唐虞，同稱為『命』，命』之為義，制性之本也。其在三代，事兼誥誓，誓以訓戒，誥以敷政，『命』喻自天，故授官錫胤……降及七國，並稱曰『令』。令者，使也。秦併天下，改『命』曰『制』。漢初定儀則，則命有四品：一曰策書，二曰制書，三曰詔書，四曰戒敕。」〔註4〕可以看到，從軒轅時代到漢，詔策先後經歷了先秦的「命」到三代的「誓」、「誥」、「命」，到戰國的「令」、秦的「制」，再到漢代的「策」、「制」、「詔」、「敕」四種文體。由前文可知，秦及以前，貶謫詔令還無特定的形制，而從漢代開始，無論是「策」還是「制」、「詔」中，都開始出現了規範的貶謫詔令的身影。

首先，漢代「策」這一文體中首次出現了貶謫詔令，即策免類策書。蔡邕在《獨斷》中曾為「策」下過這樣的定義：「策者，簡也。禮曰：不滿百文，不書於策。其制長二尺，短者半之；其次一長一短，兩編，下附篆書，起年月日，稱皇帝曰。以命諸侯王三公。其諸侯王三公之薨於位者，亦以策書誄諡其行而賜之如諸侯之策。三公以罪免，亦賜冊，文體如上策而隸書，以一尺木兩行。唯此為異者也。」〔註5〕其中，不僅對策書的書寫材料、方式作了說明，並指出策封、弔唁和策免諸侯王三公都要用到一文體，而策免便是貶謫的意思。細檢嚴可均先生所編《全上古三代秦漢三國六朝文》，可發現策免類策書十四篇，這十四篇文獻，除一篇廢后策書外，均可視作當時的貶謫文書。如成帝永始二年的策免策書——《策免薛宣》：

> 君為丞相，出入六年，忠孝之行，率先百僚，朕無聞焉。朕既不明，變異數見，歲比不登，倉稟空虛，百姓飢饉，流離道路，疾疫死者以萬數，人至相食，盜賊並興，群職曠廢是朕之不德而股肱不良也。乃者廣漢群盜橫恣，殘賊吏民，朕惻然傷之。數以問君，君對輒不如其實。西州鬲絕，幾不為郡。三輔賦斂無度，酷吏並緣為奸，侵擾百姓，詔君案驗，復無欲得事實之意。九卿以下，咸承

〔註4〕《增訂文心雕龍校注》，第267頁。
〔註5〕蔡邕《獨斷》，四庫全書文淵閣影印本，子部一五六，雜家類二，第78頁。

> 風指，同時陷於謾欺之辜，咎繇君焉。有司法君領職解嫚，開謾欺
> 之路，傷薄風化，無以帥示四方。不忍致君於理，其上丞相高陽侯
> 印綬，罷歸。〔註6〕

通過羅列薛宣的一系列罪行說明其不堪為丞相之由，因此將其罷歸。類似的策免策書還有哀帝建平年間的《策免彭宣》、《策免何武》、《策免師丹》、《策免傅喜》、《策免孔光》等等。總之，這類策免三公的策書與之前的貶謫詔令不同，它們作為漢代一種獨特的公文形態，有了固定的體制，乃是第一類形制完整的貶謫詔令。

其次，第二類形制完整的貶謫詔令是此一時期的「制」書。《獨斷》載：「制書，帝者制度之命也。其文曰制詔三公，赦令、贖令之屬是也。刺史太守相劾奏，申下土遷，書文亦如之。其徵為九卿、若遷京師近臣，則言官，具言姓名，其免若得罪，無姓。」〔註7〕很顯然，制書除了向全國頒布赦令、贖令之外，另一個重要功能便是任用或免除京師近臣，而免官的部分，便是制書形式的貶謫詔令。其具體形制，乃「制詔＋」，對象可以是丞相、太尉、御史大夫等，其中，「制詔御史」出現頻次最高。如元帝時期的《詔免諸葛豐》：

> 制詔御史：城門校尉豐，前與光祿勳堪、光祿大夫猛在朝之時，
> 數稱言堪、猛之美。前為司隸校尉，不順四時修法度，專作苛暴，
> 以獲虛威。朕不忍下吏，以為城門校尉。不內省諸己，而反怨堪、
> 猛，以求報舉，告案難證之辭，暴揚難驗之罪，毀譽恣意，不顧前
> 言，不信之大者也。朕憐豐之耆老，不忍加刑，其免為庶人。〔註8〕

同樣地，詔令通過歷數諸葛豐的罪狀宣布了對其處罰的具體結果，貶謫制書也具備了特殊完整的形制。那麼，為什麼有的貶謫用策書，而有的用制書呢？二者之間有什麼區別？要解決這個問題便需要我們對「策」與「制」的文體內涵進行理解。《文心雕龍·詔策》曰：「漢初定儀則，則命有四品，一曰策書，二曰制書，三曰詔書，四曰戒敕」，〔註9〕作為定儀則而生的四種文體之首，「策」的產生與漢初分封諸侯王有著非常重大的關係。漢初禮制儀則乃叔孫通等人所製，其特點即「希世度務，制禮進退，與時變化」，〔註10〕即根據

〔註6〕《全上古三代秦漢三國六朝文》，第170頁。
〔註7〕《獨斷》，子部一五六，雜家類二，第78頁。
〔註8〕《全上古三代秦漢三國六朝文》，第162頁。
〔註9〕《增訂文心雕龍校注》，第267頁。
〔註10〕司馬遷撰：《史記》卷九九，第2726頁。

時代的需要確立新的禮儀制度。而分封作為漢初的頭等大事，顯然需要特定的儀禮規則，而這便促使了「策」這一文體的產生，即以禮冊封諸侯王三公，由此我們便不難理解「策」書的寫作規定，「篆書，起年月日，稱皇帝曰」〔註11〕等等，均是為了實現其儀禮性的特徵。正是因為這一特徵，「策」書後來也一直都用在授封或策免的儀式上，是一種儀式性的文書，故而其體式更為穩定、正式。而「制」乃「制度之命」，《文心雕龍·書記》有：「制，裁也。上行於下，猶匠之製器也。」〔註12〕《說文》云：「從刀從禾。物成有滋味，可裁斷，一曰止也。」〔註13〕《珊瑚鉤詩話》有「帝王之言，出法度以制文者，故謂之制」。〔註14〕顯然，制即規範裁奪之意，而人事的任免顯然是國家治理中需要規範的內容之一，於是有了貶官的「制」書。相對於「策」的禮儀性、文化性，「制」則更側重於一種行政性，強調人事任免的法度和規定；表達風格上，與「制度之命」這種下達命令的制書相比，「策」書不僅表達更為完整、也更加溫和、對被貶之人更為尊重。二者的區別造成了其使用範圍得差異。此外，因「策」書的禮儀性而產生的另一種貶謫方式即因災異而策免三公。自董仲舒「始推陰陽，為儒者宗」，〔註15〕災異之說與朝政對應的說法便日漸增多：「漢廷自武帝以後，儒術日隆，而朝廷論災異者亦日盛。因漢儒經術，本雜方士陰陽家言，而所立說，固靡弗及災異也」。〔註16〕既將災異視為上天對治理問題的反映，那麼，若有天災，作為協助皇帝治國的三公便理應承擔相應的責任。《春秋繁露·陽尊陰卑》曰：「《春秋》君不名惡，臣不名善，善皆歸於君，惡皆歸於臣。臣之義比於地，故為人臣者，視地之事天也。……是故孝子之行，忠臣之義，皆法於地也，地事天也，猶下之事上也。」〔註17〕臣下替皇帝承擔罪過即是一種臣事君之禮，因此因災異而策免三公便自然而然了。《後漢書·徐防傳》載：「延平元年，（防）遷太尉，與太傅張禹參錄尚書事。數受賞賜，甚見優寵。安帝即位，以定策封龍鄉侯，食邑千一百戶。其年以災異、寇賊策免，就國。凡三公以災異策免，始自防也。」〔註18〕細

〔註11〕《獨斷》，子部一五六，雜家類二，第78頁。
〔註12〕《增訂文心雕龍校注》，第351頁。
〔註13〕許慎撰：《說文解字》，中華書局影印，1963年版，第92頁。
〔註14〕張表臣撰：《珊瑚鉤詩話》，中華書局，1985年版，第26頁。
〔註15〕班固撰：《漢書》卷二七上《五行志》，第1317頁。
〔註16〕錢穆撰：《秦漢史》，三聯書店，2004年版，第235頁。
〔註17〕董仲舒撰：《春秋繁露·陽尊陰卑》，中華書局，2012年版，第416頁。
〔註18〕范曄撰：《後漢書》卷四四《徐防傳》，第1502頁。

檢兩漢時期的策免策書，其中有許多都是因為災異而策免的，如《冊免薛宣》中：「朕既不明，變異數見，歲比不登，倉稟空虛，百姓飢饉，流離道路」、〔註19〕《策免師丹》中：「朕既不明，委政於公，間者陰陽不調，寒暑失常，變異婁臻，山崩地震，河決泉湧，流殺人民，百姓流連，無所歸心，司空之職尤廢焉」、〔註20〕《策免孔光》中：「朕既不明，災異重仍，日月無光，山崩河決，五星失行，是章朕之不德而股肱之不良也」〔註21〕等等。由此可知，到漢代，因具體情形不同而採取的「策」或是「制」的文體中，都有相應的貶謫詔令，並且均有其特殊的形制。

二、魏晉之「令」與唐之「制」「敕」

據《全上古三代秦漢三國六朝文》，魏晉時期出現了一種新的詔令文體，即「令」。這一時期的貶謫詔令不多，其中便有三篇令文，即魏郭后所下的《追貶高貴鄉公令》、吳孫權的《斥張溫令》以及南朝陳的《黜始興王伯茂令》。那麼，為什麼這一時期會出現「令」這一種形式的貶詔呢？「令」又是一種什麼樣的文體？

劉勰在《文心雕龍》中有「昔軒轅唐虞，同稱為『命』，命』之為義，制性之本也。其在三代，事兼誥誓，誓以訓戒，誥以敷政，『命』喻自天，故授官錫胤……降及七國，並稱曰『令』。令者，使也。」〔註22〕可知到戰國，所有的詔令文體有了一個共同的名稱即「令」，包括詔書、令書、告書、誓書、檄書、律法書等等，其中以法令以及軍事指令相關的「令」書為主。那麼，先秦的「命」為何會演化為戰國之「令」？事實上，此一時期「令」體的大力發展，與其時的社會背景密切相關。西周滅亡到春秋戰國，周王室逐漸衰微，只保留著天下共主的名義而無實際的權力，各個諸侯國爭霸不斷，戰亂頻仍，社會出於激烈的大動盪之中。在這樣的情形之下，「令」逐漸成為戰國各諸侯國使用的公文書，既可以用於頒布法令，又可用於軍事指令，且使用主體不限於帝王，諸侯國君、重臣或軍事首領均可發布。也就是說，社會的失序動盪要求一種有別於傳統帝王莊重典雅之「命」的文體出現，更短小精幹、條理明晰、用詞準確、嚴謹冷峻，而「令」即是這樣的文體形式。與春

〔註19〕《全上古三代秦漢三國六朝文》，第170頁。
〔註20〕《全上古三代秦漢三國六朝文》，第175頁。
〔註21〕《全上古三代秦漢三國六朝文》，第176頁。
〔註22〕《增訂文心雕龍校注》，第267頁。

秋戰國類似，魏晉南北朝，亦是一個激烈動盪的時期，江山易主速度極快，「蕭齊時，梁王欲宣德皇后禪位，命任昉為令，《文選》載之，是固然矣。予觀賈誼《上文帝書》，『謂天子之言曰令，諸侯之言曰令』，蓋傷其制度不定如此……若論其用，如赦宥、求才、求言諸類，未可悉數」〔註23〕如此，則不專屬於統治者的令文，自然會在這一時期受到青睞。而社會動亂造成的戰爭頻發，也促使「令」這種適用範圍廣、傳播速度快、實用性更強的文體成為此時的新型文體，備受重用。上面提到的三篇魏晉時期的貶詔，便是三則貶「令」，一篇出自魏時郭太后，乃司馬氏逼迫郭太后所下；一篇出自吳孫權，用以貶謫因出使蜀漢而名聲太盛的張溫；還有一篇乃出自南朝陳武宣張皇后，用以貶謫謀反阻撓高宗即位的王伯茂，其貶謫的施行者均不是傳統大一統帝國的封建帝王。可見，特殊的時代環境形成特殊的需求，特殊的需求產生特殊的文體，「令」即為適應大動亂而生的文體，貶「令」便成為這一時期貶謫詔令的特別形式。

　　除此之外，伴隨著王朝的更迭，魏晉南北朝時期，統一帝國傾向於使用的禮儀性的「策」書和制度性的「制」書逐漸減少，而使用範圍更為廣泛的「詔」書逐漸成為最受歡迎的文體形式。事實上，在漢代，貶謫詔令除去「策」、「制」外，便還有「詔」，如《免息夫躬孫寵詔》、《貶阜陵王延詔》等。「詔」，《說文解字》釋「詔」為「詔，告也」〔註24〕。《爾雅·釋詁》釋之為「導也」。〔註25〕劉熙《釋名·釋典藝》說「詔書。詔，昭也。人暗不見事宜，則有所犯。以此照示之，使昭然知所由也。」〔註26〕又，唐代呂向《文選》注亦言：「詔，照也。天子出言，如日之照於天下也。」〔註27〕明代黃佐《六藝流別》說「詔者何也？以言召也。人有所不知，以言召而示之，使其心昭然也，乃通用之辭。漢以後天子渙號，始專以詔名矣」〔註28〕等等。從這些解釋我們不難明白，詔即用語言告訴，使知曉，宣告之意，也正是從這個意義而言，

〔註23〕王水照編：《歷代文話》，第 3771 頁。

〔註24〕許慎撰：《說文解字》，中華書局影印，1963 年版，第 52 頁。

〔註25〕郝懿行撰：《爾雅義疏》，北京市中國書店，1982 年版，第 54 頁。

〔註26〕劉熙撰，畢沅疏證，王先謙補：《釋名疏證補》卷六，中華書局，2008 年版，第 216～217 頁。

〔註27〕蕭統編，李善等注：《六臣注文選》卷三五，中華書局，1987 年版，第 663 頁。

〔註28〕黃佐撰：《六藝流別二十卷》卷 7，四庫全書存目叢書，集部第三〇〇冊，1997 年版，齊魯書社，第 195 頁。

漢初，高祖便向天下宣告《求賢詔》、《重祠詔》等詔書，藉此曉喻臣民共同治理國家，「布告天下，使明知聯意」〔註29〕即是其意。而後代，類似的通過頒發詔書規定國家治理方針的詔書也非常之多，如文帝時的《振貸詔》、《養老詔》；武帝時期《詔賢良》；宣帝時期的《地震詔》；和帝時的《罷鹽鐵詔》等等。「詔」明確地成為一種文體應該是在秦，據《史記・秦始皇本紀》記載，秦始皇統一天下後，改「命為制，令為詔」。〔註30〕然因秦存在時間不長，其文體本身便也沒有形成非常穩定的體制，「詔」的意義更多地偏向於一種關於帝王詔令的整體性的稱呼，向天下宣達王命。可以說，一直到漢代，「詔」都延續了作為一種命令性文書的統稱這一文體內涵，但除此之外，漢代貶謫有時也會有使用「詔」，如上文所說的《貶阜陵王延詔》。《後漢書》卷四十二《光武十王列傳第三十二》中便有：「建初中，復有告延與子男魴造逆謀者，有司奏請檻車徵詣廷尉詔獄。肅宗下詔曰：『王前犯大逆，罪惡尤深，有同周之管、蔡，漢之淮南。經有正義，律有明刑，先帝不忍親親之恩，枉屈大法，為王受愆，群下莫不惑焉。今王曾莫悔悟，悖心不移，逆謀內潰，自子魴發，誠非本朝之所樂聞。朕惻然傷心，不忍致王於理，今貶爵為阜陵侯，食一縣。獲斯辜者，侯自取焉。於戲誠哉！』」〔註31〕。再如《詔貶樂成王萇》，《後漢書》載「安帝詔曰：『萇有靦其面，而放逸其心。知陵廟至重，承繼有禮，不為致敬之節，肅穆之慎，乃敢擅損犧牲，不備苾芬。慢易太姬，不震厥教。出入顛覆，風淫於家，娉取人妻，饋遺婢妾。驅擊吏人，專己兇暴。愆罪莫大，甚可恥也。朕覽八闢之議，不忍致之於理。其貶萇爵為臨湖侯。朕無『則哲』之明，致簡統失序，罔以慰承太姬，增懷永歎。』」〔註32〕。可見，「詔」在漢代亦是貶謫詔令的常用文體。到魏晉南北朝，對貶謫而言，此一時期，貶謫「策」書與「制」書已經不存在了，除了貶「令」，貶謫使用的文體主要成為貶謫「詔」書，如晉的《詔免庾純官》、《庾羕等除名詔》，宋的《徙謝靈運詔》、《徙徐爰詔》，以及後魏孝文帝的《除薛真度為荊州刺史詔》、孝明帝的《追削劉騰爵位除元又名為民詔》和北齊的《王昕削爵詔》等等。

經過魏晉南北朝到唐，詔策類文體不斷增多。正如呂思勉說「文體古少而後世多，多由進化之理，始簡單而後複雜。後世雜多之體制，皆自古代數

〔註29〕《漢書》卷一下《帝紀第一下》，第 71 頁。
〔註30〕司馬遷撰：《史記》卷六，第 236 頁。
〔註31〕范曄撰：《後漢書》卷四二《光武十王列傳第三十二》，第 1444～1445 頁。
〔註32〕《後漢書》卷八十《孝明八王列傳第四十》，第 1673 頁。

種文體中分化而出，……然古代簡單之文體，自有其不得不化為多種文體之勢」。〔註33〕王言文體亦遵循著這樣的規律，《唐六典》中便記載，唐代的詔策文由漢代的「命有四品」到分而為七，即：「凡王言之制有七：一曰策書，二曰制書，三曰慰勞制書，四曰發日敕，五曰敕旨，六曰論事敕書，七曰敕牒」。〔註34〕同樣地，貶謫詔令經過魏晉南北朝，亦有了相當的變化。

「策」書這種用於策封、策免、弔唁的文體到唐代逐漸變成冊命的專用文體，「立后建嫡、封樹藩屏、寵命尊賢，臨軒備禮則用之」，〔註35〕顯然，這一文體中，「策免」一類已經消失，原本用來貶謫三公諸王的「策」書已被制書取代，分布於宰相的「罷免」和「出鎮」、「貶降」類中。「策」書主要用於唐代冊命皇帝、皇后、太子等文書中，如太子即位冊文：《冊遂王為皇太子文》

> 維元和七年，歲次壬辰，十月丙戌朔，十七日壬寅，皇帝若曰：「於戲！建立儲嗣，崇嚴國本，所以承祧守器，所以繼文統業，欽若前訓，時惟典常，越我祖宗，克享天祿，奄宅九有，貽慶億齡，肆予一人，序承丕構，纂武烈祖，延洪本枝，受無疆之休，亦無疆惟恤，負荷斯重，祗勤若厲，永懷嗣訓，當副君臨。諮爾遂王恒，體幹降靈，襲聖生德，教深蘊瑟，氣叶吹銅，早集大成，不屑幼志，溫文得於天縱，孝友因於自然，符採昭融，器業英遠，爰膺錫社，實寄維城，懿河間之不群，慕東平之最樂，自頃離明報曜，震位虛宮，地德可尊，人神攸屬，式稽令典，載煥徽章，是用冊爾為皇太子，往欽哉！有國而家，有君而父，義兼二極，重繫萬邦，何好非賢，何惡非佞，何行非道，何敬非刑，居上勿驕，從諫勿咈，懋茲乃德，惟懷永圖，用陪貳朕躬，以對揚休命，可不慎與！〔註36〕

不過，翻檢《唐大詔令集》可以發現，封立太子也有用制書的情況，如上文所言遂王，即唐穆宗李宥，《大詔令集》中便有其立太子的制書：《立遂王為皇太子制》

> 門下：承廟祧之尊，固邦國之本，重其緒業，貞以元良，斯今古之通制也。乃者春宮曠位，已涉歲時，祼獻闕主鬯之儀，膠庠虛

〔註33〕呂思勉撰：《史學與史籍七種》，上海古籍出版社，2009年版，第243頁。
〔註34〕《唐六典》卷九，第274頁。
〔註35〕《唐六典》卷九，第273頁。
〔註36〕《唐大詔令集》卷二八，第100頁。

齒學之道，其何以懷寧方夏，彰示教源，稽諸往冊，用舉彝典。遂
王宥，孝敬忠肅，寬明惠和，遵保傅之言，佩經訓之旨，友于兄弟，
睦於宗親，博愛而恕已以誠，慎行而飭躬以禮，載觀所履，克慎厥
謀，宜升儲闈，以對休命，朕祗若成憲，惟懷永圖，法三王垂統之
規，紹十聖重光之烈，致嚴禋配，俾奉粢盛，式昭上嗣之崇，庶叶
明離之吉，宜冊為皇太子，改名恒，仍令有司擇日備禮冊命，主者
施行。（元和七年十月）〔註37〕

那麼，這是不是說明制書與策書的使用在唐代出現混亂了呢？事實上，這恰
恰說明策書對其原本的儀禮性特徵的延續。其開頭對時間的交代：「維元和七
年歲次壬辰十月丙戌朔十七日壬寅」、四言的利於朝堂朗讀的形式、言語的古
奧、末尾對即將任命之人的勉勵與告誡等等，均是對漢代策書形式的繼承。
而制書的首稱門下，顯然承襲了漢代制書「制詔＋」的形式，只不過將具體
官職變成了主要部門，而不論如何稱呼，均體現出其下達行政命令的意思。
顯而易見，制書主要用於行政命令的下達，而策書則是行冊立之禮儀之時於
朝堂宣讀的文書，這一點，從制書末尾的模式化套語「仍令有司擇日備禮冊
命，主者施行」也可見出。也就是說，制書用於人事任免制度，策書則用於
策封的儀式性場合，二者繼承了其產生之初的基本屬性，功能不同，因此不
可說是重複或混淆。那麼，原本用「策免」類策書行使的對三公諸王的貶謫
到唐代又以什麼樣的方式呈現呢？研究發現，原本對三公的策免在唐代已全
部用制書表達，且主要分布在針對宰相的「罷免」和「出鎮」兩類制書中，
對宰相的貶謫常不明言，或只略帶謫詞貶謫，貶謫轉化成為更深層、隱蔽的
形式。如在針對宰相的「罷免」和「出鎮」兩類制書中，罷免類雖小有微詞，
但基本是免為東宮官、東都分司官或六部尚書，既行了貶謫之實又照顧了宰
相的顏面；而出鎮更是全無責辭，甚至還有重用的意思。這樣的方式，一方
面可以說是照顧宰相了尊嚴，全其尊賢之禮，另一方面卻也為貶謫的暗箱操
作提供了極大的空間，而這，也從側面反映出了唐代作為一個統一的封建國
家，其政治治理的複雜性及其藝術性。

當然，也有除「罷免」和「出鎮」之外的宰相的貶謫制書，集中在《大
詔令集》的「貶降」條下，只是，其形式還是制書的形式。制書發展到唐代，
其文體使用範圍逐漸發生變化，原本的「制度之命」變成了「行大賞罰，授

〔註37〕《唐大詔令集》卷二八，第 95 頁。

大官爵」則用之，其文體範圍大幅度縮窄，主要用於任免官員，《大詔令集》中的貶降類，使用的全部都是制書。而詔書，一度因為與武則天的「曌」字重音，為避諱而改為「制」使用，出現了制詔混用的現象，後來雖然有所恢復，但終唐一代，制詔的使用並無特別的區分，如《大詔令集》中有《楊炎崖州司馬制》，而《舊唐書·楊炎傳》中的記載則為：「建中二年十月，詔曰」、〔註38〕《大詔令集》中有《皇甫鎛崖州司戶參軍制》，《舊唐書·皇甫鎛傳》中記載為：「穆宗在東宮，備聞鎛之姦邪，及居諒陰，聽政之日，詔……」，〔註39〕可見，制和詔的使用並不非常嚴格。此外，唐代貶謫除了《大詔令集》中用的制體之外，詔體的運用也非常廣泛，如太宗時期的《貶裴虔通詔》、中宗時期的《貶敬暉等詔》，以及玄宗時期的《貶韋安石等詔》、《貶王毛仲詔》等等。

　　除了制書與詔書，唐代還出現了另外一種貶謫文體，即「敕」，如《貶責羅希奭張博濟敕》、《貶吳憑等敕》、《貶李佇海康縣尉敕》等。「敕」早在漢代便已經出現，當時合稱「戒敕」，劉勰稱「戒敕州部」，〔註40〕《獨斷》則稱「戒敕刺史、太守及三邊營官」，〔註41〕並指出其體式為「有詔敕某官」。「戒敕」一體，雖然在漢代作為王言的一種被確立下來，但其使用主體卻不僅僅限於皇帝，其他群體如長官告誡僚屬或尊長訓誡子弟亦可採取「戒敕」的形式。這種情形一直持續到北齊才開始有了一定的變化，顧炎武《金石文字記·西嶽華山廟碑》稱：「漢時人官長行之掾屬，祖父行之子孫，皆曰敕。……則晉時上下猶通稱之也。至南北朝以下，則此字惟朝廷專之，而臣下不敢用。故北齊樂陵王百年習書數『敕』字，而遂以見殺。此非漢人所當忌也。」〔註42〕《北史·齊宗室諸王》載：「會博陵人賈德冑教百年書，百年嘗作數敕字，德冑封以奏。帝又發怒，使召百年。……見帝於玄都苑涼風堂，使百年書敕字，驗與德冑所奏相似。遣左右亂捶擊之，……遂斬之。」〔註43〕因為書「敕」

〔註38〕《舊唐書》卷一一八《楊炎傳》，第3425頁。

〔註39〕《舊唐書》卷一三五《皇甫鎛傳》，第3742頁。

〔註40〕《增訂文心雕龍校注》，第267頁。

〔註41〕《獨斷》，子部一五六，雜家類二，第78頁。

〔註42〕《金石文字記》，引自《顧炎武全集》（第5冊），上海古籍出版社，2011年版，第229～230頁。

〔註43〕李延壽撰：《北史》卷五二《齊宗室諸王》，中華書局，1974年版，第1886頁。

字而將樂陵王處死，可見此時，敕這一文體已經成為皇帝的專用文體，具有一定的權威。發展到唐代，敕書的使用範圍進一步擴大，不僅是皇帝的專用文書，甚至成為「王言之制有七」中的四種，即發日敕、敕旨、論事敕書、敕牒。其中發日敕即「御化發日敕也，增減官員，廢置州縣，徵發兵馬，除免官爵，授六品以下官……則用之」。〔註44〕除免官爵顯然與貶謫有關，至此，唐代出現了一種新的貶令，即貶謫敕書。究其原因，唐經過武則天詔書與制書混用之後，傳統詔書便更偏向於制書的功能，使用範圍大幅縮減，而制書則從以前的「制度之命」主要用於「行大賞罰，授大官爵」，這樣，以前制書與詔書的部分職能便要有新的文體來承擔，於是，敕書便應運而生，也成為唐代貶謫的新文體。不過，雖是一種貶謫新文體，綜合言之，唐代貶謫相關的敕書並不多，「敕」並未成為唐代貶謫文書的重要部分，其主體仍然是「制」書。

總而言之，由以上分析可知，隨著歷史及政治現實的演變，貶謫制詔從先秦到漢到唐，經歷了一個漫長的產生─分化─發展過程。在這一歷史進程中，貶謫制詔歷經了秦以前的無固定形制到漢的有一定形制；從漢代針對對象不同的「策」、「制」等多樣化形制到唐代「行大賞罰、授大官爵」的統一「制」體。其間種種變化看似不斷變得明晰簡單，事實上，對貶謫而言卻是一個逐漸複雜化、隱蔽化的過程。許多未明言貶謫卻含貶義的貶謫詔令都包含在「制」這一大文體之下，需要加以細緻的辨析。而這一點，與有唐一代政治制度的發展密切相關：作為一個武力開國的強健的大一統帝國，唐代需要有專門的、自上而下體現皇帝權威的公文文體；且唐結束了漢需要分封諸侯王的歷史問題，國家政治由皇帝及其直接領導的宰相集團直接管理，這便對統治者的統治策略及其專制力度提出了新要求，新制度應運而生，治理的藝術由之昇華。貶謫經歷了先秦到唐的變化，逐漸成為一種國家治理方式，自然地，貶謫詔令便也比前代更加複雜。此外，也正是因為貶謫詔令到唐代大多統一為「制」體的形式，因此，其形制在綜合前代「策」、「制」、「詔」、「令」等的基礎上進一步穩定，形成歷史上貶謫詔令的經典體式，到之後的宋代都一直成為被沿襲、模仿的對象。並在之後的王朝政治中，彰顯出德治的光輝。

〔註44〕《唐六典》卷九，第 274 頁。

第二節　唐代貶詔的文體形制及恩怨書寫

　　貶謫制詔是古代朝廷為處罰犯罪官員而頒布的相關詔令，既體現著皇帝的絕對權威，又左右著無數知識分子的人生命運，對封建皇權的運行及維護具有舉足輕重的作用。唐代貶謫制詔在吸收前代貶詔的基礎上，形成了完整穩定的體式，成為貶謫制詔的經典坮本，並被後世繼承。目前，隨著文體研究的日益深入，制、詔等公文文體已逐漸進入研究者的視野，並取得了一定的研究成果，然對貶謫制詔這類特殊的公文文體而言，至今仍未見有專文進行論述。本文從唐代貶謫制詔的淵源與體制、用語與風格、恩怨與書寫三個方面切入，以期對這類公文文體之形式及內涵進行考察。

一、唐代貶謫制詔的淵源及體制

　　由前文可知，貶謫制詔濫觴於先秦，到漢代開始出現相對穩定的體式。漢代「王言」主要有四種形式：「一曰策書，二曰制書，三曰詔書，四曰戒敕。」〔註45〕其中「策」、「制」、「詔」中均有貶謫詔令，且都具備各自的表達特色。作為定儀則而生的四種文體之首，「策」伴隨著分封禮儀而產生，「策」即策封，與之相應地有策免，即貶謫。漢代多有因災異而策免諸侯王、三公的策書，如《策免薛宣》、《策免何武》、《策免師丹》等。其次是制書。「制」書之「制」，乃「制度之命」的意思，《文心雕龍·書記》有：「制，裁也。上行於下，猶匠之製器也。」〔註46〕《說文》云：「從刀從未。物成有滋味，可裁斷，一曰止也。」〔註47〕《珊瑚鉤詩話》又有「帝王之言，出法度以制文者，故謂之制」〔註48〕。由此可見，制即規範裁奪之意。因政治管理的需要，人事的任免是國家治理中需要規範的內容之一，於是便有了貶官「制」書。相對於「策」的禮儀性、文化性，「制」則更側重於行政性，強調人事任免的法度和規定，一般以「制詔＋官職」的形式開頭，如《免丞相王商詔》、《左遷毋將隆詔》、《詔免諸葛豐》等。詔書則是最常見的詔令形式，沒有固定體式，運用靈活廣泛，如《下詔貶削齊王晃等》、《貶阜陵王延詔》等等。魏晉南北朝，社會激烈動盪，江山變易，戰爭頻仍。相比於漢代莊嚴的王言文體，「令」因使用主體不侷限於帝王、傳播速度快、實用性強而逐漸受到青睞，短小精

〔註45〕《增訂文心雕龍校注》，第 267 頁。
〔註46〕《增訂文心雕龍校注》，第 351 頁。
〔註47〕《說文解字》，第 92 頁。
〔註48〕張表臣撰：《珊瑚鉤詩話》，中華書局，1985 年版，第 26 頁。

幹、條理明晰而又嚴謹冷峻為其特色，如魏郭後所下的《追貶高貴鄉公令》、吳孫權的《斥張溫令》以及南朝陳的《黜始興王伯茂令》等。發展到唐代，「策」書這種原本用於策封、策免、弔唁的文體逐漸變成冊命的專用文體，「立后建嫡、封樹藩屏、寵命尊賢，臨軒備禮則用之」〔註49〕，即主要用於唐代冊命皇帝、皇后、太子等。漢代的「策免」一類消失，原本用來貶謫三公諸王的「策」書已被「行大賞罰，授大官爵」制書取代，分布於宰相的「罷免」、「出鎮」、「貶降」類的制書中。制書的使用範圍比漢代而言大為縮小，主要用於官員的升降任免。而詔書，經過與武則天「曌」字重音避諱又重新恢復的過程，在整個唐代均與「制」書無明顯區別。可以說，唐代貶謫制詔最終實現了以「制」、「詔」為主體的文體形式，完成定型。

王應麟《玉海》中曾說明體制對王言的重要性：「文章以體制為先，精工次之。失其體制，雖浮聲切響，抽黃對白，極其精工，不可謂之文矣。凡文皆然，而王言尤不可以不知體制。」〔註50〕明確了貶謫制詔的淵源，以下則具體分析唐代貶謫制詔形成的固定體制。宋王楙《野客叢書》卷三〇「白樸」條云：「僕讀元微之詩，有曰『白樸流傳用轉新』，注云：樂天於翰林中，專取書詔批答詞撰為矜式，禁中號為『白樸』。每新入學求訪，寶重過於《六典》。檢《唐‧藝文志》及《崇文總目》無聞，每訪此書不獲，適有以一編求售，號曰『制樸』，開帙覽之，即微之所謂『白樸』者是也。為卷上、中、下三，上卷文武階勳等，中卷制頭、制肩、制腹、制腰、制尾，下卷將相、刺史、節度之類。此蓋樂天取當時制文編類，以規後學者。」〔註51〕從材料可以看出，《白樸》乃一本白居易總結的制書寫作指導書，在當時極受歡迎。伴隨著唐代詩、文、賦格的大量湧現，白居易對當時的公文寫作亦進行了總結，其將「制」書分制頭、制肩、制腹、制腰、制尾幾個部分加以解說，乃是以對當時公文體制的深入認知為基礎的。此書雖現已失傳，然相似的說法從王應麟《辭學指南》中亦可略窺一端。如「制頭四句說除授之職，其下散語一段略說除授之意」〔註52〕，又如「制頭四句四六一聯，散語四句或六句……『具官某』一段頌德，先須看題……一段說舊官……一段說新官。於戲用一聯，

〔註49〕《唐六典》卷九，第 273 頁。

〔註50〕王應麟撰：《玉海》卷二〇二，《文淵閣四庫全書》（第九四八冊），臺灣商務印書館，第 294 頁。

〔註51〕王楙撰：《野客叢書》，王水照：《歷代文話》（第五冊），第 4433 頁。

〔註52〕王應麟撰：《玉海》，第 3682 頁。

或引故事，或說大意……後面或四句散語，或止用兩句散語，結不須更作聯，恐冗」〔註53〕。可見，最遲至中唐，「制」書已經擁有了固定的體制。貶謫制書作為制書的一種，雖不如除授制書形制那樣嚴整，但其體制基本亦可用制頭、制肩、制腹、制腰、制尾幾部分加以解析。

細緻摸排爬網《唐大詔令集》、《全唐文》以及《唐大詔令集補編》，筆者共統計出唐代貶謫詔令 170 篇。其在唐代各朝的分布如表 10：

表 10：唐歷朝貶詔分布及具體數量

朝代	數量	朝代	數量
太宗	5	穆宗	11
高宗	6	敬宗	2
中宗	2	文宗	13
睿宗	2	武宗	0
玄宗	40	宣宗	14
肅宗	4	懿宗	6
代宗	8	僖宗	2
德宗	8	昭宗	12
順宗	1	哀帝	9
憲宗	25	總計	170

仔細分析這 170 篇詔令，可以大致總結出唐代貶謫制詔的體制如表 11：

表 11：唐代貶謫詔令體制及內容分布

名稱	具體內容
制頭	「門下：云云」，「門下」有時省略。 說明君臣相處之道或君臣之職，點明其重要性，或言刑罰之意義等。一般起到引子的作用，引起下文。
制肩	順承制頭引出制腹，或對制頭作出進一步解釋，屬於連接部分，經常省去，或者併入制頭「云云」。
制腹	「具官某云云」，主要對犯事官員的罪行進行描述。經常用「而」或「誠宜……而乃」、「理合……乃」、「豈知」、「而乃」等形式對具體的貶謫原因進行說明。此部分是貶謫制書必不可少的部分，也是最為重要的部分。

〔註53〕《玉海》，第 3682～3683 頁。

制腰	和制肩一樣，起連接作用，經常省略不言。
制尾	表明寬恕和最終的處罰結果如「可某官，馳驛發遣」，還有的加上「於戲」云云，再次申明治國之道和自責己之失職，悉懷的同時警勵百官。

其中，「制肩」和「制腰」因只起連接作用而經常被併入「制頭」或省略不言，唐代貶謫制詔主要由「制頭」、「制腹」、「制尾」三個部分構成。如《貶齊澣麻察等制》：

> 朕聞四時之義，信在不言，三代之風，德以歸厚。道可光乎訓俗，理必由乎在位。有犯無隱，名教之攸先；上和下睦，憲章之惟舊。其有辯言亂政，實誡殷書；偽行登朝，深懲魯典。（**制頭**）朝請大夫守吏部侍郎上護軍齊澣，累踐清要，誠宜至公。承議郎守興州別駕麻察，頻經貶逐，理合遷善，乃交構將相，離間君臣，作詔黷之笙簧，是德義之蟊賊。都水監丞齊敷、靈州都督府兵曹參軍郭稟等，趨走末品，奸譎在心，左道與人，橫議於下。並青蠅可鑒，害馬難容，或任高星象，或名微草芥，上恥大夫之辱，下羞徒隸之刑，特解嚴誅，宜從遠逐。（**制腹**）澣可高州良德縣丞員外置長任；察可潯州皇化縣尉員外置長任；敷宜量決一百，長流崖州；稟亦量決一百，長流白州。仍並差使，馳驛領逐。雖萬方之過，情切在予；而四罪以聞，刑其自爾。且如非賢勿理，食祿憂政，庶乎文武百辟，忠公事主。出惟長者之遊，言必先王之道，光昭雅訓，可不務乎？如或跡在不經，思出其位，雖輕勿赦，抑有常法。布之朝綱，知朕意焉。（**制尾**）〔註54〕

開頭的部分是「制頭」，對治道進行陳述。天地運轉、四時之義、三代之風、君臣之禮，無一不依賴「德」來維繫，國家治理以傳統的儒家之「禮」為核心，君臣要各安其分、各司其職，才能使上下和睦，德行醇厚。其次是「制腹」，即貶謫原因的陳述。一般採用「誠宜……而乃」的形式，如上面制書中「誠宜……而乃」和「理合……乃」等，都表明受到懲罰乃因交結姦邪、陷害良善、私心貪婪、背道棄義以致成為「德義之蟊賊」。最後是「制尾」，即處罰加寬宥和自省加感慨。即使被貶，但皇恩浩蕩，仍鼓勵其棄惡從善，將功補過，並且表明違反國家法令便要受到處罰，警戒朝廷重臣。

總之，經過一個歷史的發展過程，貶謫制詔到唐代不僅樹立了自身明確

〔註54〕《全唐文》卷二三，第267頁。

的文體意識，也具備了「制頭」＋「制腹」＋「制尾」的穩定體式，即「治道＋犯罪緣由＋處罰結果／處罰感慨」的三段式結構，實現了體制定型。

二、唐代貶謫制詔的用語及風格

伴隨著體制的穩定，唐代貶謫制詔形成了特定的表達內容與固定套語。其語言風格，歷經騈、散的選擇，最終以騈體的形式固定下來。這一方面與騈體本身易於宣讀的特性相關，另一方面則是因為騈體表達模糊性的特點與貶詔本身所需的含混特性相契合。

首先，作為一種帝王話語形式，唐代貶謫制詔內含著一套特殊的「王言」符號系統，具體可總結為三大類「王言」詞彙。第一類乃「君臣」相關類。如玄宗時期《斥李嶠制》中「事君之節，危而不變，為臣則忠，貳乃無赦」〔註55〕，《削李林甫官秩詔》中「為臣之道，貳則有闢，事君之致，將而必誅」〔註56〕等。這類詞彙大多對君臣之間的相處之道提出了要求，強調國家治理中的君臣相處之德：為臣便要做到忠心無二，竭力事君，臣事君以「忠」、以「義」；為君便要以信相知，以禮相待，君使臣以「禮」、以「信」。第二類詞彙乃「典章」相關類。如玄宗朝《貶蕭嵩青州刺史制》中「王者立法，所貴無私，有過必懲，古之令典」〔註57〕，肅宗時期《貶李揆袁州長史詔》中「宜峻彝章，以懲不道」〔註58〕等。這類詞從側面表明對於「不道」和「姦邪」的行為，國家將有大典進行處罰。第三類詞彙乃「懲戒」、「悉懷」類。如玄宗時期《貶韓朝宗吳興郡別駕員外詔》中「宜從貶黜，用申懲戒」〔註59〕，《貶齊澣麻察等制》中「布之朝綱，知朕意焉」〔註60〕，德宗時期《貶呂渭歙州司馬制》中「宜佐遐藩，用誡薄俗」〔註61〕等等。這類詞彙意在警戒文武百官，整肅朝廷綱紀，敦勵社會風俗，同時又帶有示恩的意味，即通過君對臣的施恩寬恕來表明君王的仁厚愛人之意。總之，三大類「王言」符號系統都凸顯了國家治理中德行的重要性。

〔註55〕《全唐文》卷二十，第 240 頁。
〔註56〕《全唐文》卷三三，第 368 頁。
〔註57〕《全唐文》卷二四，第 277 頁。
〔註58〕《全唐文》卷四三，第 477～478 頁。
〔註59〕《全唐文》卷三二，第 355 頁。
〔註60〕《全唐文》卷二三，第 267 頁。
〔註61〕《全唐文》卷五十，第 548 頁。

其次，貶謫制詔的書寫內容亦經歷了一個不斷豐富和完善的過程。從最早的兩篇貶謫詔令即魯太史的《更魯公書逐莒僕》及秦始皇的《賜文信侯書》來看，貶謫詔令敘述被貶對象的所犯事由及處罰決定的主體內容已經具備。《更魯公書逐莒僕》中甚至還有「今日必通，無逆命矣」〔註62〕的行程規定，開後世貶謫制詔中行程約束之先河。到漢及魏晉南北朝，貶謫制詔中多出對所貶之官的職能或治國之道的描述。如《策免師丹》中「夫三公者，朕之腹心也，輔善相過，匡率百僚，和合天下者也。朕既不明，委政於公，間者陰陽不調，寒暑失常，變異屢臻，山崩地震，河決泉湧，流殺人民，百姓流連，無所歸心，司空之職尤廢焉」〔註63〕，《詔免庾純官》中「先王崇尊卑之禮，明貴賤之序，著溫克之德，記沈酗之禍，所以光宣道化，示人軌儀也」〔註64〕等。不過，這一部分只在個別貶謫詔令中具備。到唐代，貶謫制詔書寫才較普遍地加入這一部分，且更集中於對君臣之道的闡發。除此之外，唐代貶謫制詔的特殊之處乃增加了對被貶之人行程的規定及皇帝於治道的感慨。前者如《貶王毛仲詔》中「差使馳驛領送至任，勿許東西」〔註65〕，《貶鄭畋太子少傅分司東都制》中「仍且於興元管內逐便將養，候疾損日赴任，主者施行」〔註66〕。後者有《削李林甫官秩詔》中「噫……明罰斯加，非無累歎，凡任咸自誡焉」〔註67〕，《貶房琯劉秩嚴武詔》中「朕自臨御寰區，薦延多士，常思聿求賢哲，共致雍熙，深嫉比周之徒，虛偽成俗。今茲所譴，實屬其辜。……凡百卿士，宜悉朕懷」〔註68〕等等。由此，貶謫制詔的內容由原本單一的「錯誤事實＋處罰方式」變成了「治道闡述＋錯誤事實＋處罰方式＋行程規定＋抒發感慨」，言說內容大為豐富。

最後，就語言風格而言，貶謫制詔的語言經歷了從散到駢的變化，其中雖歷經元積、白居易等人的公文語言革新，但最終仍以駢體的形式固定下來。從先秦到漢代，貶謫制詔逐漸開始由散入駢，到唐前期則已基本完成由散到駢的定型。駢體與制詔語言似乎有著某種先天的適應關係，正如陳維崧在《四

〔註62〕左丘明撰：《國語》，上海古籍出版社，1985年版，第25頁。
〔註63〕《全上古三代秦漢三國六朝文》，第175頁。
〔註64〕《晉書》卷五十《庾純傳》，第1398頁。
〔註65〕《全唐文》卷三十，第338頁。
〔註66〕《全唐文》卷八六，第902頁。
〔註67〕《全唐文》卷三三，第368頁。
〔註68〕《全唐文》卷四二，第468頁。

六金針》中言：「四六之興，其來尚矣。駢詞儷語，六經多有之。至漢乃從典謨誓命而加之潤色，一篇始末，皆以對偶成文，諧協其聲，以便宣讀，俾聽者易曉，斯亦古文之一體也。」〔註69〕駢儷之辭，因其整齊華美、易於宣讀，不僅六經中早已有之，到漢代公文甚至「一篇始末，皆以對偶成文」〔註70〕。具體到貶詔，漢代貶詔中亦可發現駢體的點滴滲入，如《詔免諸葛豐》中「告案無證之辭，暴揚難驗之罪」〔註71〕，《免傅嘉詔》中「崇黨以蔽朝，傷善以肆意」〔註72〕，《冊免丁明》中「嫉妒忠良，非毀有功」〔註73〕等等。此後，經過魏晉南北朝及唐，貶詔駢體公文的發展蔚為大觀。宋王應麟在《辭學指南》中提到制誥的做法「官名須於《職官分紀》尋替換字，如尚書為中臺，吏部為選部，禮部為儀曹，似此類，須每件尋兩三般」〔註74〕，便是因為「臨時有聲律虛實之不同也」〔註75〕，而其提到的《中興館閣書目》中，公文大手筆陸贄有《備舉文言》三十卷，專門「摘經史為偶對類事」〔註76〕達四百五十餘類之多，更可見出唐代駢體公文的發展之盛。

元稹《制誥序》曾生動描述過這種駢體公文的發展盛況：「苟務刓飾，不根事實，升之者美溢於詞，而不知所以美之之謂；黜之者罪溢於紙，而不知所以罪之之來。而又拘以屬對，局以圓方，類之於賦、判者流。」〔註77〕為此，元稹進行了公文革新，白居易評價為「制從長慶辭高古」，即言「微之長慶初知制誥，文格高古，始變俗體，繼者傚之也。」〔註78〕《元公墓誌銘並序》中亦評價「制誥，王言也，近代相沿，多失於巧俗。自公下筆，俗一變至於雅，三變至於典謨，時謂得人。」〔註79〕然而，需要注意的是，雖有元稹等人的散體公文革新，貶謫制詔的駢體形式卻不曾改變。元稹自己的《貶令狐楚衡州刺史制》便是傳統的駢文體式，晚唐杜牧筆下的駢體制詔則更為

〔註69〕陳維崧撰：《四六金針》，中華書局，1985 年版，第 1 頁。
〔註70〕《四六金針》，第 1 頁。
〔註71〕《漢書》卷七七《諸葛豐傳》，第 3251 頁。
〔註72〕《漢書》卷八一《孔光傳》，第 3362 頁。
〔註73〕《漢書》卷九三《董賢傳》，第 3735 頁。
〔註74〕《玉海》，第 3683 頁。
〔註75〕《玉海》，第 3683 頁。
〔註76〕《玉海》，第 3680 頁。
〔註77〕元稹撰，周相錄校注：《元稹集校注》卷四十，上海古籍出版社，2011 年版，第 1007 頁。
〔註78〕《白居易集》卷二三，第 503 頁。
〔註79〕《白居易文集校注》卷三三，第 1928 頁。

繁縟整飭。之所以會出現這樣的情形，其一是因為謝伋《四六談麈序》中提到的駢體「便於宣讀」〔註80〕的特色；其二是岑仲勉的議論「遷擢者須鋪敘其資歷、政績，降謫者須指斥其罪過，散文難於措辭，駢體易得含糊」〔註81〕，即駢體易於說得含糊的特點適用於貶謫罪辭含混性的書寫。由此，駢體成為貶謫制詔的最終選擇便不難理解了。

綜上所述，發展至唐代，貶謫制詔擁有了特定的表達內容與固定套語。其由散入駢又終以駢體固定下來的表達風格，顯示出了貶謫制詔本身含混、圓融的內在要求，也正因這一要求，形成了貶謫制詔程式化言說背後複雜的人情恩怨。

三、唐代貶謫制詔的恩怨及書寫

唐代貶謫制詔擁有了穩定的體制及程式化的言說方式，然其書寫卻並不僵化，反而充滿了藝術性。貶詔背後，或為了打擊政敵，或出於全身避禍，或用來報復，或因之結怨。貶詔的書寫形成了這一實用性王言文體背後的複雜性。

首先，貶詔的書寫經常成為文人結怨的一種方式。《劉賓客嘉話錄》中有一則這樣的記載：「韓十八初貶之制，席十八舍人為之詞：『早登科第，亦有聲名。』席既物故，友人曰：『席無令子弟。豈有病陰毒傷寒而與不潔吃耶？』韓曰：『席十八吃不潔太遲。』人問之何也，曰：『出語不是。』蓋忿其責辭云：『亦有聲名』耳。」〔註82〕韓十八即韓愈，韓愈被貶，席夔為其寫制詞，因其中「亦有聲名」一句措辭欠妥，便引得韓愈心懷怨恨。與此相似，《冊府元龜》載崔荊、崔珙之間的恩怨亦如此：「唐崔珙為東都留守，判尚書省事，中書舍人崔荊為庶子，公務謁珙，珙不為見。荊乃求與珙素善者，使候問之，珙怒不已。他日，因酒酣，復詰之。居守益忿曰：『珙誓不與此人相面，且人為文詞，言語何限，豈可以珙兄弟作假對耶？』荊尤不喻。親族咸憂慄不安。甥族中有穎悟者，探取文集詳之，乃掌制曰，貶崔珙為撫州郡丞云：『貪緣雁序，鼓扇澆風。』荊因爾成疾。」〔註83〕只因崔荊撰寫崔珙的貶謫制書時用

〔註80〕謝伋撰：《四六談麈》，王水照：《歷代文話》（第一冊），第33頁。
〔註81〕《文字由駢儷變為散體》，岑仲勉撰：《隋唐史》，河北教育出版社，2000年版，第177頁。
〔註82〕孫梅撰：《四六叢話》，王水照：《歷代文話》（第五冊），第4376頁。
〔註83〕《冊府元龜》卷三三七，第1888頁。

了「貪緣雁序」四字，並其兄弟一起言說罪名，便遭致崔珙的不滿並積怨於心，且這種積怨使得崔荊親族咸憂慄不安，可見其後果之嚴重。

其次，貶謫制詔常被人利用成為打擊政敵的手段。如中唐時期永貞革新乃官僚士大夫打擊宦官勢力、革除政治積弊的改革，主張加強中央集權，反對藩鎮割據，反對宦官專權，具有積極意義。王夫之稱其「革德宗末年之亂政，以快人心，清國紀，亦云善矣」〔註84〕，岑仲勉亦云「只此小小施行，已為李唐一朝史所不多見」，而「德宗秕政，廓然一清」〔註85〕。然而，翻看當時革新派人士的貶謫制詔可以見到其罪名「夙以薄伎，並參近署。階緣際會，遂洽恩榮。驟居左掖之秩，超贊中邦之賦。曾不自屬，以傚其誠，而乃漏洩密令，張皇威福；畜奸冒進，黷貨彰聞」〔註86〕，「直諒無聞，奸回有素。負恩棄德，毀信廢忠。言必矯誣，動皆蒙蔽。官由党進，政以賄成」〔註87〕等等。所述罪名不僅與其功勞大相徑庭，甚至用語非常狠重，充滿肅殺之氣，這其中當然有皇帝的意思，但具體措辭如何則充滿撰寫者的情感。「恨之欲其死」，一朝失敗，不論其歷史上意義如何，首先遭受的便是政敵的無情打擊。套語如「張皇威福」、「畜奸冒進」、「奸回有素」、「負恩棄德」、「毀信廢忠」、「官由党進」等等，則將罪名上升到結黨、貪污、姦邪、背信棄義的高度，這樣的貶詔，顯然是政敵打擊異己之利器。

當然，大多數時候，貶謫罪名並不能寫得如此狠重暢快，制書除了要書寫罪名，行貶謫之實，還要考慮自身的立場與處境。若自己本身與被貶謫之人立場觀念相同，制書中雖言罪名，有時甚至還會有一些迴護之詞、讚美之意；即使立場不同，但考慮自身處境，萬一被貶之人復職，不能因書寫詔書而與之結怨，成為日後被打壓的把柄，因此所擬罪名又多有曲意周旋之處。鄭畋書寫劉瞻的罷相制書便是一個明顯的例子。劉瞻因進諫觸怒懿宗，被出為荊南節度使，負責草詔的人為翰林學士承旨鄭畋。鄭畋本與劉瞻親善，其為翰林學士還是劉瞻的推薦，因此，在草劉瞻罷相詔書之時，鄭畋便加入許多讚美之詞，為此甚至引發懿宗不滿，將其貶為梧州刺史。《舊唐書·鄭畋傳》記載：「畋草制過為美詞，懿宗省之甚怒，責之曰：『一昨劉瞻出藩，朕豈無

〔註84〕王夫之撰：《讀通鑑論》卷二五，嶽麓書社，2011年版，第946頁。
〔註85〕《宦官之禍》，岑仲勉《隋唐史》，第323頁。
〔註86〕《全唐文》卷五六，第605頁。
〔註87〕《全唐文》卷五六，第605頁。

意？爾次當視草，過為美詞。逞譎詭於筆端，籠愛憎於形內。徒知報瞻咳唾之惠，誰思蔑我拔擢之恩。載詳言偽而堅，果明同惡相濟。人之多僻，一至於斯！宜行竄逐之科，用屏回邪之黨。』〔註88〕路岩亦譏刺他「侍郎乃表薦劉相也」〔註89〕。這件事情中，鄭畋被貶便與其制書書寫密切相關，本欲有所迴護，卻因此牽連被貶。

《全唐詩話》中也提到過此次事件：「懿宗朝，韋保衡、路岩忌宰相劉瞻，誣以罪，黜為荊州節度。畋為制詞云：『早以文學，迭中殊科，風棱甚高，恭謹無玷。』又云：『安數畝之居，仍非己有，卻四方之賄，惟恐人知。』韋、路大怒，貶畋為梧州刺史，責劉驪州司戶。命舍人李庚為詞，深文痛詆，必欲加害。屬懿宗厭代，僖宗立，蕭仿輔政，舉瞻自代，召歸朝廷。至湖南，庚典是郡，出迎江次牌亭，致酒。瞻唱《竹枝詞》，送庚酒，命庚酬和。庚曰：『不閒音律。』瞻曰：『君應只解為制詞也。』是夕，庚飲鴆而卒。」〔註90〕其中，除記錄鄭畋因草劉瞻貶謫詔書過為美詞被貶一事，還記載了中書舍人李庚草劉瞻貶驪州司戶的罪詞「深文痛詆，必欲加害」，後劉瞻被召回，一句「君應只解為制詞也」便讓李庚極度驚恐飲鴆而卒。如果說鄭畋草詔過為美詞是為了表達相同政治立場的支持，李庚的深文痛詆便是一種順勢而為的加害，二者都在制書中表達了自己的意思，卻因沒有把握好尺度而遭致禍患。天高難測，宦海浮沉，因此，為了自身的安危考慮，在寫作制詔時便需要考慮各方面因素，含混其詞，曲意周旋，以免無端結下仇怨。所以顏之推說：「陳孔璋居袁裁書，則呼操為豺狼。在魏制檄，則目紹為蛇虺。在時君所命，不得自專，然亦文人之巨患也，當務從容消息之。」〔註91〕而這，也便是貶謫制詔經常措辭含糊的一大原因。可見，制詔的書寫的確需要仔細斟酌，下足工夫。此外，王定保《唐摭言》中還有一個制書擬寫的例子，其揣摩下語雖無關生死，卻也極費心思。「開成中，溫庭筠才名籍甚；然罕拘細行，以文為貨，識者鄙之。無何，執政間復有惡奏庭筠攪擾場屋，黜隨州縣尉。時中書舍人裴坦當制，怵惕含毫久之。時有老吏在側，因訊之升黜，對曰：『舍人合為責辭，何者？入策進士，與望州長馬一齊資。』坦釋然，故

〔註88〕《舊唐書》卷一七八《鄭畋傳》，第 4632 頁。
〔註89〕《資治通鑒》卷二五二，第 8160 頁。
〔註90〕尤袤撰：《全唐詩話》卷六，中華書局，1985 年版，第 81 頁。
〔註91〕顏之推撰，王利器集解：《顏氏家訓集解》卷四，中華書局，1993 年版，第 258 頁。

有『澤畔長沙』之比。」〔註92〕從無官到被黜隨州縣尉，這樣的情形如何定性，罪辭如何書寫，中書舍人裴坦都「忸怩含毫久之」。後在精於吏治、經驗豐富的老吏的幫助下才有了「澤畔長沙之比」的誇張責詞。這個故事，雖然現今讀來仍有點幽默戲謔的味道，然其時文人草制措辭之難卻是不難見出的。總而言之，制書寫作並不是一項死板的工作，而是充滿了藝術性，文人寫作制書，既要懂得周旋避禍，保護自己，也要用心揣摩聖意，做到儘量合乎要求的表達。

總而言之，貶謫制詔是指伴隨官員貶謫而下達的書面性公文，在吸收漢代「策」、「制」等文體的基礎上，唐代貶謫制詔形成了「制頭」＋「制腹」＋「制尾」的統一體式，生成特定的表達內容與固定套語。貶謫制詔的語言，歷經散、駢的選擇，最終以駢體的形式確定下來，其原因，一方面與駢體本身易於宣讀的特性相關，另一方面則是因為駢體表達模糊性的特點與貶詔本身所需的含混特性相吻合。貶謫制詔程式化的言說背後，或表達支持、或落井下石、或委曲周旋、或嘲諷戲謔。在看似死板的公文書寫中，充滿了複雜的人情恩怨，折射著人類內心深處的渴望與恐懼，更隱含著複雜的政治生態。

第三節　唐代貶詔與所言罪名真實性之關聯

作為一種實用性公文文體，貶降制詔記載了貶官官方認定的貶謫緣由。而在此詔書所言罪名與貶謫者的實際罪行之間，卻存在著相當的距離。二者之間大體有三種不同的關聯方式：其一是避重就輕式，指貶官本身罪行較重，詔書中官員罪名的擬定卻往往避開貶官的主要罪因，而從一些次要方面著筆，具體表達方式為旁側落筆，含糊其辭。其二是無中生有式，指貶官本身並無罪行，詔書中諸多嚴厲的罪名乃栽贓嫁禍而成，具體書寫方式為反向誣構，罪辭極端。其三是上綱上線式，指貶官本身罪行輕微，詔書中的罪名即是將此輕微罪行上升到一種原則性的高度加以確定，具體表達方式為巧妙引申，拔高罪行。三種書寫方式的形成既有皇權基於自身利益的「八議」、「十惡」制度為支撐，根本而言則又是一種「禮」、「權」互動之必然。

〔註92〕《唐摭言》，第80頁。

一、避重就輕式：旁側落筆，含糊其辭

貶詔中罪名與貶官罪行之間的第一種關聯方式為避重就輕式。指詔書中官員罪名的擬定往往避開貶官的主要罪行，而從一些次要方面著筆。最常使用的兩種方式為旁側落筆和含糊其辭。其針對對象一般為有功或賢能之臣，是皇帝基於各方面因素考慮而形成的一種貶詔書寫方式。

太宗時期的《貶蕭瑀手詔》，使用的便是這種書寫方法。蕭瑀為唐朝的元老重臣，並與李世民有親表關係，為唐王朝籌劃多年，殊多建樹。然而其為人心高氣傲而又嚴厲清正，度量不大，不太善於處理人際關係。《新唐書·蕭瑀傳》中有「瑀素貴，但中狹」，[註93]《舊唐書·蕭瑀傳》中亦有太宗對其評價：「卿之守道耿介，古人無以過也。然而善惡太明，亦有時而失。」[註94]顯然，蕭瑀這種性格是非常容易得罪人的，《舊唐書》中便記載了幾次太宗寬恕他的事情，如「太宗特免責之」、「終以瑀忠貞居多而未廢也」[註95]等。甚至連魏徵都跟太宗說：「臣有逆眾以執法，明主恕之以忠；臣有孤特以執節，明主恕之以勁。昔聞其言，今睹其實，蕭瑀不遇明聖，必及於難！」[註96]可見，他的性格中隱藏著鋒芒，因為太宗大度所以一直能夠包容他，在他反覆劾奏房玄齡和杜如晦，說他們「皆朋黨比周，無至心以奉上」，或是「相與執權，有同膠漆」只「但未反耳」之時，太宗也只是解釋：「為人君者，駕馭英才，推心待士，公言不亦甚乎，何至如此！」，[註97]又說了一些不可求全責備，而應捨其短而用其長的用人道理，甚至「數為瑀信誓」。然而，時間一長也不免「銜之」、「不平」了。到後面當蕭瑀請出家，太宗允諾，蕭瑀又反覆不去還稱疾不朝之時，太宗終於下手詔將其貶謫。

以上是關於蕭瑀被貶事件的真相。然而《貶蕭瑀手詔》中，蕭瑀被貶的原因為：「踐覆車之餘軌，襲亡國之遺風，棄公就私，未明隱顯之際，身俗口道，莫辨邪正之心，修累葉之殃源，祈一躬之福本，上以違忤君主，下則扇習浮華。往前朕謂張亮云，卿既事佛，何不出家？瑀乃端然自應，請先入道，朕即許之，循復不用，一回一惑，在於瞬息之間，自可自否，變於帷扆之所，

〔註93〕《新唐書》卷一〇一《蕭瑀傳》，第 3951 頁。
〔註94〕《舊唐書》卷一〇一《蕭瑀傳》，第 2402 頁。
〔註95〕《舊唐書》卷一〇一《蕭瑀傳》，第 2401 頁。
〔註96〕《舊唐書》卷一〇一《蕭瑀傳》，第 2402 頁。
〔註97〕《舊唐書》卷一〇一《蕭瑀傳》，第 2402 頁。

乖棟樑之大體，豈具瞻之量乎。」〔註98〕即主要是因為蕭瑀學佛、出家的事情。說佛教本來虛無，而蕭瑀卻去崇信，給風俗帶來了不好的影響，並且說話不講誠信，反覆變化，沒有大臣風範，因此貶謫。比照之下可以發現，制詔中的原因只是貶謫的一個方面，蕭瑀被貶更重要的其實是因為他的褊狹，由之而無法與房玄齡、杜如晦這些朝中正在重用的大臣相處。但這一點，卻是人際中比較隱蔽的部分，事實上也並沒有什麼公開化的衝突，若要因之懲罰，便需要三司審理房杜有無罪行，更加複雜而且無必要，房杜縱有微瑕，但亦不影響其與太宗的知遇以及其國之棟樑的地位。如果無罪，那蕭瑀也只是進諫的性質，因之懲罰又會顯得小氣。況且，蕭瑀為唐王朝也作出很大貢獻，又有親戚關係，太宗貶謫當然也要考慮到大臣的尊嚴問題。綜合言之，蕭瑀真實的貶謫原因是不便明說的，所以只能找另外的由頭。因此，蕭瑀在信佛、出家這一問題上的反覆便成為其被貶的重要原因。這樣的理由更合情合理，既保全了蕭瑀顏面，也維護了朝臣之間的和諧。而這，也體現了制詔的書寫藝術。

　　與之類似的還有宇文融被貶的案例。在唐王朝因農民流亡、財稅收入出現問題的緊急關頭，宇文融憑藉自己精明的政治才乾和卓越的經濟頭腦，開展了一場聲勢浩大的「括戶」運動，給唐王朝的經濟帶來了復蘇，宇文融也因之擢拜御史中丞。然而在此過程中宇文融的專斷卻也引起了朝臣的不滿，史載「公卿以下皆懼其恩勢，皆雷同不敢有異詞」。〔註99〕宇文融自身行事又比較高調，毫不避忌，「融乃馳傳巡歷天下，事無大小，先牒上勸農使而後申中書，省司亦待融指揮而後決斷」。且「躁急多言，又引賓客故人，晨夕飲謔，由是為時論所譏。」〔註100〕如此一種位高權重、旁若無人的狀態，甚至連張說都惡其為人，以致「融之所奏，多建議爭之」了，〔註101〕可見，其被貶的主要原因乃朝臣嫉恨。這一點，我們從宇文融被貶之後，玄宗的態度也可以瞭解。自宇文融披貶之後，「錢穀自此不治」，玄宗思之，讓宰相曰：「公等暴融惡，朕既罪之矣，國用不足，將奈何？裴光庭等不能對。」〔註102〕可見，宇文融被貶乃是為了滿足朝臣的意願。具體到貶詔中，其罪名卻是「一日九

〔註98〕《全唐文》卷八，第 96 頁。
〔註99〕《舊唐書》卷一〇五《宇文融傳》，第 3218 頁。
〔註100〕《舊唐書》卷一〇五《宇文融傳》，第 3218 頁。
〔註101〕《舊唐書》卷一〇五《宇文融傳》，第 3221 頁。
〔註102〕《新唐書》卷一〇五《宇文融傳》，第 4559 頁。

遷，方此超騰，彼未為速。庶違爾弼，朕則佇於昌言；謀而不臧，近頗彰於公論。交遊非謹，舉薦或虧。」〔註103〕大概意思是宇文融貪心不足、為國家謀劃不好，且結交不夠謹慎、舉薦非人。其中，為國謀劃不夠好，大概指括戶這一行為，但非常模糊。「交遊非謹」或許是說他與故人晨夕飲謔的事情，都不明確，而舉薦方面，宇文融舉薦的宋璟、裴耀卿、許景先實為良臣，又怎麼能說「或虧」呢？很明顯，而其詔書採用了模糊其詞的方式避重就輕，畢竟括戶過程中，宇文融的特權其實是皇帝賦予的、默認的，因此其權力過大和專斷也是不便明說的。況且括戶這一行為也確實對恢復國家經濟起到了作用，因此這上面很難作出讓人信服的文章，還不如索性含糊其辭，將其拉下中樞之位，實行貶謫才是目的。

此外，崔群與令狐楚的貶詔書寫亦如出一轍。崔群，《舊唐書》中記其「以讜言正論聞於時」、「啟奏平恕」、「沖識精裁，為時賢相」。〔註104〕而關於他被貶原因，史書中也記載地非常清楚，憲宗之時，「世道漸平，欲肆意娛樂，池臺館宇，稍增崇飾」，〔註105〕皇甫鎛敏銳地洞察了皇帝想要享受的心理，因此「以巧媚自固」，討好憲宗，想要因之獲得政治權力，「陰結權倖，以求宰相」。而崔群卻看透了他這一點，「累疏其姦邪」，〔註106〕皇甫鎛由是「惡之」，並巧妙地設計，通過議皇帝徽號的方式觸怒憲宗，將其貶謫。再看《貶崔群潭州刺史制》，在一大段的讚美之後，其罪行為「而顧問之際，謂近於至公；說聽之間，或違於事實」，〔註107〕顯然，這與崔群真實的貶謫原因沒有任何關係，甚至讓人有點摸不著頭腦，「或違於事實」，那究竟有沒有「違」呢？如果有，「違」的又是怎樣的事實？如此含糊不清的罪行，在貶謫制詔中非常罕見的。無論是皇甫鎛對他的陷害，還是上徽號憲宗對他的不滿，都是不可明言的內容，因此，詔書最終也只能呈現出我們現在看到的模棱。而令狐楚的被貶，史書中記載是因為其「親吏贓污事發」，而實際上卻是因為他與皇甫鎛勾結，且共逐裴度的事情引起了朝臣的不滿。「時天下怒皇甫鎛之姦邪，穆宗即位之四日，群臣素服班於月華門外，宣詔貶鎛」，〔註108〕因此，他便也理所當然成

〔註103〕《全唐文》卷二一，第 261 頁。
〔註104〕《舊唐書》卷一五九《崔群傳》，第 4187～4190 頁
〔註105〕《舊唐書》卷一三五《皇甫鎛傳》，第 3741 頁。
〔註106〕《舊唐書》卷一三五《皇甫鎛傳》，第 4189 頁。
〔註107〕《全唐文》卷五九，第 636 頁。
〔註108〕《舊唐書》卷一七二《令狐楚傳》，第 4460 頁。

了被牽連的對象。而《貶令狐楚宣州刺史制》中，令狐楚被貶的原因是「頗聞工徒之訴，累彰官吏之罪。邐有章表，固求退閒，宜歸相印之權，往授使符之命」〔註109〕。只大概地說了一點「工徒之訴，彰官吏之罪」，其餘便是因為他自己求「退閒」。很顯然，詔書中的罪名已經巧妙地將其最核心的問題掩蓋過去了。

總之，這類避重就輕式貶謫的共同特點是，避開貶官的主要罪行，或是通過旁側落筆，或是通過含糊其辭來對其「罪行」進行官方認定。這類貶謫一般有其背後不可明言的人情，或是為了維護大臣尊嚴，或是皇帝為了保全顏面，總之都有為難之處，而被貶之人也都不是犯了違反原則的大罪，甚至都有功於國，因此，罪辭一般也便以這樣避重就輕的方式進行處理了。

二、無中生有式：反向誣構，罪辭極端

與上文所言的避重就輕式不同，另外一類貶謫罪辭的書寫方式是無中生有式，即貶官並無真實罪行，詔書所言罪名純屬烏有，具體書寫方式為反向誣構或罪辭極端。這類貶謫一般出現於王朝異代之際或黨派之爭之中，是一種維持自身地位、打擊異己的殘酷政治手段。

貶謫制詔中對貶官罪名進行無中生式書寫的例子首舉中宗時期「五王」的貶詔。「五王」是指桓彥範、敬暉、崔玄暐、張柬之、袁恕己，這五人均為對唐王室忠心耿耿而又非常賢能的大臣。《舊唐書・桓彥範》中記載，桓彥範「慷慨俊爽」，年輕時就被納言狄仁傑「特相禮異」，稱讚他「足下才識如是，必能自致遠大」。〔註110〕敬暉亦以清幹著聞，崔玄暐「少有學行」又「介然自守」。〔註111〕在則天朝，張昌宗、張易之兄弟亂政之時，五王曾聯合討伐二人，將其梟首天津橋南，擁立中宗即位。可見，他們對唐王朝政權的獨立和延續作出了很大的貢獻，然其政治策略卻百密一疏，沒有根本清除侵害唐王朝的毒瘤——武三思，並最終為其當初的計劃不周付出了慘痛的代價。史載「暉等既失政柄，受制於三思，暉每推床嗟惋，或彈指出血。柬之歎曰：『主上疇昔為英王時，素稱勇烈，吾留諸武，冀自誅鋤耳。今事勢已去，知復何道。』」〔註112〕五王本「除凶返正，得計成功」，最終卻以「心懷不忍，遽失後圖」。

〔註109〕《全唐文》卷五九，第636頁。
〔註110〕《舊唐書》卷九一《桓彥範傳》，第2927頁。
〔註111〕《舊唐書》卷九一《崔玄暐傳》，第2934頁。
〔註112〕《舊唐書》卷九一《敬暉傳》，第2933頁。

〔註113〕這是歷史給他們的評價，而在他們的貶謫制詔中留下的，卻是與之相反的，作為貪心、謀逆之臣的嚴重謫辭。

　　「五王」成為罪臣，乃武三思蓄意謀害的結果。武三思，作為被「五王」推翻的武氏中的一員，對「五王」早已懷恨在心，史載其「以則天為彥範等所廢，常深憤怨，又慮彥範等漸除武氏，乃先事圖之」，〔註114〕可見，他早有除掉「五王」的打算。時韋后干政，武三思私與其通，因此經常與韋后在皇帝面前讒毀「五王」，言其「恃功專權，將不利於社稷」，〔註115〕一步步誘使中宗相信，並引導皇帝按照其設計對「五王」進行一系列斬草除根式的打擊。首先，他向皇帝提出通過進封「五王」爵位架空其實際的政治權力，「雖外示優崇，而實奪其權也」。〔註116〕之後，又通過王同皎的事情對「五王」進行誣陷。《舊唐書·桓彥範傳》中記載：「二年，光祿卿、駙馬都尉王同皎以武三思與韋氏姦通，潛謀誅之。事泄，為三思誣構，言同皎將廢皇后韋氏，彥範等通知其情，乃貶彥範為瀧州司馬、敬暉崖州司馬……」〔註117〕最後，又「陰令人疏皇后穢行，榜於天津橋」〔註118〕栽贓給「五王」，請加廢黜，御史大夫李承嘉陰附武三思，未經鞫問，便對五王嚴厲懲處，中宗亦不聽大臣建議，不經任何法律程序便將五王流放，最終又被武三思矯制殘殺於嶺外。於此，武三思通過自己的權力，硬是將這樣一件顛倒黑白的事情踐行在了光天化日之下。然而，到了「五王」的貶謫詔書中，我們再來看其具體罪名：

>　　「自謂勳高一時，遂欲權傾四海，擅作威福，輕侮國章，悖道棄義，莫斯之甚。然收其薄效，猶為隱忍，錫其郡王之重，優以特進之榮，不謂溪壑之志，殊難盈滿。既失大權，多懷怨望。乃與王同皎窺覘內禁，潛相謀結，更欲稱兵絳闕，圖廢椒宮，險跡醜詞，驚視駭聽。」〔註119〕

首先說「五王」作威作福，背道棄義，辱沒國家之法，便為其扣了一個擅權不義的大帽子；其次，又說朝廷給予「五王」榮耀，加官進爵，然而他們卻

〔註113〕《舊唐書》卷九一《袁恕己傳》，第 2943 頁。
〔註114〕《舊唐書》卷九一《桓彥範傳》，第 2930 頁。
〔註115〕《資治通鑒》卷二百八，中華書局，1956 年版，第 6592 頁。
〔註116〕《舊唐書》卷九一《桓彥範傳》，第 2930 頁。
〔註117〕《舊唐書》卷九一《桓彥範傳》，第 2930 頁。
〔註118〕《舊唐書》卷九一《桓彥範傳》，第 2931 頁。
〔註119〕《全唐文》卷十六，第 200 頁。

貪得無厭，對朝廷多有怨言；最後，又硬生生將「五王」與王同皎謀廢后的事情聯繫在一起，為其安上一個謀反的罪名。可見，罪辭與真相之間的距離之遠，甚至可以到無中生有、與真實完全相反的地步。

　　類似的例子還有李德裕。李德裕是中唐牛李黨爭中的重要人物，是一位政治實幹家，在文、武宗兩朝先後擔任宰相，提出了許多改革措施，對唐朝政治的發展作出重要貢獻。北宋名臣范仲淹評價其「獨立不懼，經制四方，有相之功，雖奸黨營陷，而義不朽矣。」〔註120〕李之儀在《書牛李事中》也有「武宗立，專任德裕，而為一時名相，唐祚幾至中興。」〔註121〕南宋時期的葉夢得《避暑錄話》中更明確表示：「李德裕是唐中世第一等人物，其才遠過裴晉公，錯綜萬物，應變開合，可與姚崇並立。」〔註122〕同時的著名學者洪邁亦言「李德裕功烈光明，佐武宗中興，威名獨重。」〔註123〕直至明清王世貞等人都有類似看法，可見其才能之高、立身之正。

　　然而，從其父李吉甫與李宗閔、牛僧孺科場中的過節開始，一場聲勢浩蕩的黨爭拉開序幕。李德裕作為李吉甫的兒子，勢不可免地被捲入黨爭。穆宗、敬宗兩朝，李德裕基本上都被排擠在朝廷的政治中心之外，先後出任浙西、義成、西川等地節度使。到文宗大和九年，被貶為太子賓客分司東都，復貶袁州長史。其被貶緣由，史書中有這樣的記載：「九年三月，左丞王璠、戶部侍郎李漢進狀，論德裕在鎮，厚賂仲陽，結託漳王，圖為不軌。四月，帝於蓬萊殿召王涯、李固言、路隨、王璠、李漢、鄭注等，面證其事。璠、漢加誣構結，語甚切至」〔註124〕。王播乃逢吉故吏，又得李訓推薦，傾心於訓，權倖傾朝，李漢亦由李宗閔提拔，為牛黨。當時正值李訓、鄭注厭惡李德裕而與李宗閔結黨、對付李德裕之時，顯然德裕乃被誣陷。然而，到《貶德裕袁州長史制》中，德裕的「罪行」卻嚴重地嚇人：「性本陰狡，材則脆弱，因緣薄藝，頡頏清途。既忝藩鎮，旋處鈞軸，靡懷愧畏，肆意欺誣，廢撓舊章，汩亂彝序。賢良盡逐，當白晝而重關；詭詐是謀，逮中宵而萬變。……而德

〔註120〕范仲淹撰：《范文正公集》卷六，商務印書館，中華民國二十六年三月版，第88頁。
〔註121〕李之儀撰：《姑溪居士集》卷十七，清抄本，宋集珍本叢刊，第2頁。
〔註122〕葉夢得撰：《避暑錄話》卷二，中華書局，1985年版，第41頁。
〔註123〕洪邁撰：《容齋隨筆·容齋五筆》卷一，上海古籍出版社，1978年版，第818頁。
〔註124〕《舊唐書》卷一七四《李德裕傳》，第4520頁。

裕私室宴然，全無憂色；……又在西蜀之日，徵逋縣錢僅三十萬貫，使疲羸老弱，轉徙溝壑，交結異類，任用險人，賄賂流行，朱紫無辨。」〔註125〕直接從根本上對其為人進行否定，與其本身的正直完全相悖。

　　到宣宗時期的大中元年和大中二年，李德裕又被貶為潮州司馬、崖州司戶。史載：「德裕特承武宗恩顧，委以樞衡。決策論兵，舉無遺悔，以身捍難，功流社稷。及昭肅棄天下，不逞之伍咸害其功」。〔註126〕德裕在武宗朝外攘回紇、內平澤潞、裁汰冗官、制馭宦官，功績顯赫，被拜為太尉，封衛國公，如此顯赫的功績自然會引來反對黨的妒忌。白敏中、令狐綯作為李德裕反對黨的成員，在李德裕失事之後，當然要一起聯手對抗他，再加上因為罷相怨恨李德裕的崔鉉，幾人「乃相與掎摭構致，令其黨人李咸者，訟德裕輔政時陰事。乃罷德裕留守，以太子少保分司東都」。〔註127〕不久之後，又將其貶為潮州司、崖州司戶，而與之牽涉的吳汝納事件，同樣是因御史崔元藻與德裕結有私怨，而與崔鉉等人構陷所致。史載「元藻既恨德裕，陰為崔鉉、白敏中、令狐綯所利誘，即言湘雖坐贓，罪不至死。遂下三司詳鞫……故德裕再貶……吳汝納、崔元藻為崔、白、令狐所獎，數年並至顯官」。〔註128〕可見，德裕被貶實是黨爭的一個側面，與其罪行無關。而到了《貶李德裕潮州司馬制》和《貶李德裕崖州司戶參軍制》中，李德裕的罪名著實可怕：

> 不能盡心奉國，竭節匡君。事必徇情，政多任己，愛憎頗乖於公道，升黜或在於私門。遂使冤塞之徒，日聞騰口，積嫌之下，得以恣心。〔註129〕

> 唯以奸傾為業。……騁諛佞而得君，遂恣橫而持政。專權生事，妒賢害忠，動多詭異之謀，潛懷僭越之志。秉直者必棄，向善者盡排，誣貞良造朋黨之名，肆讒構生加諸之釁，計有逾於指鹿，罪實見其欺天……〔註130〕

「奸傾」、「諛佞」、「專權」、「僭越」、「欺天」、「罔上」、「無君」等等，任何一項都在觸動封建統治者最敏感、最脆弱的神經，若不是政敵，欲將之置之

〔註125〕《全唐文》卷六九，第 733 頁。
〔註126〕《舊唐書》卷一七四《李德裕傳》，第 4527 頁。
〔註127〕《舊唐書》卷一七四《李德裕傳》，第 4527 頁。
〔註128〕《舊唐書》卷一七四《李德裕傳》，第 4501 頁。
〔註129〕《全唐文》卷七九，第 825 頁。
〔註130〕《全唐文》卷七九，第 827 頁。

死地而後快，誰能下筆誣構如此極端、如此狠毒的罪名。

除此之外，此類罪行與罪辭完全相反的例子還有王搏、宋申錫等，我們稱這種類型為無中生有式。這種類型針對的多為王朝異代或黨派之爭中的重臣，相反的兩種勢力注定不能在一個權力中心共存，因此其對手下手也都非常之狠重，恨不能將之置之死地而後快。如此便有了我們現在看到的如此嚴厲的罪名，也正因為如此，這些被貶的大臣，其身上的悲劇意識也便最為濃厚。

三、上綱上線式：巧妙引申，拔高罪名

避重就輕式，指的是詔書的書寫中會巧妙地將貶謫的主要原因避開，而從一些次要的、旁側的地方落筆。與此相反，另有一種類型則是上綱上線式，即原本的罪名可能是比較輕微的，但由於某些特定的原因，最後出現在正式貶謫制詔的罪名卻相當嚴重，其實現的方式主要是巧妙引申與拔高罪行。

元和四年楊憑的被貶詔書便體現了這一罪名擬寫方式。《舊唐書·楊憑傳》中記錄了楊憑貶謫事件的經過。「先是憑在江西，夷簡自御史出，官在巡屬，憑頗疏縱，不顧接之，夷簡常切齒。及憑歸朝，修第於永寧里，功作並興，又廣蓄妓妾於永樂里之別宅，時人大以為言。夷簡乘眾議，舉劾前事，且言修營之僭，將欲殺之。」〔註131〕顯而易見，李夷簡劾奏楊憑，乃因二人之前便有過節，其中是包含著私怨的。當然，楊憑有自己的過錯，史載其「性尚簡傲，不能接下，以此人多怨之。及歷二鎮，尤事奢侈」〔註132〕，但夷簡將此擴展到僭越，「營建居室，制度過差」〔註133〕則有點上綱上線了，使得楊憑罪行的性質一下從私人德行上升到犯上逆亂，連翰林學士李絳都奏言：「憑所坐贓，不當同逆人法。」〔註134〕那麼，為什麼要對楊憑的罪行如此誇大呢？原來，「自貞元以來居方鎮者，為德宗所姑息，故窮極僭奢，無所畏忌。」，因此，「及憲宗即位，以法制臨下，夷簡首舉憑罪，時議以為宜」。〔註135〕可見，這是一個歷史遺留問題的延伸解決。德宗之時，方鎮多僭越，對朝廷毫無避忌，憲宗想要改變當時這種方鎮權力過重的現象，對方鎮的勢力有所打

〔註131〕《舊唐書》卷一四六《楊憑傳》，第3968頁。
〔註132〕《舊唐書》卷一四六《楊憑傳》，第3967頁。
〔註133〕《舊唐書》卷一四六《楊憑傳》，第3698頁。
〔註134〕《新唐書》卷一六〇《楊憑傳》，第4970頁。
〔註135〕《舊唐書》卷一四六《楊憑傳》，第3968頁。

壓，從而重塑中央的權威。而李夷簡首舉楊憑罪行，正好與憲宗對方鎮所持態度相吻合，因此，必須要對其進行嚴厲打擊，以儆效尤便可以理解了。再加上他對楊憑的私怨，以及楊憑自己的傲慢輕肆，坐贓的罪名當然也便可以巧妙地上升到逆亂了。此外，從這件事情的結果，時人都以為「繩之太過，物論又譏其深切矣」〔註136〕也可以看出，楊憑的貶謫是比實情遠為嚴重的，變得嚴重的方式便是通過將其罪名上綱上線。

又如肅宗時期李揆的貶詔。《舊唐書‧李揆傳》中記載李揆被貶的經過非常清楚。「同列呂諲，地望雖懸，政事在揆之右，罷相，自賓客為荊南節度，聲問甚美。懼其重入，遂密令直省至諲管內拘求諲過失。諲密疏自陳，乃貶揆萊州長史同正員。」〔註137〕李揆是因為懼怕呂諲被重用而使自己的名位受到威脅，因此構其過失。而在《貶李揆袁州長史詔》中，其罪行描述卻多「重」、「大」了很多：「無聞憂國之心，不懼曠官之責，具瞻何取？進退求容，仍懷罔上之謀，更漏省中之語，端居相府，潛構禍胎。扇湖南之八州，阻江陵之節制，將圖不軌，俶擾方隅。考驗甚明，發奸斯在。」〔註138〕「罔上之謀」、「潛構禍胎」、「將圖不軌」，將李揆的罪名直接上升到了圖謀不軌的地步，顯然重了許多，而漏禁中語則更有點無中生有了。那麼，李揆的罪名又為何會上升到如此「重」「大」的地步呢？史載其「性銳於名利，深為物議所非」〔註139〕。再通過他對元載未被重用前對其地位微寒的輕蔑態度，其為人之輕躁、度量不夠宏闊是可以想見的。因此對其貶謫應該也是一種綜合因素的結果，而「漏禁中語」或者「圖謀不軌」則是貶謫最有力的藉口，因此，其罪行也便被理所當然地豐富、拔高了。

再如李景儉，「中丞蕭俛、學士段文昌相次輔政，景儉輕之，形於談謔。二人俱訴之，穆宗不獲已，貶之。」〔註140〕根據這個記載，其被貶乃因為輕忽大臣，但在他的貶謫制詔中，罪名卻是：「動或違仁，行不由義，附權倖以虧節，通姦黨之陰謀，眾情皆疑，群議難息」。〔註141〕李景儉曾參與「永貞革新」，「貞元末，韋執誼、王叔文東宮用事，尤重之，待以管、葛之才」，

〔註136〕《舊唐書》卷一四六《楊憑傳》，第 3968 頁。
〔註137〕《舊唐書》卷一二六《李揆傳》，第 3560 頁。
〔註138〕《全唐文》卷四三，第 477～478 頁。
〔註139〕《舊唐書》卷一二六《李揆傳》，第 3560 頁。
〔註140〕《舊唐書》卷一七一《李景儉傳》，第 4456 頁。
〔註141〕《全唐文》卷六四，第 680 頁。

〔註 142〕之後，永貞革新失敗，其中的重要人物都遭遠貶。李景儉因為「居母喪」，不及從坐。但之後，李景儉仕途也並不順暢，隨竇群坐貶江陵戶曹，累轉忠州刺史。「元和末入朝，執政惡之，出為澧州刺史」，〔註 143〕後來因為與元稹、李紳關係好，因此穆宗又授與其倉部員外郎的官職，又遷為諫議大夫。從李景儉的經歷可以看出，因為參加「永貞革新」，其在政治上是有污點的，後來之所以能在朝廷中有個官職，也是因為元稹、李紳的幫忙。而他自己卻並未收斂自己的本性，仍是縱情使氣，以致遭貶。直到長慶元年十二月，「景儉朝退，與兵部郎中知制誥馮宿、庫部郎中知制誥楊嗣復、起居舍人溫造、司勳員外郎李肇、刑部員外郎王鎰等同謁史官獨孤朗，乃於史館飲酒。景儉乘醉詣中書謁宰相，呼王播、崔植、杜元穎名，面疏其失，辭頗悖慢，宰相遜言止之，旋奏貶漳州刺史。」〔註 144〕可見，這種輕誕和傲慢的風格是其本人固有的。此外再加上曾參與「永貞革新」，因此，朝廷難以容他是顯而易見的。而他的罪辭「附權倖以虧節，通姦黨之陰謀，眾情皆疑，群議難息」，便是對其曾參與革新黨派的一種「拔高」，即——通姦黨。而「動或違仁，行不由義」則更是一種上綱上線，將其行為上升到不仁不義的地步，這樣，貶謫便理所應當也無可厚非了。

　　總之，這一類貶謫從貶謫主體來說，的確是有罪行的，這便與第二類無中生有大不相同。其次，這類貶謫的謫詞是比貶謫主體所犯罪行更為嚴重的，這一點便與第一類避重就輕有所區別，避重就輕式呈現的反而是他罪行中比較輕微的部分。由此，上綱上線式成為獨立的第三種類型。這類型貶謫一般針對個人性格方面本身比較躁進，生活細節不夠檢點，比較容易得罪人也容易讓人抓到把柄之人。這類人其性情與複雜的官場不相適應，因此，常遭人排擠和忌恨，最終也往往會因某個錯誤而被人利用，將其罪行上升到違背仁義與圖謀不軌的地步，最後痛貶。

四、原因之考察

　　以上分析可知，詔書所言罪名與真實的罪行之間，確實存在相當的距離，而造成這一距離的原因，主要有三個方面，一是個人情緒的介入、二是政治

〔註 142〕《舊唐書》卷一七一《李景儉傳》，第 4450 頁。
〔註 143〕《舊唐書》卷一七一《李景儉傳》，第 4455 頁。
〔註 144〕《舊唐書》卷一七一《李景儉傳》，第 4456 頁。

權力的爭奪，三是個人立場的差異。這三個方面的因素相互交織，造成了詔書中貶謫罪辭與真實罪行之間的差異。

首先，第一個影響罪名確認的便是個人情緒的介入。這樣的例子史書中所在多有，其特點是，人情感好惡而非具體罪行成為貶謫的重要原因。具體例子如玄宗時期，「汾州刺史楊承令不欲外補，意怏怏，自言：『吾出守有由。』上聞之，怒，壬寅，貶睦州別駕。」〔註145〕僅僅是因為一句抱怨使得皇帝不滿，便橫加貶斥。再如中書舍人饒陽李義府，史載其本為長孫無忌所惡，左遷壁州司馬；代宗時期，中書舍人崔祐甫因看不慣常袞曾當眾指其過失，「袞聞，益恨之」，後因一小事發生爭執，常袞便奏崔祐甫「率情變禮，請貶潮州刺史」。〔註146〕甚至賢明君主唐太宗於其晚年，都因太史占「女主昌」及民間傳言「女主武王代有天下」而深惡「官稱封邑皆有「武」字」的君羨，將其出為華州刺史。可見貶謫之人並不一定都有如實的罪行，有時貶謫某人可能僅僅就是因為人情緒上的怨怒或不悅，由此其最終的罪名與事實之間的差距便是顯然的了。

其次，造成貶謫罪名名實不副最重要的一個人為因素便是政治權力的爭奪。因為中心是爭權，所以在此過程中實行的貶謫也往往是以打擊阻礙自己奪權之人為標準，而不是具體的罪行。

第一種情形是權臣對異己的打擊。專權者一般通過蒙蔽皇帝、收買朝中親信、架空某些權力機關、略過法律程序獲得獨斷權力從而進行貶謫活動，「五王」被貶便是一個最有代表性的例子。「五王」因迎立中宗成為功臣，武三思認為「五王」的存在對自己是潛在的威脅，於是便開始採取一系列措施剪除異己，通過通於韋后及上官昭容—收買「三思五狗」—陰令鄭愔上書告變—疏韋后隱穢栽贓—收服御史大夫李承嘉—不顧法定程序將「五王」奏貶等一系列措施，將「五王」於嶺外矯制殺害。「五王」貶謫，乃是因武三思想要奪權而將其陷害，其本身並無罪行。

第二，黨爭中的權力的爭奪。敵對的兩黨往往會通過籠絡其親信、排除異己來奪權，晚唐著名的「牛李黨爭」便是一個明顯的例子。如李紳被貶，《舊唐書‧李紳傳》載「時德裕與牛僧孺俱有相望，德裕恩顧稍深。逢吉欲用僧孺，懼紳與德裕沮於禁中。二年九月，出德裕為浙西觀察使，乃用僧孺為平

〔註145〕《資治通鑒》卷二百一十二，第 6767 頁。
〔註146〕《資治通鑒》卷二百二十五，第 7257 頁。

章事，以紳為御史中丞，冀離內職，易掎摭而逐之。」〔註147〕很明顯，李紳被貶只是因為他與李德裕一黨，李逢吉因此害怕他阻撓自己任用牛僧孺一事，而並不是他有什麼真實的罪行。此後李逢吉任用自己的親信「八關十六子」具體謀劃，經由放臺參—結交宦官擴充黨羽—從事誣陷三部曲，成功蒙蔽敬宗，貶李紳為端州司馬。可見，在黨派爭權的波雲詭譎的政治沉浮中，貶謫已經成為一種打擊異己的政治手段，與其真實的罪行並無太大關係。

第三，皇帝奪權。這種情形在王朝易代之際表現的最為明顯，如武后上臺，任用酷吏，誅殺唐宗室貴戚數百人，次及大臣數百家，對許多的大臣都進行了捕風捉影式的貶官處罰。這種王朝易代之際對先朝大臣的打擊，只是出於穩固政權的需要，而並不是因為這些大臣本身的罪行。此外，特殊時期，皇帝還有與悍將爭權的時候。唐朝末年的大將李茂貞，自打敗黃巢與李昌符以來，勢力越來越大，甚至不把朝廷放在眼裏。當昭宗攻打李茂貞失敗之後，茂貞更是要求朝廷處罰杜讓能，於是讓能被貶。時皇帝「涕下不自禁，曰：『與卿訣矣』」。與此同時，又對李茂貞說：「惑朕舉兵者，三人也，非讓能之罪。」〔註148〕可見，皇帝雖貶謫杜讓能，卻並不認為杜讓能真的有罪，而是權力不敵李茂貞，迫於形勢的不得已。可見，權力鬥爭往往伴隨著對一部分人的打擊，貶官便是一種最常見的方式，成王敗寇，伴隨著鬥爭的失敗，其罪名也往往是最嚴屬的。

最後，個人角色、政治立場不同，亦是造成貶謫罪名不實的一大原因。僖宗貶謫鄭畋，並在其貶詔中罕見地插入一大段讚美之詞，便因皇帝特殊的政治立場而致。黃巢進攻來勢兇猛，皇帝既要鎮壓黃巢、壓制以鄭畋為首的主和諸臣，又要不引起主和大臣的憤怒，便只能以這種相對溫和的方式進行處理，而無關其真實罪行，前文所述蕭瑀貶詔中罪名與罪行的不符，亦是相同的例子。於大臣而言，最常見的莫過於直言進諫而被貶黜的案例。臣子的角色、身份讓其不得不以國家、人民的利益為首，有時甚至不惜違逆皇帝的喜好而大膽進言，而若遇到不能虛心納諫的君主，忠臣被貶便是必然的結果，其與實際不相符的罪名便也必須去承受了，韓愈諫憲宗迎佛骨而被貶為潮州刺史便是一例。可見，個人角色、政治立場的不同亦會導致詔書罪名與實際罪行的不相符。

〔註147〕《舊唐書》卷一七三《李紳傳》，第 4497 頁。
〔註148〕《資治通鑑》卷二五九，第 8449 頁。

　　總而言之，這種詔書書寫的獨特方式，與我國古代政治生態密切相關，可以說，它是中國政治「人治」品格的必然結果。「人治」導致權力的主導者是人，人在政治中，往往要考慮人性、人情、輿論等等許多超越於制度之外的因素。而無論是避重就輕式、無中生有式還是上綱上線式，不同的書寫方式背後，體現的是政治的運轉、權力的流動。

五、制度原因與「禮」「權」互動

　　由以上論述可知，貶官罪名的擬定往往會考慮人性、人情等許多現實因素，而與真實的罪行存在距離。那麼，這是不是可以說，貶謫罪名的擬定毫無章法且可以任意為之呢？事實上，看起來隨意拔高或強加的罪名，其擬定又有著深刻的制度原因，是有規律且有跡可循的。

　　唐律中有專門針對犯罪之皇親國戚、賢能功貴的特權制度，即「八議」，其中規定「議者，原情議罪」，〔註149〕「原情議罪者，謂原其本情，議其犯罪」。〔註150〕又曰：「稱定刑之律而不正決之」，〔註151〕「稱定刑之律而不正決之者，謂奏狀之內，唯云準犯依律合死，不敢正言絞、斬，故云『不正決之』」，〔註152〕「流罪以下，減一等」〔註153〕等等。也就是說，對這類特殊階層的罪犯而言，犯死罪者可免除死刑，流罪以下的，更可從寬處理，減輕處罰。如蕭瑀、宇文融，二人或為有功或為賢能，或是皇帝故舊或曾為朝廷立功，因此屬於「八議」的範圍。對這類大臣進行貶謫，便需要考慮其與國家之間的親密關係及其為國家作出的貢獻，根本上而言，因其與皇權立場的高度一致，法律保護他們便是保護整個上層官僚集團，便是間接地維護皇權。因此，這些官員即使罪狀較重，但其貶詔中的罪名均採用避重就輕的方式進行書寫。可以說，這既是基於「八議」特權制度的現實考慮，更是對其皇權擁護者身份的特殊優待。

　　然而，同樣是功臣，為什麼有的罪名是避重就輕，而有的則要無中生有？由前文可知，「五王」與李德裕的罪名擬寫方式便是無中生有。對「五王」而言，其本為唐王朝功臣，並無罪行，卻因與武三思結怨而遭至陷害。武三思

〔註149〕長孫無忌等撰：《唐律疏議》，中華書局，1983年版，第32頁。
〔註150〕《唐律疏議》，第32頁。
〔註151〕《唐律疏議》，第32頁。
〔註152〕《唐律疏議》，第32頁。
〔註153〕《唐律疏議》，第33頁。

可謂熟諳「八議」制度，並且非常清楚皇帝內心最脆弱之處，他知道唯一可以將這些功臣置於死地的只能是「十惡」之罪，包括「謀反」、「謀逆」、「大不敬」等這些罪名。「十惡」罪乃是一切罪行中之最大者，在《唐律疏議》約定的合理的君臣秩序中，「十惡」之罪即是從整體上破壞、顛覆這一合理秩序的行為，因此最為嚴重，所謂「五刑之中，十惡尤切」。「十惡」之罪甚至不屬於「八議」的範疇，《唐律疏議》規定「八議」曰：「其犯十惡者，不用此律。」〔註154〕可見，只要是背負了「十惡」的罪名，那麼，無論其身份地位如何均不得寬恕，均要受到嚴懲。如此，這種罪名顯然很適合於成為政敵打擊異己之利器，以此終結其政治生涯。武三思緊緊抓住「恃功專權」、「不利於社稷」〔註155〕等觸犯皇權之罪名進行誣陷，甚至不惜公開韋后的醜聞，以皇家的顏面、皇帝的弱點以及整個皇室的根本利益觸動皇帝最敏感的神經，充分利用皇權至上的本質讓「五王」成為皇權的對立面，這樣一來，即便是有功之人便也難以擺脫被無中生有栽贓定罪了。李德裕的情況亦類似，其身處朝廷激烈的黨爭之中，作為黨爭中失勢的一方，必然會被對手置之死地，而最好的置之死地的方式便是構成「謀反」、「謀逆」等「十惡」之罪。因此雖亦有實際功績，但其最終亦背上「潛懷僭越之志」、「罪實見其欺天」等無中生有的嚴屬罪名而接受重懲。總而言之，與經「八議」減輕罪名的功臣相比，這類臣子不僅無罪，甚至還遭遇更加極端、嚴重的責辭，這乃因其政敵準確把握皇帝脈搏，熟悉皇權遊戲規則，進而誣陷其與當權者核心利益矛盾所致。由此可以見出，雖為功臣，雖理應接受朝廷的保護，然因為國家異代、黨爭、擅權等因素的介入，功臣有時亦會遭受子虛烏有的污蔑，甚至是殘酷的血腥鎮壓。

　　除此之外，還有另一類大臣，其罪名擬定方式乃上綱上線。相比於前兩類功臣，這類大臣既不是朝廷親舊，又無特殊政治才能，且並未對國家政治做出突出的貢獻，這類官員的貶謫大體均因自身的性格缺陷引起政局中同僚的不滿所致。而需要思考的是，為何其貶詔中的罪名會被上綱上線？首先，這類大臣已不屬於唐律中規定的「八議」的範疇，因此其罪名不可能減輕。其次，如事實本身言說也並不能夠達到排擠打擊的目的，因此，一定要將其罪名拔高。然這種罪行到底要拔高到何種程度？筆者研究發現，無論是無中

〔註154〕《唐律疏議》，第 32 頁。
〔註155〕《資治通鑒》卷二百八，第 6592 頁。

生有還是上綱上線式擬定的罪名，最終其上升到的都是「謀反」、「大不敬」、「謀逆」這樣的高度，這一點，從其貶詔中「奸傾」、「諛佞」、「專權」、「僭越」、「欺天」、「罔上」、「無君」等等均不難見出。由上文可知，「謀反」、「大不敬」、「謀逆」等均屬於唐律中「十惡」的範圍，而犯「十惡」之罪必定是會受到嚴懲的，因此，若被人陷害，將罪名拔高到這樣的高度便不難理解了。如此便形成了罪名書寫的第三種方式——上綱上線式。

　　總而言之，由以上分析可以見出，罪名與罪行之間的關係並非完全對等，有時甚至會出現截然相反的情況，這既有制度層面如「八議」、「十惡」制度的支撐，又與皇權鬥爭的激烈息息相關。事實上，「八議」、「十惡」制度的設定有著深厚的文化根基。「八議」源於西周的「八辟」，是指中國古代的刑事審判過程中對八類（親、故、賢、能、功、貴、勤、賓）特殊身份的罪犯予以廷議減輕或免除處罰的制度。這一制度的設立一方面基於儒家「明德慎罰」的禮制思想，另一方面則是「刑不上大夫」禮制原則的一種顯化。同樣地，「十惡」亦是儒家君臣、名分等禮制思想影響的產物，具體指十種破壞正常倫理秩序的行為。「八議」、「十惡」制度根源上是依禮而定，其直接目的是為了維護封建皇權運行機制的穩定。然而，為何即使受到「禮」的保護，大臣仍然有可能遭受政敵的殘酷打壓，甚至隨時深陷政治的漩渦，背負逆反的罪名？這便與現實中的政治鬥爭密切相關，因為任何的政治形態都避免不了權力的爭奪，或者說，都是一種權力的遊戲罷了。「禮」的設定源於封建文化，又直接服務於封建皇權，而「權」的鬥爭又是政治形態存在的必然因素，兩者之間存在著因勢互動的關係，而這兩者的互動又直接導致了罪名與罪行之間關係的不對等。具體而言，罪行由對「權」之爭奪所致，而罪名書寫則始終依「禮」而定，「禮」與「權」的根本衝突導致罪名與罪行之間的必然距離。四者的關係可以呈現如下圖：

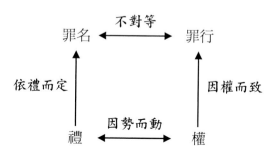

　　那麼，「禮」與「權」之間如何因勢互動？筆者認為這具體體現在以「禮」規「權」、「權」「禮」背離和以「禮」釋「權」三個層面。這三個層面的演繹又可以闡釋為何即便罪名與罪行之間存在如此大的距離，但身處其中的士人及其周圍官員仍能夠理解並接受這樣一種結果，並且依然前仆後繼效忠於皇權。首先，「禮」是中國古代文化中內涵非常豐富的範疇，它從哲學高度對統治格局中的權力關係進行了有序規約。「禮」源於祭祀，與最高的神聖相關，在政治領域則表現為一套與天地秩序相聯繫的人間規範，如名分觀念。而君臣觀又是這種名分觀念中非常重要的一種。君尊臣卑，君主秉持天命，臣子履行忠道，君臣各安其位，各盡其責，便是天常。而且經過歷史的發展，這一意識逐漸內化成士人的集體意識，成為皇權進行統治的哲學基礎。其次，這種由「禮」而規約的「權」卻也只是一種統治中的理想狀態，現實的政治統治必然伴隨著殘酷而激烈的權力爭奪，伴隨著政治力量的調整與利益的重新分配。當現實中的「權」成為一種欲望的爭奪而不再與「禮」兼容之時，當君臣不安其職逐漸背「禮」而為各自爭取利益之時，如何合理、合法地實行貶謫，如何為謫臣定罪，便需要統治集團審慎考慮了。最後，以「禮」釋「權」便是統治者最終尋求到的解決方式。帝王詔書，作為最高權威與德性的代表，無論是其充滿道德評判色彩的語言，還是「謀反」、「謀逆」、「大不敬」這樣與最高禮制衝突的罪行認定，都在某種程度上掩蓋了現實政治權力之爭的複雜細節，堂而皇之而又心照不宣地為其書寫罪名，從意識形態的高度維持著一個遙遠的、只存在於士人心目中的理想國。

第五章　唐代貶謫官員謝上表研究

　　謝上表是古代臣子寫給皇帝用以謝恩的一種上行公文，其與貶謫制詔前後呼應，成為整個貶謫過程完成的標誌，謝上表也因其歷朝歷代大規模的寫作逐漸成為一種穩定的文體形式。唐代謝上表的數量非常之大，種類非常之多，《文苑英華》錄唐代謝表 17 卷，329 篇，分十類：為宰相雜謝 35 篇、藩鎮謝官 64 篇、公卿雜謝 54 篇、謝親屬加官 23 篇、謝文章 12 篇、謝春冬衣祿廩 25 篇、謝茶藥果子彩帛 23 篇、節朔謝物宴賜 46 篇、謝追贈官喪葬 26 篇、謝詔敕慰問 21 篇。可見，謝恩是唐代朝臣的一種常見禮儀。而在這所有的謝恩中，貶謫的謝恩又特別值得我們重視，據統計，唐代貶謫謝表共 48 篇，本文擬通過對這 48 篇謝表的分析，研究唐代貶謫謝上表這一文體，及文體背後折射的被貶文人心態。

第一節　唐代貶官謝上表的淵源、體式及內容

　　貶謫既是朝廷對犯罪官員的一種處罰措施，又是官員本身需要經歷的一段苦痛的心理歷程。通過謝上表，貶官會有怎樣的表達、這種表達會對其貶謫產生怎樣的影響，這些都屬於研究貶謫需要論及的內容。可以說，貶謫制詔的下達標誌著貶謫事實的形成，而被貶官員謝上表的上達則代表著貶謫的最終完成。既然貶謫謝上表如此重要，那麼，其究竟是一種什麼樣的文體？這種文體淵源何自？形式及具體內容如何？貶官謝表又體現了被貶文人怎樣的心態？不同文人的貶謫謝表呈現出怎樣的特點？本文擬結合唐代貶謫謝上表對這幾個問題進行詳細分析。

一、唐代貶謫謝上表的淵源

貶謫謝上表作為「表」的一種，其起源並不如「表」那樣久遠，且同類「表」中，拜官謝表的出現亦遠遠早於貶官謝表。現存最早的貶謫謝上表乃三國魏時期曹植被曹丕外出為安鄉侯與鄄城侯的謝表，為便於分析，現將其分別摘錄於下：

> 臣抱罪即道，憂惶恐怖，不知刑罪當所限齊。陛下哀愍臣身，不聽有司所執，待之過厚，即日於延津受安鄉侯印綬。奉詔之日，且懼且悲：懼於不修，始違憲法；悲於不慎，速此貶退。上增陛下垂念，下遺太后見憂。臣自知罪深責重，受恩無量，精魂飛散，亡軀殞命。[註1]（《謝初封安鄉侯表》黃初二年）

> 臣愚駑垢穢，才質疵下。過受陛下日月之恩，不能攎身碎首，以答陛下厚德。而狂悖發露，始干天憲，自分放棄，抱罪終身，苟貪視息，無復希幸。不悟聖恩爵以非望，枯木生葉，白骨更肉，非臣罪庚所當宜蒙。俯仰慚惶，五內戰悸，奉詔之日，悲喜參至。雖因拜章陳答聖恩，下情未展。[註2]（《封鄄城王謝表》黃初二年）

之後是同屬此一時期劉廙的《上疏謝徙署丞相倉曹屬》：

> 臣罪應傾宗，禍應覆族。遭乾坤之靈，值時來之運，揚湯止沸，使不焦爛；起煙於寒灰之上，生華於已枯之木。物不答施於天地，子不謝生於父母，可以死效，難用筆陳。[註3]

顯然，這三篇謝表並未遵循某種固定的格式，也無固定套語。但作為貶官謝上表，表達的意思卻大致相同：一方面說明自己資質駑鈍，罪過彌深；另一方面說明皇帝哀憫垂念而授己一官，無異於「枯木生葉，白骨更肉」，表達皇帝對自己的再造之恩及自己的感激之情。

以上是現存唐以前為數不多的三篇貶謫謝上表。到唐代，貶謫謝表開始大量出現，其原因一是唐代文獻保留的完整性，第二則與唐代政權的穩定性與成熟度密切相關。大一統的政權形式為官員的官職遷轉提供了良好的空間，成熟的行政體系則使得貶謫成為朝廷政局調整的重要手段。唐代貶謫謝表雖

[註1] 曹植撰，趙幼文校注：《曹植集校注》，中華書局，2016 年版，第 353 頁。下文凡引據此書者，皆只列書名及頁碼，不再詳細出注。

[註2]《曹植集校注》，第 365 頁。

[註3] 陳壽撰，裴松之注：《魏志》卷二一《劉廙傳》，中華書局，1959 年版，第 616 頁。

未像宋代貶謫謝表那樣體式嚴整而完備，但其文體形式的基本要素都已具備，且唐代作為漢魏晉南北朝與宋的中間階段，具有承上啟下的連接作用，研究唐代貶詔體式便於我們理解貶詔文體的發展歷程及其背後政治意義的變遷。

二、貶謫謝上表的體式及內容

　　元人陳繹在其《文筌》中將謝表的正文分為四大部分：「一破題，二自述，三頌聖或先頌聖後自述，四述意。」〔註4〕這四個部分是典型的謝表文體形式的四大組成部分，宋代貶謫謝上表基本符合這一體式。相比較而言，唐代的貶謫謝表的體式則未必如此清晰而格式化，其自由表達的空間相對較大。又因其於「自述與頌聖」這一部分表達不甚清晰，而是常常混雜在一起。由此，本文將唐代貶謫謝上表的文體形式大體總結為「一破題，二自述加頌聖，三述意」這三大部分。其第一部分一般以「臣某言：伏奉某月日敕授臣某官……」開始到「以某月日到州上訖，臣某誠惶誠恐頓首頓首，死罪死罪」或「臣某中謝」為止，簡單說明自己被貶謫的相關情形。第二部分通常是詳細敘述自己的犯罪因由、表明忠心以及頌讚聖恩的混合體，最終要達到的目的則是感恩。最後一部分則常為表達自己要在貶所作出貢獻的決心，以此報答浩蕩皇恩。以下具體以肅宗時顏真卿的《同州刺史謝上表》為例來簡要分析貶謫謝上表的文體格式。

　　　　臣真卿言：伏奉某月日恩制，除臣同州刺史。以某日至郡上訖。受命祗懼，伏增戰越。中謝。（**破題**）臣自失守平原，萬里歸命，甘心斧鉞，用微敗亡。陛下錄纖芥之誠，捨邱山之罪。超司秋典，再長憲臺，宗伯亞相，一時蝟集。在臣叨幸，何以克堪？誓當粉骨碎身，少酬萬一。而力微任重，福過災生，涓塵莫效，咎怨仍積。上負聖明之恩，下慚魯衛之士。盤水加劍，未塞深尤，禦魅投荒，乃為殊造。陛下識其眉目，矜其要領，待罪猶忝於左馮，黜官不離於本秩。感念恩德，淪於心髓。（**自述加頌聖**）木石知變，況在微臣，伏惟陛下察其戇愚，收其後效，臣雖萬死，實荷所天。竊以此郡破亡，再陷凶逆，生靈塗炭，邑室空虛。殺傷者雖或蓋藏，逃亡者尚

〔註4〕陳繹曾撰：《文筌》，《續修四庫全書》集部第一七一三冊，上海古籍出版社，2002年版，第459頁。

未歸復。謹當勵精悉力，宣諭皇明，旬月之間，望有所校。伏惟陛
下減省聖慮，不以此郡為憂，則臣之愚忠，生死萬足。其戶口實數，
並利害切急者，伏望容臣括責，續狀奏聞。無任感戀之至。（**述意**）
〔註5〕

第一部分是破題。吳訥《文章辨體》引真德秀語：「表中眼目，全在破題，要
見盡題意，又忌太露。」〔註6〕可見，破題對一篇謝表來說非常重要，「見盡
題意」也就是說破題部分要將本篇謝表所要表達的主要內容全部呈現出來。
顏真卿此篇謝表的破題部分為：

臣真卿言：伏奉某月日恩制，除臣同州刺史。以某日至郡上訖。
受命祗懼，伏增戰越。中謝。

其中共包含三個要素。1.「臣真卿言」，表明謝上表的寫作者是顏真卿。蔡邕
《獨斷》有：「公卿校尉諸將不言姓，大夫以下有同姓官別者言姓」。這應是
謝上表寫作的一個慣例，唐代謝表中「臣某言」這個部分或是直接記錄大臣
之名而省去姓，或是直接以「臣某言」代替貶臣的具體名字，後一種情形在
唐中後期貶謫謝表中則更為常見。大體而言，唐代貶謫謝表除去個別如元稹
《同州刺史謝上表》中使用「臣稹言」之外，其他如韓愈《潮州刺史謝上表》、
劉禹錫的《連州刺史謝上表》、呂溫的《道州刺史謝上表》以及蕭倣的《蘄州
謝上表》，無一不是直接以「臣某言」開始的。

2.「臣某言」之後，緊接下來一般是「伏奉某月日恩制，除臣……，以某
日至郡上訖。」這一部分具體說明貶官奉貶制的時間、到達貶所的時間以及
被貶官職，有的還加入一些諸如接到貶詔之後魂膽飛越的驚懼、倉皇踏上貶
途的情形以及路途乘坐何種交通工具等需要補充交代的情形。如張說《岳州
刺史謝上表》中加入一句「承恩惶怖，狼狽上道」〔註7〕，交代遭貶的驚恐與
狼狽上道的現實。張九齡《荊州謝上表》中加入「聞命惶怖，魂膽飛越，即
日戒路，星夜奔馳，屬小道使多，驛馬先少，即以今月八日至州禮上」，〔註8〕
增加了關於貶途中驛站與道路等相關情狀的交待。還有元稹《同州刺史謝上
表》中的「臣罪重責輕，憂惶失據，慮為臺府迫逐，不敢徘徊闕廷，便自朝

〔註5〕《全唐文》卷三三六，第3403頁。
〔註6〕吳訥、徐師曾撰，于北山、羅根澤校點：《文章辨體序說・文體明辨序說》，人
　　　民出版社，1962年版，第37頁。
〔註7〕《全唐文》卷二二三，第2254頁。
〔註8〕《全唐文》卷二八八，第2922頁。

堂匍匐進發」,〔註9〕著重強調被貶之後離京之迅速,直接從朝堂踏上貶途,不容一絲逗留,暗示出貶謫給士人帶來的驚恐以及對士人心靈的沉重打擊。關於貶謫與到任的時間,顏真卿此篇謝表中都以「某月日」替代,事實上,其他的貶官謝上表中,時間是具體標明的,如前文張九齡《荊州謝上表》中「伏奉四曰十四日制……以今月八日至州禮上」〔註10〕、呂溫《道州刺史謝上表》中:「臣去年十月十七日蒙恩授使持節道州諸軍事守道州刺史……以今月七日到州上訖。」〔註11〕也有不言奉制時間,只言以某月日到州上訖。如常袞的《潮州刺史謝上表》中「臣冒犯刑章,合當萬死,曲蒙慈貸,特賜再生。仍假分符,更承寵授,感恩待罪,心魂戰越。以九月十一日到州上訖」〔註12〕。當然,這只是特殊情況,大多數的貶謫謝表中均要寫明具體的奉制時間與到達貶所的時間,以達到「見盡題意」的目的。

此外,與這一部分相關的還有一些特殊情形需要指明。第一,「臣某言」之後大部分的情形是接「伏奉某月日恩制,除臣……,以某日至郡上訖。」還有極少數的謝表不遵循這樣的格式,如前文所舉常袞《潮州刺史謝上表》中,「臣某言」之後接的是「臣冒犯刑章,合當萬死,曲蒙慈貸,特賜再生。仍假分符,更承寵授,感恩待罪,心魂戰越」這樣一段抒發個人驚懼、感恩、慚愧等複雜情感的內心剖白,接下來是其到任時間,「以九月十一日到州上訖」。與此類似的還有一代文宗韓愈的《潮州刺史謝上表》,其開篇「臣某言」之後亦接以這樣一段:

> 臣以狂妄戇愚,不識禮度,上表陳佛骨事,言涉不敬,正名定
> 罪,萬死猶輕。陛下哀臣愚忠,恕臣狂直,謂臣言雖可罪,心亦無
> 他,特屈刑章,以臣為潮州刺史。既免刑誅,又獲祿食,聖恩宏大,
> 天地莫量,破腦刳心,豈足為謝!〔註13〕

破題先解釋自己被貶謫的原因,之後通過敘述皇帝寬恕自己的罪過,屈刑章而拜其為潮州刺史一事渲染皇恩的深厚與浩蕩,可謂「天地莫量」,自己簡直「破腦刳心」都不足為謝,極盡誇張之能事。之後才是一般詔書接續「臣某言」的內容:「臣某誠惶誠恐,頓首頓首。臣以正月十四日,蒙恩除潮州刺史,

〔註 9〕《全唐文》卷六五〇,第 6596 頁。
〔註10〕《全唐文》卷二八八,第 2922 頁。
〔註11〕《全唐文》卷六二六,第 6318 頁。
〔註12〕《全唐文》卷四一七,第 4270 頁。
〔註13〕《全唐文》卷五四八,第 5553 頁。

即日奔馳上道，經涉嶺海，水陸萬里，以今月二十五日，到州上訖。」可見，唐代貶詔的體式雖相對固定，但亦有足夠的發揮空間，表達上具有相當的靈活性。第二點需要特別指出的是「以某月日到州上訖」的表達位置。大部分的貶謫謝上表將其放在破題的部分，但有的也放在謝上表的中間部分，即詳細敘述自己的犯罪因由、表明忠心以及頌讚聖恩的部分，最有名的如劉禹錫的貶謫謝表，便常用這樣的寫法。《容齋四六談叢》中有「劉夢得謝上表」一節：

> 郡守謝上表，首必云：「伏奉告命授臣某州，已於某月某日到任上訖。」然後入詞，獨劉夢得數表不然，《和州》者曰：「伏奉去年六月二十五日制書，授臣使持節和州諸軍事，守和州刺史。臣自理巴、實，不聞善最，恩私忽降，慶抃失容。臣某中謝。伏惟皇帝陛下丕承寶祚，光闡鴻猷，有漢武天人之姿，稟周成睿哲之德。……**臣即以今月二十六日到所任上訖**。伏以地在江、淮，俗參吳、楚，災旱之後，綏撫誠難。謹當奉宣皇風，慰彼黎庶，久於其道，冀使知方。伏乞聖慈俯賜昭鑒。」首尾敘述皆與他人表不同。其《夔州》、《汝州》、《同州》、《蘇州》，諸篇一體。〔註14〕

也就是說，相比於唐人的其他貶謫謝上表，劉禹錫所作之表有自己的特色，在他的謝上表中，前文總結的屬於破題部分的「以某月日到州上訖」放在了第二部分的結尾，以形成他自己獨特的表達效果。《容齋四六談叢》中載，洪邁之子對劉禹錫的這種謝上表做法很是稱頌，「及為太平州，遂擬其體，代作一表……全規模其步驟，然視昔所作，猶覺語煩」。〔註15〕可見，在眾多格式統一的謝上表中，劉禹錫的這種做法是比較特別的，還曾受到後人的追摹。事實上，唐代這樣寫謝表了除了劉禹錫還有其他人，如令狐楚就曾在其《衡州刺史謝上表》中將這一句放在其謝表的中間部分。不過，大部分的謝表還是遵循前文總結的謝表的一般結構。

3. 在「臣某言」與「伏奉某月日恩制，除臣……，以某日至郡上訖」之後，是一般貶謫謝上表寫作的固定套語「誠惶誠恐頓首頓首死罪死罪」或「臣某中謝」「中謝」。如張九齡的《荊州謝上表》中：「……以今月八日至州禮上，誠惶誠恐頓首頓首死罪死罪」〔註16〕、賈至《汝州刺史謝上表》中：「……以

〔註14〕《容齋四六談叢》，王水照編：《歷代文話》（第一冊），第75頁。
〔註15〕《容齋四六談叢》，王水照編：《歷代文話》（第一冊），第75頁。
〔註16〕《全唐文》卷二二三，第2254頁。

今月至州上訖，臣某誠惶誠恐頓首頓首」〔註17〕等。也有的謝表在這一固定套語前還增加一些表達感受的語言，如顏真卿《同州刺史謝上表》中「以某日至郡上訖。受命祗懼，伏增戰越，中謝」〔註18〕、呂溫《道州刺史謝上表》中「以今月七日到州上訖。祗寵自天，戰局無地。臣某誠兢誠感頓說頓首」〔註19〕與元稹《同州刺史謝上表》中「謹以今月九日到州上訖。臣某辜負聖朝，辱累恩獎，便合自求死所，豈宜尚忝官榮？誠恐誠慚死罪死罪」〔註20〕等等，用以表達自己被貶官的驚栗與恐懼。一般的規律是，若「伏奉某月日恩制，除臣……，以某日至郡上訖」這部分有臣子有表達自己的驚恐，那接下來便直接加以「誠惶誠恐頓首頓首死罪死罪」或「臣某中謝」「中謝」這樣的套語，如果前面只是一些對路途等貶謫情況的交代，那便會在「誠惶誠恐頓首頓首死罪死罪」或「臣某中謝」「中謝」之前加一些表達臣子驚懼之情的語言。當然，若是像劉禹錫的謝上表那樣將「以某日至郡上訖」置於謝上表的第二部分即自述與頌恩部分，那麼，第一部分便會將表達驚恐與「誠惶誠恐頓首頓首死罪死罪」或「臣某中謝」「中謝」合在一起來寫。

「誠惶誠恐頓首頓首死罪死罪」和「臣某中謝」「中謝」一般不會同時出現在一篇貶謫謝表中，二者只會擇一使用，這乃由其承接上文的作用決定，然後世多因不察而時常出現二者同時使用的狀況，引起重複。《四六叢話》便有關於這一情形的記載：

> 今臣僚上表，所稱惟誠惶誠恐，及誠歡誠喜、頓首稽首者，謂之中謝中賀。自唐以來，其體如此。蓋臣某以下，亦略敘數語，便入此句，然後敷陳其詳。如柳子厚《平淮西賀表》：「臣負罪積纍，違尚書箋表，十有四年」云云，「懷印曳綬，有社有人」，語意未竟也。其下既云「誠惶誠恐」，**蓋以此一句，結上數語云爾。**今人不察，或於首聯之後，湊用兩短句，言震惕之義，而復接以中謝之語，則遂成重複矣。前輩表章如東坡、荊公，多不失此體。近時周益公為相，《謝復封表》云：「華陽黑水，裂地而封，舊物青氈，從天而下。磨玷之勤未泯，執圭之寵彌加。臣誠惶誠恐。」或以為疑，嘗以問

〔註17〕《全唐文》卷三六七，第 3733 頁。
〔註18〕《全唐文》卷三三六，第 3403 頁。
〔註19〕《全唐文》卷六二六，第 6318 頁。
〔註20〕《全唐文》卷六五〇，第 6596 頁。

　　公，公答之正如此。〔註21〕

可見，「誠惶誠恐」在這一固定套語中並不是一個單純地表達心情的詞語，而是有其在文體方面的功能，其一般用來總結上文，總結謝表的破題部分，暗示之後的內容將進入謝表最為重要的自述與頌聖部分。也正是因為這樣固定套語的存在，貶謫謝表才成為一種越來越程式化的公文文體。

　　以上總結的三點是貶謫謝上表第一部分一般的書寫格式。可簡單將其表述為：「臣某言，伏奉某月日恩制，除臣……，以某日至郡上訖（貶謫感受、貶途情形、交通工具等補充交代），（貶謫感受）誠惶誠恐頓首頓首死罪死罪／臣某中謝、中謝。」相對而言，這部分內容是唐代貶謫謝上表中體式化最為明顯的部分，固定套語也最多，是體現貶謫謝上表作為一種文體的標誌性部分。

　　第二部分是自述加頌聖，其目的是感恩。這是貶謫謝表中最為重要的一部分，也是最具個性色彩與抒情性最強的一部分，唐代一些大家的貶謫謝上表甚至可以直接當作一篇抒情散文來讀。短短的幾百字，將其身受皇恩之隆、橫遭誣枉之痛、蒙垢受命之懼、臨別依依之情寫得淋漓盡致。敘述、說理、抒情、議論、辯白相結合，其意有曲折、有直陳，其言有白描、有譬喻，藝術上頗具特色，亦有相當的感人力量。

　　貶謫謝上表需要臣子對貶謫進行感恩。貶謫既是處罰，那應如何感恩便是臣子書寫謝上表之時需要細心把握的一個部分，不同臣子對這一部分有著不同的處理方式，而其處理方式的不同又能夠反映出官員本人對待貶謫態度的不同甚至個人性格的差異。仍以前文所舉顏真卿的《同州刺史謝上表》為例。其表破題部分在交代完自己被貶官的基本情況之後進入自述與頌聖的部分。

　　　臣自失守平原，萬里歸命，甘心斧鉞，用儆敗亡。陛下錄纖
　　芥之誠，捨邱山之罪。超司秋典，再長憲臺，宗伯亞相，一時蝟
　　集。在臣叨幸，何以克堪？誓當粉骨碎身，少酬萬一。而力微任
　　重，福過災生，涓塵莫效，咎愆仍積。上負聖明之恩，下慚魯衛
　　之士。盤水加劍，未塞深尤，禦魅投荒，乃為殊造。陛下識其眉
　　目，矜其要領，待罪猶忝於左馮，黜官不離於本秩。感念恩德，
　　淪於心髓。〔註22〕

〔註21〕《容齋四六談叢》，王水照編：《歷代文話》（第五冊），第4486頁。
〔註22〕《全唐文》卷三三六，第3403頁。

作者首先以平原失守一事自述罪過。顏真卿曾因不附楊國忠而被貶為平原太守，時安祿山謀反跡象已經顯露，顏真卿一邊宴飲賓客麻痺安祿山，一方面卻積極做好迎戰的準備。最終安史之亂爆發，河北郡縣都被叛軍攻陷，只有平原郡防守嚴密，連玄宗都感慨：「朕不識顏真卿形狀何如，所為得如此！」〔註23〕因為顏真卿的軍事才幹，在整個安史之亂中，河北諸郡相繼陷沒，「獨平原、博平、清河三郡城守」〔註24〕，而顏真卿也因之被後人稱為「顏平原」。可以說，平原郡的成功防守是顏真卿生命當中最輝煌的戰績，後雖因「人心危蕩，不可復振」而使得平原失守，但其功仍不可沒。顏真卿的謝上表自述從其失守平原這件事情開始，未嘗沒有在述罪的同時希望皇帝體諒自己忠心的一番苦心。而其對自己罪行的總結「力微任重，福過災生，涓塵莫效，咎愆仍積」也只是籠統言之，並未指出明顯的罪責。這是因為顏真卿此次被貶本身並無任何真實罪行，史書記載為「軍國之事，知無不言，為宰相所忌，出為同州刺史」。〔註25〕面對這種不公平的貶謫卻要作者自述己過，是不容易下筆的，顏真卿的認錯既不乞憐、諂媚，同時還借平原失守的事情暗暗表明忠心，其言辭可謂得體，不卑不亢。除此之外，頌恩的部分亦同樣貼切。「陛下識其眉目，矜其要領，待罪猶忝於左馮，黜官不離於本秩」，意思是雖然自己有如上罪過，但皇帝還是能夠深明事理，體諒自己，給了自己左馮的官職。左馮，漢代三輔之一，漢時將京兆尹、左馮翊、右扶風稱三輔，即把京師附近地區歸三個地方官分別管理，左馮作為都城三輔之一，地位並不低，而同州便是隋馮翊郡，在京師附近，州刺史地位很高。「黜官不離於本秩」即官職雖貶，卻仍是本品。顏真卿被貶之前的官職是御史大夫，御史大夫在唐代品級為從三品，而其被貶的同州屬於上輔，在唐代上輔州刺史的官品亦是從三品，由此說「不離於本秩」。可以說，顏真卿抓住同州刺史這一官職品級不低這一特點進行感恩是準確而到位的，毫無誇大之嫌。至於其「盤水加劍，未塞深尤，禦魅投荒，乃為殊造」「粉身碎骨，少酬萬一」「感念恩德，淪於心髓」等表達，則帶有唐代貶謫朝臣特有的對皇權的恐懼之感，這在每一位貶謫官員的謝上表之中均有相當程度的體現，也正是這一點，尤其能夠讓人體會唐代皇權給士人心靈造成的影響，感受到唐代士人拳拳的愛國之心與依依

〔註23〕《舊唐書》卷一二八《顏真卿傳》，第 3590 頁。
〔註24〕《舊唐書》卷一二八《顏真卿傳》，第 3591 頁。
〔註25〕《舊唐書》卷一二八《顏真卿傳》，第 3592 頁。

戀主之情，體會其真實的內心世界。

　　除了像顏真卿這樣簡單明瞭的自述加頌聖，有的官員在自述與頌恩的過程中則表現得非常小心，通過層層轉折表白自己內心，如張九齡的《荊州謝上表》。作者既要稱述己過，又想委婉地向皇帝表白自己的正直與忠心，周旋其間，反覆曲折，層層深入，字裏行間滲透著其良苦用心。具體內容如下：

> 臣不即飲氣取死，豈敢輕惜余命？伏念心無黨惡，死則似同，以此偷生，猶希聖察。臣往年按察嶺表，便道赴使，訪聞周子諒，久經推覆，遂即奏充判官，尋屬臣改官，使亦有替。其後信安郡王禕奏將朔方驅使，便請授官，臣因其嶺外勤勞，因而奏乞。事不敢隱，未至涉私，**然進用非人，誠宜得罪。但臣特蒙拔擢，出自宸衷，陛下所用隱微，惟臣而已。伏思報效，竊恃聖恩，每於事端，無所防避，智識雖淺，罄竭則深，微誠區區，義有所在，豈復與此私協，以負累聖鑒？臣雖至頑至愚，不至於此，皇天后土，照臣血誠，夙夜煩冤，欲辯無路。臣聞物有窮者，必訴於昊天；人有痛者，必呼於父母。臣今孤苦，不乞哀於聖君，豈蒙惡聲，遂銜冤以沒代？臣受性愚鈍，闇於知人，稟命舛剝，與此凶會，誠合自死，以謝天威。所以側息苟存者，臣為聖朝所用，既極榮寵。而一朝至此，恐玷明時，在臣微生，有若螻蟻，身名俱滅，誠不足言。今縶咎則然，恩禮猶重**，面目有靦，夙夜唯憂，戴盤望天，豈期上達？又未能宣布聖澤，少答殊私，局蹐兢皇，動失次第，無任荷懼兢悚之至。〔註26〕

這篇謝表並未如上文顏真卿的謝表那樣自述罪過，而是先說自己「心無黨惡」，若從此赴死，自己的清白便無從證明，因此希望皇帝明察。緊接著講述自己薦周子諒一事的原委，說明舉薦並非出自自己的私心。這是第一層意思，表白忠心。以下通過「然」字進行轉折，既然是貶謫謝上，那一定要說明自己的過錯所在，「進用非人，誠宜得罪」便是作者給出的自己被貶的原因，舉薦雖不出於私心，但畢竟進用非人，因此理該得罪，這是第二層意思。接下來又以一「但」字再次轉折，說明自己之所以不可能犯如此之罪的原因。上文剛說自己有罪，這裡馬上轉而繼續闡述自己無罪的原因，可見認罪只是形式要求，表白才是真正的目的。與此同時，通過這一深層次的表白，作者也為自己所謂的「罪行」加上了限定語，言下之意即，自己進用非人雖算有過，

〔註26〕《全唐文》卷二八八，第2922頁。

但並非因為私心，反而是因為「竊恃聖恩，每於事端，無所防避」，但「微誠區區，義有所在，豈復與此私協，以負累聖鑒？臣雖至頑至愚，不至於此」至「皇天后土，照臣血誠，夙夜煩冤，欲辨無路」則可以說是一種強烈的申訴，讓人想起屈子忠心無以自明的痛楚，這是歷來無數正直知識分子內心的劇痛，「臣今孤苦，不乞哀於聖君，豈蒙惡聲，遂銜冤以沒代？」一種知識分子在權力下的懇切與卑微，希望保全自己清白忠貞的願望，讀來讓人唏噓。這是第三層意思。之後進一步說明自己此次被貶乃因「受性愚鈍，闇於知人，稟命舛剝」，雖然這次的事件自己應該以死謝罪，但「聖朝所用，既極榮寵。而一朝至此，恐玷明時」。作者從一個王朝時運清明的高度解釋自己為何要如此在謝表中進行辯解，即如果自己因此莫須有的罪名而被貶死，那對這聖明之時亦是一種連累與玷污，這是第四層意思。最後是頌恩，「今釁咎則然，恩禮猶重」，然自己卻無以報答一二，無任惶恐之至，是第五層意思。很顯然，與顏真卿的上一篇謝表相比，張九齡的此篇謝表更重要的是進行自白，述罪和頌恩只是穿插其中的小部分，並不是這篇謝表寫作的最終目的。作者低回轉折、反反覆覆從各個角度續寫自己的真心，但其中揮之不去的仍然是對皇權的畏懼，因此總顯得小心翼翼，反覆陳詞只是希望皇帝能夠理解，有一種滲入骨髓的卑微感。

　　上文所舉的簡單自述罪過或層層轉折表白內心乃謝上表自述部分的兩種寫作方式，除此之外，貶謫謝上表因寫作者個人性格的不同與時代的差異，其自述頌聖部分的表達還可以有更為新穎的形式，如元稹謝表中這一部分的寫作便非常特別。其自述部分從幼年講起，敘述自己從小到大的經歷、自己的性格、為官經歷以及自己此次被貶的原委等等。

　　　　臣八歲喪父，家貧無業，母兄乞丐，以供資養，衣不布體，食不充腸。幼學之年，不蒙師訓。因感鄰里兒稚，有父兄為開學校，涕咽發憤，願知《詩》《書》。慈母哀臣，親為教授。年十有五，得明經出身。自是苦心為文，夙夜強學。年二十四登吏部乙科，授校書郎。年二十八蒙制舉首選，授左拾遺。始自為學，至於升朝，無朋友為臣吹噓，無親黨為臣援庇，莫非苦己，實不因人。獨立成性，遂無交結。任拾遺日，屢陳時政，蒙先皇帝召問延英。旋為宰相所憎，貶臣河南縣尉。及為監察御史，又不敢規避，專心糾繩。復為宰相怒臣不庇親黨，因以他事貶臣江陵判司。

　　廢棄十年，分死溝瀆。〔註27〕

首先，元稹的自述部分並未像顏真卿的謝表那樣直接敘述自己的罪行，也並未如張九齡一樣表達自己作為一個知識分子希望自明本志的心情並解釋自己被貶的因由，而是從其幼年的生活經歷講起，將自己小時候貧苦而艱難的家境、涕咽發憤的求學經歷、明經出身之後的為官履歷等娓娓道來。「臣八歲喪父，家貧無業，母兄乞丐，以供資養，衣不布體，食不充腸。幼學之年，不蒙師訓。因感鄰里兒稚，有父兄為開學校，涕咽發憤，願知《詩》《書》。慈母哀臣，親為教授。」簡短的幾句話便勾勒出了幼年元稹的生活環境，貧困的生活讓他很早便懂得生活的艱辛，也因此養成他頑強的意志力和奮發向上的強烈願望，在母親的教導下，他的讀書、仕途一路還算順利。然而，與此同時，艱難的生活環境塑造他的這種正直而獨立不遷的品性又使得他在朝從不交結親黨，專心糾繩、不避權貴，最終被人憎恨而貶為河南縣尉及江陵判司，甚至被棄達十年之久。可以說，這不僅僅是元稹對其此前兩次被貶原因的分析，更是他對自己的成長及內在性格的深入思考與剖析。有了這種反思的鋪墊，接下來元稹才開始敘述此次被貶同州刺史的前因後果：

　　　　元和十四年，憲宗皇帝開釋有罪，始授臣膳部員外郎。與臣同省署者，多是臣初登朝時舉人；任卿相者，半是臣同諫院時拾遺、補闕。愚臣既不能低心曲就，輩流亦以望風怒臣。不料陛下天聽過卑，知臣薄藝，朱書授臣制誥，延英召臣賜緋。**宰相惡臣不出其門，由是百計侵毀。**陛下察臣無罪，寵獎逾深，召臣面授舍人，遣充承旨學士，金章紫服，光飾陋軀，生人之榮，臣亦至矣。**然臣益遭誹謗，日夜憂危**，唯陛下聖鑒照臨，彌加保任，竟排群議，擢備臺司。臣忝有肺肝，豈並尋常宰相？**況當行營退散之後，牛元翼未出之間，每聞陛下軫念之言，微臣恨不身先士卒。所問於方計策遣王友明等救解深州，蓋欲上副聖情，豈是別懷他意？**不料奸人疑臣殺害裴度，妄有告論，塵黷聖聰，愧羞天地。臣本待辨明一了，便擬殺身謝責。豈料聖慈尚在，**薄貶同州，雖違咫尺之顏，不遠郊畿之境。**伏料必是宸衷獨斷，乞臣此官，若遣他人商量，乍可與臣遠處藩鎮，豈肯遣臣俯近闕庭？〔註28〕

〔註27〕《全唐文》卷六五〇，第6596頁。
〔註28〕《全唐文》卷六五〇，第6596～6597頁。

自被貶江陵判司之後，元和十四年，元積自虢州長史徵還為膳部員外郎。被貶的十餘年間，元積專力作詩章，回朝之後備受一代文宗宰相令狐楚稱道，言其為「近代鮑、謝」，就連穆宗亦非常欣賞元積的才氣，史載「穆宗皇帝在東宮，有妃嬪左右嘗誦積歌詩以為樂曲者，知積所為，嘗稱其善，宮中呼為元才子」。〔註 29〕因其文學方面的優勢，元積可謂迎來了仕宦生涯的第二春。元和十五年（820 年），唐穆宗即位後，因宰相段文昌之薦，元積授祠部郎中、知制誥，數月後，被擢為中書舍人，翰林承旨學士，這便是元積在其謝表中說的「不料陛下天聽過卑，知臣薄藝，朱書授臣制誥，延英召臣賜緋」以及「陛下察臣無罪，寵獎逾深，召臣面授舍人，遣充承旨學士」〔註 30〕。然而，迅速升遷的同時，元積也陷入了尖銳複雜的政治鬥爭漩渦，「河東節度使裴度三上疏，言積與弘簡為刎頸之交，謀亂朝政，言甚激訐，穆宗顧中外人情，乃罷積內職，授工部侍郎。上恩顧未衰。長慶二年，拜平章事。詔下之日，朝野無不輕笑之。」〔註 31〕可見，元積當時因詞章出眾受到穆宗的喜愛而成為宰相，然其在朝中的地位並不高，也並不被其他朝臣尊重。在這樣的局勢下，一方面元積希望立功報答皇帝，「積以天子非次拔擢，欲有所立以報上」〔註 32〕，一方面也希望在朝臣面前證明自己的能力，由此與人策劃了「反間而出牛元翼」之計。然而，事情的結果是，覬覦宰相之位的李逢吉與宦官勾結，誣告元積謀刺裴度，元積被出為同州刺史。根據史籍中的記載，元積被出為同州刺史一事的始末與其在謝上表中的表述高度一致，元積在此篇謝表中並未像之前的顏真卿與張九齡一樣勉強自述己罪，或是反覆曲折地表達自己的正直與忠心，而是直接為自己辯護，申明自己的清白，其以真摯的筆觸和飽滿的情感講述了自己的出身、仕宦經歷和被貶同州這整個事件始末，非常真實，也非常感人。可以說，這種情理結合的自述方式是唐代貶謫謝上表自述與頌恩的又一種寫作方式，自述完完全全是個人人生經歷的敘述，頌恩則有機地貫穿在自述的具體過程中，毫無機械感與套格式之嫌，字字句句，讀來很有人情味，讓人倍感親切，這樣的謝表，也更能夠體現出謝表「對揚王庭，昭明心曲」的文體內質，發揮出其「默動人君以禮使臣意」的文體功能。

〔註 29〕《舊唐書》卷一六六《元積傳》，第 4333 頁。
〔註 30〕《全唐文》卷六五〇，第 6596～6597 頁。
〔註 31〕《舊唐書》卷一六六《元積傳》，第 4333 頁。
〔註 32〕《舊唐書》卷一六六《元積傳》，第 4334 頁。

　　以上是貶謫謝上表第二部分的寫作內容。這一部分是貶謫謝上表中最重要的部分，也是最具個性色彩的部分，與此同時，這一部分的寫作的自由空間也最大，基本沒有固定的格式與套語，不同的人根據各自的被貶情形與當時政局的差異均可以有不同的寫作方式，總體而言，唐代貶謫謝上表在前期表達相對受限制，到中晚期則更加自由，表達方式更為靈活，內容上也更加生動、更具有感人的力量。

　　最後，貶謫謝上表第三部分為述意，即表達自己要在貶所做出貢獻的決心，以此報答浩蕩皇恩，最後結以「臣無任」這樣的固定套語，有的還加上「謹附表陳謝以聞」等說明謝表上達方式的文字。如顏真卿謝表中：「竊以此郡破亡，再陷凶逆，生靈塗炭，邑室空慮。殺傷者雖或蓋藏，逃亡者尚未歸復。謹當勵精悉力，宣諭皇明，旬月之間，望有所校。伏惟陛下減省聖慮，不以此郡為憂，則臣之愚忠，生死萬足。其戶口實數，並利害切急者，伏望容臣括責，續狀奏聞。無任感戀之至。」〔註33〕顏真卿在安史之亂中奔赴肅宗被貶，為了表白自己的忠心，在第三部分，顏真卿具體描繪了同州經過戰亂之後的殘破、民不聊生的景象與自己將如何實行治理的具體步驟。面對凋敝的民生，自己雖被貶謫，但仍準備盡心竭力希望於旬月之間見到治理效果，仍然致力於能夠為地方治理做出貢獻從而替皇帝分憂解難，所謂「減省聖慮，不以此郡為憂」。顯然，這樣的述意最終目仍然是表明忠心，一般而言，大多數謝表在這一部分的表述都與顏真卿相差無幾，然而也有一些謝表的表達更別出心裁，如前文所講的元稹，其《同州刺史謝上表》第三部分的寫作便相對特別：

　　　　臣所恨今月三日尚蒙召對延英，此時不解泣血仰辭天顏，便至今日竄逐。臣自離京國，目斷魂銷，每至五更朝謁之時，臣實制淚不已。臣若餘生未死，他時萬一歸還，不敢更望得見天顏，但得再聞京城鐘鼓之音，臣雖黃土覆面，無恨九原。臣某無任自恨自慚攀戀聖慈之至。然臣一日未死，亦合有所陳論。或聞党項小有動搖，臣今謹具手疏陳奏，伏望恕臣死罪，特留聖覽。臣此表並臣手疏，並請留中不出。謹遣差知衙官試殿中監馬宏直奉表謝罪以聞。〔註34〕

與其他謝表不同的是，感恩頌聖之後，元稹並沒有緊接著表達自己將要在貶

〔註33〕《全唐文》卷三三六，第3403頁。
〔註34〕《全唐文》卷六五〇，第6596～6597頁。

地如何積極地進行治理，如何為皇帝分憂，而是加上了一段感人至深的抒情。「慮為臺府迫逐，不敢徘徊闕廷，便自朝堂匍匐進發」，這樣倉皇地離開京城，離開自己心心念念的地方，往日不知泣血仰辭天顏，今日竄逐甚至不及一別，頗有一種今夕恍然的別離之痛。離開京國，目斷魂銷，以至於雖身在貶所，但每到五更朝謁的時間，都不能自己地淚如雨下，細節的表達非常真實感人，足見其內心的沉痛！若有一日能再聞京城鐘鼓之音，則死而無憾，無限的依戀與繾綣，同時又暗含著希望皇帝理解自己，希望有朝一日還能回京的卑微請求與慨歎。如此細膩而豐富的抒情，在以往謝表中比較少見的。除此之外，元稹的這篇謝表中另外一個特別之處在於其「臣某無任自恨自慚攀戀聖慈之至」的固定套語後又加了一段關於時事的陳論。「然臣一日未死，亦合有所陳論」，上疏論陳是一個臣子畢生的責任，即使被貶也不能例外，這是他對自己忠心的表達，亦是他對自己臣子身份的要求。且在陳述完「党項小有動搖」的情形之後還告知皇帝「特留聖覽，臣此表並臣手疏，並請留中不出」。從這裡我們也可以知道，唐代官員所作的謝表一般應該都需要付外讓群臣看到，這個傳統一直持續到宋代，宋代大部分謝表都要「降出付外」，「謝表降出後，通過進奏院下發到相關機構處理，部分謝表通過進奏院邸報的登載可為天下人所讀」，〔註35〕其目的「蓋朝廷之意，欲以遷授降黜示賞功罰罪，勉勵天下之為吏者」，且「不特欲四方知其到官之日，是亦使人留意文字之端也。」〔註36〕而元稹這篇謝表特異囑咐皇帝「留中不出」，一方面或許是因為其在謝表中關於党項動搖的這些奏論，不希望洩露出去；另一方面或許也是因為他為自己的辯白過於直白，指涉其他朝臣也過於明確，因此不希望謝表付外引發不必要的麻煩，因此藉故留中不出。總之，元稹謝表第三部分的寫作方式讓我們看到了謝表寫作更多新的可能性，彰顯了謝表作為一種文體的靈活性。

與元稹類似，令狐楚在其《衡州刺史謝上表》中亦加上了一段對皇帝的請求：

> 伏以君親同致，臣子一例，情有思於聞達，理合具而奏陳。今臣官忝頒條，職非奉使，謝上之外，拜章無因。欲隱默而不言，懼中傷而未已。何者？微臣頃蒙朝獎，謬列宰司，誠不曾壅隔賢才，怨臣者至寡；辭京之後，毀臣者則多。今卻望朝廷，更無庇援；曲

〔註35〕楊芹：《宋代謝表及其政治功能》，《中州學刊》，2016 年第 10 期，第 121 頁。
〔註36〕徐松輯：《宋會要輯稿·儀制七》，中華書局，1957 年版，第 1955 頁。

全孤賤，唯託聖明。特乞眷慈，俯鑒哀懇，庶使窮鱗懷躍波之望，幽蟄有聞雷之期。仰天垂涕，伏地流汗。不勝感恩懼罪戰慄屏營之至。臣無任。〔註37〕

與元稹不同時是，元稹陳論的是國事，而令狐楚的請求乃因畏懼被貶後朝臣的中傷而發，「懼中傷而未已」。他講自己曾經有過在朝之時怨者寡，辭京之日毀者多的經歷，因此特別提及希望皇帝能夠特垂憐憫，曲全孤賤。令狐楚此陳論的原因為「今臣官忝頒條，職非奉使，謝上之外，拜章無因」，無獨有偶，晚唐懿宗時蕭仿的《蘄州刺史謝上表》中亦有類似的表達：「臣官為牧守，不同藩鎮。謝上之後，他表無因。達天聽而知在何時，備繁辭而並陳今日」〔註38〕。二者共同提到的問題是，自己此次被貶為刺史與出使藩鎮不同，被貶離京，除了謝上表之外，很難再向皇帝上書言事，此後自己的想法要上達天聽不知又在何時，因此不得已要在謝表有限的篇幅中加上一些必要的陳請。如蕭仿「寫肝膽而上告明君，希衰殘而得還帝里。豈望復升榮級，更被寵光。願受代於蘄春，遂閒散於輦下」，〔註39〕藉此謝上表寫作的機會表達希望有生之年能夠歸還帝里的心情，並進一步解釋，歸還帝里不是要得到高官厚祿的恩寵，而是希望能夠解脫職務，做一個閒人，過閒適的生活。由此可知，謝表作為官員被貶謫之後的固定例行文書，恰恰給了貶謫官員一次與皇帝直接對話的機會，官員不僅可以借上謝表的機會向皇帝解釋自己的犯罪緣由，求得皇帝的諒解，更可以通過謝上表寫作的機會向皇帝陳述時政或表達一些不為眾人所知的、最內心深處的恐懼、擔憂與思考，這是謝上表作為一種例行文書的延展功能，也是其作為公文寫作的靈活性所在。正因如此，有了我們現在看到的元稹、令狐楚、蕭仿等人於貶謫謝表第三部分的陳論。

最後是關於謝表上達方式的說明。謝表的上達，可由差官送達，也可由驛站送達。《唐會要》卷二十六：「天寶十載十一月五日，敕：『比來牧守初上，準式附表申謝，或因便使，或有差官，事頗煩勞，亦資取置，自今已後，諸郡太守等謝上表，宜並附驛遞進，務從省便。』至十三載十一月二十九日，詔：『自今已後，每載賀正及賀赦表，並宜附驛遞進，不須更差專使。』」〔註40〕雖然天寶十二載、十三載朝廷申令刺史謝上表應由驛遞傳送以節省人物力，

〔註37〕《全唐文》卷五四○，第5481～5482頁。
〔註38〕《全唐文》卷七四七，第7738頁。
〔註39〕《全唐文》卷七四七，第7738頁。
〔註40〕《唐會要校證》卷二六《箴表例》，第438頁。

但是根據中晚唐的資料，刺史謝上表仍有許多為專人差送。常袞《潮州刺史謝上表》中：「謹附本道觀察使便使奉表陳謝以聞。」〔註41〕劉禹錫《和州刺史謝上表》曰：「謹差當州軍事衙官章興奉表陳謝以聞。」〔註42〕元稹《同州刺史謝上表》：「謹遣差知衙官試殿中監馬宏直奉表謝罪以聞。」〔註43〕劉禹錫自蘇州移刺汝州之後的《汝州刺史謝上表》文尾亦道：「謹差防禦押衙韋禮簡奉表陳謝。」〔註44〕等等。上文談到謝上表的寫作給了官員一次向皇帝表述忠心的機會，其實，對皇帝而言，謝上表何嘗不是其瞭解貶官內心所思所想的一種方式。《唐語林》中便曾有這樣的記載：「唐代張固《幽閒鼓吹》：宣宗視遠郡謝上表，左右曰：『不足煩聖慮也。』上曰：『遠郡無非時章奏，只有此謝上表，安知其不有情肯乎？吾不敢忽也。』」〔註45〕可見皇帝自己亦非常重視官員的謝上表，而把謝上表作為瞭解官員心跡的重要途徑，甚至有時，謝上表還能夠感動皇帝，從而對貶官的仕途遷轉產生關鍵性的影響。唐代韓愈被貶潮州刺史後所作的謝表便曾引起皇帝的同情與憐憫，並因此而將其量移為袁州刺史。《舊唐書·韓愈傳》載：「憲宗謂宰臣曰：『昨得韓愈到潮州表，因思其所諫佛骨事，大是愛我，我豈不知？然愈為人臣，不當言人主事佛乃年促也。我以是惡其容易。』上欲復用愈，故先語及，觀宰臣之奏對。而皇甫鏄惡愈狷直，恐其復用，率先對曰：『愈終大狂疏，且可量移一郡。』乃授袁州刺史。」〔註46〕顯然，韓愈的謝表打動了憲宗，若不是皇甫鏄的阻擾，諫迎佛骨而被貶的韓愈很可能便會因這篇謝上表而遷轉回京復用。可見謝上表的作用之大。

貶謫謝表從三國魏時出現一直發展到唐代，大量的創作使得其形式越來越完備，內容越來越豐富、穩定，甚至成為一種獨特的上行公文文體。本文具體從「破題—自述加頌聖—述意」這三大部分分析了貶謫謝上表作為一種文體的體式及內容，分析了其中穩定的和可以靈活書寫的每個部分。總而言之，謝上表作為一種謝恩文體，雖然不同的人有不同的表達方式，但其最終目的則是表達感恩。

〔註41〕《全唐文》卷四一七，第4270頁。
〔註42〕《全唐文》卷六〇一，第6075頁。
〔註43〕《全唐文》卷六五〇，第6597頁。
〔註44〕《全唐文》卷六〇一，第6076頁。
〔註45〕王讜撰：《唐語林》，中華書局，1978年版，第38頁。
〔註46〕《舊唐書》卷一六〇《韓愈傳》，第4202頁。

第二節　唐代貶官謝上表的文體特質與風格

　　上文具體論述了貶謫謝上表這一文體的文體淵源、體式及具體內容，明確了其「感恩」的主要表達理念。作為一種文體，其文體的核心特質如何？與貶謫謝表的「感恩」理念有著怎樣的關係？唐代不同時期，貶謫謝表的書寫風格呈現什麼情形，最常見的表達方式又是怎樣的？原因何在？要明確這些問題，便需要我們對「表」這種文體及整個唐代的文學風貌有更深層次的理解與認識。

一、「表」的文體特點及功能

　　謝恩最早使用的文體，據劉勰《文心雕龍‧章表》篇所言乃是「章」。「漢定禮儀，則有四品：一曰章，二曰奏，三曰表，四曰儀。章以謝恩，奏以按劾，表以陳請，議以執異。」〔註47〕「章」是用來謝恩的，而「表」則是用來陳請的。然而，在實際使用過程中，這兩種文體的界限卻並不分明，如曹魏時期的《曹植集》中，謝恩便既有謝章，也有謝表，其中，謝章僅用來謝恩，表則既有用來陳請的，也有用來謝恩的。《曹植集》中有 41 篇表，其中 31 篇是用來陳述政見的，題目不用「謝」字，如《諫伐遼東表》。有 10 篇是用來謝恩的，其中 9 篇題目帶「謝」字，如「鄄城王謝表」「轉封東阿王謝表」等。可見，曹植在使用「表」這一文體時並未嚴格遵循劉勰所言漢代「章以謝恩，表以陳請」的要求，而是既用表來陳請，亦用其來謝恩。進一步思考，「表」這種較為寬泛的使用方式或許與其文體本身的特質緊密相關，表的文體功能是陳請，陳述自己的心意以及對皇帝、政局等的看法，陳請本來便是謝恩當中不可或缺的部分，因此，「表以陳請」便可同時被用來謝恩。事實上，這種以「表」來謝恩的形式在漢代便有先例，如東漢蔡邕被董卓升任巴郡太守的《巴郡太守謝表》：

　　　　臣尚書邕免冠頓首死罪。臣猥以頑暗，連值盛時，超自群吏，入登機密，未及輸力，盡心日下，五府舉臣任巴郡太守，陛下不復參論。府舉入奏，驚惶失守。非所敢安，微營累息，不知所措。臣邕頓首死罪，知納言任重，非臣所得久忝。今月丁丑，一章自聞，乞閒冗，抱關執龠，不意錄符銀青，授任千里，求退得進，後上先遷，為眾所怪，不合事宜，願乞還詔命，盡力他役，死而後已。臣

〔註47〕《增訂文心雕龍校注》，第 311 頁。

猥以愚暗，盜竊明時，周旋三臺，充列機衡，出入省闥，登踏丹墀，
承隨同位，與在行列，以受酒禮嘉幣之賜。詔書前後賜石鏡奩、禮
經素字、《尚書章句》、《白虎議奏》，合成二百一十二卷，及蓮香瓠
子薰爐、唾壺、彈棋石秤、梨餳汁器、園盧諸物。誠念及下，錫惠
周至，每敕勿謝。朝廷之恩，前後重疊，雖父母之於子孫，無以加
此。未得因緣有事，答稱所蒙，不意卒遷，荷受非任，臨時自陳，
未蒙省許，慘結屏營，跰蹋受拜，命服銀青，光寵休顯，上耀祖先，
下榮昆裔，誠非所望。臣邕頓首死罪。巴土長遠，江山修隔，頃來
未悉輯睦。劉焉撫寧有方，柔遠功著，臣當以頑蒙，不閑職政，宣
暢聖化，導遵和風，非臣才力所能供給，必以忝辱煩污聖朝。幸循
舊職，當竭肝膽從事，筋絕骨破，以命繼之。〔註48〕

這是現存題目標明「謝表」的最早謝上表。可見，漢代雖有「章以謝恩，表
以陳請」的文體規定，然而在實際運用過程中，表既可以陳請又可以謝恩卻
是被人廣泛認可的。「表」因其更強大的表達空間，在後來的兩晉、南北朝一
直到唐宋的歷史發展過程中，逐漸成為臣子用來叩謝皇恩的唯一文體，從而
形成「謝上表」這一特定的文體形式。

感恩與陳請乃「表」這一文體最原始的文本特質，那麼，其文體又有哪
些具體的文體特點與功能呢？南朝梁顧野王在《玉篇・衣部》中所言：「表，
碑矯切，衣外也，上衣也，書也，威儀也，明也，標也。」〔註49〕可見，「表」
文體規定其表達一定要清楚、明晰地呈現人內心的想法，這是對其表達方式
的要求。蕭統《文選》中亦認為：「表者，明也，標也，如物之標表。言標
著事序，使之明白，以曉主上，得盡其忠，曰表。」〔註50〕其中，表明、使
之明白這一層意思與顧野王所言相同，不同的是「以曉主上，得盡其忠」這
一層含義，蕭統認為表是一種臣子向皇帝表明心跡的文體，具體來說便是臣
子要清晰而有條理地向皇帝闡明自己的忠心，以盡作為臣子的職責和本分。
同樣地，劉勰《文心雕龍》中「原夫章表之為用也，所以對揚王庭，昭明心
曲」〔註51〕說的也是這個意思，強調於王庭之上，表明忠心。清代王之績的

〔註48〕《全後漢文》卷七一，嚴可均輯：《全上古三代秦漢三國六朝文》，第729頁。
〔註49〕顧野王撰：《玉篇》，影印摛藻堂《四庫全書薈要》本，臺灣世界書局印行，
　　　　1985年版，第80冊，第635頁。
〔註50〕蕭統編，李善注：《文選》卷37，上海古籍出版社，1986年版，第1667頁。
〔註51〕《增訂文心雕龍校注》，第311頁。

《鐵立文起》後編卷九，對表的功能總結則最為完整而詳盡：「或曰：表制有六，賀表則頌聖處貴詳盡，辭謝表則敘事自勉處貴詳盡。……《指南錄》曰：有所感激故稱謝。謝幸御，謝官爵，謝金帛，謝宴享，謝頒降，謝珍味，謝衣服，皆感激君父殊恩而非偽也。夫忠心感則興，激則奮。恩踰望外，則敬從中起，非徒鬱結思報而已。最要默動人君以禮使臣意，然入題自須詳之。」〔註52〕「表」一方面為了真心感激君父，另一方面則是希望默動君主「以禮使臣」之意，這一點，從本文研究的貶官謝表中最能明顯地體現出來。貶官所作謝上表，表面寫的是對皇帝處罰的感激，但事實上又暗含著希望通過陳述自己被貶緣由的具體情形及朝廷的政治權力鬥爭狀況等，讓皇帝知悉自己的忠心，還自己清白，給自己一個公正合理的待遇，也即「默動人君以禮使臣意」。

二、唐代貶謫謝上表的文體風格

貶謫謝上表作為謝上表的一部分，其文體風格經過了一個歷史的發展過程，且其變遷的軌跡基本與「文」的風格變遷軌跡相吻合。從漢魏經過南北朝到唐，貶謫謝上表逐漸從散體過渡到駢體，並在韓愈倡導的古文運動影響下出現向散體復歸的趨勢。然而，散體並非謝上表的最終選擇，到晚唐，駢體因其典雅華美、韻律和諧而成為謝上表寫作的最終選擇。

歷史上的第一篇拜官謝表為漢元帝時諸葛豐被擢為司隸校尉的《上書謝恩》：

> 臣豐駑怯，文不足以勸善，武不足以執邪。陛下不量臣能否，拜為司隸校尉，未有以自效，復秩臣為光祿大夫，官尊責重，非臣所當處也。又迫年歲衰暮，常恐卒填溝渠，無以報厚德，使論議士譏臣無補，長獲素餐之名。故常願捐一旦之命，不待時而斷姦臣之首，縣於都市，編書其罪，使四方明知為惡之罰，然後卻就斧鉞之誅，誠臣所甘心也。夫以布衣之士，尚猶有刎頸之交，今以四海之大，曾無伏節死誼之臣，率盡苟合取容，阿黨相為，念私門之利，忘國家之政。邪穢濁溷之氣上感於天，是以災變數見，百姓困乏。此臣下不忠之效也，臣誠恥之亡已，凡人情莫不欲安存而惡危亡，然忠臣直士不避患害者，誠為君也。今陛下天覆地載，物無不容，

〔註52〕王之績撰：《鐵立文起》，選自王水照編：《歷代文話》（第四冊），第3833頁。

使尚書令堯賜臣豐書曰：「夫司隸者刺舉不法，善善惡惡，非得顓之也。免處中和，順經術意。」恩深德厚，臣豐頓首幸甚。臣竊不勝憤懣，願賜清宴，唯陛下裁幸。〔註53〕

之後，第二謝表為漢定陶王劉欣被冊立為皇太子時所作的《上書謝為皇太子》：

臣幸得繼父守藩為諸侯王，材質不足以假充太子之宮。陛下聖德寬仁，敬承祖宗，奉順神祇，宜蒙福祐子孫千億之報。臣願且得留國邸，旦夕奉問起居，俟有聖嗣，歸國守藩。〔註54〕

還有前文曾提到的後漢蔡邕的《巴郡太守謝表》，都是漢代比較有名且出現較早的拜官謝表。顯而易見，這幾篇謝表均採用散體的表達方式，但相較而言，後漢蔡邕的謝表中四字句已經明顯增多。而諸葛豐的謝表則更類似於一篇古體散文，表達自己接受新官職的惶恐、時光流逝想要作出一番事業的急切，對國家無死節之士而多貪利之臣的痛心以及自己將不避患害報答皇帝深恩厚德的決心等等，情感濃烈而真摯，毫無後世謝表中格式化的套路和做作的推辭。遺憾的是，漢代並無貶謫謝上表流傳，第一篇貶謫謝上表的出現要到曹魏時期的曹植。前文曾錄過曹植的兩篇貶謫謝表，分別是黃初二年的《謝初封安鄉侯表》與作於同年的《封鄄城王謝表》。仔細分析可以發現，這兩篇謝表已不再如漢代謝表那樣採用鋪排誇張的寫作風格，而是變得短小精幹，且於散體的表達中靈活加入一些整齊的四字句，如「奉詔之日，且懼且悲，懼於不修，始違憲法，悲於不慎，速此貶退」「受恩無量，精魂飛散」「狂悖發露，始干天憲，自分放棄，抱罪終身，苟貪視息，無復睎幸」等，雖不是工整的四六文，但不可否認的是，此時的謝上表已經顯露出由散體向駢體過渡的痕跡。南北朝時期，駢文盛行，作文專尚駢儷，以藻繪相飾，講究辭采、用典、平仄與對仗成為文章的一大特色。在這樣的風氣影響下，謝表文體亦呈現出駢儷化的傾向，這一點，我們從這一時期的拜官謝表中便可略窺一二，如沈約的《為晉安王謝南兗州章》與《又為安陸王謝荊州章》等文。這裡錄一篇如下，以見其特色。

臣以菜屨，幼無秀業，依天宅照，藉海憑瀾，王爵早加，藩麾凤樹。進不能閟詩西楚，好禮北河；退無以振采六條，宣風萬里。

〔註53〕《全上古三代秦漢三國六朝文》，《全漢文》，第482頁。
〔註54〕《全上古三代秦漢三國六朝文》，《全漢文》，第91～92頁。

懷慚起懼，載溢心顏。而皇明輝燭，照被彌遠。遂乃徙旆淮區，遷
金濟服，朱騑出邸，青組臨方。瞻惟徵寵，俯仰忘厝。〔註55〕

很明顯，這篇謝表幾乎全文對仗，整齊而又短小精練，與漢代的謝表已經有
了很大的不同。雖然此一時期並無貶謫謝表流傳，但通過拜官謝表，我們大
概可以瞭解其謝表的文體特色。

到唐代，謝上表的文體風格因受南北朝的影響而繼之以駢體的形式，然
中唐古文運動的發生又使得其顯現出向散體的復歸。需要注意的是，謝上表
雖體現出向散體的復歸，但這並不意味著其表達自此轉變為散體的形式，駢
體因其簡潔、典雅、適於宣讀的特性成為謝表文體不可或缺的表達方式。到
晚唐，駢體又有短暫的復歸，蕭仿、李商隱的謝表中駢體特色便非常明顯。
因此可以說，整個唐代，貶謫謝上表的文體風格經歷了一個於駢散之間不斷
變化的過程，其從駢體開始轉而為散體，最後又以駢體的形式落幕。

駢體在南北朝的大力發展加上自身簡潔典雅的表達特點，理所應當地成
為唐代謝表的基本表達方式。唐初期的貶謫謝表如何我們無從瞭解，現存最
早的唐代貶謫謝表是盛唐玄宗時期張說所作的《岳州刺史謝上表》，之後是同
一時期張九齡的《荊州謝上表》。細讀這兩篇貶謫謝表可以發現，其文大體採
用散體的表達方式，雖中間有大量的四字詞，但大多並不對仗，這顯然已經
與南北朝幾乎通篇對仗的駢體謝表有了很大的不同。究其原因，這應與初唐
陳子昂等人發起的文體改革有關。為反對初唐初文壇盛行徐陵、庾信體駢儷
文風，陳子昂等人進行了大膽的文體革新，在碑誌文領域引入散體古文的寫
法，崇揚「風骨」，追求質實有力、清新剛健的文風，在這一倡導的影響下，
謝表的駢體形式亦受到衝擊，張說、張九齡等人貶謫謝表的散體形式大概即
與此有關。當然，雖是散體，但畢竟前代已經積累了相當成熟的駢體寫作技
巧，因此，為了突出表書簡潔典雅的特色，謝上表中還是不時有工整的對仗，
如張說謝表中「刻肌刻骨，誠札幌報恩私；無術無才，將何克宣風化？」張
九齡謝表中「智識雖淺，罄竭則深」「臣聞物有窮者，必訴於昊天；人有痛者，
必呼於父母」「臣今孤苦，不乞哀於聖君，豈蒙惡聲，遂銜冤以沒代？」等等。
肅宗之後，貶謫謝上表中駢體的部分又有逐漸增多的趨勢，如顏真卿的《同
州刺史謝上表》中「力微任重，福過災生，涓塵莫效，咎愆仍積。上負聖明

〔註55〕《為晉安王謝南兗州章》，《全上古三代秦漢三國六朝文》，《全梁文》，第293
頁。

之恩，下慚魯衛之士。盤水加劍，未塞深尤，禦魅投荒，乃為殊造」「識其眉目，矜其要領，待罪猶忝於左馮，黜官不離於本秩」等，便都採用駢體的形式。德宗時常袞的《潮州刺史謝上表》中「凡賤末品，非才冒榮，虛忝國恩，實昧朝典」「竊自循省，早宜譴黜。永惟光顧，未答殊私」「孝思感於天地，儉德齊於堯禹」「特回宸斷，俯降天慈，矜臣蠢愚，憫臣孤弱，全其將朽之骨，復其已逝之魂」「終朝再馳，每懷懲戒，終夜不寐，每思兢慚。尚偷餘生，誓將改過，敢惜微命，以自懷安」等等也都是駢體的形式。然而，這卻並不意味著駢體文的大興，在經歷韓愈、柳宗元等人倡導的古文運動之後，散行單句為主的散體文再次成為貶謫謝表更傾向於採用的表達方式。最有代表性的謝表為韓愈本人的《潮州刺史謝上表》與元稹的《同州刺史謝上表》。以韓愈《潮州刺史謝上表》為例，其文語言靈活多變，長短句相互配合，短句三四字，長句數十字，散句為主，排句、對偶交錯使用，表達抑揚頓挫、委婉紆徐。如其中第二段從自然環境、本人身體、人際關係三個方面展示描寫自己艱難處境的文字：

> 臣所領州，在廣府極東界上，去廣府雖云才二千里，然往來動皆經月。過海口，下惡水。濤瀧壯猛，難計程期；颶風鱷魚，患禍不測。州南近界，漲海連天；毒霧瘴氛，日夕發作。臣少多病，年才五十，髮白齒落，理不久長，加以罪犯至重，所處又極遠惡，憂惶慚悸，死亡無日。單立一身，朝無親黨，居蠻夷之地，與魑魅為群，苟非陛下哀而念之，誰肯為臣言者？〔註56〕

其中講述潮州地遠、自己不但年老體衰且朝中又無親黨為援，因此希望皇帝「哀而念之」。「去廣府雖云才二千里，然往來動皆經月。過海口，下惡水。濤瀧壯猛，難計程期，颶風鱷魚，患禍不測」，〔註57〕長短句相間，讀來通俗易懂，這是此前貶謫謝上表中從未有過的表達方式。再如最後一段在同唐高祖、唐太宗的比較中敘說憲宗功德及懺悔自我的部分：

> 高祖創制天下，其功大矣，而治未太平也；太宗太平矣，而大功所立，咸在之代。非如陛下承天寶之後，接因循之餘，六七十年之外，赫然興起，南面指麾，而致此巍巍之治功也。宜定樂章，以告神明，東巡泰山，奏功皇天，具著顯庸，明示得意，使永永年代，

〔註56〕《全唐文》卷五四八，第 5553 頁。
〔註57〕《全唐文》卷五四八，第 5553 頁。

服我成烈。當此之際，所謂千載一時不可逢之嘉會，而臣負罪嬰釁，自拘海島，戚戚嗟嗟，日與死迫，曾不得奏薄技於從官之內、隸御之間，窮思畢精，以贖罪過，懷痛窮天，死不閉目，瞻望宸極，魂神飛去。伏惟皇帝陛下，天地父母，哀而憐之，無任感恩戀闕慚惶懇迫之至。〔註58〕

文中通過與高祖、太宗的比較突出憲宗在削平藩鎮、實現國家統一方面所作的貢獻，並建議憲宗「定樂章，以告神明，東巡泰山，奏功皇天」舉行封禪大典，以使子孫後代能夠記得這卓著的功勳。而在此「千載一時不可逢之嘉會」，自己卻只能負罪於海島，因此內心哀傷而沉痛，最後表達對皇帝的思念，希望皇帝能夠「哀而念之」，給自己重新返朝的機會。整段寫來散句單行，表達內容明白曉暢，情感真摯濃烈。此外，韓愈此篇謝上表中大量口語化詞彙的運用也是以往謝表中沒有的，如「天地莫量」「破腦刳心」「鼓舞歡呼」「髮白齒落」等等，寫得頗具特色。

　　與韓愈此篇謝上表類似，元稹的《同州刺史謝上表》亦是全篇散體的方式寫成，謝表的具體內容，前文已有詳細分析，這裡不再贅述。可見，經過中唐古文運動，散體再次影響謝上表的寫作。然而，這卻並不代表著此後謝上表都將如此，此一時期的謝上表仍有許多採用駢散相間的形式，如柳宗元被貶柳州的《柳州謝上表》與劉禹錫的《連州刺史謝上表》、《和州刺史謝上表》等。到晚唐，駢體亦稍有復歸的趨勢，如懿宗時蕭仿的《蘄州刺史謝上表》與李商隱代擬的許多謝表中，駢化的形式便非常明顯。現分別節錄一小節如下：

臣伏以朝廷所大者，莫過文柄；士林所重者，無先辭科。推公過即怨讟並生，行應奉即語言皆息。為日雖久，近歲轉難。如臣孤微，豈合操劃。徒以副陛下振用，明時至公，是以不聽囑論，堅收沉滯。請託既絕，求瑕者多。臣昨選擇，實不屈人。雜文之中，偶失詳究。扇眾口以騰毀，致朝典以指名。緘深懇而（闕一字）得敷陳，奉詔命而須乘郵傳。罷遠藩赴闕，還鄉國而只及一年；自近侍謫官，歷江山而又三千里。泣別骨肉，愁涉險艱。今則已達孤城，唯勤郡政。緝綏郭邑，訓整里閭，必使獄絕冤人，巷無橫事，峻法

鈐轄於狡吏，寬宏撫育於疲農，粗立微勞，用贖前過。〔註59〕

　　臣本由儒業，獲廁朝榮，粵自烏臺，至於青瑣，累更近地，皆奉休期。用盡心以書紳，長憂福過；取知足而銘座，敢徼時來。旋屬皇帝陛下垂意關城，推心徇服，俾之防過，兼使緝綏，橫被天波，未移星琯。豈期非次，忽致殊遷。察俗雄藩，分榮大憲，地濱河濟，山奄龜蒙。本孔里周封，有堯祠舜澤。九州之名數甚古，三代之禮樂舊傳。退省何人，合安茲地？撫躬而決背汗下，仰恩而溢眥淚流。況所部驍雄，素兼節制，為於當代，便屬文臣。畫武聚螢，昔惟久事筆硯；佩鞬帶鶡，今寧能執干戈？幸臣前在華州日，虔奉詔條，克宣戎律。檢下而羊無九牧，馭黠而犬用左牽。用令去任之時，大有遮留之請。盡三屬縣，至萬餘人，不放即途，皆來臥轍。竟稽朝發，遂致宵奔。請於茲時，亦因前政，冀漸令蘇息，長使謐寧。然後遠訪雲亭，高尋日觀，備萬乘登封之所，設諸侯朝宿之儀。盛禮獲窺，微願斯畢。過此以往，不知所圖。〔註60〕

很明顯，其中幾乎句句偶對，整齊劃一而又音韻和諧。可見，到晚唐，駢體再次成為貶謫謝上表最重要的表達方式。

　　總體而言，從唐代貶謫謝表文體風格的變遷我們可以觀察到這樣的規律：貶謫謝表的文體風格大體與當時的文風發展相關。伴隨著文章領域強調恢復漢魏「風骨」「古文運動」等浪潮，貶謫謝表曾有過向散體短暫變化的趨勢，但在大部分的時間裏，駢體因其文字的典雅華美、音韻的和諧婉轉，一直成為貶謫謝上表最常見的表達方式。

第三節　唐的天真與宋的理性——從貶謫謝表透視唐宋文人品格

　　前文主要就唐代貶謫謝表這一文體的相關情形進行探討，為了更好地理解唐代文人及其被貶心態，本節擬將其與宋人的貶謫謝表進行對比，以見其不同的心性特點。

〔註59〕蕭仿：《蘄州謝上表》，《全唐文》卷七四七，第7738頁。
〔註60〕李商隱：《為安平公兗州謝上表》，《全唐文》卷七七一，第8032頁。

一、唐宋貶謫謝表的書寫系統

綜觀唐宋貶謫謝上表可以發現，二者就字面而言便存在相當大的差異。唐宋貶謫謝表中無論是常用語彙、表達方式還是抒發情感均呈現出各自不同的特色，而這些差異則恰好反映出唐宋文人在政治中的不同地位及其對皇權的不同認識。

陳繹曾《文筌》將宋代謝表正文分為「破題、自述、頌聖或先頌聖後自述、述意」〔註61〕四部分，這種四段式是最常見的格式，每段之前都有固定用語。一者，以「臣某言……臣某中謝」等語破題，說明被貶事由；二者，以「伏念臣……」開頭引起自述性表白；三者，以「此蓋伏遇皇帝陛下……」引起稱頌聖恩；四者，以「臣敢不……」起表達決心。從結構上而言，與唐代貶謫謝上表相比，宋代貶謫謝表主要多出第三部分稱頌皇帝的部分。事實上，唐代貶謫謝表中也有對皇帝的讚頌，如常袞《潮州刺史謝上表》中「陛下以大聖承統，以至明照臨，孝思感於天地，儉德齊於堯禹」〔註62〕，令狐楚《衡州刺史謝上表》中「伏惟皇帝陛下德厚於乾坤，明齊於日月，斷自深慮，遽置寬科，降受郡符，錫留命服。九重殊渥，再荷生成；萬殞殘骸，何由報效」〔註63〕，以及韓愈《潮州刺史謝上表》中，「伏以大唐受命有天下，四海之內，莫不臣妾，南北東西，地各萬里……四聖傳序，以至陛下，陛下即位以來，躬親聽斷；旋乾轉坤，關機闔開；雷厲風飛，日月所照；天戈所麾，莫不寧順；大宇之下，生息理極。高祖創制天下，其功大矣，而治未太平也；太宗太平矣，而大功所立，咸在高祖之代。非如陛下承天寶之後，接因循之餘，六七十年之外，赫然興起，南面指麾，而致此巍巍之治功也。宜定樂章，以告神明，東巡泰山，奏功皇天，具著顯庸，明示得意，使永永年代，服我成烈」〔註64〕等等。只是這時謝上表中對皇帝的讚頌還未成為一個獨立的部分，而是隨作者的表達意願隨機出現在謝表中，具體位置並不確定，且表達方面有的有專門的稱頌性語言，有的也只是夾雜在自述罪過中，並不十分明確。上文列舉的幾個例子都是有專門性的稱頌之語，而像張說《岳州刺史謝上表》中，「臣以昔侍金華，過蒙榮寵，負乘招寇，日待譴黜，聖慈遲回，仍委符守。刻肌刻骨，誠札幌報恩私；

〔註61〕陳繹曾撰：《文筌》，《續修四庫全書》集部第一七一三冊，第459頁。
〔註62〕《全唐文》卷四一七，第4270頁。
〔註63〕《全唐文》卷五四〇，第5481頁。
〔註64〕《全唐文》卷五四八，第5553頁。

無術無才，將何克宣風化？」〔註65〕其中對皇帝的頌恩便是與自述己罪結合在一起的。然而到宋代，貶謫謝上表中對皇帝的讚頌開始作為一個獨立的部分出現，且一般以「伏蒙皇帝陛下……」或「伏蒙尊號皇帝陛下……」領起，表達對皇帝給予恩德的感激。如范仲淹《饒州謝上表》中：「伏蒙皇帝陛下惟天為量，無大不容，與日垂光，何微弗照，止削內朝之職，仍分外補之符。當死而生，自勞以逸，君恩彌重，臣命愈輕。敢不動靜三思，始終一志。」〔註66〕通過敘述皇帝對自己優容的處罰而表達自己的感激之情。再如其《睦州謝上表》中：「伏蒙皇帝陛下皇明委照，洪覆兼包，贖以嚴誅，授以優寄。郡部雖小，風土未殊。靜臨水木之華，甘處江湖之上……苟天命之勿損，實聖造之無窮。」〔註67〕感念之情溢於言表。

其次，唐宋兩代貶謫謝表在使用語彙方面也有相當大的差別。唐代貶謫謝表中除了「中謝」，在第一部分最常使用的表示停頓的詞組是「誠惶恐惶恐頓首頓首死罪死罪」，但在宋代的謝表中，這一停頓詞已不再使用而統一以「臣中謝」的表達。「誠惶恐惶恐頓首頓首」最早在謝上表中出現是在漢代，後漢蔡邕《巴郡太守謝表》中有「臣尚書邕免官頓首死罪」「臣邕頓首死罪」等詞，此外陸機的《謝平原內史表》中亦有「臣機頓首頓首死罪死罪」的表達。《後漢書》卷六十下《蔡邕傳》載：「中平六年，靈帝崩。董卓為司空，聞邕名高，辟之。稱疾不就，卓大怒，詈曰：『我力能族人！蔡邕遂偃蹇者，不旋踵矣。』又切敕州郡舉邕詣府，邕不得已，到，署祭酒，甚見敬重……遷巴郡太守，復留為侍中。」〔註68〕可見，蔡邕此次巴郡太守，雖是董卓提拔為之，但依董卓之權勢與脾氣，蔡邕是不得已而為之，且處處非常小心的，甚至在謝表中列出了受命詔書前後皇帝饋贈的大量禮品表達感激。因此，其謝表中出現「頓首死罪」這樣自謙自貶之極的詞彙，應與其對董卓權力的防備及其在政治周旋中謹慎的性格相關。而陸機，其本為趙王倫的中書郎，趙王倫死，齊王冏以陸機曾職在中書，疑在九錫文以及禪位詔書的擬寫上，陸機有參與，於是繫獄，幸賴成都王穎等救免，並授平原內史。應該說，陸機對此次授官

〔註65〕《全唐文》卷二二三第 2254 頁。

〔註66〕《饒州謝上表》，范仲淹撰，李勇先等校點：《范仲淹全集》，四川大學出版社，2002 年版，第 389 頁。下文凡引據此書者，皆只列書名及頁碼，不再詳細出注。

〔註67〕《睦州謝上表》，《范仲淹全集》，第 387 頁。

〔註68〕《後漢書》卷六十下《蔡邕傳》，第 2005 頁。

是心懷感激的，且充滿了對朝不保夕的政治現實的震驚與惶恐，由此，其謝表中會有「頓首頓首死罪死罪」這樣的自謙自貶之語，姿態非常低調。如果說這種臣子的自我貶抑、自謙與對皇帝無限的尊崇在漢代還是特殊情形的偶一為之的話，那麼，到唐代已經成為了士人的集體共識。在唐代，「誠惶恐惶恐頓首頓首死罪死罪」已經成為所有貶詔的固定用語，王應麟《辭學指南》中亦將其總結為貶官謝上表套語。這樣的一組套語明顯暗示了皇帝與臣子高低不平的地位，作為臣子，特別是被貶謫的臣子，無論原因如何，畏懼與恐慌顯然已經是一種集體的感受。而到宋代，「臣中謝」的表達已取代了唐代「誠惶誠恐」的固定套語，與之相比，「臣中謝」的表達顯然客觀簡潔了許多，情感也更加穩定平和。

再次，就表達方式而言，二者的差別亦很大。比如，同樣是頌聖恩，唐代貶謫謝表更多地是以誇張的形式對皇恩進行頌揚，由此與自己的罪行形成鮮明的對照，突出對自己罪行的無限慚愧、自責。如前文常袞《潮州刺史謝上表》中的「孝思感於天地，儉德齊於堯禹」，將皇帝的德行與堯禹相提並論，顯然是一種誇張的修辭，以表稱頌到極致。而韓愈則更是將憲宗的功德與唐高祖、唐太宗之功作出對照，表明「高祖創制天下，其功大矣，而治未太平也；太宗太平矣，而大功所立，咸在高祖之代。非如陛下承天寶之後，接因循之餘，六七十年之外，赫然興起，南面指麾，而致此巍巍之治功也」，認為憲宗之功甚至超越唐高祖與唐太宗。這樣的表達顯然並不是客觀理智、實事求是的，而是充滿了激動與自豪，其中隱隱透漏出唐人對政權的尊崇與仰望，甚至於連讚頌都是超乎尋常的誇大，一種生於昌明時代的自信溢於言表。相比較而言，宋人的謝表則很少這樣浮誇式的讚頌，其更多地是如實表達皇帝對自己貶謫的優容，突出對皇帝恩典的感激。如前文范仲淹被貶饒州刺史，其言「止削內朝之職，仍分外補之符」，平和而真實。再如王禹偁《滁州刺史謝上表》中「伏蒙皇帝陛下曲念遭逢，俯存終始，止罷玉堂之職，仍遷粉署之資，委以專城，置於近地……」，其中皇帝的恩德被表述為讓自己在較京城近的地方做刺史，而沒有更嚴重的懲處，表達上非常切實樸素，沒有任何虛浮誇大之處。再如自述的部分，唐代貶謫謝表中，貶官自述大多以敘述、抒情或二者結合的方式展開。如張九齡《荊州謝上表》中，作者先敘述自己薦長安尉周子諒為監察御史這一事件的前後因由用以表白真心，所謂「事不敢隱，未至涉私」，之後更進一步說明自己之所以不可能犯如此之罪的原因：「臣

特蒙拔擢，出自宸衷，陛下所用隱微，惟臣而已。伏思報效，竊恃聖恩，每於事端，無所防避，智識雖淺，聲竭則深，微誠區區，義有所在。」〔註 69〕再接下來則是一系列的情感抒發：「豈復與此私協，以負累聖鑒？」「臣雖至頑至愚，不至於此，皇天后土，照臣血誠，夙夜煩冤，欲辨無路！」「臣今孤苦，不乞哀於聖君，豈蒙惡聲，遂銜冤以沒代？」〔註 70〕「今釁咎則然，恩禮猶重，面目有靦，夙夜唯憂，戴盆望天，豈期上達？」「未能宣布聖澤，少答殊私，局蹐兢皇，動失次第，無任荷懼兢悚之至。」〔註 71〕層層反問，情感亦層轉層深，表達對自己身負如此罪名的不解與愧疚、欲辯無路的無奈與痛心、孤苦的自憐與銜冤而沒的恐懼、面對恩禮的感激、心聲上達的期待與渴望等等，種種複雜情感交織一起，濃縮於一篇短短的謝表中。再如元稹的《同州刺史謝上表》，其自述部分則主要採用敘述的方式，元稹從自己的幼年寫起，詳細敘述窮苦的童年生活，自己如何涕咽發憤求學、中舉及為官的整個經歷，包括性格的生成，被貶河南縣尉、江陵判司的具體原因，特別是被冤枉謀刺裴度而被貶同州刺史一事的始末，敘述更為詳細，讀來有理有情，很能動人。相比較而言，宋代的謝表中則更多議論及說理的成分。如范仲淹的《睦州謝上表》自述部分，在介紹自己的生平行事之後，則用散體議論的形式大量列舉了前代廢后之朝未能致福的事例，並對如何處理郭后提出了自己的建議，其具體內容如下：

> 蓋以前古廢后之朝，未嘗致福。漢武帝以巫蠱事起，遽廢陳后，宮中殺戮三百餘人。後及巫蠱之災，延及儲貳。及宣帝時，有霍光妻者，殺許后而立其女，霍氏之釁，遽為赤族。又成帝廢許后詛咒之罪，乃立飛燕，飛燕姊妹妒甚於前，六宮嗣息盡為屠害。至哀帝時理之，即皆自殺。西漢之祚，由此傾微。魏文帝寵立郭妃，譖殺甄后，被髮塞口而葬，終有反報之殃。後周以虜庭不典，累後為尼，危辱之朝，不復可法。唐高宗以王皇后無子而廢，武昭儀有子而立。既而摧毀宗室，成竊號之妖。是皆寵衰則易搖，寵深則易立。後來之禍，一一不差。臣慮及幾微，詞乃切直。乞存皇后位號，安於別宮，暫絕朝請。選有年德夫人數員，朝夕勸導，左右輔翼，俟其遷

〔註 69〕　《全唐文》卷二八八，第 2922 頁。
〔註 70〕　《全唐文》卷二八八，第 2922 頁。
〔註 71〕　《全唐文》卷二八八，第 2922 頁。

悔，復於宮闈。杜重外覬望之心，全聖明終始之德。〔註72〕

通過列舉前代帝王廢后的一系列事件，論述廢后一事對國家的危害，說明「前古廢后之朝，未嘗致福」的道理。這樣的議論在宋代的貶謫謝表中並不少見，范仲淹在其另外一篇謝表《潤州謝上表》中甚至引用孔子的語言及《易》經提醒皇帝要對權臣防微杜漸、防止權臣掌權的道理。如「臣聞孔子曰：『天下有道，政不在大夫。』前代國家，或進退群臣，聽決大事，若出於君上，則中外自無朋黨，左右皆為腹心，若委於臣下，則威福集於私門……臣按大《易》之義，《坤》者柔順之卦，臣之象也……《豐》者光大之卦，君之象也……」〔註73〕這些謝上表的表達均已帶上宋人自己的好議論、好說理的表達特點而與唐人的好敘述、好抒情相異。

二、唐宋貶謫謝表的表達情感

從前文論述唐宋貶謫謝表表達系統的不同，我們大體可以窺見唐宋貶謫文人在面對貶謫時不同的心理狀態，因其心理狀態的不同，貶謫謝表中表達的感情也便也大不相同。大體而言，唐代貶謫謝表多透露出一種恐懼與自憐，而宋代謝表則更加積極昂揚，充滿自信與達觀。

唐代貶謫謝表的第一部分便往往會出現許多直接抒發內心情感的語言，如「聞命皇怖，魂膽飛越」「受命祗懼，伏增戰越」「感恩待罪，心魂戰越」等等，用以表達官員被貶之後的恐懼與震驚。到第二部分的自述亦經常加入抒情成分，甚至在結尾仍然有「誠惶誠恐頓首頓首死罪死罪」的驚懼之語，可見貶謫對唐代士人造成的打擊之大。其次，唐人貶謫謝表中經常會出現貶官對自身的貶抑及深深的自責，甚至時有乞哀之語，體現出一種卑微之感，整體的情感表達非常濃烈。如張說《岳州刺史謝上表》中：「刻肌刻骨，誠札幌報恩私；無術無才，將何克宣風化？夙夜慚惕，胡寧啟處？」〔註74〕張九齡《荊州刺史謝上表》中：「臣聞物有窮者，必訴於昊天；人有痛者，必呼於父母。臣今孤苦，不乞哀於聖君，豈蒙惡聲，遂銜冤以沒代？臣受性愚鈍，

〔註72〕《睦州謝上表》，范仲淹撰，范能、薛濬編集，薛正興校點：《范仲淹全集》卷十六，鳳凰出版社，2004年版，第341頁。下文凡引據此書者，皆只列書名及頁碼，不再詳細出注。

〔註73〕《睦州謝上表》，范仲淹撰，李勇先等校點：《范仲淹全集》，第390～391頁。

〔註74〕《全唐文》卷二二三，第2254頁。

闇於知人，稟命舛剝，與此凶會，誠合自死，以謝天威。」〔註75〕甚至連直臣韓愈，其謝上表中都透漏出一種對生命的朝不保夕的恐懼與自憐。其謝上表中有「臣所領州，在廣府極東界上，去廣府雖云才二千里，然往來動皆經月。過海口，下惡水。濤瀧壯猛，難計程期；颶風鱷魚，患禍不測。州南近界，漲海連天；毒霧瘴氛，日夕發作。臣少多病，年才五十，髮白齒落，理不久長，加以罪犯至重，所處又極遠惡，憂惶慚悸，死亡無日」，「臣負罪嬰釁，自拘海島，戚戚嗟嗟，日與死迫，曾不得奏薄技於從官之內、隸御之間，窮思畢精，以贖罪過，懷痛窮天，死不閉目，瞻望宸極，魂神飛去。伏惟皇帝陛下，天地父母，哀而憐之」〔註76〕等語，表達踏上貶途之後對生命隨時可能消逝的驚懼，對自己遠貶萬里的哀憐以及罪行無法自明的痛苦等。而其「戚戚嗟嗟」之語，甚至引起宋代歐陽修的不滿，歐陽修在其《與尹師魯書》中特別說明了自己對貶官在貶謫中該如何自處的態度：「每見前世名人，當論事時，感激不避誅死，真若知義者。及到貶地，則戚戚怨嗟，有不堪之窮愁形於文字，其心歡戚無異庸人，雖韓文公不免此累，用此戒安道，甚勿作戚戚之文。」〔註77〕這從另一個側面也反映出，即便忠直如韓愈，在面對貶謫之時，亦無法不畏懼，他與旁人一樣希望求得皇帝的同情與諒解，從而獲得將來返回朝廷的機會。此外，韓愈在其謝表中將皇帝比作父母又與前文張九齡在其謝表中所言類似，由此可見唐人對君臣關係的定位乃最為傳統的「君父」觀念。他們認為君王的地位類似於「父」，人出於天性會在其痛苦時呼告父母，因為父母乃是幫助自己面對困難的保障；而臣子出於禮義則要在痛苦時呼告君王，因君王乃是掌握臣子榮辱、決定其人生價值能否實現的關鍵。由此，韓愈在其謝表中同樣有對君王的請求，希望能夠得到君王的哀憫，有朝一日重返朝廷，而若始終無法自明罪過，則死不瞑目。從以上可以見出唐代皇帝的權威之大及臣子對皇權認同的殷切渴望，與此同時，這種渴望又誘發了他們極其濃烈的戀闕情懷，「瞻望宸極，魂神飛去」，表達情感非常深切，讀來讓人動容。

最後，對京城的深刻眷戀同樣是唐代貶謫謝表表達的一種重要情感。除

〔註75〕《全唐文》卷二八八，第 2922 頁。

〔註76〕《全唐文》卷五四八，第 5554 頁。

〔註77〕歐陽修撰，李之亮箋注：《歐陽修集編年箋注》第四冊卷六七，巴蜀書社，2008 年版，第 280～281 頁。

前文所言韓愈的例子，元稹、蕭仿等人謝表中亦均有類似的表達。如元稹《同州刺史謝上表》中:「臣所恨今月三日尚蒙召對延英，此時不解泣血仰辭天顏，便至今日竄逐。臣自離京國，目斷魂銷，每至五更朝謁之時，臣實制淚不已。臣若餘生未死，他時萬一歸還，不敢更望得見天顏，但得再聞京城鐘鼓之音，臣雖黃土覆面，無恨九原。」〔註78〕謝表中細緻刻畫了自己自離京國之後對京城的痛徹心扉的思念，特別是細節的描述，寫自己雖遠在天邊，但每日一到五更上朝之時，仍是不由得淚如雨下，非常真實而感人。且作者認為，如若有朝一日能夠回到朝廷，自己更是不敢奢求得見天顏，只要能夠聽一聽京城的鐘鼓之音便死而無憾了。這種在皇權面前極度卑微、請求的低姿態，更是讓人體會到唐代官員對皇權的依賴之深、恐懼之大。因為這種恐懼與依賴，有的甚至在短短的一篇謝表中還要借一定的篇幅向皇帝陳述自己離京之後的擔憂，如令狐楚《衡州刺史謝上表》中的:「今臣官忝頒條，職非奉使，謝上之外，拜章無因。欲隱默而不言，懼中傷而未已。何者？微臣頃蒙朝獎，謬列宰司，誠不曾壅隔賢才，怨臣者至寡；辭京之後，毀臣者則多。今卻望朝廷，更無庇援；曲全孤賤，唯託聖明。」〔註79〕因為懼怕離京之後其他官員讒謗自己從而斷絕自己日後的回京希望，所以雖不符合謝表體制，但仍然要在謝表中提前向皇帝申訴，以防日後蒙受不白之冤。

以上是唐代貶謫謝上表中普遍表達的情感，到宋代，謝上表表達的情感則與唐大代有了很大的不同。伴隨著謝表文體的成熟與穩定，宋代貶謫謝表逐漸變得理性而客觀，官員謝上表中情感抒發的部分大為減少，其主要傳達的是一種自信與達觀。

王銍在《四六話》中曾就範仲淹之子范純仁及劉摯罷官謝表說過這樣一段話:

> 表章有宰相氣骨。如范堯夫（范純仁）《謝自臺官言濮王事責安州通判表》云「內外皆君父之至慈，出處蓋臣子之常節。」又，《青州劉丞相（劉摯）罷省官謝起知滑州表》云「視人郡章，或猶驚畏；諭上恩旨，罔不歡欣」。又云「詔令明具，止於奉行；德澤汪洋，易於宣究」。愛其語整暇，有大臣氣象。《劉丞相守鄆謝表》云:「雖進

〔註78〕《全唐文》卷六五〇，第6597頁。
〔註79〕《全唐文》卷五四〇，第5482頁。

　　退必由其道，所願學者古人；顧功烈如此其卑，終難收於士論。」

　　此真罷相表也。〔註80〕

可見，到宋代，注重「氣骨」成為表章寫作的新趨向，文人在貶謫謝表中呈現的形象不再是畏懼而小心翼翼的，而是充滿自信地表達著自己作為一個士大夫的職責與擔當，文人「氣骨」以及由此延伸出來的人格自信成為這一時期貶謫謝表中表現的重要內容。

　　宋太宗至道元年（995），王禹偁因私議宋太祖開寶皇后喪儀事被出滁州，其所作《滁州謝上表》中，除了一般謝上表交代被貶及到貶所的時間、被貶官職與自述被貶原委之外還有這樣的語言：「況臣素有操修，素非輕易，心常知於知足，性每疾於回邪。位非其人，誘之以利而不往；事匪合道，逼之以死而不隨。唯有上天，鑒臣此志。伏望陛下思直木先伐之意，考眾惡必察之言，曲與保全，俾伸臣節，則孤寒幸甚，儒墨知歸，在於小臣，有何不足？」〔註81〕作者並未因身為貶官而對自己人格有絲毫貶損，反而洋溢著一種對自我人格與操守的極度自信，這便與唐人的自我貶抑大相徑庭。而其最後希望皇帝保全自己的理由，也並不僅僅是因為自己的忠心、對京城的思念或為國家做出貢獻的渴望等等，而是將其上升到對整個士人集體的意義，保全自己區區一身並不足道，而保全節臣的正直卻是能夠讓天下儒墨之士都找到歸屬感的。面對貶謫，他不僅沒有沉浸於驚懼與痛苦，反而將自己被貶這件事情與文士集體的歸屬感聯繫起來，立足點很高、關懷很大，這也是唐人謝上表情感表達所不具備的。到真宗咸平元年（998），王禹偁因修太祖實錄，有人言其「以私意輕重其間」而被貶黃州。同樣，在此次被貶而作的《黃州謝上表》中，王禹偁仍表達了他一貫的不卑不亢的自信態度。其中有：「夫讒謗之口，聖賢難逃，周公作《鴟鴞》之詩，仲尼有桓魋之歎。蓋行高於人則人所忌，名出於眾則眾所排，自古及今，鮮不如此。伏望皇帝陛下雷霆霽怒，日月回光。鑒曾參之殺人，稍寬投杼；察顏回之盜飯，或出如簧。未令君子之道消，惟賴聖人之在上。況臣孤平無援，文雅修身，不省附離權臣，只是遭逢先帝。但以心無苟合，性昧隨時，出一言不愧於神明，議一事必歸於正直。憪于群小，誠有謗詞；謀及卿士，豈無公論？至兩朝掌誥，四任詞臣，紫垣

〔註80〕王銍：《四六話》卷上，選自王水照編：《歷代文話》（第一冊），第8～9頁。
〔註81〕王禹偁：《小畜集》卷二一，四部叢刊集部，上海涵芬樓影印本，第 17～18頁。

最忝於舊人，白首不離於郎署。」〔註82〕通過列舉眾多古代先賢因被人毀謗而遭排擠的例子提醒皇帝明察自己的冤情，與此同時亦大方表明了自己忠心正直的人品，更重要的一點是他將自己的貶謫與「君子道消」聯繫起來，表明「未令君子之道消，惟賴聖人之在上」，即警醒皇帝要慎重處理自己被貶的事情，因為它已經不是一個個人性的事件，而是代表著整個士人集體的期望，皇帝如何處理將會影響「君子之道」的消長，和前文「孤寒幸甚，儒墨知歸」的表達有異曲同工之妙。可見，到宋代，士人不僅越來越自信、越來越有骨氣，而且其胸懷、眼界也越來越寬廣，他們往往並不囿於一己之得失成敗的情緒，而是心懷天下士大夫的處境，心懷「君子之道」，這是唐代貶官身上所不具備的素質。此外，除了王禹偁，宋代其他文人的貶謫謝表中亦常有許多類似的語言，如范仲淹《饒州謝上表》中：「智者千慮而有失，愚臣一心而豈周。情雖匪他，罪實由己。然而有犯無隱，惟上則知，許國忘家，亦臣自信。」〔註83〕《睦州謝上表》中：「臣腐儒多昧，立誠本孤。謂古人之道可行，謂明主之恩必報。而況首膺聖選，擢預諫司，時招折足之憂，介立犯顏之地。當念補過，豈堪循默！」〔註84〕《鄧州謝上表》中：「持一節以自信，歷三黜而無悔」等等。將這些例子與唐人的貶謫謝表對比可以發現，宋人在其貶謫謝表中反覆書寫的已不再是誇張的帝王讚頌與極力的自我貶抑，而是竭誠報國的志願與許國忘家的自信；其情緒不再是畏懼與傷感而是變得積極自信。到歐陽修的《滁州謝上表》，其所體現的更是另外一種思考：

> 然臣自蒙睿獎，嘗列諫垣，論議多及於貴權，指目不勝於怨怒。若臣身不黜，則攻者不休，苟令讒巧之愈多，是速傾危於不保。必欲為臣明辯，莫若付於獄官；必欲措臣少安，莫若置之閒處。使其脫風波而遠去，避陷阱之危機。雖臣善自為謀，所欲不過如此。斯蓋尊號皇帝陛下，推天地之賜，廓日月之明，知臣幸逢主聖而敢危言，憫臣不顧身微而當眾怨，始終愛惜，委曲保全。臣雖木石之心頑，實知君父之恩厚。敢不虔遵明訓，上體寬仁，永堅不轉之心，更勵匪躬之節。〔註85〕

〔註82〕王禹偁：《小畜集》卷二二，四部叢刊集部，上海涵芬樓影印本，第9～10頁。
〔註83〕《睦州謝上表》，范仲淹撰，李勇先等校點：《范仲淹全集》，第389頁。
〔註84〕《睦州謝上表》，范仲淹撰，李勇先等校點：《范仲淹全集》，第386頁。
〔註85〕《滁州謝上表》，歐陽修撰，李逸安校點：《歐陽修全集》，中華書局，2001

他認為如若自己不被貶謫，那麼從更高的層面來看反而會對整個國家政權不利。因此在他看來，貶謫是讓自己遠離爭鬥陷阱而保身安心的最佳處置，更是皇帝委屈保全自己的良苦用心，自己定當勵節相報。如果說前文宋代貶謫士人的自信與不懼貶謫的竭誠報國還建立在貶謫是一種人生打擊的基本理解之上的話，那麼歐陽修這裡對貶謫的認識已經發生了翻天覆地的變化，他認為，貶謫不僅是一種自我保全的最佳手段，甚至成為維護國家政權穩定的有力措施，而皇帝能夠採取貶謫的手段讓自己遠離危難實在是用心良苦，值得感激，並因此而更加堅定了自己精誠報國的觀念。可以說，這是貶謫謝表寫作歷史上第一次對貶謫的正面認識。

綜上所言，不難發現，宋代士人在面對貶謫之時已經比唐人更加從容自信，這種自信除了宋人思考立足點的提高之外，還體現在其對貶謫之後生活的設計中。貶謫對唐人而言是讓人驚懼的，其在貶地的生活也是讓人絕望的，絕望的根源除了對再難進入權力中心的擔憂便是對自我生命朝不保夕的恐懼，韓愈便曾在其謝上表中描寫過潮州險惡的自然環境，甚至發出「憂惶慚悸，死亡無日」的哀歎。但是到宋代，士人卻反而常常認為貶所正是自己養病的好處所。如范仲淹《睦州謝上表》中：「伏蒙陛下皇明委照，洪覆兼包，贖以嚴誅，授以優寄，郡部雖小，風土未殊。靜臨水木之華，甘處江湖之上。但以肺疾綿舊，藥術鮮功。喘息奔衝，精意牢落。惟賴高明之鑒，不投迂遠之方，抱疾於茲，為醫尚可。苟天命之勿損，實聖造之無窮。樂道忘憂，雅對江山之助；含忠履潔，敢移金石之心。仰戴生成，臣無任云云。」〔註86〕貶所的自然風光對他們來說是另外一種生活的享受，身處江湖之遠仍然可以「樂道忘憂」，「道」的實現是不依賴於現實環境的變遷的。正因為如此，宋人在面對貶謫時沒有了唐人內心那種深沉的恐懼，而是多了一份淡定與從容。

通過以上對唐人、宋人貶謫謝上表的分析可以發現，面對貶謫，唐宋兩代的士人在其謝表中表達的情感是大相徑庭的，這說明由於時代的不同，貶謫對官員而言的意義也早已發生了變化，不同的時代氛圍，導致了唐宋兩代官員人格氣質的巨大差別。

年版，第1321～1322頁。

〔註86〕《睦州謝上表》，范仲淹撰，李勇先等校點：《范仲淹全集》，第387頁。

三、天真與理性：唐宋士人的文化品格

　　唐代官員的謝上表，無論是其誇張式的抒情方式還是悲傷恐懼的情感表達，均根源於有唐一代士人集體具備的天真品性。而宋代士人，其謝上表中表現的骨氣、自信、通脫又無不得益於宋代士人的理性精神，不同的時代環境塑造了兩種不同的文化人格。

　　唐代文人的天真品性主要體現在兩個方面，一是盛唐文人的豪邁浪漫的詩人氣質；二是中唐文人踔厲風發的激切心性與對政治的幻想與依賴。林庚總結盛唐文化風貌時使用了「氣象」二字，他說：「蓬勃的朝氣，青春的旋律，這就是『盛唐氣象』與『盛唐之音』的本質」，「這是一個富於創造性的解放的時代，它孕育了鮮明的性格，解放了詩人的個性」，「盛唐氣象最突出的特點就是朝氣蓬勃，如旦晚才脫筆硯的新鮮，這也就是盛唐時代的性格。」〔註87〕很顯然，「蓬勃」「青春」是盛唐的關鍵詞。然而，這樣的氣質是一種詩人的氣質、俠士的氣質，卻並不是一個政治家應有的品質，這批盛唐言王霸大略的人，有「強烈的建功立業的願望，往往以出將入相自期，因而他們很嚮往張良、諸葛亮、謝安那樣的帝王師式的人物風範」〔註88〕，而實際上，他們卻並無這樣的能力。安史之亂爆發以後，從肅宗在用人方面的轉變可以看出，房琯等人的兵敗陳濤斜就是一個轉折點。《舊唐書·房琯傳》記載：「琯好賓客，喜談論，用兵素非所長，而天子採其虛聲，冀成實效。琯既自無廟勝，又以虛名擇將吏，以至於敗。琯之出師，戎務一委於李揖、劉秩，秩等亦儒家子，未嘗習軍旅之事。」〔註89〕可見，房琯兵敗乃因其大言空談的作派造成的。不僅房琯，肅宗此次貶謫的其他人，同樣都具有大言疏闊等特點。如嚴武，《舊唐書·嚴武傳》載其「性本狂蕩，視事多率胸臆，雖慈母言不之顧。」〔註90〕劉秩，不僅好大言，還著有《政典》、《止戈記》等書，卻在與房琯的陳濤斜一戰中兵敗。還有杜甫，房琯被貶後，他曾上書營救，積極支持房琯，可見，他亦不是很懂真正的政治需要怎樣的人才。此外還有李何忌、賈至、張鎬、李泌等人。可以說，肅宗時期，因為安史之亂後的百廢待興，國家開始需要真正有實際才幹的人來進行治理，然盛唐所培養出來的這一批

〔註87〕林庚撰：《唐詩綜論》，清華大學出版社，2006 年版，第 32、32、38 頁。
〔註88〕吳相洲撰：《中唐詩文新變》，學苑出版社，2007 年版，第 8 頁。
〔註89〕《舊唐書》卷一一一《房琯傳》，第 3321～3322 頁。
〔註90〕《舊唐書》卷一一七《嚴武傳》，第 3396 頁。

人卻大多僅有治世的熱情而無治世的能力，其開闊的胸襟、高遠的志向，只是特定環境培養出來的一種浪漫與天真，並不具備對抗現實的能力。

與盛唐文人相比，中唐文人已經現實了很多，他們不僅有許國忘身的高遠志向，更能將此願望轉化為轟轟烈烈的政治實踐，因此，中唐文人的天真並不體現在大言疏闊，而體現在其對政治的依賴與幻想。貞元、元和之際，政治的逐漸更新與軍事上的節節勝利，給了元和士人極大的外在感召，短暫寬鬆的政治氣氛，為士人們的參政實踐創造了條件，同時也極大地激發了元和士人激切的用世之心，他們大呼猛進、革除弊政、直言強諫、無所畏懼，希望能為國家的復興貢獻力量。然而，他們不清楚的是：「任何政治上的寬鬆都是有限度的，在所謂的開明背後，時時閃動著千餘年來一以貫之的嚴酷的專制巨影。雖然就元和時代言，其限度的尺碼較之政局渾濁的貞元年間要大一些，但也絕不是可以任意延伸的，一旦參政者超越了那道無形的界碑，輕者受到權豪勢要的誹謗詆毀，重者受到來自君主的無情責罰。」〔註91〕最終，作為元和文化精神開創者與推動者的韓柳等五人，竟然毫無例外地遭受了政治上最無情、最殘酷的打擊：貞元十九年（803），韓愈因上疏論旱，為幸臣所忌，被貶陽山令；永貞元年（805），柳宗元、劉禹錫因為參與「永貞革新」被貶永州司馬、朗州司馬；元和元年（806），元稹因支持裴度觸怒宰相，被貶河南尉，元和十四年（819），韓愈因上疏諫迎佛骨，再次被貶潮州刺史等等。短短十七年間，五人被遷貶達十二次之多，可見其遭受迫害之嚴重。究其原因，正是元和群臣對政治認識的不足所致。他們不知道專制乃政治的本質，相對寬鬆的政治環境只是憲宗為革弊圖強的暫時性舉措，正如尚永亮先生所言：「千餘年來君主專制的強大誘惑始終在他（憲宗）的內心騷動，只是為了增強實際權威，他不得不忍痛割愛，將手中的權力下放；而這種暫時的權力下放，正是為了長久的權威增強。同時，他的實際權威每增強一步，外放的權力便收回一些，君主專制也就加深一層，而當他獲得了平淮西的最後勝利，實際權威增強到了頂點，外放的權力便幾乎全部收回，君主專制的面目也就顯露無遺。」〔註92〕韓愈、柳宗元、劉禹錫、元稹、白居易等元和逐臣的被貶，便是君主專制發展到極致的結果，此時的憲宗已經再也沒有「容

〔註91〕《唐五代諸臣與貶謫文學研究》，第 296 頁。
〔註92〕《唐五代諸臣與貶謫文學研究》，第 298 頁。

忍臣下逆耳直言的耐性了」，〔註93〕這一點，尚永亮先生在其《唐五代諸臣與貶謫文學研究》一書中有著極為詳細的闡述，這裡不再贅述。然而，元和逐臣們卻並不清楚這一點，他們仍緊緊依賴皇權，將自己人生價值的實現完全依賴於政治，對政治還存有許多憧憬與幻想。因此，當其被貶、被迫與權力脫離之時，其所作謝上表中便會流露出強烈的卑微、傷感與恐懼的心緒。他們甚至不惜放下身段，以贏得皇帝的憐憫而重回朝廷，剛直如韓愈都不免作「戚戚嗟嗟」之語了。而這，既是後代對前人的詬病之處，也無不是元和士人天真的一種體現。

到宋代，整體的政治文化環境有了很大的不同。宋太祖本身通過「兵變」的形式獲得皇位，因此對武將有著本能的忌憚，再加上五代十國亂世的深刻影響，宋太祖認識到自唐末起國家就處於「君弱臣強」的局面，這種崇尚武力的社會風氣對國家穩定而言非常不利，因此從立國之日起宋太祖便非常注重起用文臣，確定「以文立國」「用讀書人」的策略，並立下「不得殺士大夫及上書言事人」的「祖宗家法」，每位新皇帝登帝位時，都要獨自進入太廟恭讀誓詞。為了重用讀書人，宋太祖還重新實施科舉制度，從全國範圍內選拔人才為宋王朝服務，特別是到太宗時期，科舉人數大大增加。太平興國二年首次開科，「就命翰林學士昉、扈蒙定其優劣為三等，得河南呂蒙正以下一百九十人。」〔註94〕大量士人正式進入國家政治統治的中樞，參與政治。葉夢得《石林燕語》中有：「國初取進士，循唐故事，每歲多不過三十人。太宗初即位，天下已定，有意於修文……特取一百九十人，自唐以來未之有也。遂得呂文穆公為狀頭，李參政至第二人，張僕射齊賢、王參政化基等數人，皆在其間。自是連放五榜，通取八百一人，一時名臣悉自此出矣。」〔註95〕據統計，宋代的進士科錄取名額至少是唐代錄取名額的十倍以上，甚至是數十倍。〔註96〕這種對讀書人的大量錄用直接導致宋代文人政治地位的提升，其不僅能夠通過合理合法的途徑順利進入權力中心，並且如若犯罪，國家還有「不得殺士大夫及上書言事人」的祖宗家法成為其避風港。王夫之《宋論》中有：「自太祖勒不殺士大夫之誓以詔子孫，終宋之世，文臣無歐刀之

〔註93〕《唐五代諸臣與貶謫文學研究》，第 303 頁。
〔註94〕李燾撰：《續資治通鑑長編》卷十八，中華書局，2004 年版，第 393 頁。
〔註95〕葉夢得撰：《石林燕語》卷五，中華書局，1984 年版，第 71～72 頁。
〔註96〕諸葛憶兵：《論唐宋詩差異與科舉之關聯》，《文學評論》，2012 年第 5 期，第 54 頁。

辟。張邦昌躬篡，而止於自裁，蔡京、賈似道陷國危亡，皆保首領於貶所。」〔註97〕可見到宋代，君主專制相對減輕，皇帝為文人參與政權留出了相當的空間，這一點，從宋代文人被貶謫與量移的相關情形也可以很明顯地看出。如王禹偁，其初次被貶商州團練副使，一年半後便隨例量移解州團練副使；第二次被貶知滁州，在滁州一年半，也奉詔移知揚州；第三次被謫黃州，在貶謫期間，由於王禹偁曾修《重修太祖實錄》而特受朝請大夫，賜絹五十匹，銀五十兩，十一月大赦天下，更是特設王禹偁為上柱國，在黃州第二年十月，黃州出現特異自然現象，真宗為避免王禹偁出現意外，又特命他徙蘄州。除王禹偁之外，宋代其他官員在貶謫之後，也很快便會量移或升遷，貶官們對自己重回朝廷也很有自信，如李巨源，「會貶，巨源恃舊恩，日夕望召還……」後來果然接到了朝廷召還的詔命。而其他如與宰相政見不同的范仲淹等人，同樣在被貶不到一年的時間，便很快得到量移的處理，這與唐代一旦遭貶便久不錄用或半路矯詔殺害的情形已然大不相同。也正因為如此，宋代文人並不會因貶謫而對自己的仕途充滿憂慮，官員的貶謫與升遷對他們而言只是一種正常的現象，並不值得恐懼。可以說，整個宋代，國家對文人士大夫的重用與保護不僅讓其有了順利進入仕途的途徑，且保證其始終處於一個比較安全的政治氛圍中，他們不但無恐懼，並且敢於在貶謫期間向皇帝提出各種建議，甚至將貶謫謝上表當作諫書來寫，這是唐代文人所不敢想像的。宋代重用文人的政治環境為這一時期文人始終保持骨氣與理性提供了一定的政治基礎。

伴隨著政治地位的提升，宋代文人開始獲得自我的政治身份，這種政治身份逐漸使他們產生了一種強烈的政治主體意識，樹立「以天下為己任」的主人翁情懷。此時士人的精神風貌整體而言是積極上、非常自信的，他們懷抱著初次進入政壇的驚喜與國家主人翁地位的自主意識希望有所作為，臺諫、「慶曆新政」等便是他們積極參與政治的一種表現。然而，需要強調的是，宋代士人的積極參與政治既不是妄言自大，也並不對政治充滿依賴與幻想，他們不僅有真才實幹且對政治為何物、文人應該如何參與政治、如何認識與看待政治權力等問題有很多清醒的思考與認識，而這些思考無疑為他們面對政治中的各種遭遇提供了心理上的保障。如前文提到的王禹偁，他關於文人如何在政治中實現自我的價值便有一番自己的思考。在其為友人羅處約詩文

〔註97〕王夫之撰：《宋論》卷一《太祖》，中華書局，2013 年版，第 24 頁。

集所作的《東觀集序》中有言:「士君子者,道也;行道者,位也。道與位並,則敷而為業,《皋陶》《益稷謨》《尹訓》之類是也。道高位下,則垂之於文章,仲尼經籍、荀、孟、楊雄之書之類是也。」〔註 98〕他清楚地將士君子將要實現的「道」與行道需要的政治權「位」區分開來,並且意識到這兩者並不總是一致的,而是存在「道與位並」「道高位下」的情況,而在這兩種情況下,士君子均有其不同的實現「道」的方式。如果士君子有「位」,那便可以成就如皋堯一樣的功業,如果無「位」,那便學習孔孟用自己的文章來發揚儒家之道。這樣一來,原本必須依賴政治才能實現人生價值的士君子便大大擴展了其人生價值的實現方式,也因為如此,貶謫這種中斷人生仕途的處罰方式對文人的打擊力度也便大大減小。除了王禹偁,歐陽修亦有其自己關於人生價值的思考。歐陽修在其《送徐無黨南歸序》中有:「草木鳥獸之為物,眾人之為人,其為生雖異,而為死則同,一歸於腐壤,漸近泯滅而已。而眾人之中有聖賢者,固亦生且死於其間,而獨異於草木鳥獸眾人者,雖死而不朽,逾遠而彌存也。其所以為聖賢者,修之於身,施之於世,見之於言,是三者所以能不朽而存也。」〔註 99〕「修之於身,施之於世,見之於言」,這是歐陽修認為一個人生於世間的價值所在,很顯然,這樣的人生價值的實現同樣不是必須依賴政治的,它是多元的,修之於身與見之於言是完全能夠靠個人的力量去實現的,至於施之於世,亦同樣不完全依賴政治地位,即使被貶謫,只要還有官職,便能夠在力所能及的範圍內做對國家和人民有益的事,而歐陽修自己在被貶夷陵之時對吏治事必躬親的認真態度便是其這一思想的反映。可見,到宋代,士人的人生價值與唐代相比已經變得更加理性而全面,他們清楚地認識到政治並不會總是能夠幫助自己實現「道」,那麼,萬一通過政治實現治國之道遇到了阻礙,那也無需憂慮,自己人生的價值還可以通過更加多樣的方式去實現,比如修身,比如學術研究,比如寫作等等。而其思想的這種全面、理性,與前代的經驗是密切相關的。唐代士人在實現其人生價值道路上所遭遇的種種痛苦都成為日後宋人用來提升自己思想認識的基礎。如歐陽修,在其初次被貶夷陵令時,他便對自己的貶謫生活有這樣的設想:「故修之得罪也,與之一邑,使載其老母寡妹,浮五千五百之江湖,冒大熱而屢

〔註98〕王禹偁撰:《小畜集》卷十九,《欽定四庫全書薈要本》,吉林出版集團有限責任公司,2005 年版,第 186 頁。
〔註99〕歐陽修撰,李之亮箋注:《歐陽修集編年箋注》卷十一,第 445 頁。

深險，一有風波之危，則叫號神明，以乞須臾之命。幸至其所，則折身下首以事上官，吏人連呼姓名，喝出使拜，起則趨而走。設有大會，則坐之壁下，使與州校役人為等伍，得一食，未徹俎而先走出。上官遇之，喜怒呵詰，常斂手粟股以侍顏色，冀一語之溫和不可得。所以困辱之如此者，亦欲其能自悔咎而改為善也。故修之來也，惟困辱之是期。」〔註100〕顯然，這種對貶謫生活的設想乃基於對唐人被貶之後真實生活的參考而來，正是因為有了對唐人貶謫生活的瞭解，才有了歐陽修對自己貶謫生活的想像與準備，才有了他理智面對貶謫的可能。他在《與尹師魯書》中有：「每見前世名人，當論事時，感激不避誅死，真若知義者。及到貶地，則戚戚怨嗟，有不堪之窮愁形於文字，其心歡戚無異庸人，雖韓文公不免此累，用此戒安道，甚勿作戚戚之文。」〔註101〕基於唐代士人被貶的情形，歐陽修開始總結面對貶謫的正確態度，告誡宋代士人即使被貶，仍然要以理性的態度來面對，要將對個人情緒的關注轉移到注重內心修養、關心國家和民族的命運上，由此確立宋代士人不以進退為憂喜的理性人格。

最後，宋代儒、釋、道三教合一的思潮亦為宋人面對貶謫的理性態度提供了思想保障。儒釋道三教中，儒、道兩種思想是中國土生土長的學術思想，佛教自從印度傳入中國後，便開始不斷中國化的過程。兩晉時期，佛教般若學說依附玄學而大興，逐漸形成佛教般若學派的「六家七宗」，這一時期的玄佛合流已經初具三教合一的性質。南北朝時期，三教關係全面展開，三教融合的趨勢更是有了新的發展，許多當時知名的名士、佛教徒、道士等都從各自的立場展開對三教合一的認識。如劉宋時期的隱士宗炳著《明佛論》，以為「孔老、如來，雖三訓殊路，而習善共轍也」〔註102〕，從社會教化的角度提出了三教一致論。北周釋道安《二教論》也認為「三教雖殊，勸善義一，塗跡誠異，理會則同。至於老嗟身患，孔歎逝川，固欲後外以致存身，感往以知物化，何異釋典厭身無常之說哉」〔註103〕。梁陳時期的天台三祖慧思、南齊道教信徒張融、北齊名儒顏之推等，都有提倡三教合一的言論。伴隨著佛

〔註100〕《回丁判官書》，歐陽修撰，李逸安校點：《歐陽修全集》，第996頁。
〔註101〕歐陽修撰，李之亮箋注：《歐陽修集編年箋注》卷六七，第280～281頁。
〔註102〕《明佛論》，僧祐撰，劉立夫等譯注：《弘明集》卷二，中華書局，2013年版，第121頁。
〔註103〕《二教論》，釋道宣撰：《廣弘明集》（鉛印本）卷八，上海中華書局據常州天寧寺本校勘，第12頁。

教的廣泛傳播，其與儒道的爭論、矛盾也越來越激烈，如齊梁之際的神滅與神不滅之爭，宋末齊初佛、道之間的夷夏之辯等便是爭論的焦點，但爭論同時也可以視作一個不斷吸收、互相接納的過程。隋唐時期，統治者為了更好地維護自己的統治，對儒、道、佛採取了分別利用的態度，一方面確立了儒學的正統地位，另一方面又以佛、道為官方意識形態的重要補充，三教並用成為此一時期的宗教政策，逐漸形成了三教鼎立的局面，而伴隨著三教之間的論爭，這一時期許多重要思想家亦堅持三教並用、三教合一的態度，主張理論上的相互包容。如柳宗元便認為「浮屠誠有不可斥者，往往與《易》、《論語》合，誠樂之，其於性情奭然，不與孔子異道」〔註104〕。白居易也認為三教「殊途同歸」，「夫儒門、釋教，雖名數則有異同，約義立宗，彼此亦無差別。所謂同出而異名，殊途而同歸者也。」〔註105〕可見，不論如何，三教的合一都是總體發展趨勢。余英時先生有言：「印度佛教傳入中國曾產生了重大的影響，但仍與基督教在西方中古文化中所取得的絕對的主宰地位有別。六朝隋唐之世，中國誠然進入了宗教氣氛極為濃厚的時代，然而入世教儒與出世教釋之間仍然保持著一種動態的平衡。道教也處於出世與入世之間。故中國中古文化是三教並立，而非一教獨霸。」〔註106〕這用來概括整個宋以前三教關係的歷史發展應該是比較準確的。到宋代，三教合一則已經實現了真正的融合，並成為士人普遍的內在修養。

宋代的三教合一可以說是第一次從思想義理上進行了三教的調和。入宋以後，佛教的一些基本觀點和方法為儒家所吸收，儒學體系更為系統化、理論化，並形成了新形態儒學——理學。傳統的儒家學說是一種現實的價值準則，很少關於「性與天道」等終極真理的論述，隨著時代的發展，人們逐漸對終極真理的闡述和關於人性本原的論證更為感興趣。於是自韓愈、李翱以後，一直到宋代的邵雍、張載、程顥、程頤等人，他們從佛道中尋找資源，通過追尋道德與秩序的源頭，「重新詮釋與討論儒家一貫薄弱的『性與天道』問題」，重新「確立起來關於『道』、『理』、『心』、『性』的一整套觀念系統」〔註107〕，

〔註104〕《送僧浩初序》，柳宗元撰，尹占華、韓文奇校注：《柳宗元集校注》，第1680頁。

〔註105〕《三教論衡》，白居易撰，顧學頡校點：《白居易集》，第1436頁。

〔註106〕余英時撰：《士與中國文化・自序》，上海人民出版社，1987年版，第8頁。

〔註107〕葛兆光撰：《中國思想史》（第二卷），復旦大學出版社，2011年版，第210頁。

如此最終實現了義理方面的三教合一。在這樣的思想文化氛圍中，宋代士大夫通過對儒、佛、道三教人生哲學的吸納、融攝，形成了比唐代士人更為成熟、穩健的文化性格。儒家積極入世的思想能夠讓他們積極參與政治，而道家的任運自然和佛家尋求解脫的思想又能夠讓他們以超然的態度面對人生的榮辱得失，居官時能夠勇擔道義，勤於政事，「先天下之憂而憂，後天下之樂而樂」，黜落時也能「不以物喜，不以己悲」，不怨天尤人，隨遇而安。個體的生命價值既可以依賴事功而實現，也可以通過堅持自我操守、修身學術而實現。若儒家的積極進取遇到挫折，那麼，道家的隨順自然便是一個補充，佛家的不執著也可以成為撫慰士人心靈的手段。總體而言，儒道佛三家的合一為宋人在不同境遇中提高自身的身心協調能力、以超然的態度化解矛盾、保持充足的精神支持與最佳生存狀態方面提供了思想保證，是宋代士人即使面對挫折仍然能夠保持理性的關鍵所在。

　　綜合以上論述可知，唐宋貶謫謝上表在書寫系統、情感表達方面均存在相當大的差別，這種差別乃唐宋兩代不同的政治文化環境所致。唐代中央政權力量強盛，文人既享受著如此盛世帶來的自豪與率性，同時也對政治有著強烈的依賴與美好的幻想，他們將自己人生價值的實現與政治緊緊地結合在一起。面對中唐暫時寬鬆的政治環境，一批文士勇猛實踐，然而，踔厲風發的參政最終只換來殘酷的政治打擊，而一旦遭受打擊，其內心便充滿了卑微與恐懼。在其貶官謝表中，他們姿態低調，希望通過自己動人的言辭、懇切的姿態重回朝廷，重回幫助他們實現自己人生價值的地方，這不能不說是一種文人的天真。到宋代，宋初便實行與讀書人共治天下的政策，此時的士人一方面吸取前代文人從政的經驗，另一方面有宋朝「不得殺士大夫」的輕鬆政治氛圍，再加上宋代三教合一思想的成熟，形成了與唐代士人的天真單純完全不同的理性氣質，對政權的本質、人生價值的實現方式等，宋人都有了更為客觀而理性的認識，因此，其謝上表也變得更為平實，更彰顯出一種文人的氣骨。總而言之，兩種不同的政治文化氛圍培養出了唐宋兩代文人不同的性格氣質，導致其謝上表書寫呈現出不同的特色。與宋代文人謝上表進行對比，有助於我們更加深入地理解唐代貶謫及其特點，從而從更根本的層面理解唐代文人的被貶心態及其貶謫文學呈現出的特色。

結　語

　　南宋嚴羽有言：「唐人好詩，多是征戍、遷謫、行旅、離別之作，往往能感動激發人意。」〔註1〕唐代眾多逐臣的貶謫詩歌，是我們得以觸摸其內心悲戚的重要載體，這些詩歌千百年來感動、啟發著一代又一代的讀者。然而，對於他們所生存的那個年代，所經歷的人生起伏與悲喜，我們卻早已全無所知。為此，本文通過對貶謫制度的研究，大體還原了唐代逐臣的生存境遇與社會現實，使得我們對貶謫這一政治手段及其背後的政治文化均有了更為深入的理解。

　　貶謫是唐代一種特殊的處罰手段。犯罪的處罰本應依據法律，然唐代法律「德禮為政教之本」的指導思想又規定犯罪官員能夠依「禮」享受「減」「免」「贖」等特權，由此產生了貶謫這一處罰方式。與此同時，「禮」的優崇又不可避免地導致「權」的介入。「法」「禮」「權」是貶謫概念的三大核心要素，它們互相影響，互相推動，共同決定著貶謫制度各環節及貶謫制詔書寫的相關特點。

　　貶謫制度具體包括貶謫的原因及方式、貶謫罪行上奏與罪行確認的相關制度及貶官赴貶所及遷轉制度。唐代官員被貶大多是因為觸犯了相關法律，如謀反、貪贓、左道、指斥乘輿與占人田地等。貶謫的實施方式則有流放、除名、免官、免所居官與貶官。節度使、東宮官、東宮東都分司官是幾種常見的貶官安置職位。官員的罪行上奏既可以由朝官上奏，也可以由地方官員上奏，主要上奏機構是御史臺。罪行上奏之後要經過詳細的法律推鞫才能確

〔註 1〕嚴羽撰，張健校箋：《滄浪詩話校箋》，上海古籍出版社，2012 年版，第 667頁。

定官員是否有罪。唐代對犯罪官員的推鞫有多種不同的形式，推鞫過程中還往往伴隨著繫獄、引用證人、施刑等多種手段。通過推鞫確定官員罪行之後便要擬寫、下達相應的貶謫制詔，若詔書所擬內容不當，中書舍人可以封還詞頭，給事中也可以駁回詔書，即使是已經下達的制詔，一旦發現不當，即可追制，這些都確保了唐代貶謫詔書的準確實施。在罪行上奏及確認的整個過程中，一直都伴隨著群臣的商討，從其商討大概可總結出貶謫遵循的四大原則：依法實現原則、尊重人性原則、照顧人情原則、考慮影響原則。這些原則既是「禮」在貶謫中的具體體現，也是貶謫遵循的內在規律。罪行確認之後，貶官從此踏上茫茫的萬里貶途，與此相關，貶官在裝束時限、親友送行、交通行驛、家屬隨行、赴貶所路線、死後安葬等方面也要遵循相應的制度規定。這些規定在唐代不同時期有不同的變化，但整體而言，都在一定程度上加重了貶官的痛苦。特別是貶官俸祿的變化、在貶地的政治待遇以及遷轉等方面的相關規定，更是對貶官的生活產生了直接的影響，造成貶官心理和精神方面的極大落差。

將貶謫制度落實於文本層面的是貶謫制詔這一文體。唐代貶謫制詔的用語體現了貶謫背後的「禮」制文化內涵，而貶詔制詔所言罪名與貶官真實罪名之間的差距又暗示了貶謫中「權」這一因素的存在。「權」「禮」之間的因勢互動是唐代貶謫的一大特點。與象徵皇帝權威的貶詔不同，貶謫官員謝上表則更凸顯了唐代貶官的內在心理狀態。面對皇權，他們內心既依賴又充滿了卑微與恐懼的情緒，這一點，與宋人謝上表中體現出的自信、達觀大相徑庭。不同的時代形成不同的文化環境，不同的文化環境則培養出不同的文人品格。唐代貶謫文人謝上表這種文體，真實地呈現出了唐人內在的心理狀態與文化人格。

唐代貶謫文人為後世留下了許多寶貴的精神財富，這些文苑的奇葩、哲學的精華，給後人帶來無限的生命啟迪，同時也吸引著後人去關注那個年代，關注那時他們的生活。唐代貶謫制度的研究便是這樣的嘗試，通過對制度、歷史的研究，我們試圖去觸摸一個時代鮮活的肌理，體會一個個真實生命內心的溫度。

附　錄

肅宗皇帝

貶第五琦忠州長史制（卷四二 P461）

流第五琦夷州制（卷四二 P462～463）

貶房琯劉秩嚴武詔（卷四二 P468）

貶李揆袁州長史詔（卷四三 P477～478）

代宗皇帝

貶王縉括州刺史制（卷四六 P506）

流裴茂費州詔（卷四六 P507）

削除來瑱官爵詔（卷四六 P507～508）

長流程元振詔（卷四六 P510）

罷張增叔孫勝詔（卷四七 517）

貶田承嗣永州刺史詔（卷四七 P520～522）

德宗皇帝

貶呂渭歙州司馬制（卷五十 P548）

貶鄭餘慶郴州司馬制（卷五十 P550）

罷尚書左僕射劉晏領使詔（卷五十 P551）

貶楊炎崖州司馬詔（卷五十 P553）

削奪李惟岳官爵詔（卷五十 P554）

貶郭煦等詔（卷五二 P570）

罷盧邁平章事詔（卷五三 P572）

罷趙宗儒平章事詔（卷五三 P573）

貶韓皋撫州司馬詔（卷五三 P573）

流崔河圖崖州詔（卷五三 P575）

許永州司戶蘇袞歸里敕（卷五四 P583）

順宗皇帝

罷鄭珣瑜高郢平章事制（卷五五 P600）

憲宗皇帝

貶王伾開州司馬王叔文渝州司戶參軍制（卷五六 P605）

貶韋執誼崖州司馬制（卷五六 P605）

貶王摶溪州刺史制（卷九十 P945）

再貶王摶崖州司戶制（卷九十 P945）

貶崔允工部尚書詔（卷九一 P951）

貶崔凝合州刺史敕（卷九一 P955）

哀帝

貶陸扆王溥制（卷九三 P968）

責授柳璨密州司戶制（卷九三 P968）

罷柳遜詔（卷九三 P971）

貶李延古衛尉寺主簿詔（卷九三 P971）

貶裴樞崔遠敕（卷九四 P974）

貶裴贄李煦敕（卷九四 P974）

貶敬沼敕（卷九四 P974）

責授張廷範等敕（卷九四 P976）

補充：

于頔恩王傅絕朝謁制

貶洛陽令韋紹縣尉顏思賓敕

貶考官裴朏等敕

邵同貶連州司馬制

貶於尹躬洋州刺史制

貶韓朝宗洪州刺史制

停張說中書令制

貶令狐楚衡州刺史制　（元稹）

王迪貶永州司馬制

授元彥沖等諸州刺史制　（《全唐文》卷三百九　孫逖二）

流盧從史歡州司馬詔

停戶部尚書李元素官詔

張直方貶左驍衛將軍制　（《樊川文集》卷一九）

李文舉除睦州刺史制　杜牧（《全唐文》卷七四八）

張直方貶恩州司戶制　杜牧（《全唐文》卷七百五十）

貶溫庭筠敕　裴坦（《全唐文》卷七百六十四）

左遷工部尚書楊漢公秘書監製　沈詢（《全唐文》卷七百六十七）

貶紇干臮慶王府長史分司東都制　韓琮（《全唐文》卷七百九十三）

王著貶端州司戶制　杜牧（《全唐文》卷七百五十）

李玕貶撫州司馬制　杜牧（《全唐文》卷七百五十）

姜閱貶岳州司馬等制　杜牧（《全唐文》卷七百五十）

貶蕭仿蘄州刺史制　（中書舍人知制誥宇文瓚）

　　　　　　　　　　——《全唐文》（第一冊）中華書局影印

二、唐以前歷代貶詔篇目索引

先秦文

更魯公書逐莒僕　里革（卷三 P42）

全秦文

賜文信侯書（卷一 P226）

全漢文

文帝
徙淮南王長制（六年）（卷一 P253）

武帝
削梁王地（元朔中）（卷四 P285）

策廢陳皇后（元光五年七月）（卷四 P288）

宣帝
議罰廣州王去制（本始三年）（卷五 P297）

詔免丙顯官（甘露元年）（卷六 P308）

左遷蕭望之策（五鳳中）（卷六 P311）

元帝
詔免諸葛豐（卷七 P317）

左遷周堪張猛詔（卷七 P317）

罷珠崖郡詔（初元三年春）（卷七 P317～318）

成帝

和帝

策免韋彪（章和二年夏）（卷六 P65）

策免張酺（永元十二年九月）（卷六 P65）

安帝

詔貶樂成王萇（建光元年四月甲子）（卷六 P70）

策罷司空張敏（永初六年四月乙丑）（卷六 P71）

三國文

追貶高貴鄉公令（卷一）

吳・大帝

斥張溫令（卷一 P606）

兩晉文

武帝

詔免庾純官（卷二 P42）

貶中山王睦為丹水侯詔（卷五 P48）

遣石鑒歸田詔（太康初）（卷六 P59）

庾勇等除名詔（太康四年）（卷六 P62）

前燕

慕容儁

下令罪宋該

全宋文

文帝

徙謝靈運詔（九年）（卷三 P32）

詔蕭思話（二十九年九月）（卷四 P47）

明帝

徙徐爰詔（三年）（卷七 P89）

全齊文

高帝

三、唐代官員謝上表篇目索引

潮州刺史謝上表（卷四百十七 P4270）

于邵

為福建李中丞謝上表（卷四百二十四 P4323～4324）

為柳州鄭郎中謝上表（卷四百二十四 P4324）

武州刺史謝上表（卷四百二十四 P4324）

呂頌

黔州刺史謝上表（卷四百八十 P4906）

權德輿

東都留守謝上表（卷四百八十 P4967）

李吉甫

忠州刺史謝上表（卷五百十二 P5201）

柳州刺史謝上表（卷五百十二 P5202）

饒州刺史謝上表（卷五百十二 P5202）

令狐楚

河陽節度使謝上表（卷五四〇P5480）

為道州許使君謝上表（卷五四〇P5481）

衡州刺史謝上表（卷五四〇P5481～5482）

為石州刺史謝上表（卷五四〇P5482）

韓愈

潮州刺史謝上表（卷五百四十八 P5553～5554）

袁州刺史謝上表（卷五百四十八 P5555）

柳宗元

代李愬襄州謝上任表（卷五百七十一 P5774）

代韋永州謝上表（卷五百七十一 P5775）

謝除柳州刺史表（卷五百七十一 P5775）

柳州謝上表（卷五百七十一 P5776）

劉禹錫

夔州刺史謝上表（卷六百一 P6074）

連州刺史謝上表（卷六百一 P6074～6075）

和州刺史謝上表（卷六百一 P6075）

蘇州刺史謝上表（卷六百一 P6075）

汝州刺史謝上表（卷六百一 P6075～6076）

同州刺史謝上表（卷六百一 P6076）

呂溫

道州刺史謝上表（卷六百二十六 P6318）

衡州刺史謝上表（卷六百二十六 P6318～6319）

元積

同州刺史謝上表（卷六百五十 P6596～6597）

白居易

忠州刺史謝上表（卷六百六十六 P6772）

元錫

蘇州刺史謝上表（卷六百九十三 P7110）

福州刺史謝上表（卷六百九十三 P7110～7111）

衢州刺史謝上表（卷六百九十三 P7111）

宣州刺史謝上表（卷六百九十三 P7112）

蕭仿

蘄州謝上表（七百四十七 P7738）

杜牧

黃州刺史謝上表（卷七百五十 P7771）

穆員

為汝州刺史謝上表（卷七百八十三 P8182）

——《全唐文》（第一冊）中華書局影印

參考文獻

凡例：1. 古籍依四庫總目，各類下按時間先後順序排列。

2. 近、今人研究專著、研究論文，先按國內研究、國外研究分類，各類下再按作者姓名拼音的首字母順序排列。

一、古籍類

（一）經部

1. （漢）孔安國注，（唐）孔穎達疏，喻遂生整理：《尚書正義》//傳世藏書十三經注疏，海口：海南國際新聞出版中心，1995 年。

2. （漢）鄭玄注，（唐）孔穎達疏，喻遂生等整理：《禮記正義》//傳世藏書十三經注疏，海口：海南國際新聞出版中心，1995 年。

3. （清）阮元校刻：《十三經注疏》（清嘉慶刊本），北京：中華書局，1980 年。

4. 程俊英、蔣見元：《詩經注析》，北京：中華書局，1991 年。

5. （清）孔廣森撰：《大戴禮記補注》，北京：中華書局，2013 年。

（二）史部

（正史）

1. （漢）司馬遷：《史記》，北京：中華書局，1959 年。

2. （漢）班固：《漢書》，北京：中華書局，1962 年。

3. （劉宋）范曄：《後漢書》，北京：中華書局，1965 年。

4. （晉）陳壽：《三國志》，北京：中華書局，1959 年。

5. （唐）房玄齡：《晉書》，北京：中華書局，1974 年。

6. （梁）沈約：《宋書》，北京：中華書局，1974 年。

7. （梁）蕭子顯：《南齊書》，北京：中華書局，1972 年。

8. （唐）姚思廉：《梁書》，北京：中華書局，1973 年。

9. （唐）姚思廉：《陳書》，北京：中華書局，1972 年。

10. （北齊）魏收：《魏書》，北京：中華書局，1974 年

11. （唐）李百藥：《北齊書》，北京：中華書局，1972 年

12. （唐）令狐德棻等：《周書》，北京：中華書局，1971 年。

13. （唐）魏徵，令狐德棻等：《隋書》，北京：中華書局，1973 年。

14. （唐）李延壽：《南史》，北京：中華書局，1975 年。

15. （唐）李延壽：《北史》，北京：中華書局，1974 年。

16. （後晉）劉昫等：《舊唐書》，北京：中華書局，1975 年。

17. （宋）歐陽修，宋祁：《新唐書》，北京：中華書局，1975 年。

18. （元）脫脫：《宋史》，北京：中華書局，1985 年。

（編年）

1. （宋）司馬光撰，胡三省注：《資治通鑒》，北京：中華書局，1956 年。

（別史，雜史）

1. （唐）吳兢撰，謝保成集校：《貞觀政要集校》，北京：中華書局，2003 年。

2. （唐）李肇撰：《唐國史補》，上海，上海古籍出版社，1979 年。

3. （唐）裴庭裕撰，田廷柱點校：《東觀奏記》，北京：中華書局，1997 年。

4. （唐）王方慶編：《魏鄭公諫錄》，北京：中華書局，1985 年。

5. （唐）姚汝能撰，曾貽芬點校：《安祿山事蹟》，北京：中華書局，2006 年。

6. （唐）韓愈撰：《順宗實錄》，叢書集成初編。

7. （五代）王仁裕撰，（唐）姚汝能撰：《開元天寶遺事 安祿山事蹟》，中華書局，2006 年。

8. （宋）鄭樵撰：《通志》，北京：中華書局，1987 年。

9. （宋）鄭樵撰，王樹民點校：《通志二十略》，北京：中華書局，1995 年。

（地理）

1. （唐）李吉甫撰，賀次君點校：《元和郡縣圖志》，北京：中華書局，1983 年。

2. （宋）宋敏求撰，辛德勇，郎潔點校：《長安志》，西安：三秦出版社，2013 年。

3. （元）李好文撰，辛德勇，郎潔點校：《長安志圖》，西安：三秦出版社，2013 年。

4. （清）顧祖禹撰，賀次君、施和金點校：《讀史方輿紀要》，北京：中華書局，2005 年。

（詔令、奏議、職官、政書）

1. （唐）李林甫等撰，陳仲夫點校：《唐六典》，北京：中華書局，1992 年。

2. （唐）長孫無忌等撰：《唐律疏議》，劉俊文點校本，北京：北京法律出版社，1999 年。

3. （唐）長孫無忌等撰，劉俊文箋解：《唐律疏議箋解》，北京：中華書局，1996 年。

4. （唐）杜佑撰：《通典》，北京：中華書局，1988 年。

5. （宋）王溥撰：《唐會要》，北京：中華書局，1955 年。

6. （宋）宋敏求編：《唐大詔令集》，北京：中華書局，2008 年。

7. （元）馬端臨撰：《文獻通考》，北京：中華書局，2006 年。

8. （明）黃淮、楊士奇編：《歷代名臣奏議》，上海：上海古籍出版社，1989 年影印版。

（史評）

1. （唐）劉知幾撰，（清）浦起龍釋，王煦華整理：《史通通釋》，上海：上海古籍出版社，2009 年。

2. （宋）范祖禹撰：《唐鑒》，上海古籍出版社，1984 年版。

3. （宋）胡寅撰：《讀史管見》，南京：江蘇古籍出版化，1998 年。

4. （清）王夫之撰：《讀通鑒論》，北京：中華書局，1975 年。

5. （清）趙翼撰，王樹民校證：《廿二史箚記校證》（訂補本），北京：中華書局，1984 年。

（三）子部

（儒家，雜家）

1. （北齊）顏之推撰，王利器集解：《顏氏家訓集解》（增補本），北京：中華書局，1996 年。

2. （唐）封演撰，趙貞信校注：《封氏聞見記校注》，北京：中華書局，2010 年。

3. （宋）江黎靖德編：《朱子語類》，北京：中華書局，1986 年。

4. （宋）洪邁撰，孔凡禮點校：《容齋隨筆》，北京：中華書局，2005 年。

5. （清）顧炎武撰，張京華校釋：《日知錄校釋》，長沙：嶽麓書社，2011 年。

（類書）

1. （清）永瑢等撰：《四庫全書總目》，中華書局，1983 年。

2. （唐）歐陽詢撰，汪紹楹校：《藝文類聚》，上海：上海古籍出版社，2007 年。

3. （宋）李昉等編：《太平御覽》，北京：中華書局，1960 年。

4. （宋）王欽若等：《冊府元龜》，北京：中華書局，1960 年。

5. （宋）王欽若等編纂，周勳初等校訂：《冊府元龜》（校訂本），南京：鳳凰出版社，2006 年。

6. （宋）王應麟撰：《玉海》，江蘇古籍出版社、上海書店 1987 年聯合出版。

7. （宋）王應麟撰，武秀成、趙庶洋：《玉海藝文校證》，南京：鳳凰出版社，2013 年。

（小說家）

1. （唐）李肇、趙璘撰：《唐國史補・因話錄》，上海：上海古籍出版社，1979 年。

2. （唐）劉肅撰，許德楠、李鼎霞點校：《大唐新語》，北京：中華書局，1984 年。

3. （唐）鄭處誨，田廷柱點校：《明皇雜錄》，北京：中華書局，1997 年。

4. （唐）段成式著，許逸民校箋：《酉陽雜俎校箋》，北京，中華書局，2015 年。

5. （唐）張鷟撰，趙守儼點校：《朝野僉載》，北京：中華書局，1979 年。

6. （唐）鄭棨撰：《開天傳信記》，北京：中華書局，2012 年。

7. （唐）劉餗撰，程毅中點校：《隋唐嘉話》，北京：中華書局，1979 年。

8. （五代）王仁裕撰，曾貽芬點校：《開元天寶遺事》，北京：中華書局，2006 年。

9. （五代）王定保撰：《唐摭言》，上海：上海古籍出版社，1978 年。

10 （五代）孫光憲撰，賈二強點校：《北夢瑣言》，北京：中華書局，2002 年。

11. （清）徐松撰：《登科記考》，上海書店出版社，1994 年版。

（四）集部

（總集）

1. （宋）李昉等編：《文苑英華》，北京：中華書局，1966 年。

2. （宋）李昉等編：《太平廣記》，北京：中華書局，1961 年。

3. （清）彭定求等編：《全唐詩》，北京：中華書局，1960 年。

4. 陳尚君輯校：《全唐詩補編》，北京：中華書局，1992 年。

5. （清）董誥等編：《全唐文》，北京：中華書局，1983 年。

6. （清）嚴可均輯：《全上古秦漢三國六朝文》，北京：中華書局，1958 年。

（詩文評）

1. （宋）葉夢得撰：《避暑錄話》，叢書集成初編。

2. （宋）嚴羽撰：《滄浪詩話》，人民文學出版社，1983 年。

3. （宋）嚴羽撰，張健校箋：《滄浪詩話校箋》，上海古籍出版社，2012 年。

4. （南宋）計有功撰，王仲鏞校箋：《唐詩紀事校箋》，巴蜀書社，1989 年。

5. （明）胡震亨：《唐音癸籤》，上海：上海古籍出版社，1981 年。

6. （清）陳鴻墀輯：《全唐文紀事》，北京：中華書局，1962 年。

7. （清）翁方綱撰：《石洲詩話》，人民文學出版社，1981 年。

8. （清）何文煥輯：《歷代詩話》，中華書局，1981 年。

9. 丁福保輯：《歷代詩話續編》，中華書局，1983 年。

（別集）

1. （唐）顏真卿撰：《顏魯公文集》，黃本驥編訂《三長物齋叢書書》本。

2. （唐）權德輿撰，郭廣偉校點：《權德輿詩文集》，上海：上海古籍出版社，2008 年。

3. （唐）張九齡撰：《曲江集》，臺灣中華書局，《四部備要》1981 年。

4. （唐）沈佺期撰，陶敏校注：《沈佺期集校注》，北京：中華書局，2001 年。

5. （唐）陸贄撰：《陸贄集》，北京：中華書局，1989 年。

6. （唐）陸贄撰、劉澤民點校：《陸贄集》，杭州：浙江古籍出版社，2013 年。

7. （唐）劉禹錫撰：《劉禹錫集》，北京：中華書局，1990 年。

8. （唐）劉禹錫撰、瞿蛻園箋證：《劉禹錫集箋證》，上海：上海古籍出版社，1989 年。

9. （唐）劉禹錫撰，陶敏、陶紅雨校注：《劉禹錫全集編年校注》，北京：中華書局，2019 年。

10. （唐）柳宗元撰：《柳宗元集》，北京：中華書局，1979 年。

11. （唐）柳宗元撰，尹占華、韓文奇校注：《柳宗元集校注》，北京：中華書局，2013 年。

12. （唐）韓愈撰，方世舉箋注，郝潤華、丁俊麗整理：《韓昌黎詩集編年箋注》，北京：中華書局，2012 年。

13. （唐）韓愈撰，劉真倫、岳珍校注：《韓愈文集匯校箋注》，北京：中華

書局，2010 年。

14. （唐）韓愈撰，錢仲聯集釋：《韓昌黎詩繫年集釋》，上海：上海古籍出版社，2007 年。

15. （唐）韓愈撰，馬其昶校注，馬茂元整理：《韓昌黎文集校注》，上海：上海古籍出版社，1986 年。

16. （唐）白居易撰，朱金城箋注：《白居易集箋校》，上海：上海古籍出版社，1988 年。

17. （唐）白居易撰，謝思煒校注：《白居易詩集校注》，北京：中華書局，2006 年。

18. （唐）張說著：《張說集校注》，北京：中華書局，2013 年。

19. （唐）元稹撰，周相錄校注：《元稹集校注》，上海：上海古籍出版社，2011 年。

20. （唐）元稹撰，楊軍箋注：《元稹集編年箋注》（散文卷），西安：三秦出版社，2008 年

21. （唐）元稹撰，楊軍箋注：《元稹集編年箋注》（詩歌卷），西安：三秦出版社，2002 年。

22. （唐）元稹撰，冀勤點校：《元稹集》，北京：中華書局，2010 年。

二、近、今人研究專著

（一）國內學者著作

1. 白鋼著：《中國古代政治制度史（隋唐卷）》，人民出版社，1996 年。

2. 岑仲勉編：《郎官石柱題名新考訂》（外三種），上海古籍出版社，1984 年。

3. 岑仲勉著：《隋唐史》，河北教育出版社，2000 年。

4. 岑仲勉著：《唐人行第錄》，中華書局，1962 年。

5. 陳寅恪：《陳寅恪集》，北京：三聯書店，2001 年。

6. 陳寅恪：《金明館叢稿二編》，北京：生活·讀書·新知三聯書店，2001 年。

7. 陳寅恪：《隋唐制度淵源略論稿》，石家莊：河北教育出版社，2002 年。

8. 鄧小南著：《宋代文官選任制度諸層面》，河北教育出版社，1993 年。

9. 傅璇琮著：《李德裕年譜》，濟南：齊魯書社，1984 年。

10. 傅璇琮著：《唐代科舉與文學》，西安：陝西人民出版社，1986 年。

11. 傅璇琮著：《唐代詩人叢考》，中華書局，1980 年。

12. 傅璇琮著：《唐翰林學士傳論》，瀋陽：遼海出版社，2005 年。

13. 傅璇琮主編：《唐才子傳校箋》，中華書局，1987～1995 年。

14. 國家圖書館金石組編：《歷代石刻史料彙編》，北京圖書館出版社，2000 年。

15. 胡寶華著：《唐代監察制度研究》，商務印書館，2005 年。

16. 黃惠賢、陳鋒主編：《中國俸祿制度史》，武漢大學出版社，2005 年。

17. 黃正建主編：《中晚唐社會與政治研究》，中國社會科學院，2006 年。

18. 賴瑞和：《唐代高層文官》，臺北：聯經出版社，2016 年。

19. 賴瑞和：《唐代基層文官》，北京：中華書局，2008 年。

20. 賴瑞和：《唐代中層文官》，北京：中華書局，2011 年。

21. 李錦繡著：《唐代財政史稿》，北京：北京大學出版社，1995 年。

22. 李錦繡著：《唐代制度史稿》，中國政法大學出版社，1998 年。

23. 李興盛著：《中國流人史》，黑龍江人民出版社，2012 年版

24. 劉后濱著：《唐代中書門下體制研究》，齊魯書社，2004 年。

25. 盧向前：《唐宋變革論》，黃山：黃山書社，2006 年。

26. 羅宗強：《隋唐五代文學思想史》，中華書局，2003 年。

27. 尚永亮、劉磊、洪迎華：《中唐元和詩歌傳播接受史的文化學考察》，武漢：武漢大學出版社，2010 年。

28. 尚永亮：《貶謫文化與貶謫文學：以中唐元和五大詩人之貶及其創作為中心》，蘭州：蘭州大學出版社，2004 年。

29. 尚永亮：《唐五代逐臣與貶謫文學研究》，武漢大學出版社，2007 年。

30. 尚永亮：《元和五大詩人與貶謫文學考論》，文津出版社，1993 年。

31. 石雲濤：《唐代幕府制度研究》，中國社會科學出版社，2003 年。

32. 史念海：《唐史論叢》，陝西：三秦出版社，1990 年。

33. 史為樂編：《中國歷史地名大辭典》，中國社會科學出版社，2005 年。

34. 孫國棟著：《唐代中央重要文官遷轉途徑研究》，上海古籍出版社，2009 年。

35. 譚其驤編：《簡明中國歷史地圖集》，中國地圖出版社，1991 年。

36. 譚憂學著：《唐代詩人行年考》，四川人民出版社，1982 年。

37. 譚憂學著：《唐詩人行年考續編》，巴蜀書社，1987 年。

38. 陶敏、李一飛：《隋唐五代文學史料學》，北京：中華書局，2001 年。

39. 天一閣博物館中國社會科學院歷史研究所天聖令整理課題組校正：《天一閣藏明抄本天聖令校證附唐令復原研究》，中華書局，2006 年。

40. 王美華：《禮制下移與唐宋社會變遷》，中國社會科學出版社，2015 年。

41. 王勳成:《唐代銓選與文學》,北京,中華書局,2001 年。

42. 王雲紅:《流放的歷史》,北京:中國文史出版社,2006 年。

43. 王仲犖著:《隋唐五代史》,上海上海人民出版社,2003 年。

44. 魏嵩山編:《中國歷史地名大辭典》,廣東教育出版社,1995 年。

45. 吳宗國:《盛唐政治制度研究》,上海:上海辭書出版社,2003 年。

46. 吳宗國著:《唐代科舉制度研究》,遼寧大學出版社,1992 年。

47. 吳宗國主編:《盛唐政治制度研究》,上海辭書出版社,2003 年。

48. 吳宗國主編:《中國古代官僚政治研究》,北京大學出版社,2004 年。

49. 嚴耕望著:《唐代交通圖考》,臺北:三民書店,1985 年。

50. 閻步克著:《品位與職位——秦漢魏晉南北朝官階制度研究》,中華書局,
2002 年。

51. 郁賢皓著:《唐刺史考》,安徽大學出版社,2000 年.

52. 張國剛著:《唐代官制》,三秦出版社,1987 年。

53. 周紹良主編:《唐代墓誌彙編》,上海古籍出版社,1992 年。

54. 周勳初著:《唐人軼事彙編》,上海古籍出版社,1995 年。

55. 周祖譔著:《唐代文學家大辭典·唐五代卷》,中華書局,1992 年。

56. 曾小華著:《中國古代任官資格制度與官僚政治》,杭州大學出版社,1997
年。

(二)國外譯著

1. (日)仁井田陞:《中國古代法制史研究·刑法》,東京大學出版社,1959
年版,1980 年。

2. (日)仁井田陞:《唐令拾遺》,長春:長春出版社,1989 年。

3. (日)桑原騭藏:《支那的古代法律》,《支那法制史論叢》,弘文堂,1935
年。

4. (日)滋賀秀三:《刑罰的歷史——東洋》,《刑罰的理論與現實》,岩波
出版社,1972 年。

5. (日)滋賀秀三:《中國上古刑罰考——以盟誓為線索》,劉俊文主編《日
本學者研究中國史論著選譯》第八卷第 1～30 頁,中華書局 1992 年。

三、研究論文

(一)國內學者研究論文

1. 陳博惠:《能雪魂忠死亦甘——試評蘇軾被貶嶺南時期的詩作》,《廣州研
究》,1983 年 1 月。

2. 陳樂素:《流放嶺南的元祐黨人》,《求是集》第二集,廣東人民出版社,

1984 年版。

3. 陳啟漢：《貶謫嶺南的蘇軾》，《廣州研究》，1984 年第 3 期。

4. 丁之方：《唐代的貶官制度》，《史林》1990 年第 2 期。

5. 杜文玉：《論唐代員外官與試官》，《陝西師大學報》（哲學社會科學版），1993 年第 3 期。

6. 古永繼：《唐代嶺南地區的貶流之人》，《學術研究》，1998 年第 8 期。

7. 顧學頡：《白居易貶謫江州的前因後果》，《武漢大學學報》，1981 年第 3 期。

8. 韓敏：《蘇軾嶺海時期的心理模式》，《北方論叢》，1989 年第 4 期。

9. 韓敏：《蘇軾謫居海南事蹟繫年》，《海南大學學報》，1986 年第 4 期。

10. 韓鶴進：《唐代流人管理制度探析》，《牡丹江教育學院學報》，2005 年第 6 期。

11. 郝黎：《唐代流刑新辨》，《廈門大學學報》（哲學社會科學版），2004 年第 3 期。

12. 金五德：《試論王維貶謫濟州期間的詩歌》，《長沙水電師院學報（社會科學版）》，1986 年第 2 期。

13. 雷聞：《唐代開元獄官令復原研究》//天一閣博物館，中國社會科學院歷史研究所，天一閣藏明抄本天聖令校證（附唐令復原研究），北京：中華書局，2006 年。

14. 李方：《唐代西域的貶謫官吏》，《新疆大學學報》（哲學人文社會科學版），2007 年第 3 期。

15. 李毅：《論唐代的流刑及其執行情況》，《西安外國語學院學報》，1999 年第 3 期。

16. 李中華、唐磊：《唐代貶官制度與不平之鳴——試論開明專制下的文人遭遇與心聲》，《華中師範大學學報》（人文社會科學版），2001 年第 5 期。

17. 劉海峰：《論唐代官員俸料錢的變動》，《中國社會經濟史研究》，1985 年第 2 期。

18. 劉海峰：《唐代俸料錢與內外官輕重的變化》，《廈門大學學報》（哲學社會科學版），1985 年第 2 期。

19. 劉啟貴：《我國唐朝流放制度初探》，《青海社會科學》，1998 年第 1 期。

20. 彭炳金：《論唐代的左降官》，《晉陽學刊》，2007 年 3 月。

21. 彭炳金：《唐代貶官制度研究》，《人文雜誌》，2006 年 3 月。

22. 彭炳金：《唐代官吏贓罪述論》，《史學月刊》，2002 年 10 月刊。

23. 齊濤：《論唐代流放制度》，《人文雜誌》，1990 年第 3 期。

24. 齊濤：《論唐代流放制度》，《史林》，1990 年第 2 期。

25. 尚永亮：《唐五代貶官規律與特點綜論》，《華中師範大學學報》，2008 年 1 月。

26. 尚永亮：《唐五代貶官之時空分布的定量分析》，《上海大學學報》（社會科學版），2007 年第 6 期。

27. 唐曉濤、蒙維華：《唐代邕管、容管流人考》，《經濟與社會發展》，2007 年第 2 期。

28. 唐曉濤：《試析唐代邕管、容管之貶官、流人》，《經濟與社會發展》，2007 年 1 月。

29. 唐曉濤：《唐代貶官與流人分布地域差異探究》，《玉林師範學院學報》，2002 年第 2 期。

30. 唐曉濤：《唐代貶官謫桂問題初探》，《廣西民族研究》，2004 年第 2 期。

31. 唐曉濤：《唐代桂管與貶官作用詳論》，《玉林師範學院學報》，2002 年第 4 期。

32. 王雪玲：《兩〈唐書〉所見流人地域的分布及其特徵》，《中國歷史地理論叢》2002 年 12 月。謝元魯：《唐代官吏的貶謫流放與赦免》//《中國古代社會學研究——慶祝韓國磐先生八十華誕紀念論文集》，廈門：廈門大學出版社，1998 年。

33. 閻守誠：《唐代官吏的俸料錢》，《晉陽學刊》，1982 年第 2 期。

34. 楊應彬：《蘇軾在嶺南的社會和文學活動》，《學術研究》，1984 年 6 月。

35. 葉明鏡：《蘇東坡貶謫惠州》，《惠陽師專學報（社會科學版）》，1981 年第 1 期。

36. 尹富：《唐代量移制度與貶謫士人心態考論》//《中華文史論叢》，上海：上海古籍出版社，2003 年。

37. 余榮盛：《試論柳宗元貶謫時期的文學創作》，《惠陽師專學報（社會科學版）》，1984 年第 1 期。

38. 張春海：《試論唐代流刑與國家政策、社會分層之關係》，《復旦學報》，2008 年第 2 期。

39. 張蜀蕙：《開闊與安頓——唐代文人南方經驗中的宗教經驗與國族論述》，《唐代文學研究》，2008 年 10 月。

40. 張豔雲：《唐代左降官與流人異同辨析》《唐史論叢》，1998 年 2 月。

41. 朱玉麒：《唐代詩人的南貶與屈賈偶像的樹立》，《西北師大學報》，2006 年 1 月。

（二）國外學者研究論文

1. （日）八重津洋平：《有關唐代官僚受貶的二、三個問題》，《法與政治》（18-2），1967 年。

2. （日）辻正博著，梅原郁編：《唐代流刑考》，《中國近世的法制與社會》，1993 年。

3. （日）清水茂、華山譯：《柳宗元的生活體驗及其山水記》，《文史哲》，1957 年 5 月。

4. （日）辻正博：《唐代貶官考》，《中國法制史考證》（丙編 2 卷），中國社會科學出版社，2003 年版。

5. （日）滋賀秀三：《刑罰的歷史——東洋》，《刑罰的理論與現實》，1972 年。

（三）學位論文

1. 郭翠霞：《唐代流人相關問題研究》，陝西師範大學碩士論文，2011 年。

2. 韓鶴進：《唐代流人問題研究》，陝西師範大學碩士論文，2004 年。

3. 郝黎：《唐代官吏懲治研究》，廈門大學博士論文，2014 年。

4. 何春明：《唐代京官貶黜初探》，中央民族大學碩士論文，2005 年。

5. 李方：《唐律流刑考析》，吉林大學碩士論文，2007 年。

6. 梁瑞：《唐代流貶官研究》，浙江大學博士論文，2010 年。

7. 梁作福：《唐玄宗朝京官外貶流放問題初探》，天津師範大學碩士論文，2007 年。

8. 宋菁：《唐代江南地區貶官研究》，上海師範大學碩士論文，2013 年。

9. 王春霞：《唐代流刑制度研究》，青海師範大學碩士論文，2011 年。

10. 熊昂琪：《唐代流貶官吏與南方社會經濟研究》，陝西師範大學碩士論文，2012 年。

11. 張茵茵：《唐代流刑制度研究》，河北師範大學碩士論文，2008 年。

12. 鄒運月：《晚唐貶謫詩人和貶謫文學》，武漢大學碩士論文，2004 年。